税务干部业务能力升级学习丛书

税务稽查

习题集

本书编写组◎编

CTP 中国税务出版社

图书在版编目（CIP）数据

税务稽查习题集 / 本书编写组编． -- 北京：中国税务出版社，2024．8． --（税务干部业务能力升级学习丛书）． -- ISBN 978-7-5678-1541-4

Ⅰ．F812.423-44

中国国家版本馆 CIP 数据核字第 2024ML0325 号

丛 书 名：税务干部业务能力升级学习丛书
书　　名：税务稽查习题集
SHUIWU JICHA XITIJI
作　　者：本书编写组　编
责任编辑：张　敏
责任校对：姚浩晴
技术设计：林立志
出版发行：中国税务出版社
北京市丰台区广安路 9 号国投财富广场 1 号楼 11 层
邮政编码：100055
网址：https://www.taxation.cn
投稿：https://www.taxation.cn/qt/zztg
发行中心电话：(010)83362083/85/86
传真：(010)83362047/49
印　　刷：天津嘉恒印务有限公司
规　　格：787 毫米×1092 毫米　1/16
印　　张：31.25
字　　数：645000 字
版　　次：2024 年 8 月第 1 版　2024 年 8 月第 1 次印刷
书　　号：ISBN 978-7-5678-1541-4
定　　价：96.00 元

编者说明

为落实打造效能税务要求，持续深化依法治税、以数治税、从严治税一体贯通，不断提升税务干部税费征管、便民服务、风险防范的能力和水平，我们结合税收工作实际，组织编写了“税务干部业务能力升级学习丛书”，分为《通用知识》《综合管理岗位知识与技能》《纳税服务岗位知识与技能》《征收管理岗位知识与技能》《税务稽查岗位知识与技能》《信息技术岗位知识与技能》及配套习题集。

《税务稽查习题集》与“税务干部业务能力升级学习丛书”之《税务稽查岗位知识与技能》相配套，紧扣税务稽查岗位专业知识与当前税收工作新形势新任务新要求，题型丰富、重点突出；在题目设计上，按照《税务稽查岗位知识与技能》所列知识体系和知识点编写，并适当拓展提升；书后附列3套模拟试卷，考查全面、难易适中，可以帮助税务干部学练结合，快速掌握相关岗位业务知识，提升业务能力。

由于时间及能力所限，书中疏漏在所难免，不妥之处恳请读者批评指正。具体修改意见和建议，请与编辑联系（邮箱：bjzx@ taxation. cn，QQ：1050456451），以便修订时更正。

编　者

CONTENTS
目 录

第一部分　章节同步练习

第二部分　模拟测试

第一部分

章节同步练习

第一章　税务稽查总述

>> 本章知识框架

节	知识点	学习进度
税务稽查基本任务与原则	【知识点 1】税务稽查基本任务和主要职责	
	【知识点 2】税务稽查的原则	
	【知识点 3】税务稽查分工制约原则	
税务稽查信息化	【知识点 1】稽查信息化内涵	
	【知识点 2】数电票	
	【知识点 3】人工智能技术	
	【知识点 4】数字中国建设	
税务稽查工作要求	【知识点 1】税务稽查工作纪律	
	【知识点 2】税务稽查保密纪律	
	【知识点 3】强化税务执法内部控制和监督	
	【知识点 4】税务稽查回避	

>> 习题演练

一、单项选择题

1. 在某税务稽查案件中，被查企业因应扣未扣个人所得税，被某市税务局稽查局依据《税收征收管理法》第六十九条规定，处以 1 倍罚款。该企业不服，提起行政诉讼，认为稽查局专司偷税、逃避追缴欠税、骗税、抗税案件的查处，该稽查局无权查处本企业的违法行为，其作出的行政处罚决定无效。对此，下列说法错误的是

（　　）。

A. 税务稽查案件由稽查局依法实施

B. 偷税、逃避追缴欠税、骗税、抗税案件的查处属于稽查局的专司职权，但稽查局查处案件的职权并不仅限于偷税、逃避追缴欠税、骗税、抗税四类案件

C. 稽查局的主要职责，不仅包括依法对纳税人、扣缴义务人和其他涉税当事人履行纳税义务、扣缴义务情况及涉税事项进行的检查处理，还包括围绕检查处理开展的其他相关工作

D. 为避免职责交叉，国家税务总局明确划分了税务局和稽查局的职责。稽查局专司偷税、逃避追缴欠税、骗税、抗税案件的查处。除此以外，其他案件的查处应由主管税务机关查处

【解析】偷税、逃避追缴欠税、骗税、抗税案件的查处属于稽查局的专司职权，但稽查局查处案件的职权并不仅限于偷税、逃避追缴欠税、骗税、抗税四类案件，还包括依法对纳税人、扣缴义务人和其他涉税当事人履行纳税义务、扣缴义务情况及涉税事项进行的检查处理，以及围绕检查处理开展的其他相关工作。

【答案】D

2. 某一税务稽查行政诉讼案件中，被查企业认为税务稽查部门提供的证据显示，稽查案件的查处中选案部门的分管领导与检查部门、执行部门的分管领导为同一人，检查部门的负责人与执行部门的负责人为同一人，违反法定程序，因此该税务稽查案件作出的处理处罚决定无效，应予撤销。对此，下列说法正确的是（　　）。

A. 稽查局应设立选案、检查、审理、执行部门，分别实施选案、检查、审理、执行工作

B. 稽查局办理税务稽查案件时，实行选案、检查、审理、执行分工制约原则，因此该案件的查处确实违反法定程序

C. 选案、检查、审理、执行分工制约原则主要强调的是具体进行选案、检查、审理、执行的工作人员相互分离，虽然该稽查案件中分管领导和部门负责人的混同同样违背了稽查案件办理职权的分离与制衡的要求，但不能就此论定该稽查案件违反了法定程序

D. 实际工作中无法实现选案、检查、审理、执行四环节的完全分离

【解析】《税务稽查案件办理程序规定》第五条规定，稽查局办理税务稽查案件时，实行选案、检查、审理、执行分工制约原则。《税务稽查工作规程》中的“稽查局设立选案、检查、审理、执行部门，分别实施选案、检查、审理、执行工作”的要求已自 2021 年 8 月 11 日起废止，所以选项 A 错误。实际工作中并不是无法实现选案、检查、审理、执行四环节的完全分离，所以选项 D 错误。选案、检查、审理、执行分工制约原则主要强调的是具体进行选案、检查、审理、执行的工作人员相互分离，未

强调分管领导和部门负责人的分离。虽然选案、检查、审理、执行四环节分管领导和部门负责人的混同某种程度上同样违背了职权的分离与制衡的要求，但不能据此就认为违背了《税务稽查案件办理程序规定》，也不能就此论定该稽查案件违反了法定程序。所以选项 B 错误，选项 C 正确。

【答案】C

3. 近年来，国家税务总局在网站上曝光了各地稽查局查处的某知名演员税案、某直播网红税案，这主要体现税务稽查的（ ）原则。

A. 公平　　B. 公开

C. 公正　　D. 效率

【解析】具有一定社会影响的行政处罚决定应当依法公开，这主要体现了税务稽查的公开原则。

【答案】B

4. 机密级国家秘密的保密期限，除另有规定外，一般不超过（ ）年。

A. 30　　B. 20

C. 10　　D. 5

【解析】机密级国家秘密的保密期限，除另有规定外，不超过 20 年。

【答案】B

5. 秘密级国家秘密的保密期限，除另有规定外，一般不超过（ ）年。

A. 30　　B. 20

C. 10　　D. 5

【解析】秘密级国家秘密的保密期限，除另有规定外，不超过 10 年。

【答案】C

6. 下列对涉密信息系统的做法正确的是（ ）。

A. 税务稽查办案时将涉密存储设备接入互联网

B. 税务稽查办案时在采取防护措施的情况下，在涉密信息系统与互联网之间进行信息交换

C. 税务稽查办案时，使用非涉密计算机处理国家秘密信息

D. 为税务稽查办案需要，擅自修改涉密信息系统的管理程序

【解析】机关、单位应当加强对涉密信息系统的管理，任何组织和个人不得有下列行为：①将涉密计算机、涉密存储设备接入互联网及其他公共信息网络；②在未采取防护措施的情况下，在涉密信息系统与互联网及其他公共信息网络之间进行信息交换；③使用非涉密计算机、非涉密存储设备存储、处理国家秘密信息；④擅自卸载、修改涉密信息系统的安全技术程序、管理程序；⑤将未经安全技术处理的退出使用的涉密计算机、涉密存储设备赠送、出售、丢弃或者改作其他用途。因此，选项 A、C、D 都

是禁止行为，选项 B 正确。

【答案】B

7. 下列对国家秘密载体的做法正确的是（　　）。

A. 非法持有国家秘密载体

B. 私自销毁国家秘密载体

C. 通过普通邮政邮寄国家秘密载体

D. 经有关主管部门批准，携带国家秘密载体出境

【解析】机关、单位应当加强对国家秘密载体的管理，任何组织和个人不得有下列行为：①非法获取、持有国家秘密载体；②买卖、转送或者私自销毁国家秘密载体；③通过普通邮政、快递等无保密措施的渠道传递国家秘密载体；④邮寄、托运国家秘密载体出境；⑤未经有关主管部门批准，携带、传递国家秘密载体出境。因此，选项A、B、C 错误。

【答案】D

8. 下列对国家秘密载体的做法正确的是（　　）。

A. 非法复制、记录、存储国家秘密

B. 在互联网及其他公共信息网络中传递国家秘密

C. 在采取保密措施的有线和无线通信中传递国家秘密

D. 在私人交往和通信中涉及国家秘密

【解析】机关、单位应当加强对国家秘密载体的管理，任何组织和个人不得有下列行为：①非法获取、持有国家秘密载体；②买卖、转送或者私自销毁国家秘密载体；③通过普通邮政、快递等无保密措施的渠道传递国家秘密载体；④邮寄、托运国家秘密载体出境；⑤未经有关主管部门批准，携带、传递国家秘密载体出境。禁止非法复制、记录、存储国家秘密。禁止在互联网及其他公共信息网络或者未采取保密措施的有线和无线通信中传递国家秘密。禁止在私人交往和通信中涉及国家秘密。因此，选项 A、B、D 错误。

【答案】C

9. 税务检查人员实施税务稽查过程中，与纳税人、扣缴义务人或者其法定代表人（主要负责人）、直接责任人存在特定关系的应当回避，下列情形属于可以不回避的是（　　）。

A. 税务检查主查人员与被检查企业的实际控制人是父子

B. 税务检查辅查人员与被检查企业的法定代表人是姑侄

C. 税务检查主查人员与被检查企业的主要负责人是同学

D. 税务检查主查人员是被检查企业的小股东，拥有被检查企业少量股票

【解析】《税收征收管理法实施细则》第八条规定，税务人员在核定应纳税额、调整税收定额、进行税务检查、实施税务行政处罚、办理税务行政复议时，与纳税人、扣缴义务人或者其法定代表人、直接责任人有下列关系之一的，应当回避：①夫妻关系；②直系血亲关系；③三代以内旁系血亲关系；④近姻亲关系；⑤可能影响公正执法的其他利害关系。

【答案】C

10. 下列关于听证申请工作中的回避要求，说法正确的是（　　）。

A. 听证申请人收到听证通知书后，提出回避申请，经稽查局分管局长同意后重新指定听证主持人

B. 听证主持人自行提出回避申请的，稽查局分管局长不同意其回避申请，要求其继续担任听证主持人

C. 经审批同意回避申请的，重新指定听证主持人，应制作《税务事项通知书》告知案件当事人

D. 对驳回申请回避的决定，听证申请人可以申请复议一次

【解析】涉及听证的，听证申请人收到听证通知书后，提出回避申请的或者听证主持人自行提出回避申请的，经稽查局局长审批同意后重新指定听证主持人，并制作《税务事项通知书》告知案件当事人。如稽查局局长认为不需回避的，按期实施听证。对驳回申请回避的决定，听证申请人可以申请复核一次。选项 A、B 错在回避申请的审批权限为稽查局局长，而不是稽查局分管局长。选项 D 错在对驳回申请回避的决定，听证申请人可以申请复核一次，而不是复议。

【答案】C

11.《税务稽查案件办理程序规定》第十七条规定，检查应当依照法定权限和程序收集证据材料。收集的证据必须经查证属实，并与所证明的事项相关联。这主要体现税务稽查的（　　）原则。

A. 以事实为根据，以法律为准绳

B. 公平、公开、公正、效率

C. 依靠人民群众

D. 加强与有关部门、单位的联系和配合

【解析】以事实为根据，就是税务稽查时，必须以客观存在的事实作为处理案件的根本依据，既不能搞主观归责，也不能凭主观想象、推测或无根据的推理、议论作为根据，其核心就是要重证据、不轻信口供，认定事实必须以查证属实的证据为根据，适用法律必须以查明的事实为根据。以法律为准绳，就是税务稽查过程中不论进行程序处理或实体处理，都必须以法律规定和其他相关规定为标准，以法律规定作为评价已经查明的案件事实的尺度。

【答案】A

12. 稽查局在办理税务稽查案件时，不得因执法人员的主观意志影响执法过程和结果的合法合理。这一要求体现的税务稽查原则是（　　）。

A. 公平原则　　B. 公开原则

C. 公正原则　　D. 效率原则

【解析】公正原则要求稽查局在办理税务稽查案件时，不得因执法人员的主观意志影响执法的公正性，确保税务稽查执法过程和结果的合法合理。

【答案】C

13. 依照税收法律、法规的规定，将稽查执法相对人应当缴纳的税款追缴入库的权力，属于（　　）。

A. 检查权　　B. 处理权

C. 执行权　　D. 强制权

【解析】执行权是指税务机关依照税收法律、法规的规定，将稽查执法相对人应当缴纳的税款追缴入库的权力。

【答案】C

14. 根据税务总局 2024 年最新积案清理文件要求，各单位要常态化开展稽查积案清理工作，每年的积案清理率原则上不低于（　　）。

A. 75%　　B. 80%

C. 85%　　D. 90%

【解析】略

【答案】B

15. 下列不属于税务稽查指挥管理信息化建设中"四个执法场所"的是（　　）。

A. 指挥会商室　　B. 检举接待室

C. 案件查账室　　D. 案件审理室

【解析】税务稽查信息化建设中的"四个执法场所"是指：指挥会商室、稽查询问室、案件查账室、检举接待室。

【答案】D

16. 下列关于税务总局对税务稽查人才队伍建设提出的要求，说法正确的是（　　）。

A. 到 2024 年底，各省税务稽查人员配置数量不低于干部总数 7%

B. 省、市级跨区域稽查局检查及审理人员占比应当不低于 2/3

C. 到 2025 年底，"三师"占比不低于 25%

D. 到 2025 年底，各级业务标兵占比 20%

【解析】选项 A，到 2024 年底，各省税务稽查人员配置数量不低于干部总数 8%；

选项 C，到 2025 年底，“三师”占比不低于 23%；选项 D，各级业务标兵占比 10%。

【答案】B

17.《关于进一步深化税收征管改革的意见》指出，到 2025 年要实现的主要目标是（　　）。

A. 基本建成“无风险不打扰、有违法要追究、全过程强智控”的税务执法新体系

B. 税务执法规范性、税费服务便捷性、税务监管精准性上取得重要进展

C. 深化税收征管制度改革取得显著成效，基本建成功能强大的智慧税务，形成国内一流的智能化行政应用系统，全方位提高税务执法、服务、监管能力

D. 实现依法运用大数据精准推送优惠政策信息，促进市场主体充分享受政策红利

【解析】选项 B 是 2022 年的目标，选项 A 是 2023 年的目标，选项 D 是 2022 年的目标，选项 C 是 2025 年的目标。

【答案】C

18.《关于进一步深化税收征管改革的意见》指出，到 2023 年基本建成的税费服务新体系是（　　）。

A.“线下服务无死角、线上服务不打烊、定制服务广覆盖”

B.“无风险不打扰、有违法要追究、全过程强智控”

C. 以“双随机、一公开”监管和“互联网 + 监管”为基本手段、以重点监管为补充、以“信用 + 风险”监管为基础

D. 既有力度又有温度，宽严相济、法理相融

【解析】《关于进一步深化税收征管改革的意见》指出，到 2023 年，基本建成“线下服务无死角、线上服务不打烊、定制服务广覆盖”的税费服务新体系，实现从无差别服务向精细化、智能化、个性化服务转变。

【答案】A

19. 根据《网络安全法》规定，国家实行的网络安全保护制度是（　　）。

A. 等级保护制度

B. 分层保护制度

C. 结构保护制度

D. 行政级别保护制度

【解析】《网络安全法》第二十一条规定，国家实行网络安全等级保护制度。

【答案】A

20. 根据国家税务总局发布的《关于纳税人权利与义务的公告》，下列不属于税务

机关依法为纳税人保密的是（　　）。

A. 税收违法行为

B. 信息技术信息

C. 经营信息

D. 纳税人、主要投资人以及经营者不愿意公开的个人事项

【解析】根据国家税务总局发布的《关于纳税人权利与义务的公告》，税务机关依法为纳税人的商业秘密和个人隐私保密，但是不包括税收违法行为信息。

【答案】A

21. 法律追责是税务机关对税务行政相对人违法的行为进行处理、处罚的过程，下列选项中属于法律追责事项的是（　　）。

A. 行政救济　　B. 税款追征

C. 税费申报　　D. 相互协商程序

【解析】法律追责与救济事项，是指税务机关对税务行政相对人违法的行为进行处理、处罚的过程以及税务行政相对人认为行政行为直接侵害其合法权益，请求依法纠正违法或不当的行政行为，并予以行政赔偿、补偿，主要包括：违法处置、税款追征、行政救济、相互协商程序。其中，税款追征属于法律追责事项。

【答案】B

22. 下列选项中，不属于税务文书送达方式的是（　　）。

A. 传真送达　　B. 电子送达

C. 邮寄送达　　D. 委托送达

【解析】根据《税收征收管理法实施细则》和《税务文书电子送达规定（试行）》（国家税务总局公告2019年第39号），税务文书的送达方式主要包括直接送达、留置送达、委托送达、邮寄送达、公告送达和电子送达。

【答案】A

23. 纳税人通过增值税电子发票公共服务平台开具的增值税电子普通发票，属于税务机关监制的发票，采用（　　）代替发票专用章，其法律效力、基本用途、基本使用规定等与增值税普通发票相同。

A. 电子发票专用章　　B. 电子盖章

C. 电子签章　　D. 电子签名

【解析】纳税人通过增值税电子发票公共服务平台开具的增值税电子普通发票，属于税务机关监制的发票，采用电子签名代替发票专用章，其法律效力、基本用途、基本使用规定等与增值税普通发票相同。

【答案】D

24. 下列关于纳税人既欠缴增值税，又有增值税留抵税额的税务处理中，正确的是

（　　）。

A. 允许以期末留抵税额抵减增值税欠税，但不得抵减欠税滞纳金

B. 抵减欠税时，不可以按欠税额度逐笔抵扣

C. 抵减后的留抵税额余额不得结转下期继续抵扣

D. 查补的增值税款，可以按规定用留抵税额抵减

【解析】根据《国家税务总局关于增值税一般纳税人用进项留抵税额抵减增值税欠税问题的通知》（国税发〔2004〕112 号）、《国家税务总局关于增值税进项留抵税额抵减增值税欠税有关处理事项的通知》（国税函〔2004〕1197 号）等文件规定，选项 A，允许以留抵税额抵减增值税欠税，抵减的欠税包括采账税金及欠税滞纳金；选项 B，抵减欠税款时，应按欠税发生时间逐笔抵扣，先发生的先抵；选项 C，若期末留抵税额大于欠缴总额，抵减后的余额可结转下期继续抵扣。

【答案】D

25. 根据《国家税务总局关于进一步加强数据安全管理工作的通知》规定，为进一步加强税务系统数据安全管理，强化应用系统操作权限管控，对现有税务工作人员使用的系统和数据访问权限进行清理，防止过度授权，应按照的原则是（　　）。

A. 法定化授权　　B. 最小化授权

C. 适中性授权　　D. 合理性授权

【解析】根据《国家税务总局关于进一步加强数据安全管理工作的通知》规定，要按照“最小化授权”原则，对现有税务工作人员使用的系统和数据访问权限进行清理，防止过度授权。

【答案】B

26. 税务机关采用电子送达方式送达税务文书的，送达日期为（　　）。

A. 受送达人登录特定系统查看电子版式税务文书的日期

B. 电子版式税务文书到达特定系统受送达人端的日期

C. 受送达人在送达回证上的签收或者注明的送达日期

D. 税务机关推送电子版式税务文书之日起满 30 日

【解析】《税务文书电子送达规定（试行）》（国家税务总局公告 2019 年第 39 号）第五条规定，税务机关采用电子送达方式送达税务文书的，以电子版式税务文书到达特定系统受送达人端的日期为送达日期，特定系统自动记录送达情况。

【答案】B

二、多项选择题

1. 下列行为中，违反税务稽查人员的工作纪律和职业道德的规定的有（　　）。

A. 在检查人员通知之前，提前打电话告知被查对象已被立案检查的消息，通知

其做好应对准备

B. 被查对象向检查人员了解案情时，检查人员故意夸大案情和后果，造成被查对象恐慌

C. 接受朋友的宴请，到现场后才发现有正在稽查的被查对象参加，一起吃饭后，被查对象抢着支付了餐费

D. 在仅有税务检查人员和企业人员在场的情况下，查封并带走了被查企业的记账电脑和财务人员的手机

【解析】《税务稽查案件办理程序规定》第十条规定，税务稽查人员应当遵守工作纪律，恪守职业道德，不得有下列行为：

（1）违反法定程序、超越权限行使职权；

（2）利用职权为自己或者他人牟取利益；

（3）玩忽职守，不履行法定义务；

（4）泄露国家秘密、工作秘密，向被查对象通风报信、泄露案情；

（5）弄虚作假，故意夸大或者隐瞒案情；

（6）接受被查对象的请客送礼等影响公正执行公务的行为；

（7）其他违法违纪行为。

税务稽查人员在执法办案中滥用职权、玩忽职守、徇私舞弊的，依照有关规定严肃处理；涉嫌犯罪的，依法移送司法机关处理。

此处的税务稽查人员包括检查人员、审理人员和其他从事税务稽查管理工作的人员。选项 A 属于向被查对象通风报信，选项 B 属于故意夸大案情，选项 C 属于接受被查对象的请客送礼等影响公正执行公务的行为，选项 D 属于超越权限行使职权。

【答案】ABCD

2. 下列事项不符合税务稽查保密管理工作要求的有（　　）。

A. 某稽查局在整理装订稽查案卷时根据其内容分为正卷和副卷，副卷按工作秘密管理

B. 某稽查局在处理某举报案件时，要求所有的案情知悉人员签署了保密承诺书

C. 某稽查局检查人员将调取的账簿开放式放在多人共用的办公室内，方便随时检查

D. 某稽查局检查人员在多人共用的办公室内接待被查对象，并在办公室内约谈被查对象，制作约谈笔录

【解析】税务稽查保密管理，是指稽查局依据国家保密法律、行政法规、规章及规范性文件，在依法履行税务稽查职责时，按照保密工作要求，对稽查工作中产生的相关事项对照保密事项确定密级、保密期限和知悉范围，或者根据工作需要对各实施环节明确保密要求，以及各稽查岗位按照职责范围做好国家秘密、工作秘密和纳税人涉

税信息的保密工作。选项 A、B 符合保密要求，选项 C、D 不符合保密要求。

【答案】CD

3. 下列不属于数字人民币缴纳税费的情形的有（　　）。

A. 王某在缴纳契税时用微信支付

B. 张某在个人所得税 App 中用绑定的银行卡支付应补缴的个人所得税

C. 钱某在转让住房时用支付宝支付增值税

D. 用数字人民币 App 扫码支付社会保险费

【解析】选项 A、B、C 均不属于数字人民币缴纳税费的情形。

【答案】ABC

4. 下列关于税务稽查信息化的说法正确的有（　　）。

A. 建立重大税收违法失信主体信息与政府其他管理机关的信息共享制度属于稽查信息化的内涵之一

B. 稽查案件查办时应广泛运用信息化战法，进一步提升打击质效

C. 智慧税务能够提高税务稽查信息化的水平，从而提高税务稽查执法能力

D. 《关于进一步深化税收征管改革的意见》中提到，2025 年实现税务执法、服务、监管与大数据智能化应用深度融合、高效联动、全面升级

【解析】国家有计划地用现代信息技术装备各级税务机关，加强税收征收管理信息系统的现代化建设，建立、健全税务机关与政府其他管理机关的信息共享制度。选项 A 正确。

税务系统要持续推进稽查信息化建设，通过稽查视频指挥系统、协查信息管理系统、涉税案件资金网络查控平台等，充分运用信息化战法，进一步提升打击质效。选项 B 正确。

《关于进一步深化税收征管改革的意见》中提到：到 2025 年，深化税收征管制度改革取得显著成效，基本建成功能强大的智慧税务，形成国内一流的智能化行政应用系统，全方位提高税务执法、服务、监管能力。2025 年实现税务执法、服务、监管与大数据智能化应用深度融合、高效联动、全面升级。选项 C、D 正确。

【答案】ABCD

5. 税务稽查人员实施税务稽查过程中，与纳税人、扣缴义务人或者其法定代表人（主要负责人）、直接责任人有（　　）关系之一的，应当回避。

A. 夫妻关系

B. 直系血亲关系

C. 三代以内旁系血亲关系

D. 近姻亲关系

【解析】税务稽查人员实施税务稽查过程中，与纳税人、扣缴义务人或者其法定代

表人（主要负责人）、直接责任人有下列关系之一的，应当回避，纳税人、扣缴义务人也有权以口头或者书面形式申请其回避：夫妻关系；直系血亲关系；三代以内旁系血亲关系；近姻亲关系；可能影响公正执法的其他利害关系。

【答案】ABCD

6. 下列项目属于数字中国建设“2522”的整体框架内容的有（　　）。

A. 第一个“2”是指夯实数字基础设施和数据资源体系“两大基础”

B. 第二个“5”是指推进数字技术与经济、政治、文化、社会、生态文明建设“五位一体”深度融合

C. 第三个“2”是指强化数字技术创新体系和数字安全屏障“两大能力”

D. 第四个“2”是指优化数字化发展国内国际“两个环境”

【解析】《数字中国建设整体布局规划》明确，数字中国建设按照“2522”的整体框架进行布局，即夯实数字基础设施和数据资源体系“两大基础”，推进数字技术与经济、政治、文化、社会、生态文明建设“五位一体”深度融合，强化数字技术创新体系和数字安全屏障“两大能力”，优化数字化发展国内国际“两个环境”。

【答案】ABCD

7.《数字中国建设整体布局规划》指出，要强化数字中国关键能力。此处“强化数字中国关键能力”主要是指（　　）。

A. 构筑自立自强的数字技术创新体系

B. 筑牢可信可控的数字安全屏障

C. 强化数字技术创新体系能力

D. 强化数字安全屏障能力

【解析】《数字中国建设整体布局规划》指出，要强化数字中国关键能力：一是构筑自立自强的数字技术创新体系，二是筑牢可信可控的数字安全屏障。

【答案】AB

8.《数字中国建设整体布局规划》指出，要优化数字化发展环境。此处“优化数字化发展环境”主要是指（　　）。

A. 构筑自立自强的数字技术创新体系

B. 筑牢可信可控的数字安全屏障

C. 建设公平规范的数字治理生态

D. 构建开放共赢的数字领域国际合作格局

【解析】《数字中国建设整体布局规划》指出，要优化数字化发展环境：一是建设公平规范的数字治理生态，二是构建开放共赢的数字领域国际合作格局。

【答案】CD

9. 下列关于绝密级国家秘密的保密期限说法正确的有（　　）。

A. 可能是永久　　B. 可能是 30 年

C. 可能是 25 年　　D. 可能是 20 年

【解析】国家秘密的保密期限，除另有规定外，绝密级不超过 30 年。因此，选项 B、C、D 都正确，但如另有规定，可能超过 30 年，如永久，所以选项 A 也正确。

【答案】ABCD

10. 下列属于税务稽查内控措施的有（　　）。

A. 规范税务稽查案件中的行政处罚裁量权，确保同案同罚

B. 在税务稽查工作中推行行政执法“三项制度”

C. 严查严处税务稽查工作中的失职失责和违纪违法税务人员

D. 开展稽查执法风险自查

【解析】《关于进一步深化税收征管改革的意见》中强调要构建起全面覆盖、全程防控、全员有责的税务执法风险信息化内控监督体系，将税务执法风险防范措施嵌入信息系统，实现事前预警、事中阻断、事后追责；强化内外部审计监督和重大税务违法案件“一案双查”，不断完善对税务执法行为的常态化、精准化、机制化监督。近年来，税务部门采取了编制权力和责任清单、规范税务行政处罚裁量权、推进行政执法“三项制度”、健全内控监督体系、严查严处失职失责和违纪违法税务人员等措施加强税务执法内部控制和监督。所以选项 A、B、C、D 均正确。

【答案】ABCD

11. 下列行为违反税务稽查人员的工作纪律和职业道德规定的有（　　）。

A. 向被查对象通风报信、泄露案情

B. 弄虚作假，故意夸大或者隐瞒案情

C. 接受被查对象的请客送礼

D. 玩忽职守

【解析】《税务稽查案件办理程序规定》第十条规定，税务稽查人员应当遵守工作纪律，恪守职业道德，不得有下列行为：①违反法定程序、超越权限行使职权；②利用职权为自己或者他人牟取利益；③玩忽职守，不履行法定义务；④泄露国家秘密、工作秘密，向被查对象通风报信、泄露案情；⑤弄虚作假，故意夸大或者隐瞒案情；⑥接受被查对象的请客送礼等影响公正执行公务的行为；⑦其他违法违纪行为。税务稽查人员在执法办案中滥用职权、玩忽职守、徇私舞弊的，依照有关规定严肃处理；涉嫌犯罪的，依法移送司法机关处理。

【答案】ABCD

12. 下列关于税务稽查保密管理内容说法正确的有（　　）。

A. 按照保密工作要求，对稽查工作中产生的相关事项对照保密事项确定密级和保密期限

B. 按照保密工作要求，对稽查工作中产生的相关事项对照保密事项确定知悉范围

C. 根据工作需要对稽查各实施环节明确保密要求

D. 按照职责范围做好国家秘密、工作秘密和纳税人涉税信息的保密工作

【解析】税务稽查保密管理，是指稽查局依据国家保密法律、行政法规、规章及规范性文件，在依法履行税务稽查职责时，按照保密工作要求，对稽查工作中产生的相关事项对照保密事项确定密级、保密期限和知悉范围，或者根据工作需要对各实施环节明确保密要求，以及各稽查岗位按照职责范围做好国家秘密、工作秘密和纳税人涉税信息的保密工作。

【答案】ABCD

13. 下列单位属于《税收征收管理法》第十四条所称的按照国务院规定设立的并向社会公告的税务机构的有（　　）。

A. 省税务局稽查局

B. 省税务局跨区域稽查局

C. 市税务局稽查局

D. 市税务局跨区域稽查局

【解析】《税收征收管理法实施细则》第九条规定，《税收征收管理法》第十四条所称按照国务院规定设立的并向社会公告的税务机构，是指省以下税务局的稽查局。选项 A、B、C、D 均符合题意。

【答案】ABCD

14.《关于进一步深化税收征管改革的意见》指出，税务系统到 2025 年将要完成的目标有（　　）。

A. 深化税收征管制度改革取得显著成效，基本建成功能强大的智慧税务

B. 实现税务执法、服务、监管与大数据智能化应用深度融合、高效联动、全面升级

C. 基本实现发票全领域、全环节、全要素电子化

D. 建成税务部门与相关部门常态化、制度化数据共享协调机制

【解析】略

【答案】ABCD

15. 根据《税务规范性文件制定管理办法》，税务规范性文件不得设定税收（　　）事项。

A. 开征　　B. 停征

C. 减税　　D. 免税

E. 退税

【解析】税务规范性文件不得设定税收开征、停征、减税、免税、退税、补税事项，不得设定行政许可、行政处罚、行政强制、行政事业性收费以及其他不得由税务规范性文件设定的事项。

【答案】ABCDE

16. 下列关于税务稽查信息化的说法，正确的有（　　）。

A. 税务总局稽查局设立情报信息处，统筹开展稽查信息化应用管理

B. 根据稽查案件查办需要，向稽查部门授权开放各类征管数据、发票数据、风控数据、千户集团数据等内部信息

C. 拓宽第三方数据信息来源渠道，推动建立与公安、人民银行、外汇管理、金融监管、电信、第三方支付机构等常态化数据查询和共享机制

D. 提高稽查信息化应用和装备水平，在统一的税收信息化平台中，集成建设全国统一的融指挥、管理、检查、内控、评价等于一体的税务稽查指挥管理应用系统

E. 积极创新升级信息化战法，将信息化手段运用到查处更多类型的税收违法行为中，推动“智慧稽查”建设，实现合成作战

【解析】略

【答案】ABCDE

17. 在税务执法时，要出具执法文书，主动告知当事人的内容包括（　　）。

A. 单位地址　　B. 执法事由

C. 执法依据　　D. 联系方式

E. 权利义务

【解析】《优化税务执法方式全面推行“三项制度”实施方案》规定，在税务执法时，要出具执法文书，主动告知当事人执法事由、执法依据、权利义务等内容。

【答案】BCE

18. 关于纳税人欠税的处理，下列说法正确的有（　　）。

A. 税务机关应对纳税人的欠税情况保密

B. 抵押权人、质权人可以要求税务机关提供纳税人有关欠税的情况

C. 欠税数额在 5 万元以上的纳税人在处分其不动产以前，应向税务机关报告

D. 尚有欠税的纳税人出境时，税务稽查部门可以直接阻止其出境

E. 纳税人欠缴税款同时又被行政机关决定处以罚款的，税收优先于罚款

【解析】根据《纳税人涉税保密信息管理暂行办法》（国税发〔2008〕93 号）规定，纳税人的税收违法行为信息不属于保密信息范围，故选项 A 说法错误。《税收征收管理法》第四十六条规定，纳税人有欠税情形而以其财产设定抵押、质押的，应当向抵押权人、质权人说明其欠税情况。抵押权人、质权人可以请求税务机关提供有关的

欠税情况。故选项B说法正确。第四十九条规定，欠缴税款数额较大的纳税人在处分其不动产或者大额资产之前，应当向税务机关报告。同时，《税收征收管理法实施细则》第七十七条规定，《税收征收管理法》第四十九条所称欠缴税款数额较大，是指欠缴税款5万元以上。故选项C说法正确。第七十四条规定，欠缴税款的纳税人或者其法定代表人在出境前未按照规定结清应纳税款、滞纳金或者提供纳税担保的，税务机关可以通知出入境管理机关阻止其出境。阻止出境的具体办法，由国家税务总局会同公安部制定。故选项D说法错误。第四十五条规定，税务机关征收税款，税收优先于无担保债权，法律另有规定的除外；纳税人欠缴的税款发生在纳税人以其财产设定抵押、质押或者纳税人的财产被留置之前的，税收应当先于抵押权、质权、留置权执行。纳税人欠缴税款，同时又被行政机关决定处以罚款、没收违法所得的，税收优先于罚款、没收违法所得。故选项E说法正确。

【答案】BCE

19. 根据《税收征收管理法》及其实施细则规定，税务人员应当依法为纳税人、扣缴义务人保密的事项包括（　　）。

A. 甲公司独有的生产工艺流程

B. 乙公司尚未披露的重要商务合作

C. 丙公司法定代表人个人的财产状况

D. 丁公司近三年的欠缴税款情况

E. 税务机关对公司未按期申报的罚款

【解析】根据《税收征收管理法》第八条规定，纳税人、扣缴义务人有权要求税务机关为纳税人、扣缴义务人的情况保密。税务机关应当依法为纳税人、扣缴义务人的情况保密。《税收征收管理法实施细则》第五条规定，《税收征收管理法》第八条所称为纳税人、扣缴义务人保密的情况，是指纳税人、扣缴义务人的商业秘密及个人隐私。纳税人、扣缴义务人的税收违法行为不属于保密范围。

【答案】ABC

20. 《税务电子数据安全保护总体技术框架》中把税务电子数据分成三类进行安全保护，下列选项中属于敏感数据的有（　　）。

A. 集中存储和处理的税收业务数据集

B. 纳税人个人隐私

C. 纳税人商业秘密

D. 税务系统内部审计督察信息

E. 第三方涉税

【解析】《税务电子数据安全保护总体技术框架》把税务电子数据分成三类进行安全保护，具体是：①核心数据，主要包括集中存储和处理的税收业务数据集；②敏感数据，主要包括国家法律法规中明确规定要求保护的税务工作秘密数据，如纳税人个人隐私、纳税人商业秘密、第三方涉税敏感信息、税收统计分析数据和口令、密钥鉴别信息等；③受控数据，主要包括属于税务工作秘密但在国家法律法规中尚未明确保护的税务相关数据，如人事、财务、纪检监察、信访举报、内部审计督察等信息，以及不宜公开的纪要、讲话、批示、报告、方案、视频、文档等信息，涉及全网、重要信息系统的关键技术资料（实施方案、配置参数、程序代码、全网拓扑图、核心网络IP 地址规划、系统和设备运行日志和审计信息）等。

【答案】BCE

21. 下列选项中，属于纳税人权利的有（　　）。

A. 税收监督权

B. 纳税申报方式选择权

C. 委托税务代理权

D. 陈述与申辩权

E. 申请延期缴纳税款权

【解析】《国家税务总局关于纳税人权利与义务的公告》（国家税务总局公告 2009 年第 1 号）明确，纳税人在履行纳税义务过程中，依法享有下列权利：知情权、保密权、税收监督权、纳税申报方式选择权、申请延期申报权、申请延期缴纳税款权、申请退还多缴税款权、依法享受税收优惠权、委托税务代理权、陈述与申辩权、对未出示税务检查证和《税务检查通知书》的拒绝检查权、税收法律救济权、依法要求听证的权利、索取有关税收凭证的权利。

【答案】ABCDE

22.《关于进一步深化税收征管改革的意见》要求，要健全违法查处体系，充分依托国家“互联网 + 监管”系统多元数据汇聚功能，精准有效打击“三假”行为。其中“三假”包括（　　）。

A. 假企业　　B. 假申报

C. 假发票　　D. 假登记

E. 假出口

【解析】《关于进一步深化税收征管改革的意见》指出，要健全违法查处体系，充分依托国家“互联网 + 监管”系统多元数据汇聚功能，精准有效打击“假企业”虚开发票、“假出口”骗取退税、“假申报”骗取税费优惠等行为，保障国家税收安全。

【答案】ABE

23. 关于留置送达文书，下列说法正确的有（　　）。

A. 税务行政处罚决定书不能留置送达

B. 税务机关送达人员应当在送达回证上记明纳税人拒收理由和日期

C. 街道办事处工作人员可以作为留置送达文书的见证人

D. 留置送达文书不具有法律效力

E. 留置送达文书只需要一名见证人在现场

【解析】《税收征收管理法实施细则》第一百零三条规定，受送达人或者本细则规定的其他签收人拒绝签收税务文书的，送达人应当在送达回证上记明拒收理由和日期，并由送达人和见证人签名或者盖章，将税务文书留在受送达人处，即视为送达。

【答案】BC

24. 根据《关于进一步深化税收征管改革的意见》，税务机关人力资源配备的主要方向有（　　）。

A. 风险管理　　B. 税费分析

C. 大数据应用　　D. 税务稽查

【解析】《关于进一步深化税收征管改革的意见》指出，要加大人力资源向风险管理、税费分析、大数据应用等领域倾斜力度，增强税务稽查执法力量。

【答案】ABCD

25. 纳税人可以通过电子发票服务平台开具的发票类型有（　　）。

A. 全电发票

B. 增值税纸质专用发票

C. 增值税纸质普通发票

D. 增值税电子专用发票

【解析】按照各省关于开展全面数字化的电子发票试点工作的公告及解读，电子发票服务平台支持开具全电发票、增值税纸质专用发票和增值税纸质普通发票。增值税电子专用发票和增值税电子普通发票通过增值税发票管理系统开具。

【答案】ABC

26. 实行专票电子化的新办纳税人在核定电子专票时的具体要求有（　　）。

A. 增值税专用发票最高开票限额不超过 1 万元，每月最高领用数量不超过 25 份

B. 增值税专用发票最高开票限额不超过 10 万元，每月最高领用数量不超过 25 份

C. 电子票加纸质票合计不超过 25 份

D. 只需电子票不超过 25 份

【解析】《关于〈国家税务总局关于在新办纳税人中实行增值税专用发票电子化有关事项的公告〉的解读》指出，税务机关为首次申领增值税发票的新办纳税人办理发票票种核定，增值税专用发票最高开票限额不超过 10 万元，每月最高领用数量不超过 25 份。电子专票和纸质专票同属增值税专用发票，税务机关核定的增值税专用发票最

高开票限额，同时适用于纳税人所领用的电子专票和纸质专票，两者保持一致。实行专票电子化的新办纳税人，可以在税务机关核定的增值税专用发票每月最高领用数量内，根据自身需要分别确定电子专票和纸质专票的领用数量。

【答案】BC

27. 智慧税务建成后，将形成以“三个平台”为主体的国内外一流智能应用平台体系。这三个平台是（　　）。

A. 纳税人缴费人端服务平台

B. 税务人端工作平台

C. 监督人端受理平台

D. 决策人端指挥平台

【解析】智慧税务将建成纳税人缴费人端服务平台、税务人端工作平台、决策人端指挥平台，形成国内外一流的智能化行政应用系统。

【答案】ABD

28. 下列关于数电票的表述，正确的有（　　）。

A. 数电票票样将原有发票代码 + 发票号码变为 20 位发票号码

B. 数电票采用“授信制”，纳税人可在给定的总额度内开具任意额度与任意份数的发票

C. 数电票无须进行票种核定，无须进行税控设备申领，无须进行发票领用

D. 数电票在电子发票服务平台上开具，可以离线开票

E. 数电票电子数据文件增加了国际通行的 XML 纯数据电文格式，同时保留了 OFD、PDF 等格式

【解析】数电票在电子发票服务平台上开具，仅允许纳税人在线开票，故选项 D 错误。

【答案】ABCE

三、判断题

1. 纳税人、扣缴义务人和其他涉税当事人的税收违法行为不属于保密范围。因此，如果稽查案件查明纳税人、扣缴义务人和其他涉税当事人存在税收违法行为，则其个人信息不在保密范围。（　　）

【解析】纳税人、扣缴义务人和其他涉税当事人的税收违法行为不属于保密范围。但涉及的国家秘密、商业秘密或者个人隐私、个人信息仍应当依法予以保密。

【答案】错误

2. 稽查局局长的回避，由稽查局所属税务局局长或者稽查局所属税务局分管领导依法决定。（　　）

【解析】略

【答案】正确

3. 数电票目前主要包括电子发票（增值税专用发票）、电子发票（普通发票），是全面数字化的电子发票，是与纸质发票具有同等法律效力的全新发票，不以纸质形式存在、不用介质支撑，但需申请领用。（　　）

【解析】数电票目前主要包括电子发票（增值税专用发票）、电子发票（普通发票），是全面数字化的电子发票，是与纸质发票具有同等法律效力的全新发票，不以纸质形式存在、不用介质支撑、不需申请领用。

【答案】错误

4. 数电票将纸质发票的票面信息全面数字化，通过标签管理将多个票种集成归并为电子发票单一票种。（　　）

【解析】数电票将纸质发票的票面信息全面数字化，通过标签管理将多个票种集成归并为电子发票单一票种，设立税务数字账户，实现全国统一赋码、智能赋予发票开具金额总额度、自动流转交付。

【答案】正确

5. 数电票设立税务数字账户，实现全国统一赋码、智能赋予发票开具金额总额度，但目前仍需要人工流转交付。（　　）

【解析】数电票设立税务数字账户，实现全国统一赋码、智能赋予发票开具金额总额度、自动流转交付。

【答案】错误

6. 人工智能，是研究、开发用于模拟、延伸和扩展人的智能的理论、方法、技术及应用系统的一门新的技术科学，被认为21世纪三大尖端技术之一。（　　）

【解析】人工智能（AI），是研究、开发用于模拟、延伸和扩展人的智能的理论、方法、技术及应用系统的一门新的技术科学。人工智能是新一轮科技革命和产业变革的重要驱动力量，被认为21世纪三大尖端技术（基因工程、纳米科学、人工智能）之一。

【答案】正确

7. 建设数字中国是数字时代推进中国式现代化的重要引擎，是构筑国家竞争新优势的有力支撑。（　　）

【解析】《数字中国建设整体布局规划》指出：“建设数字中国是数字时代推进中国式现代化的重要引擎，是构筑国家竞争新优势的有力支撑。加快数字中国建设，对全面建设社会主义现代化国家、全面推进中华民族伟大复兴具有重要意义和深远影响。”

【答案】正确

8.《数字中国建设整体布局规划》强调，要全面提升数字中国建设的整体性、系统性、协同性，促进数字经济和实体经济深度融合，以数字化驱动生产生活和治理方式变革。税务治理方式、税务稽查治理方式也应当谋求数字化变革。（　　）

【解析】《数字中国建设整体布局规划》强调："全面提升数字中国建设的整体性、系统性、协同性，促进数字经济和实体经济深度融合，以数字化驱动生产生活和治理方式变革。"

【答案】正确

9.《数字中国建设整体布局规划》指出，要夯实数字中国建设基础，打通数字基础设施大动脉。加快 5G 网络与千兆光网协同建设，深入推进 IPv6 规模部署和应用，推进移动物联网全面发展，大力推进北斗规模应用。（　　）

【解析】《数字中国建设整体布局规划》指出："要夯实数字中国建设基础。一是打通数字基础设施大动脉。加快 5G 网络与千兆光网协同建设，深入推进 IPv6 规模部署和应用，推进移动物联网全面发展，大力推进北斗规模应用。系统优化算力基础设施布局，促进东西部算力高效互补和协同联动，引导通用数据中心、超算中心、智能计算中心、边缘数据中心等合理梯次布局。整体提升应用基础设施水平，加强传统基础设施数字化、智能化改造。"

【答案】正确

10.《数字中国建设整体布局规划》指出，要系统优化算力基础设施布局，促进东西部算力高效互补和协同联动，引导通用数据中心、超算中心、智能计算中心、边缘数据中心等合理梯次布局。整体提升应用基础设施水平，加强传统基础设施数字化、智能化改造。（　　）

【解析】《数字中国建设整体布局规划》指出："要夯实数字中国建设基础。一是打通数字基础设施大动脉。……系统优化算力基础设施布局，促进东西部算力高效互补和协同联动，引导通用数据中心、超算中心、智能计算中心、边缘数据中心等合理梯次布局。整体提升应用基础设施水平，加强传统基础设施数字化、智能化改造。"

【答案】正确

11. 最新修订的《保守国家秘密法》自 2024 年 5 月 1 日起施行。（　　）

【解析】略

【答案】正确

12. 直接送达税务文书有困难的，可以委托其他有关机关、其他单位或个人代为送达。（　　）

【解析】《税收征收管理法实施细则》第一百零四条规定，直接送达税务文书有困难的，可以委托其他有关机关或者其他单位代为送达，或者邮寄送达。

【答案】错误

13. 税务检查人员对实施税务稽查过程中知悉的国家秘密、商业秘密或者个人隐私，应当依法予以保密。纳税人、扣缴义务人和其他涉税当事人的个人信息、税收违法行为不属于保密范围。 （ ）

【解析】《税务稽查案件办理程序规定》第九条规定，税务检查人员对实施税务稽查过程中知悉的国家秘密、商业秘密或者个人隐私、个人信息，应当依法予以保密。纳税人、扣缴义务人和其他涉税当事人的税收违法行为不属于保密范围。

【答案】错误

14. 某纳税人欠税5万元，在其处分不动产或者大额资产之前，有义务向税务机关报告。 （ ）

【解析】略

【答案】正确

15. 追查危害税收征管犯罪中的秘密事项，泄露后可能损害公正执法的，应当确定为国家秘密。 （ ）

【解析】追查危害税收征管犯罪中的秘密事项，泄露后可能损害国家在政治、经济、国防、外交等领域的安全和利益的，应当确定为国家秘密。

【答案】错误

16. 《受益所有人信息管理办法》施行后，税务机关为履行职责需要，可以依法向中国人民银行获取受益所有人信息。 （ ）

【解析】略

【答案】正确

17. 根据有关规定，对加收滞纳金的起止时间规定为，从出具处理决定书之日起到实际缴纳之日止。 （ ）

【解析】《税收征收管理法实施细则》第七十五条规定，《税收征收管理法》第三十二条规定的加收滞纳金的起止时间，为法律、行政法规规定或者税务机关依照法律、行政法规的规定确定的税款缴纳期限届满次日起至纳税人、扣缴义务人实际缴纳或者解缴税款之日止。

【答案】错误

18. 《关于进一步深化税收征管改革的意见》提出，要依法严厉打击涉税违法犯罪行为，实现对虚开骗税等违法犯罪行为从事前事中打击惩处向事后精准防范转变。

（ ）

【解析】《关于进一步深化税收征管改革的意见》提出，要依法严厉打击涉税违法犯罪行为，实现对虚开骗税等违法犯罪行为从事后打击惩处向事前精准防范转变。

【答案】错误

19. 一般情况下，税收规章不作为税收司法的直接依据。 （ ）

【解析】税收规章可以增强税法的灵活性和可操作性，是税法体系的必要组成部分，但其法律效力较低。一般情况下，税收规章不作为税收司法的直接依据，而只具有参考性的效力。

【答案】正确

20. 实施发票电子化改革的目标是，2025 年基本实现发票全领域、全环节、全要素电子化，着力降低制度性交易成本。 （ ）

【解析】《关于进一步深化税收征管改革的意见》要求，稳步实施发票电子化改革，2025 年基本实现发票全领域、全环节、全要素电子化，着力降低制度性交易成本。

【答案】正确

四、简答题

1. 税务稽查人员应当遵守哪些工作纪律？

【答案】税务稽查人员应当遵守工作纪律，恪守职业道德，不得有下列行为：

（1）违反法定程序、超越权限行使职权；

（2）利用职权为自己或者他人牟取利益；

（3）玩忽职守，不履行法定义务；

（4）泄露国家秘密、工作秘密，向被查对象通风报信、泄露案情；

（5）弄虚作假，故意夸大或者隐瞒案情；

（6）接受被查对象的请客送礼等影响公正执行公务的行为；

（7）其他违法违纪行为。

2. 税务稽查人员实施税务稽查过程中，在哪些情形下应当提出回避申请？

【答案】税务稽查人员实施税务稽查过程中，与纳税人、扣缴义务人或者其法定代表人（主要负责人）、直接责任人有下列关系之一的，应当回避：

（1）夫妻关系；

（2）直系血亲关系；

（3）三代以内旁系血亲关系；

（4）近姻亲关系；

（5）可能影响公正执法的其他利害关系。

3. 数电票具有哪些优点？与纸质发票有何区别？

【答案】数电票是与纸质发票具有同等法律效力的全新发票，不以纸质形式存在、不用介质支撑、无须申请领用、发票验旧及申请增版增量。纸质发票的票面信息全面数字化，将多个票种集成归并为电子发票单一票种，数电票实行全国统一赋码、自动流转交付。

（1）领票流程更简化。数电票实现“去介质”，纳税人不再需要预先领取专用税控设备；通过“赋码制”取消特定发票号段申领，发票信息生成后，系统自动分配唯一的发票号码；通过“授信制”自动为纳税人赋予开具金额总额度，实现开票“零前置”。

（2）开票用票更便捷。

①发票服务“一站式”更便捷。纳税人登录电子发票服务平台后，可进行发票开具、交付、查验以及用途勾选等系列操作，享受“一站式”服务，不再像以前需登录多个平台才能完成相关操作。

②发票数据应用更广泛。通过“一户式”“一人式”发票数据归集，加强各税费数据联动，为实现“一表集成”式税费申报预填服务奠定数据基础。

③发票使用满足个性业务需求。数电票破除特定版式要求，增加了 XML 的数据电文格式便利交付，同时保留 PDF、OFD 等格式，降低发票使用成本，提升纳税人用票的便利度和获得感。数电票样式根据不同业务进行差异化展示，为纳税人提供更优质的个性化服务。

④纳税服务渠道更畅通。电子发票服务平台提供征纳互动相关功能，如增加智能咨询，纳税人在开票、受票等过程中，平台自动接收纳税人业务处理过程中存在的问题并进行智能答疑；增设异议提交功能，纳税人对开具金额总额度有异议时，可以通过平台向税务机关提出。

（3）入账归档一体化。通过制发电子发票数据规范、出台电子发票国家标准，实现数电票全流程数字化流转，进一步推进企业和行政事业单位会计核算、财务管理信息化。

五、案例分析题

（一）阅读下列材料，并回答问题：

某稽查局税务稽查人员陈某内外勾结，在某协查案件的查处中，在明知被查对象恶意接受虚开、涉嫌偷税的情况下，接受企业请托，为其出谋划策，将被查对象包装成非偷税情形的善意接受虚开行为，并以超过追征期不予追征税款为理由通过审理，致使企业不缴少缴税款，陈某从企业不缴少缴的税款中分成牟利，并在节假日收受该企业财物。

问：1. 本案税务稽查人员陈某存在哪些问题？

2. 对陈某应追究什么责任？

【答案】

1. 陈某存在下列问题：

（1）玩忽职守，不履行法定义务；

（2）弄虚作假，故意隐瞒案情；

（3）具有接受被查对象的请客送礼等影响公正执行公务的行为；

（4）利用职权为他人牟取利益，并从中牟利。

2. 陈某的行为已构成犯罪，应移送司法部门处理，依法追究刑事责任。同时还应承担相应的行政责任。

（二）阅读下列材料，并回答问题：

李某，原系A市税务局稽查局稽查人员。

2020年1月，群众举报A市SH实业有限公司SH机动车检测站（以下简称SH公司检测站）存在偷逃税款违法行为，要求A市税务局稽查局进行查处。A市税务局稽查局向该局检查部门下达稽查任务书，指令对SH公司检测站2018年、2019年两个年度的纳税情况进行全面稽查。接到稽查任务后，时任检查部门负责人的李某带领稽查人员前往SH公司检测站进行突击检查，并调取了该站2018年、2019年两个年度的财务账册。开展相关稽查工作后，李某查实SH公司检测站在2018年、2019年两年均存在偷逃税款的违法行为，且涉案数额较大。

案件检查期间，A市税务局稽查局副局长蔡某受SH公司检测站法定代表人史某等人请托，违规指示李某对SH公司检测站予以关照，要求李某只查处SH公司检测站2019年一个年度的税务违法问题。根据蔡某的要求，李某向SH公司检测站发出新的执法文书，只稽查2019年涉税问题，而对2018年偷逃的税款20万元违规不予追缴。

在通知SH公司检测站站长史某（另案处理）来其办公室调换新的检查通知书和调账通知书时，李某收受史某所送"感谢费"人民币3万元。李某后来又分别于2020年中秋节及2021年春节两次收受史某所送"感谢费"，共计人民币4000元。

问：1. 本案税务稽查人员李某存在哪些问题？

2. 当上级发出错误的指令时，下级人员正确的做法应该是什么？

【答案】

1. 李某存在下列问题：

（1）接受被查对象的请客送礼，受贿；

（2）徇私舞弊少征税款；

（3）违反法定程序、超越权限行使职权，调换稽查执法文书；

（4）弄虚作假，隐瞒案情；

（5）接受上级错误指令。

（注：读者也可结合工作实际作答。）

2. 依据《中华人民共和国公务员法》规定，公务员执行公务时，认为上级的决定或者命令有错误的，可以向上级提出改正或者撤销该决定或者命令的意见；上级不改变该决定或者命令，或者要求立即执行的，公务员应当执行该决定或者命令，执行的后果由上级负责，公务员不承担责任；但是，公务员执行明显违法的决定或者命令的，应当依法承担相应的责任。

（三）阅读下列材料，并回答问题：

1. X市税务局在对一起稽查案件开展“一案双查”时，发现某区税务局干部林某涉嫌勾结不法分子，通过控制某空壳公司取得虚开发票、虚增进项税额骗取留抵退税。

2. Z市税务局在对一起稽查案件开展“一案双查”时，发现某干部邓某某为某企业在稽查案件查处中“打招呼”，稽查人员未予理会。邓某某又为该企业在稽查案件中出谋划策，编造说辞，提供虚假证据。

3. N市税务局发现某稽查局审理干部郭某某在稽查案件查处时，接受被查对象安排的宴请，事后还接受了被查对象赠送的礼品，其在负责对该被查对象稽查案件的审理中提出了有利于被查对象的审理意见，并通过了稽查局的书面审理，最终作出了有利于被查对象的处理决定。

问：1. 从上述案例中可以看出哪些问题？

2. 针对这些问题，你认为应当如何整改？

【答案】

1. 从上述案例至少可以看出下列问题：

（1）税务系统反腐败斗争形势依然严峻复杂。

（2）个别税务干部法制观念、纪律观念淡漠。

（3）对税务干部的理想信念教育和廉洁从税教育还需加强。

（4）现有的内控机制、分权制约机制在有些环节流于形式，未能完全有效发挥作用。

（5）层层传导压力还不够。

（注：读者也可结合工作实际作答。）

2. 针对上述问题，应当从以下几个方面整改：

（1）强化以案为鉴，坚持把坚定理想信念作为立身之本。

（2）强化以案明责，坚持把推动责任落实作为关键所在。

（3）强化以案促治，坚持把完善制度机制作为重要保障。

（4）强化以案促改，坚持把廉政风险防控作为坚实支撑。

（5）强化以案示警，坚持把震慑警示教育作为有力抓手。

（注：读者也可结合工作实际作答。）

（四）阅读下列材料，并回答问题：

税务稽查信息化工作遵循税收信息化建设规划，整合税务稽查信息基础，深度开发、不断开拓，着力形成信息互通、运转规范、支撑有力的税务稽查信息化体系，不断提升税务稽查工作水平。当前税务稽查信息化主要任务是在统一的税收信息化平台中，集成建设全国统一的融指挥、管理、检查、内控、评价等于一体的税务稽查指挥管理应用系统。税务稽查指挥管理应用系统建设的基本目标在于实现稽查执法流程化、标准化、智能化和稽查管理规范化，为实现“法制完备、手段过硬、信息支撑、力量集约、执法规范、队伍正规”的税务稽查现代化提供有力保障。

要求：根据上述资料，回答下列问题。

1.（单项选择题）税务稽查指挥管理应用系统建设中的“四室一包”中，可用于实现数字化约谈功能的场所是（　　）。

A. 指挥会商室　　B. 稽查询问室

C. 检举接待室　　D. 案件查账室

【解析】税务稽查询问室是用于开展稽查询问等工作的独立固定场所，能够实现数字化约谈的稽查功能。

【答案】B

2.（多项选择题）下列属于税务稽查指挥管理应用系统的应用功能的有（　　）。

A. 稽查案件指挥协调

B. 稽查案件监控管理

C. 稽查成果质效分析

D. 稽查检查实施

【解析】税务稽查指挥管理应用系统的应用功能包括：稽查案件指挥协调、稽查案源管理、稽查任务管理、稽查检查实施、稽查综合业务管理、涉案对象信息管理、稽查案件监控管理、稽查风险防控管理、稽查成果质效分析等。

【答案】ABCD

3.（单项选择题）税务稽查指挥管理应用系统总体架构的“九大业务板块”中，能够实现案情分析研判功能的是（　　）。

A. 稽查任务管理

B. 稽查检查实施

C. 稽查案源管理

D. 稽查案件监控管理

【解析】稽查检查实施板块主要适用于检查实施过程中的数据交互、协同执法、案情研判等各类工作场景，通过案情研判功能，将数据分析贯穿于检查各环节，实现数据导查，提高检查精准性和工作效率。

【答案】B

4.（多项选择题）关于税务稽查案件数字地图的功能，下列说法正确的有（　　）。

A. 可进行数据下钻和动态分析

B. 可以以地图形式多维实时展示全国税务稽查案件的立案数

C. 实现各级稽查办案场所信息交流和远程支持

D. 实现处置突发事件和意外情况

【解析】稽查案件数字地图功能以地图形式多维实时展示全国税务稽查案件的立案数、案件状态、查处结果等情况，并可进行数据下钻和动态分析。选项C、D均属于视频指挥系统的功能。

【答案】AB

错题、要点整理页

第二章　税务稽查相关法律适用

>> 本章知识框架

节	细目	知识点	学习进度
税务稽查法律关系	税务稽查法律关系的主体、客体与内容	【知识点 1】税务稽查法律关系的概念	
		【知识点 2】税务稽查法律关系的主体	
		【知识点 3】税务稽查法律关系的客体	
		【知识点 4】税务稽查法律关系的内容	
		【知识点 5】税务稽查法律关系的产生、变更与消灭	
	税务稽查行政主体的权力与责任	【知识点 1】税务稽查行政主体的权力	
		【知识点 2】税务稽查行政主体的责任	
	税务稽查行政相对人的权利与义务	【知识点 1】税务稽查行政相对人的权利	
		【知识点 2】税务稽查行政相对人的义务	
	法律适用原则	【知识点 1】法律的效力	
		【知识点 2】行政法规的效力	
		【知识点 3】地方性法规的效力	
		【知识点 4】行政规章的效力	
		【知识点 5】自治条例和单行条例的效力	
		【知识点 6】经济特区法规的效力	
		【知识点 7】特别规定与一般规定的适用原则	
		【知识点 8】不溯及既往原则	
		【知识点 9】地方性法规、规章之间不一致的适用原则	
		【知识点 10】刑事司法解释时间效力适用原则	

续表

节	细目	知识点	学习进度
相关行政法律在税务稽查中的适用	《行政处罚法》在税务稽查中的适用	【知识点1】税务行政处罚的实施主体	
		【知识点2】行政处罚的定义和种类	
		【知识点3】行政处罚管辖	
		【知识点4】双向移送和行刑衔接	
		【知识点5】税务行政处罚的追诉时效	
		【知识点6】责令限期改正	
		【知识点7】一事不二罚和竞合从一重处	
		【知识点8】不予行政处罚的情形	
		【知识点9】依法从轻或者减轻行政处罚的情形	
		【知识点10】行政处罚决定的一般要求	
		【知识点11】无过不罚原则	
		【知识点12】行政处罚简易程序——行政处罚简易程序适用范围	
		【知识点13】首违不罚	
		【知识点14】处罚集体审议的范围	
		【知识点15】行政处罚法制审核制度	
		【知识点16】行政处罚一般程序——适用范围	
		【知识点17】行政处罚一般程序——执法程序	
		【知识点18】行政处罚一般程序——证据保全	
		【知识点19】行政处罚一般程序——回避	
		【知识点20】行政处罚一般程序——行政处罚决定	
		【知识点21】行政处罚一般程序——行政处罚决定书	
		【知识点22】行政处罚一般程序——行政处罚决定的送达	
		【知识点23】陈述申辩	
		【知识点24】行政处罚听证程序——听证程序适用范围	
		【知识点25】行政处罚听证程序	
		【知识点26】行政处罚的执行和暂缓或者分期缴纳	

续表

节	细目	知识点	学习进度
相关行政法律在税务稽查中的适用	《行政处罚法》在税务稽查中的适用	【知识点 27】行政处罚的罚缴分离	
		【知识点 28】行政处罚的当场收缴	
		【知识点 29】逾期不履行行政处罚决定的措施	
		【知识点 30】对行政处罚决定不服的行政救济	
		【知识点 31】行政处罚法中时限的计算	
	《行政复议法》在税务稽查中的适用	【知识点 1】行政复议的适用情形	
		【知识点 2】不属于行政复议范围的事项	
		【知识点 3】行政复议附带审查的情形	
		【知识点 4】行政复议参加人	
		【知识点 5】税务行政复议申请人	
		【知识点 6】税务行政复议被申请人	
		【知识点 7】行政复议申请期限	
		【知识点 8】税务行政复议申请期限	
		【知识点 9】行政复议申请方式	
		【知识点 10】行政复议前置的情形	
		【知识点 11】税务行政复议前置的补充情形	
		【知识点 12】复议前置情形告知要求	
		【知识点 13】行政复议的管辖	
		【知识点 14】税务行政复议管辖	
		【知识点 15】行政复议的受理	
		【知识点 16】行政复议的审理	
		【知识点 17】行政复议证据规则	
		【知识点 18】行政复议审理的普通程序	
		【知识点 19】行政复议审理的简易程序	
		【知识点 20】行政复议附带审查程序	
		【知识点 21】行政复议决定	
		【知识点 22】行政复议的调解和和解	
		【知识点 23】行政复议监督制度	
		【知识点 24】行政复议决定书、调解书和意见书的执行	
		【知识点 25】税务机关作出不利影响的具体行政行为的告知义务	

续表

节	细目	知识点	学习进度
相关行政法律在税务稽查中的适用	《行政诉讼法》在税务稽查中的适用	【知识点1】行政诉讼的基本原则——合法性审查原则	
		【知识点2】行政诉讼的基本原则——被告负举证责任原则	
		【知识点3】行政诉讼的基本原则——诉讼期间一般不停止行政行为的执行	
		【知识点4】行政诉讼的基本原则——行政诉讼一般不适用调解	
		【知识点5】行政诉讼的受案范围	
		【知识点6】行政诉讼的管辖——级别管辖	
		【知识点7】行政诉讼的管辖——地域管辖	
		【知识点8】行政诉讼的管辖——选择管辖	
		【知识点9】行政诉讼的管辖——移送管辖	
		【知识点10】行政诉讼的管辖——指定管辖	
		【知识点11】管辖权异议的处理	
		【知识点12】行政诉讼参加人——原告	
		【知识点13】行政诉讼参加人——被告	
		【知识点14】行政诉讼参加人——第三人和诉讼代表人	
		【知识点15】行政诉讼参加人——诉讼代理人	
		【知识点16】出庭应诉的行政机关负责人	
		【知识点17】行政诉讼的基本程序——起诉期限	
		【知识点18】行政诉讼的基本程序——起诉条件	
		【知识点19】行政诉讼的基本程序——受理	
		【知识点20】行政诉讼的第一审程序——起诉	
		【知识点21】行政诉讼的简易程序	
		【知识点22】行政诉讼的第二审程序——上诉权、上诉期限和审理期限	
		【知识点23】行政诉讼的第二审程序——审理方式	
		【知识点24】行政诉讼的第二审程序——二审判决	

续表

节	细目	知识点	学习进度
相关行政法律在税务稽查中的适用	《行政强制法》在税务稽查中的适用	【知识点1】行政强制的内涵	
		【知识点2】行政强制措施的种类	
		【知识点3】行政强制执行的方式	
		【知识点4】行政强制措施的实施程序——一般规定	
		【知识点5】行政强制措施的实施程序——查封、扣押	
		【知识点6】行政强制措施的实施程序——冻结	
		【知识点7】行政机关强制执行措施——一般规定	
		【知识点8】行政机关强制执行措施——金钱给付义务的执行	
		【知识点9】行政机关强制执行措施——代履行	
		【知识点10】申请人民法院强制执行	
		【知识点11】关于人民法院强制执行被执行人财产有关税收问题	
刑事法律在税务稽查中的运用	《刑法》与税法在处罚种类上的衔接	【知识点1】《刑法》与税法在处罚种类上的衔接	
		【知识点2】罚金与罚款的衔接	
		【知识点3】税务机关征缴优先原则	
		【知识点4】没收违法所得、没收非法财物与没收财产的衔接	
	涉税违法行为与《刑法》罪名的衔接	【知识点1】偷税（逃避缴纳税款）与逃税罪的衔接	
		【知识点2】抗税与抗税罪的衔接	
		【知识点3】逃避追缴欠税与逃避追缴欠税罪的衔接	
		【知识点4】骗取出口退税与骗取出口退税罪、逃税罪的衔接	
		【知识点5】虚开发票与虚开增值税专用发票、用于骗取出口退税、抵扣税款发票罪，虚开普通发票罪的衔接	
		【知识点6】伪造发票与伪造、出售伪造的增值税专用发票罪的衔接	
		【知识点7】转让发票与非法出售增值税专用发票罪的衔接	

续表

节	细目	知识点	学习进度
刑事法律在税务稽查中的运用	涉税违法行为与《刑法》罪名的衔接	【知识点8】非法购买发票、购买伪造的发票与非法购买增值税专用发票、购买伪造的增值税专用发票罪；虚开增值税专用发票罪、出售伪造的增值税专用发票罪、非法出售增值税专用发票罪的衔接	
		【知识点9】伪造发票与非法制造、出售非法制造的用于骗取出口退税、抵扣税款发票罪；非法制造、出售非法制造的发票罪；非法出售用于骗取出口退税、抵扣税款发票罪；非法出售发票罪的衔接	
		【知识点10】涉及发票的税收违法行为与盗窃罪、诈骗罪的衔接	
		【知识点11】持有伪造发票与持有伪造发票罪的衔接	
		【知识点12】单位涉税违法行为与单位犯危害税收征管罪的衔接	
		【知识点13】明知他人实施危害税收征管犯罪而仍为其提供账号、资信证明或者其他帮助行为的刑事责任	
		【知识点14】从宽处罚、不起诉或者免予刑事处罚和不作为犯罪处理	
	涉税刑事案件立案追诉标准	【知识点1】逃税案立案追诉标准	
		【知识点2】抗税案立案追诉标准	
		【知识点3】逃避追缴欠税案立案追诉标准	
		【知识点4】骗取出口退税案立案追诉标准	
		【知识点5】虚开增值税专用发票、用于骗取出口退税、抵扣税款发票案立案追诉标准	
		【知识点6】虚开发票案立案追诉标准	
		【知识点7】伪造、出售伪造的增值税专用发票案立案追诉标准	
		【知识点8】非法出售增值税专用发票案立案追诉标准	
		【知识点9】非法购买增值税专用发票、购买伪造的增值税专用发票案立案追诉标准	
		【知识点10】非法制造、出售非法制造的用于骗取出口退税、抵扣税款发票案立案追诉标准	

续表

节	细目	知识点	学习进度
刑事法律在税务稽查中的运用	涉税刑事案件立案追诉标准	【知识点11】非法制造、出售非法制造的发票案立案追诉标准	
		【知识点12】非法出售用于骗取出口退税、抵扣税款发票案立案追诉标准	
		【知识点13】非法出售发票案立案追诉标准	
		【知识点14】持有伪造的发票案立案追诉标准	
		【知识点15】隐匿、故意销毁会计凭证、会计账簿、财务会计报告案立案追诉标准	
		【知识点16】洗钱案立案追诉标准	
	《刑法》第11次修正案中与税务稽查相关的修正内容	【知识点1】刑事责任年龄	
		【知识点2】欺诈发行证券罪	
		【知识点3】违规披露、不披露重要信息罪	
		【知识点4】骗取贷款、票据承兑、金融票证罪	
		【知识点5】侵犯商业秘密罪	
		【知识点6】为境外窃取、刺探、收买、非法提供商业秘密罪	
		【知识点7】提供虚假证明文件罪	
民商法在税务稽查中的适用	关于法人与营利法人的相关规定	【知识点】税务稽查案件中应重点关注的相关条款	
	关于人格权的相关规定	【知识点1】关于人格权的相关规定	
		【知识点2】关于隐私权的相关规定	
		【知识点3】关于个人信息保护的一般要求	
		【知识点4】敏感个人信息的特殊处理规则	
		【知识点5】关于隐私权和个人信息保护中国家机关及其工作人员的责任	
	关于代位权和撤销权的规定	【知识点1】关于代位权的相关规定	
		【知识点2】关于撤销权的相关规定	
	关于期间和送达的规定	【知识点1】《民法典》中关于期间计算的相关规定	
		【知识点2】民事诉讼法中关于期间的相关规定	
		【知识点3】民事诉讼法及相关司法解释中关于送达的相关规定	

>> 习题演练

一、单项选择题

1. 某市税务局第一稽查局根据线索，依法查处了某加油站偷税案件。经查，该加油站通过第三方收款平台和个人账户收款不入账等手段隐匿销售收入，进行虚假申报，少缴增值税等税费600余万元。税务稽查部门依据《税收征收管理法》等相关规定，对该加油站依法追缴少缴税费、加收滞纳金并处罚款共计1000余万元。本案中税务稽查法律关系的产生是由（　　）来决定的。

A.《税收征收管理法》等税法

B. 税务稽查法律关系主体，即稽查局和某加油站

C. 税务稽查法律关系客体，即某加油站取得的销售收入

D. 税务稽查法律事实，即某加油站通过第三方收款平台和个人账户收款不入账等手段隐匿销售收入，进行虚假申报，少缴税款的行为

【解析】税法是引起税务稽查法律关系的前提条件，但税法本身并不能产生具体的税务稽查法律关系。税务稽查法律关系的产生、变更和消灭是由税务稽查法律事实来决定的。税务稽查法律事实，就是税收法律法规规定的、能够引起税务稽查法律关系产生、变更和消灭的事件或行为。其中事件，是指能直接引起稽查法律关系产生、变更和消灭的，不以当事人的意志为转移的客观现象。行为，是指能引起稽查法律关系产生、变更和消灭的人们的某种活动。本题中引起税务稽查法律关系的产生、变更和消灭的税务稽查法律事实是某加油站通过第三方收款平台和个人账户收款不入账等手段隐匿销售收入，进行虚假申报，少缴税款的行为。所以选项D正确。

【答案】D

2. 下列关于法律适用的原则说法不正确的是（　　）。

A.《税收征收管理法》的效力高于《发票管理办法》

B. 行政法规的效力高于地方性法规

C. 行政法规的效力高于部门规章

D. 地方性法规的效力高于地方政府规章

【解析】法律的效力高于行政法规、地方性法规、规章，所以选项A正确；行政法规的效力高于地方性法规、规章，所以选项B、C正确；地方性法规的效力高于本级和下级地方政府规章，所以选项D的说法不正确。

【答案】D

3.《税收征收管理法》与《行政强制法》对“滞纳金”的界定和是否可以超过本

金的规定不一致。假定我们不讨论《税收征收管理法》中的税收滞纳金是否属于《行政强制法》中滞纳金的概念范畴，即假定在二者是同一事项上不存在争议，则关于这个“同一事项”的相关规定如果两部法律之间新的一般规定与旧的特别规定不一致，应当如何适用，下列说法正确的是（　　）。

A. 涉及具体案件由法院判决

B. 由最高人民法院进行司法解释

C. 由国务院裁决

D. 由全国人民代表大会常务委员会裁决

【解析】法律之间对同一事项的新的一般规定与旧的特别规定不一致，不能确定如何适用时，由全国人民代表大会常务委员会裁决。所以选项 D 正确，选项 A、B、C 都不正确。

【答案】D

4. 为适应新时期打击经济犯罪案件工作需要，最高人民检察院、公安部于 2022 年 4 月 6 日研究修订了《最高人民检察院 公安部关于公安机关管辖的刑事案件立案追诉标准的规定（二）》，对部分经济犯罪案件立案追诉标准进行修改完善，自 2022 年 5 月 15 日起施行。旧立案追诉标准同时废止。如果 2023 年立案的税务稽查案件，办案中发现被查对象的违法行为既有发生在 2022 年 5 月 15 日之前，又有发生在 2022 年 5 月 15 日之后，则关于应当如何适用新旧立案追诉标准下列说法正确的是（　　）。

A. 应当适用新标准

B. 应当适用旧标准

C. 发生 2022 年 5 月 15 日之前的适用旧标准，发生在 2022 年 5 月 15 日之后的适用新标准

D. 应当适用从旧兼从轻原则

【解析】对于新的司法解释实施前发生的行为，行为时已有相关司法解释，依照行为时的司法解释办理，但适用新的司法解释对犯罪嫌疑人、被告人有利的，适用新的司法解释。此即为从旧兼从轻原则。选项 A、B、C 表述都不全面。

【答案】D

5. 某协查案件中，发现被查对象丰利企业（化名）具有没有实际经营业务却为他人虚开发票的行为，取得手续费 10 万元，则关于对丰利企业的处理处罚，下列说法正确的是（　　）。

A. 应仅没收丰利企业取得的手续费 10 万元

B. 丰利企业取得的手续费 10 万元视作案情的情节，并根据情节，对其处以高于 10 万元的处罚

C. 应没收丰利企业取得的手续费 10 万元，并对其按虚开发票处以处罚，并移

送司法机关追究刑事责任

D. 应没收丰利企业取得的手续费 10 万元，并对其按虚开发票处以处罚，涉嫌构成犯罪的，依法移送司法机关追究刑事责任

【解析】2021 年修订的《行政处罚法》第二十八条第二款新增“当事人有违法所得，除依法应当退赔的外，应当予以没收。违法所得是指实施违法行为所取得的款项。法律、行政法规、部门规章对违法所得的计算另有规定的，从其规定”。本题所列的稽查案件被查对象丰利企业有违法所得，应当既没收违法所得，又给予相应的处罚，涉嫌构成犯罪的，依法移送司法机关追究刑事责任。选项 A 错在仅没收违法所得，未给予处罚；选项 B 错在仅将手续费视作情节，未采取没收违法所得，就直接给予处罚；选项 C 错在题干中给出的信息没有必然指向已达到了移送标准，所以选项 D 表述最准确。

【答案】D

6. 下列关于行政处罚的管辖说法正确的是（　　）。

A. 行政处罚管辖分为地域管辖和级别管辖

B. 行政处罚一律由县级以上地方人民政府具有行政处罚权的行政机关管辖

C. 两个以上行政机关都有管辖权的，原则上由最先立案的行政机关管辖，特殊情况下可由后立案的行政机关管辖

D. 两个以上行政机关都有管辖权的，但谁都不愿意管辖，可以直接由共同的上一级行政机关指定管辖

【解析】行政处罚管辖分为地域管辖和指定管辖，所以选项 A 错误。行政处罚由县级以上地方人民政府具有行政处罚权的行政机关管辖。法律、行政法规另有规定的，从其规定，如《税收征收管理法》规定了税务所也有处罚权，所以选项 B 错误。两个以上行政机关都有管辖权的，由最先立案的行政机关管辖，所以选项 C 错误。对管辖发生争议的，应当协商解决，协商不成的，报请共同的上一级行政机关指定管辖；也可以直接由共同的上一级行政机关指定管辖。所以选项 D 正确。

【答案】D

7. 某税务行政诉讼中，A 置业公司诉某市税务局稽查局作出税务行政处罚决定不合法，因案件涉及另一房地产公司 B 置业公司，法院将 B 置业公司列为第三人，该稽查案件来源于举报人王某的实名举报，王某的身份为 A 置业公司的原财务负责人，后被 A 置业公司开除。对被诉的税务行政处罚决定是否合法有举证责任的是（　　）。

A. 作为原告的 A 置业公司

B. 作为被告的某市税务局稽查局

C. 作为第三人的 B 置业公司

D. 举报人王某

【解析】《行政诉讼法》第三十四条规定，被告对作出的行政行为负有举证责任，应当提供作出该行政行为的证据和所依据的规范性文件。被告不提供或者无正当理由逾期提供证据，视为没有相应证据。但是，被诉行政行为涉及第三人合法权益，第三人提供证据的除外。所以选项 B 正确。本题为单选，题中未提及被诉行政行为是否涉及第三人 B 置业公司的合法权益，所以 B 置业公司并不必然有举证责任。举报人王某的实名举报虽然是稽查案件的来源方式，但稽查局作出税务行政处罚决定依据的是案件查办过程中收集的证据，所以并不必然承担举证责任。

【答案】B

8. 下列情形属于依法不予行政处罚的情形的是（　　）。

A. 不满 16 周岁的人有违法行为的

B. 已满 16 周岁不满 18 周岁的人有违法行为的

C. 精神病人在不能辨认或者不能控制自己行为时有违法行为的

D. 间歇性精神病人在精神正常时有违法行为的

【解析】《行政处罚法》第三十条规定，不满 14 周岁的人有违法行为的，不予行政处罚，责令监护人加以管教；已满 14 周岁不满 18 周岁的人有违法行为的，应当从轻或者减轻行政处罚。第三十一条规定，精神病人在不能辨认或者不能控制自己行为时有违法行为的，不予行政处罚，但应当责令其监护人严加看管和治疗。间歇性精神病人在精神正常时有违法行为的，应当给予行政处罚。所以选项 A、B 错误，选项 D 不属于依法不予行政处罚的情况。

【答案】C

9. 下列关于行政处罚听证回避说法错误的是（　　）。

A. 当事人认为听证主持人与本案有直接利害关系的，有权申请回避

B. 听证主持人是本案当事人的近亲属，或者认为自己与本案有直接利害关系或其他关系可能影响公正听证的，应当自行提出回避

C. 听证主持人的回避，由组织听证的税务机关负责人决定

D. 对驳回申请回避的决定，当事人不可以再申请复核

【解析】《税务行政处罚听证程序实施办法（试行）》（国税发〔1996〕190 号）第九条规定，当事人认为听证主持人与本案有直接利害关系的，有权申请回避。听证主持人是本案当事人的近亲属，或者认为自己与本案有直接利害关系或其他关系可能影响公正听证的，应当自行提出回避。《税务行政处罚听证程序实施办法（试行）》第十条规定，听证主持人的回避，由组织听证的税务机关负责人决定。对驳回申请回避的决定，当事人可以申请复核一次。选项 D 正确。

【答案】D

10. 某一案件因涉嫌税收违法行为被某稽查局立案后，因当事人出国，并考虑相关

因素，一直未能将立案和检查的相关文书有效送达到当事人手中，后对该稽查案件查办后，拟对当事人进行行政处罚时，关于本案行政处罚的追诉时效产生了争议，因违法行为发生到相关立案和检查的文书有效送达已超过5年，则关于本案的行政处罚的追诉时效的说法正确的是（　　）。

A. 一般情况下，违法行为在2年内未被发现的，不再给予行政处罚，所以本案不得给予处罚

B. 涉及公民生命健康安全、金融安全，违法行为在5年内未被发现的，不再给予行政处罚，所以本案不得给予处罚

C. 行政处罚的追诉时效，从违法行为发生之日起计算；违法行为有连续或者继续状态的，从行为终了之日起计算，本案如果违法行为没有连续状态，则已超过行政处罚追诉时效

D. 任何机关只要启动调查、取证和立案程序，均可视为“发现”；群众举报后被认定属实的，发现时效以举报时间为准。本案中稽查局已经立案，即已发现违法行为，如果发现日期和违法行为发生日期之间在5年内，即可以依法进行行政处罚

【解析】《行政处罚法》规定，违法行为在2年内未被发现的，不再给予行政处罚；涉及公民生命健康安全、金融安全且有危害后果的，上述期限延长至5年。法律另有规定的除外。以上规定的期限，从违法行为发生之日起计算；违法行为有连续或者继续状态的，从行为终了之日起计算。《税收征收管理法》规定，违反税收法律、行政法规应当给予行政处罚的行为，在5年内未被发现的，不再给予行政处罚。任何机关只要启动调查、取证和立案程序，均可视为“发现”；群众举报后被认定属实的，发现时效以举报时间为准。选项A、B、C都没有考虑到追诉时效的计算起点，即发现日的计算，所以作出的关于是否超过行政处罚的追诉时效不正确。选项D正确。

【答案】D

11. 税务机关应当责令当事人改正或者限期改正违法行为的，下列关于责令限期改正的期限说法正确的是（　　）。

A. 责令限期改正的期限一般不超过15日

B. 责令限期改正的期限一般不超过30日

C. 除法律、法规、规章另有规定外，责令限期改正的期限一般不超过15日

D. 除法律、法规、规章另有规定外，责令限期改正的期限一般不超过30日

【解析】税务机关应当责令当事人改正或者限期改正违法行为的，除法律、法规、规章另有规定外，责令限期改正的期限一般不超过30日。

【答案】D

12. 某一协查案件的查处中，稽查局发现当事人的违法行为既违反了《发票管理办

法》不得虚开发票的规定，又因虚开发票造成了不缴少缴税款的后果，属于《税收征收管理法》规定的偷税行为，则对该当事人的处罚下列说法正确的是（　　）。

A. 应对其按虚开发票处罚条款进行处罚

B. 应对其按偷税进行处罚条款处罚

C. 应对其按虚开发票处罚条款和偷税处罚条款分别进行处罚

D. 应对其按虚开发票处罚条款和偷税处罚条款中罚款数额高的规定处罚

【解析】对当事人的同一个违法行为，不得给予两次以上罚款的行政处罚。同一个违法行为违反多个法律规范应当给予罚款处罚的，按照罚款数额高的规定处罚。选项D正确。

【答案】D

13. 税务行政复议中下列可以作为定案依据的证据材料的是（　　）。

A. 证人根据其经历所作的判断、证人的推测或评论

B. 严重违反法定程序收集的证据材料

C. 当事人无正当事由超出举证期限提供的证据材料

D. 询问笔录

【解析】《税务行政复议规则》第五十八条规定，下列证据材料不得作为定案依据：

（1）违反法定程序收集的证据材料。

（2）以偷拍、偷录和窃听等手段获取侵害他人合法权益的证据材料。

（3）以利诱、欺诈、胁迫和暴力等不正当手段获取的证据材料。

（4）无正当事由超出举证期限提供的证据材料。

（5）无正当理由拒不提供原件、原物，又无其他证据印证，且对方不予认可的证据的复制件、复制品。

（6）无法辨明真伪的证据材料。

（7）不能正确表达意志的证人提供的证言。

（8）不具备合法性、真实性的其他证据材料。

行政复议机构依据《税务行政复议规则》第十一条第（二）项规定的职责所取得的有关材料，不得作为支持被申请人具体行政行为的证据。选项D正确。

【答案】D

14. 刑罚的罚种分为主刑和附加刑，下列不属于主刑种类的是（　　）。

A. 罚金　　B. 管制

C. 拘役　　D. 有期徒刑

【解析】选项A是附加刑。

【答案】A

15. 刑罚的种类分为主刑和附加刑，下列属于附加刑种类的是（　　）。

A. 无期徒刑　　B. 死刑

C. 没收财产　　D. 没收非法财物

【解析】选项A、B是主刑，选项D是行政处罚。

【答案】C

16. 公民、法人或者其他组织不服复议决定的，可以在收到复议决定书之日起（　　）内向人民法院提起诉讼。复议机关逾期不作决定的，申请人可以在复议期满之日起（　　）内向人民法院提起诉讼。法律另有规定的除外。

A. 15日；15日　　B. 30日；30日

C. 3个月；3个月　　D. 6个月；6个月

【解析】《行政诉讼法》第四十五条规定，公民、法人或者其他组织不服复议决定的，可以在收到复议决定书之日起15日内向人民法院提起诉讼。复议机关逾期不作决定的，申请人可以在复议期满之日起15日内向人民法院提起诉讼。法律另有规定的除外。选项A正确。

【答案】A

17. 公民、法人或者其他组织直接向人民法院提起诉讼的，应当自知道或者应当知道作出行政行为之日起（　　）内提出。法律另有规定的除外。

A. 15日　　B. 30日

C. 3个月　　D. 6个月

【解析】《行政诉讼法》第四十六条第一款规定，公民、法人或者其他组织直接向人民法院提起诉讼的，应当自知道或者应当知道作出行政行为之日起6个月内提出。法律另有规定的除外。选项D正确。

【答案】D

18. 因不动产提起诉讼的案件自行政行为作出之日起超过（　　），其他案件自行政行为作出之日起超过（　　）提起诉讼的，人民法院不予受理。

A. 5年；5年　　B. 20年；20年

C. 20年；5年　　D. 5年；20年

【解析】《行政诉讼法》第四十六条第二款规定，因不动产提起诉讼的案件自行政行为作出之日起超过20年，其他案件自行政行为作出之日起超过5年提起诉讼的，人民法院不予受理。选项C正确。

【答案】C

19. 公民、法人或者其他组织申请行政机关履行保护其人身权、财产权等合法权益的法定职责，行政机关在接到申请之日起（　　）内不履行的，公民、法人或者其他组织可以向人民法院提起诉讼。法律、法规对行政机关履行职责的期限另有规定的，从其规定。

A. 30 日　　B. 1 个月

C. 60 日　　D. 2 个月

【解析】《行政诉讼法》第四十七条规定，公民、法人或者其他组织申请行政机关履行保护其人身权、财产权等合法权益的法定职责，行政机关在接到申请之日起2个月内不履行的，公民、法人或者其他组织可以向人民法院提起诉讼。法律、法规对行政机关履行职责的期限另有规定的，从其规定。公民、法人或者其他组织在紧急情况下请求行政机关履行保护其人身权、财产权等合法权益的法定职责，行政机关不履行的，提起诉讼不受上述规定期限的限制。选项 D 正确。

【答案】D

20. 因不动产提起的行政诉讼，下列人民法院有管辖权的是（　　）。

A. 不动产所在地人民法院管辖

B. 原告所在地人民法院管辖

C. 被告所在地人民法院管辖

D. 行为发生地人民法院管辖

【解析】《行政诉讼法》第二十条规定，因不动产提起的行政诉讼，由不动产所在地人民法院管辖。选项 A 正确。

【答案】A

21. 某省税务局稽查局依法查处了某科技有限公司虚开增值税专用发票案件。经查，该公司涉嫌逃避追缴欠税 800 余万元。请问纳税人欠缴应纳税款，采取转移或者隐匿财产的手段，致使税务机关无法追缴欠缴的税款，刑事案件立案追诉标准是（　　）。

A. 税款数额在 5000 元以上

B. 税款数额在 1 万元以上

C. 税款数额在 5 万元以上

D. 税款数额在 10 万元以上

【解析】2022 年 5 月 15 日起施行的《最高人民检察院 公安部关于公安机关管辖的刑事案件立案追诉标准的规定（二）》（以下简称新《立案追诉标准的规定（二）》）规定，纳税人欠缴应纳税款，采取转移或者隐匿财产的手段，致使税务机关无法追缴欠缴的税款，数额在 1 万元以上的，应予立案追诉。选项 B 正确。

【答案】B

22. 为确保出口退税政策落实到位，助力稳外贸促发展，某市税务、公安、人民银行等部门联合依法查处某国际贸易有限公司骗取出口退税案件。经查，该公司取得虚开的增值税专用发票，采用以他人货物充当自有货物、低值高报等方式骗取出口退税。税务部门依据《税收征收管理法》及相关规定，追缴骗取出口退税 1500 余万元，不予退税 12 余万元。人民法院作出判决，该贸易有限公司犯骗取出口退税罪，处罚金；主犯犯骗取出口退税罪，分别被判处有期徒刑，并处罚金。请问，以假报出口或者其他欺骗手段，骗取国家出口退税款，刑事案件立案追诉标准是（　　）。

A. 税款数额在 5000 元以上

B. 税款数额在 1 万元以上

C. 税款数额在 5 万元以上

D. 税款数额在 10 万元以上

【解析】根据新《立案追诉标准的规定（二）》规定，以假报出口或者其他欺骗手段，骗取国家出口退税款，数额在 10 万元以上的，应予立案追诉。选项 D 正确。

【答案】D

23. 某省税务局稽查局依法查处了某科技有限公司虚开增值税专用发票案件。经查，该公司在未发生真实交易的情况下，对外虚开增值税专用发票 105 份。虚开增值税专用发票，刑事案件立案追诉标准是（　　）。

A. 虚开的税款数额在 5 万元以上或者造成国家税款损失数额在 5 万元以上的，应予立案追诉

B. 虚开的税款数额在 5 万元以上且造成国家税款损失数额在 5 万元以上的，应予立案追诉

C. 虚开的税款数额在 10 万元以上或者造成国家税款损失数额在 5 万元以上的，应予立案追诉

D. 虚开的税款数额在 10 万元以上且造成国家税款损失数额在 5 万元以上的，应予立案追诉

【解析】根据新《立案追诉标准的规定（二）》规定，虚开增值税专用发票或者虚开用于骗取出口退税、抵扣税款的其他发票，虚开的税款数额在 10 万元以上或者造成国家税款损失数额在 5 万元以上的，应予立案追诉。选项 C 正确。

【答案】C

24. 下列情形中，应予立案追诉刑事责任的是（　　）。

A. 虚开不可抵扣增值税的普通发票金额累计为 40 万元

B. 虚开不可抵扣增值税的普通发票 100 份且票面金额为 20 万元

C. 5 年内因虚开不可抵扣增值税的普通发票受过刑事处罚或者 2 次以上行政处罚，又虚开不可抵扣增值税的普通发票，金额为 30 万元

D. 5 年内因虚开不可抵扣增值税的普通发票受过刑事处罚或者 2 次以上行政处罚，又虚开不可抵扣增值税的普通发票，发票 60 份且票面金额为 15 万元

【解析】根据新《立案追诉标准的规定（二）》规定，虚开《刑法》第二百零五条规定以外的其他发票，涉嫌下列情形之一的，应予立案追诉：①虚开发票金额累计在

50 万元以上的；②虚开发票 100 份以上且票面金额在 30 万元以上的；③5 年内因虚开发票受过刑事处罚或者 2 次以上行政处罚，又虚开发票，数额达到第①、②项标准 60% 以上的。选项 C 正确。

【答案】C

25. 下列关于税务行政复议的表述中，错误的是（　　）。

A. 因纳税问题引起的争议，税务行政复议是税务行政诉讼的必经前置程序，未经复议不能向法院起诉，经复议仍不服的，才能起诉

B. 税务行政复议的受案范围仅限于税务机关作出的税务具体行政行为

C. 有权申请行政复议的法人或者其他组织发生合并、分立或终止的，承受其权利义务的法人或者其他组织可以申请行政复议

D. 申请人、第三人、被申请人可以委托代理人代为参加行政复议

【解析】申请人、第三人可以委托一至二名律师、基层法律服务工作者或者其他代理人代为参加行政复议。选项 D 错在被申请人不可以委托代理人。

【答案】D

26. 税务行政复议机关市税务局认定行政复议被申请人市税务局跨区域稽查局所作具体行政行为存在主要事实不清、证据不足的情形，则复议机关市税务局可以决定（　　）。

A. 驳回税务行政复议申请

B. 确认该税务具体行政行为违法

C. 维持该税务具体行政行为

D. 撤销该税务具体行政行为，责令被申请人市税务局跨区域稽查局限期重新作出税务具体行政行为

【解析】《税务行政复议规则》第七十五条规定，被申请人的具体行政行为主要事实不清、证据不足的，行政复议机构决定撤销、变更或者确认该具体行政行为违法；决定撤销或者确认该具体行政行为违法的，可以责令被申请人在一定期限内重新作出具体行政行为。

【答案】D

27. 下列情形，纳税人不服，依法不能申请行政复议的是（　　）。

A. 税务机关改变税款征收方式

B. 税务机关作出税务行政指导行为

C. 税务机关不予精神损害赔偿

D. 税务机关拒绝给付举报奖励

【解析】《税务行政复议规则》第十四条规定，税务行政复议的受案范围包括 12 项。其中，改变税款征收方式、不予行政赔偿、拒绝给付举报奖励等均属于税务行政

复议的受案范围。所以选项 A、C、D 正确。税务行政指导行为不属于税务行政复议的受案范围，纳税人不能对此申请复议。所以选项 B 符合题意。

【答案】B

28. 某企业为增值税一般纳税人，某市税务局第一稽查局对其依法作出查补税款的决定，企业对查补税款的数额有异议，下列企业可以采取的正确做法是（　　）。

A. 既可以提起行政复议，也可以直接向人民法院提起行政诉讼

B. 必须先经过行政复议，才能向法院提起行政诉讼

C. 如果申请行政复议，且对复议决定不服的，可在接到复议决定书之日起 10 日内向法院起诉

D. 如果税务机关未告知企业诉权和起诉期限，致使企业起诉逾期的，其起诉期限从该企业知道或者应当知道诉权或者起诉期限之日起计算，但从知道或者应当知道具体行政行为内容之日起最长不得超过 1 年。如果应当知道起诉期限 1 年内未起诉，诉权丧失

【解析】《税收征收管理法》第八十八条规定，纳税人、扣缴义务人、纳税担保人同税务机关在纳税上发生争议时，必须先依照税务机关的纳税决定缴纳或者解缴税款及滞纳金或者提供相应的担保，然后可以依法申请行政复议；对行政复议决定不服的，可以依法向人民法院起诉。所以选项 A 错误，选项 B 正确。《行政诉讼法》第四十五条规定，公民、法人或者其他组织不服复议决定的，可以在收到复议决定书之日起 15 日内向人民法院提起诉讼。选项 C 期限错误。《最高人民法院关于执行〈中华人民共和国行政诉讼法〉若干问题的解释》（法释〔2000〕8 号）第四十一条规定，行政机关作出具体行政行为时，未告知公民、法人或者其他组织诉权或者起诉期限的，起诉期限从公民、法人或者其他组织知道或者应当知道诉权或者起诉期限之日起计算，但从知道或者应当知道具体行政行为内容之日起最长不得超过 2 年。选项 D 错在时间。应当知道起诉期限 2 年内未起诉，诉权才丧失。

【答案】B

29. 目前税务机关仍在执行的税务行政许可事项是（　　）。

A. 增值税防伪税控系统最高开票限额审批

B. 纳税人延期缴纳税款的核准

C. 对纳税人变更纳税定额的核准

D. 企业印制发票审批

【解析】“对纳税人延期缴纳税款的核准”“对纳税人延期申报的核准”“对纳税人变更纳税定额的核准”“对采取实际利润额预缴以外的其他企业所得税预缴方式的核定”“企业印制发票审批”等事项已不再作为行政许可事项管理。

【答案】A

30. 公务员辞去公职或者退休的，原系领导成员、县处级以上领导职务的公务员在离职（　　）年内，其他公务员在离职（　　）年内，不得到与原工作业务直接相关的企业或者其他营利性组织任职，不得从事与原工作业务直接相关的营利性活动。

A. 3；2　　B. 2；1

C. 5；3　　D. 3；1

【解析】公务员辞去公职或者退休的，原系领导成员、县处级以上领导职务的公务员在离职3年内，其他公务员在离职2年内，不得到与原工作业务直接相关的企业或者其他营利性组织任职，不得从事与原工作业务直接相关的营利性活动。

【答案】A

31. 税务机关的工作人员违反法律、行政法规的规定，在办理发售发票工作中，徇私舞弊，致使国家利益遭受重大损失的，处（　　）年以下有期徒刑或者拘役。

A. 1　　B. 3

C. 5　　D. 7

【解析】税务机关的工作人员违反法律、行政法规的规定，在办理发售发票、抵扣税款、出口退税工作中，徇私舞弊，致使国家利益遭受重大损失的，处5年以下有期徒刑或者拘役；致使国家利益遭受特别重大损失的，处5年以上有期徒刑。

【答案】C

32. 某行政复议案件中，申请人为某企业，被申请人为某行政机关，下列关于该行政复议案件中的举证责任说法正确的是（　　）。

A. 被申请人对其作出的行政行为的合法性、适当性均负有举证责任

B. 认为被申请人不履行法定职责的，一律应当由申请人提供曾经要求被申请人履行法定职责的证据

C. 提出行政赔偿请求的，一律应当由申请人提供受行政行为侵害而造成损害的证据

D. 被申请人仅对其作出的行政行为的合法性负有举证责任

【解析】被申请人对其作出的行政行为的合法性、适当性负有举证责任，选项A正确。有下列情形之一的，申请人应当提供证据：①认为被申请人不履行法定职责的，提供曾经要求被申请人履行法定职责的证据，但是被申请人应当依职权主动履行法定职责或者申请人因正当理由不能提供的除外；②提出行政赔偿请求的，提供受行政行为侵害而造成损害的证据，但是因被申请人原因导致申请人无法举证的，由被申请人承担举证责任；③法律、法规规定需要申请人提供证据的其他情形。故选项B、C、D错误。

【答案】A

33. 逃税罪的最轻的主刑刑罚是（　　）。

A. 罚金　　　　B. 拘役

C. 有期徒刑　　　　D. 无期徒刑

【解析】《刑法》第三十三条规定，主刑的种类包括：管制、拘役、有期徒刑、无期徒刑和死刑。《刑法》第二百零一条规定，纳税人采取欺骗、隐瞒手段进行虚假纳税申报或者不申报，逃避缴纳税款数额较大并且占应纳税额10%以上的，处3年以下有期徒刑或者拘役。其最低的主刑为拘役，故选项B正确。选项A，罚金不是主刑，属于附加刑。

【答案】B

34. 税务机关采取税收强制措施时，下列被执行人的财产不能纳入税收强制措施范围的是（　　）。

A. 唯一的一辆机动车

B. 被执行人父母居住的在被执行人名下的别墅

C. 新购入的价值560元的小金豆

D. 新购入的价值4800元的美容护肤品

【解析】税务机关对单价5000元以下的其他生活用品，不采取税收强制措施和强制执行措施。

【答案】D

35. 稽查局办理税务稽查案件时，税务行政处罚决定应当依法公开。公开的行政处罚决定被依法变更、撤销、确认违法或者确认无效的，应当在规定时间内撤回原行政处罚决定信息并公开说明理由，规定时间是（　　）。

A. 1个工作日　　　　B. 2个工作日

C. 3个工作日　　　　D. 24小时

【解析】《税务稽查案件办理程序规定》第四十四条第二款规定，税务行政处罚决定应当依法公开。公开的行政处罚决定被依法变更、撤销、确认违法或者确认无效的，应当在3个工作日内撤回原行政处罚决定信息并公开说明理由。

【答案】C

36. 下面所列只能由法律设定的行政处罚是（　　）。

A. 罚款

B. 行政拘留

C. 没收违法所得

D. 吊销企业营业执照

【解析】《行政处罚法》第十条规定，法律可以设定各种行政处罚。限制人身自由的行政处罚，只能由法律设定。

【答案】B

37. 为进一步落实党中央、国务院关于优化营商环境的决策部署，2022 年税务行政许可事项减少至 1 项。该税务行政许可事项是（　　）。

A. 企业印制发票审批

B. 对纳税人延期缴纳税款的核准

C. 增值税防伪税控系统最高开票限额审批

D. 对采取实际利润额预缴以外的其他企业所得税预缴方式的核定

【解析】2022 年 9 月，根据《国务院办公厅关于全面实行行政许可事项清单管理的通知》附件《法律、行政法规、国务院决定设定的行政许可事项清单（2022 年版）》，税务总局发布了《税务行政许可事项清单（2022 年版）》（国家税务总局公告 2022 年第 19 号），编列“增值税防伪税控系统最高开票限额审批”1 项税务行政许可事项，“对纳税人延期缴纳税款的核准”“对纳税人延期申报的核准”“对纳税人变更纳税定额的核准”“对采取实际利润额预缴以外的其他企业所得税预缴方式的核定”“企业印制发票审批”等 5 个事项不再作为行政许可事项管理。

【答案】C

38. 下列文书中，不适用税务文书电子送达的是（　　）。

A. 处罚决定书（不含简易程序处罚）

B. 责令限期改正通知书

C. 税务事项通知书（限期缴纳税款通知）

D. 核定定额通知书

【解析】税务处理决定书、税务行政处罚决定书（不含简易程序处罚）、税收保全措施决定书、税收强制执行决定书、阻止出境决定书以及税务稽查、税务行政复议过程中使用的税务文书等暂不适用文书电子送达。

【答案】A

39. 下列关于行政处罚的实施，说法不正确的是（　　）。

A. 实施行政处罚，可以纠正违法行为

B. 实施行政处罚应当坚持处罚与教育相结合

C. 实施行政处罚的目的是教育公民、法人或者其他组织自觉守法

D. 实施行政处罚可以不遵循法律规定

【解析】《行政处罚法》第六条规定，实施行政处罚，纠正违法行为，应当坚持处罚与教育相结合，教育公民、法人或者其他组织自觉守法。

【答案】D

40. 下列关于行政处罚的说法，错误的是（　　）。

A. 行政处罚不需要遵循公正、公开的原则

B. 设定和实施行政处罚必须以事实为依据

C. 对违法行为给予行政处罚的规定必须公布

D. 未经公布的，不得作为行政处罚的依据

【解析】《行政处罚法》第五条规定，行政处罚遵循公正、公开的原则。设定和实施行政处罚必须以事实为依据。对违法行为给予行政处罚的规定必须公布；未经公布的，不得作为行政处罚的依据。

【答案】A

41. 税务机关对公民处以一定数额以下的罚款时适用简易程序。该数额是（　　）元。

A. 50　　B. 100

C. 200　　D. 1000

【解析】《行政处罚法》第五十一条规定，违法事实确凿并有法定依据，对公民处以200元以下、对法人或者其他组织处以3000元以下罚款或者警告的行政处罚的，可以当场作出行政处罚决定。

【答案】C

42. 行政相对人申请行政复议，（　　）。

A. 可以书面申请，也可以口头申请

B. 应当书面申请

C. 应当口头申请

D. 不能口头申请

【解析】《行政复议法》第二十二条规定，申请人申请行政复议，可以书面申请，也可以口头申请；口头申请的，行政复议机关应当当场记录申请人的基本情况、行政复议请求、申请行政复议的主要事实、理由和时间。

【答案】A

43. 公民、法人或者其他组织认为具体行政行为侵犯其合法权益的，可以自知道该具体行政行为之日起（　　）内提出行政复议申请；但是法律另有规定的除外。

A. 15 日　　B. 30 日

C. 45 日　　D. 60 日

【解析】《行政复议法》第二十条规定，公民、法人或者其他组织认为具体行政行为侵犯其合法权益的，可以自知道该具体行政行为之日起60日内提出行政复议申请；但是法律规定的申请期限超过60日的除外。

【答案】D

44. 下列各项中，不属于行政复议范围的是（　　）。

A. 对税务机关的征税行为不服

B. 对税务机关作出的罚款决定不服

C. 对税务机关不依法给予举报奖励的行为不服

D. 对税务机关作出的给予其职工降职处分决定不服

【解析】当事人不服行政机关作出的行政处分或者其他人事决定时，不能提起行政复议。

【答案】D

45. 根据《国家赔偿法》规定，税务行政赔偿的义务主体是（　　）。

A. 国家

B. 拨付赔偿金的财政机关

C. 违法行使职权的税务机关工作人员

D. 违法行使职权的税务机关

【解析】《国家赔偿法》第七条第一款规定，行政机关及其工作人员行使行政职权侵犯公民、法人和其他组织的合法权益造成损害的，该行政机关为赔偿义务机关。

【答案】D

46. 下列有关行政处罚与民事、刑事责任的说法不正确的是（　　）。

A. 违法行为对他人造成损害的，应当依法承担民事责任

B. 违法行为构成犯罪，应当依法追究刑事责任

C. 刑事责任可以以行政处罚代替刑事处罚

D. 刑事责任不得以行政处罚代替刑事处罚

【解析】《行政处罚法》第八条规定，公民、法人或者其他组织因违法行为受到行政处罚，其违法行为对他人造成损害的，应当依法承担民事责任。违法行为构成犯罪，应当依法追究刑事责任的，不得以行政处罚代替刑事处罚。

【答案】C

47. 《行政强制法》规定的行政强制实施主体不包括（　　）。

A. 法律规定的行政机关

B. 行政法规规定的行政机关

C. 法律、行政法规授权的具有管理公共事务职能的组织

D. 受行政机关委托的组织

【解析】根据《行政强制法》第七十条规定，行政强制措施的实施主体是行政机关，以及法律、行政法规授权的具有管理公共事务职能的组织。

【答案】D

48. 下列财产不能办理纳税担保抵押的是（　　）。

A. 抵押人所有的房屋和其他地上定着物

B. 抵押人所有的机器、交通运输工具

C. 抵押人依法有权处分的国有的房屋

D. 所有权、使用权不明或者有争议的财产

【解析】《纳税担保试行办法》第十七条规定，下列财产不得抵押：①土地所有权；②土地使用权，但该办法第十六条规定的除外；③学校、幼儿园、医院等以公益为目的的事业单位、社会团体、民办非企业单位的教育设施、医疗卫生设施和其他社会公益设施；④所有权、使用权不明或者有争议的财产；⑤依法被查封、扣押、监管的财产；⑥依法定程序确认为违法、违章的建筑物；⑦法律、行政法规规定禁止流通的财产或者不可转让的财产；⑧经设区的市、自治州以上税务机关确认的其他不予抵押的财产。

【答案】D

49. 税务机关承担赔偿责任的情形包括（　　）。

A. 税务机关工作人员与行使行政管理职权无关的个人行为

B. 因公民、法人或者其他组织自己的行为致使损害发生的

C. 损害纳税人合法财产权的征税行为

D. 制定税收规范性文件

【解析】税务机关工作人员与行使行政管理职权无关的个人行为、因公民、法人或者其他组织自己的行为致使损害发生的以及法律规定的其他情形的，税务机关不要承担赔偿责任。制定税收规范性文件是抽象行政行为。

【答案】C

50. 某个体工商户李某为达到不缴纳税款的目的，用暴力威胁前来催缴税款的税务干部张某、王某，并导致张某轻微伤。李某的行为涉嫌构成（　　）。

A. 抗税罪　　B. 逃税罪

C. 故意杀人罪　　D. 故意伤害罪

【解析】根据《刑法》第二百零二条规定，李某的行为涉嫌构成抗税罪。

【答案】A

51. 不动产物权的设立、变更、转让和消灭，应当依照法律规定（　　）。

A. 登记　　B. 通知

C. 声明　　D. 交付

【解析】根据《民法典》第二百零八条规定，不动产物权的设立、变更、转让和消灭，应当依照法律规定登记。

【答案】A

52. 税务行政处罚决定书应当在宣告后当场交付当事人；当事人不在场的，税务机关应当在法定限期内将行政处罚决定书送达当事人。下列选项中，符合现行法律规定的法定限期为（　　）。

A. 3 日内　　B. 5 日内

C. 7 日内　　　　　　　　　　D. 10 日内

【解析】《行政处罚法》第六十一条规定，行政处罚决定书应当在宣告后当场交付当事人；当事人不在场的，行政机关应当在 7 日内依照《民事诉讼法》的有关规定，将行政处罚决定书送达当事人。

【答案】C

53. 某纳税人对其所在地的市税务局稽查局作出逾期不缴纳罚款加处罚款的行政行为不服，遂决定申请行政复议。下列选项中，符合现行法律规定的是（　　）。

A. 先缴纳罚款再申请行政复议

B. 先缴纳罚款和加处罚款再申请行政复议

C. 直接申请行政复议

D. 先缴纳加处罚款再申请行政复议

【解析】《税务行政复议规则》第三十四条第二款规定，申请人对税务机关作出逾期不缴纳罚款加处罚款的决定不服的，应当先缴纳罚款和加处罚款，再申请行政复议。

【答案】B

54. 2024 年 8 月，某稽查局在将某涉嫌虚开增值税专用发票犯罪案件移送公安机关立案前，未进行税务处罚，在人民法院判处罚金后，稽查局的做法正确的是（　　）。

A. 依据法院处理结果给予行政罚款

B. 加处罚款，但数额不得超出罚金的数额

C. 不再给予罚款

D. 给予 0.5 ~ 5 倍罚款

【解析】《行政处罚法》第三十五条规定，违法行为构成犯罪，人民法院判处罚金时，行政机关已经给予当事人罚款的，应当折抵相应罚金；行政机关尚未给予当事人罚款的，不再给予罚款。

【答案】C

55. 税务行政处罚决定依法作出后，当事人逾期既不申请行政复议也不向法院起诉又不履行的，税务机关依法可以采取的措施是（　　）。

A. 每日按罚款数额的 2% 加收罚款

B. 被执行人确有经济困难的，减免罚款

C. 申请公安机关强制执行

D. 将查封、扣押的财物拍卖以抵缴罚款

【解析】《行政处罚法》规定，当事人逾期不履行行政处罚决定的，作出行政处罚决定的行政机关可以采取下列措施：①到期不缴纳罚款的，每日按罚款数额的 3% 加处罚款；②根据法律规定，将查封、扣押的财物拍卖或者将冻结的存款划拨抵缴罚款；

③申请人民法院强制执行。当事人确有经济困难，需要延期或者分期缴纳罚款的，经当事人申请和行政机关批准，可以暂缓或者分期缴纳。因此，选项 D 正确。

【答案】D

56. 在税务行政复议中，不可以达成和解或调解情形的是（　　）。

A. 行政处罚　　B. 行政审批

C. 行政赔偿　　D. 行政奖励

【解析】《税务行政复议规则》第八十六条规定，对下列行政复议事项，按照自愿、合法的原则，申请人和被申请人在行政复议机关作出行政复议决定以前可以达成和解，行政复议机关也可以调解：①行使自由裁量权作出的具体行政行为，如行政处罚、核定税额、确定应税所得率等；②行政赔偿；③行政奖励；④存在其他合理性问题的具体行政行为。

【答案】B

57. 下列各项中，不可能成为行政诉讼案件被告的是（　　）。

A. 作出具体行政行为的行政机关

B. 经复议改变原具体行政行为的复议机关

C. 行政机关被撤销后，继续行使其职权的行政机关

D. 作出具体行政行为的公务员

【解析】《行政诉讼法》第二十六条规定，公民、法人或者其他组织直接向人民法院提起诉讼的，作出行政行为的行政机关是被告。经复议的案件，复议机关决定维持原行政行为的，作出原行政行为的行政机关和复议机关是共同被告；复议机关改变原行政行为的，复议机关是被告。两个以上行政机关作出同一行政行为，共同作出行政行为的行政机关是共同被告。由法律、法规授权的组织所作的行政行为，该组织是被告。由行政机关委托的组织所作的行政行为，委托的行政机关是被告。行政机关被撤销的，继续行使其职权的行政机关是被告。

【答案】D

58. 根据《行政处罚法》的规定，下列选项中不属于应当依法从轻或者减轻行政处罚的情形的是（　　）。

A. 已满 14 周岁不满 18 周岁的人有违法行为的

B. 主动消除或者减轻违法行为危害后果的

C. 不满 14 周岁的人有违法行为的

D. 主动供述行政机关尚未掌握的违法行为的

【解析】《行政处罚法》第三十条规定，不满 14 周岁的未成年人有违法行为的，不予行政处罚，责令监护人加以管教；已满 14 周岁不满 18 周岁的未成年人有违法行为的，应当从轻或者减轻行政处罚。第三十二条当事人有下列情形之一，应当从轻或者

减轻行政处罚：①主动消除或者减轻违法行为危害后果的；②受他人胁迫或者诱骗实施违法行为的；③主动供述行政机关尚未掌握的违法行为的；④配合行政机关查处违法行为有立功表现的；⑤法律、法规、规章规定其他应当从轻或者减轻行政处罚的。

【答案】C

59. 当事人到期不缴纳罚款的，作出行政处罚决定的行政机关可以对其每日按罚款数额的3%加处罚款。该加处罚款属于（　　）。

A. 行政处罚　　B. 行政强制措施

C. 行政强制执行　　D. 行政警告

【解析】《行政强制法》第十二条规定，行政强制执行的方式包括：①加处罚款或者滞纳金；②划拨存款、汇款；③拍卖或者依法处理查封、扣押的场所、设施或者财物；④排除妨碍、恢复原状；⑤代履行；⑥其他强制执行方式。故加处罚款属于一种行政强制执行，选项C正确。

【答案】C

60. 2024年3月25日，某公司采取假报出口或者其他欺骗手段，骗取国家出口退税款8万元，涉嫌构成的罪名可能是（　　）。

A. 骗取出口退税罪　　B. 假冒出口罪

C. 逃税罪　　D. 不构成犯罪

【解析】新《立案追诉标准的规定（二）》第五十五条规定，以假报出口或者其他欺骗手段，骗取国家出口退税款，数额在10万元以上的，应予立案追诉。

【答案】D

61. 检查过程中，检查人员按规定依法责成纳税人提供纳税担保，下列可以作为纳税担保人的是（　　）。

A. 有偷税行为被税务机关、司法机关追究过法律责任未满2年

B. 因有税收违法行为正在被稽查局立案查处

C. 纳税人存在欠税行为

D. 纳税信用级别被评为B级的纳税人

【解析】《全国税务稽查规范（1.2版）》规定，有以下情形之一的，不得作为纳税保证人：有偷税、抗税、骗税、逃避追缴欠税行为被税务机关、司法机关追究过法律责任未满2年的；因有税收违法行为正在被税务机关立案处理或者涉嫌刑事犯罪被司法机关立案侦查的；纳税信用级别被评为C级以下的；在主管税务机关所在地的市（地、州）没有住所的自然人或者税务登记不在本市（地、州）的企业；无民事行为能力或者限制民事行为能力的自然人；与纳税人存在担保关联关系的；有欠税行为的。

【答案】D

62. 行政机关作出的行政处罚不适用听证制度的是（　　）。

A. 暂扣许可证

B. 较大数额罚款

C. 责令停产停业

D. 没收较大数额违法所得

【解析】《行政处罚法》第六十三条规定，行政机关拟作出下列行政处罚决定，应当告知当事人有要求听证的权利，当事人要求听证的，行政机关应当组织听证：①较大数额罚款；②没收较大数额违法所得、没收较大价值非法财物；③降低资质等级、吊销许可证件；④责令停产停业、责令关闭、限制从业；⑤其他较重的行政处罚；⑥法律、法规、规章规定的其他情形。

【答案】A

63. 某市稽查局经审理，决定对被查对象处罚并下发《税务行政处罚告知书》，其不服提出陈述申辩，下列做法正确的是（　　）。

A. 被查对象口头提出陈述申辩意见，稽查人员据申辩内容制作《陈述申辩意见书》

B. 案件检查人员进行了实地核查并制作《陈述申辩意见复核报告》，说明对当事人陈述申辩意见的复核及采纳情况，并重点说明不采纳的理由及依据

C. 经复核调整原告知违法事实、依据和处罚意见内容，审理人员重新制作《税务稽查审理报告》《税务稽查审理审批表》报请审批

D. 稽查局审批完成后，案件处理违法事实和依据发生改变，减少原处罚金额，审理人员制作《税务行政处罚决定书》并送达被查对象

【解析】选项A，被查对象口头提出陈述申辩，应当制作《陈述申辩笔录》；选项B，应由审理人员制作《陈述申辩意见复核报告》；选项D，涉及新的违法事实或者依据，应当重新制作并送达《税务行政处罚事项告知书》。

【答案】C

64. 关于听证的中止、终止情形，下列表述错误的是（　　）。

A. 听证主持人认为证据有疑问无法听证辨明，可能影响税务行政处罚准确公正的，可以宣布中止听证

B. 听证过程中，当事人或者其代理人申请对有关证据进行重新核实，或者提出延期听证，是否准许，应当由听证主持人决定

C. 听证过程中，当事人或者其代理人放弃申辩和质证权利，声明退出听证会，或者不经听证主持人许可擅自退出听证会的，听证主持人可以宣布听证终止

D. 听证过程中，若当事人或者其代理人严重违反听证秩序，致使听证无法进行的，听证主持人或者稽查局局长可以终止听证

【解析】《全国税务稽查规范（1.2版）》规定，当事人或者其代理人在听证过程中申请对有关证据进行重新核实，或者提出延期听证，是否准许，由听证主持人或者稽查局局长决定。

【答案】B

65. 纳税担保范围不包括的是（　　）。

A. 税款

B. 滞纳金

C. 罚款

D. 实现税款、滞纳金的费用

【解析】纳税担保的范围包括税款、滞纳金和实现税款、滞纳金的费用。

【答案】C

66. 关于“一事不二罚”原则，下列表述正确的是（　　）。

A. “一事不二罚”中的处罚不仅指罚款，还包括可以实施税务行政处罚中的其他处罚

B. “可以按罚款数额的百分之三加处罚款”并不违反“一事不二罚”

C. 纳税人对逾期不改正税收违法行为，如果税务机关先前已对该税收违法行为进行了罚款，对该“逾期不改正行为”可再予以罚款

D. 纳税人的数个违法行为，税务机关不能分别予以处罚

【解析】“一事不二罚”原则是指，对当事人的同一个违法行为，不得给予两次以上罚款的行政处罚。

【答案】B

67. 税务机关对甲公司作出强制执行决定前，责令其限期缴纳税款，体现的行政程序基本制度是（　　）。

A. 告知制度　　B. 催告制度

C. 时效制度　　D. 补救制度

【解析】略

【答案】B

68. 某税务稽查局查办A公司骗取国家出口退税案件。对于骗取国家出口退税类案件，现行规定应予立案追诉的数额是（　　）。

A. 5000元以上　　B. 1万元以上

C. 5万元以上　　D. 10万元以上

【解析】《最高人民检察院 公安部关于公安机关管辖的刑事案件立案追诉标准的规

定（二）》第五十五条规定，以假报出口或者其他欺骗手段，骗取国家出口退税款，数额在10万元以上的，应予立案追诉。

【答案】D

二、多项选择题

1. 因被实名举报偷税，某企业被某市税务局稽查局立案查处，下列关于该企业在税务稽查案件的查办中拥有的权利说法正确的有（　　）。

A. 要求税务稽查部门和税务稽查人员为其案件中提供的工作秘密保密的权利

B. 对未出示税务检查证或《税务检查通知书》检查行为的拒绝的权利

C. 对税务稽查案件查办过程中稽查局拟认定的违法事实进行陈述和申辩权利

D. 对稽查局作出的结论性意见申请行政复议权和提起行政诉讼的权利

【解析】税务稽查行政相对人的权利主要表现为要求保密权、要求回避权、陈述权、申辩权、对未出示税务检查证或《税务检查通知书》检查行为的拒绝权、要求听证权、申请行政复议权、提起行政诉讼权、请求国家赔偿权等。

【答案】ABCD

2. 如果地方性法规与部门规章之间对同一事项的规定不一致，或部门规章之间、部门规章与地方政府规章之间对同一事项的规定不一致，则具体适用时，下列说法正确的有（　　）。

A. 地方性法规与部门规章之间对同一事项的规定不一致，不能确定如何适用时，由国务院提出意见，国务院认为应当适用地方性法规的，应当决定在该地方适用地方性法规的规定

B. 地方性法规与部门规章之间对同一事项的规定不一致，不能确定如何适用时，由国务院提出意见，国务院认为应当适用部门规章的，应当决定适用部门规章的规定

C. 部门规章之间对同一事项的规定不一致时，由国务院裁决

D. 部门规章与地方政府规章之间对同一事项的规定不一致时，由国务院裁决

【解析】地方性法规与部门规章之间对同一事项的规定不一致，不能确定如何适用时，由国务院提出意见，国务院认为应当适用地方性法规的，应当决定在该地方适用地方性法规的规定；认为应当适用部门规章的，应当提请全国人民代表大会常务委员会裁决。所以选项A正确，选项B错误；部门规章之间、部门规章与地方政府规章之间对同一事项的规定不一致时，由国务院裁决，所以选项C、D正确。

【答案】ACD

3. 某一行政案件查办中，行政机关发现违法行为涉嫌犯罪的，下列处理正确的有（　　）。

A. 行政机关应当及时将案件移送司法机关，依法追究刑事责任

B. 司法机关对接受移送的行政案件，对依法不需要追究刑事责任，司法机关应当及时将案件移送有关行政机关

C. 司法机关对接受移送的行政案件，对依法免予刑事处罚，司法机关应当及时将案件移送有关行政机关

D. 行政处罚实施机关与司法机关之间应当加强协调配合，建立健全案件移送制度，加强证据材料移交、接收衔接，完善案件处理信息通报机制

【解析】违法行为涉嫌犯罪的，行政机关应当及时将案件移送司法机关，依法追究刑事责任，选项 A 正确。对依法不需要追究刑事责任或者免予刑事处罚，但应当给予行政处罚的，司法机关应当及时将案件移送有关行政机关，选项 B、C 错误。行政处罚实施机关与司法机关之间应当加强协调配合，建立健全案件移送制度，加强证据材料移交、接收衔接，完善案件处理信息通报机制。选项 D 正确。

【答案】AD

4. 当事人有（　　）情形之一的，应当依法从轻或者减轻行政处罚。

A. 主动消除违法行为危害后果的

B. 受他人胁迫实施违法行为的

C. 主动供述行政机关尚未掌握的违法行为的

D. 配合行政机关查处违法行为有立功表现的

【解析】当事人有下列情形之一的，应当依法从轻或者减轻行政处罚：

（1）已满 14 周岁不满 18 周岁的未成年人有违法行为的，应当从轻或者减轻行政处罚；

（2）尚未完全丧失辨认或者控制自己行为能力的精神病人、智力残疾人有违法行为的，可以从轻或者减轻行政处罚；

（3）主动消除或者减轻违法行为危害后果的；

（4）受他人胁迫或者诱骗实施违法行为的；

（5）主动供述行政机关尚未掌握的违法行为的；

（6）配合行政机关查处违法行为有立功表现的；

（7）法律、法规、规章规定其他应当从轻或者减轻行政处罚的。

【答案】ABCD

5. 下列关于行政机关在作出行政处罚决定之前，应当告知当事人的事项有（　　）。

A. 拟作出行政处罚的内容

B. 拟作出行政处罚的事实

C. 拟作出行政处罚的理由、依据

D. 当事人依法享有的陈述、申辩、要求听证、复议和诉讼等权利

【解析】行政机关在作出行政处罚决定之前，应当告知当事人拟作出行政处罚内容及事实、理由、依据，并告知当事人依法享有的陈述、申辩、要求听证等权利。复议和诉讼等权利应当在作出处罚决定时告知。

【答案】ABC

6. 一般情况下，下列可以当场作出行政处罚决定的有（　　）。

A. 违法事实确凿并有法定依据，对公民处以 100 元罚款

B. 违法事实确凿并有法定依据，对公民处以 200 元罚款

C. 违法事实确凿并有法定依据，对法人或者其他组织处以警告

D. 违法事实确凿并有法定依据，对法人或者其他组织处以 3000 元罚款

【解析】违法事实确凿并有法定依据，对公民处以 200 元以下、对法人或者其他组织处以 3000 元以下罚款或者警告的行政处罚的，可以当场作出行政处罚决定。法律另有规定的，从其规定。

【答案】ABCD

7. 以下税务行政处罚案件，应当经过集体审议决定的有（　　）。

A. 情节复杂的税务行政处罚案件

B. 争议较大的税务行政处罚案件

C. 处罚较重的税务行政处罚案件

D. 影响较广的税务行政处罚案件

【解析】对情节复杂、争议较大、处罚较重、影响较广或者拟减轻处罚等税务行政处罚案件，应当经过集体审议决定。

【答案】ABCD

8. 下列关于行政处罚中的证据保全措施说法正确的有（　　）。

A. 行政机关在收集证据时，如发现证据可能灭失的情况下，经行政机关负责人批准，可以先行登记保存

B. 行政机关在收集证据时，如发现证据以后难以取得的情况下，经行政机关负责人批准，可以先行登记保存

C. 行政机关进行证据保存后，应当在 7 日内及时作出处理决定

D. 已登记保存的证据，在行政机关作出处理决定之前，当事人或者有关人员不得销毁或者转移证据

【解析】行政机关在收集证据时，可以采取抽样取证的方法；在证据可能灭失或者以后难以取得的情况下，经行政机关负责人批准，可以先行登记保存，并应当在 7 日内及时作出处理决定，在此期间，当事人或者有关人员不得销毁或者转移证据。选项 A、B、C 正确，选项 D 错在如果行政机关 7 日内及时作出处理决定，当事人或者有关

人员在此期间不得销毁或者转移证据；如果行政机关7日之内未能及时作出处理决定，超过期，当事人或者有关人员不再有保存此证据的法定义务。

【答案】ABC

9. 下列关于行政处罚决定的送达说法正确的有（　　）。

A. 行政处罚决定书应当在宣告后当场交付当事人；当事人不在场的，行政机关应当依照民事诉讼法的有关规定，将行政处罚决定书送达当事人

B. 当事人同意的，行政机关可以采用微信的方式，将行政处罚决定书等送达当事人

C. 税务稽查过程中使用的税务文书都暂不适用电子送达

D. 经受送达人同意，税务机关可以采用电子送达方式送达税务文书。电子送达与其他送达方式具有同等法律效力。受送达人可以据此办理涉税事宜，行使权利、履行义务。电子送达，是指税务机关通过电子税务局等特定系统向纳税人、扣缴义务人送达电子版式税务文书

【解析】行政处罚决定书应当在宣告后当场交付当事人；当事人不在场的，行政机关应当依照民事诉讼法的有关规定，将行政处罚决定书送达当事人。选项A正确。

当事人同意并签订确认书的，行政机关可以采用传真、电子邮件等方式，将行政处罚决定书等送达当事人。选项B错在未签订确认书，同时微信的方式并不在正列举范围之内，虽然有“等方式”，其送达程序的有效性需要更加严谨。

税务稽查、税务行政复议过程中使用的税务文书等暂不适用电子送达。选项C正确。

经受送达人同意，税务机关可以采用电子送达方式送达税务文书。电子送达与其他送达方式具有同等法律效力。受送达人可以据此办理涉税事宜，行使权利、履行义务。电子送达，是指税务机关通过电子税务局等特定系统向纳税人、扣缴义务人送达电子版式税务文书。选项D正确。

【答案】ACD

10. 自然人享有隐私权，任何组织或者个人不得以刺探、侵扰、泄露、公开等方式侵害他人的隐私权。下列属于隐私的有（　　）。

A. 自然人的私人生活安宁

B. 自然人不愿为他人知晓的私密空间

C. 自然人不愿为他人知晓的私密活动

D. 自然人不愿为他人知晓的私密信息

【解析】自然人享有隐私权。任何组织或者个人不得以刺探、侵扰、泄露、公开等方式侵害他人的隐私权。隐私是自然人的私人生活安宁和不愿为他人知晓的私密空间、私密活动、私密信息。选项A、B、C、D都正确。

【答案】ABCD

11. 下列关于行政处罚听证终止说法正确的有（　　）。

A. 当事人或者其代理人应当按照税务机关的通知参加听证，无正当理由不参加的，视为放弃听证权利。听证应当予以终止

B. 本案调查人员应当按照税务机关的通知参加听证，无正当理由不参加的，视为放弃听证权利。听证应当予以终止

C. 听证过程中，当事人或者其代理人放弃申辩和质证权利，声明退出听证会；或者不经听证主持人许可擅自退出听证会的，听证主持人可以宣布听证终止

D. 当事人或者其代理人违反听证秩序，不听制止，致使听证无法进行的，听证主持人或者税务机关可以终止听证

【解析】《税务行政处罚听证程序实施办法（试行）》（国税发〔1996〕190 号）第十二条规定，当事人或者其代理人应当按照税务机关的通知参加听证，无正当理由不参加的，视为放弃听证权利。听证应当予以终止。选项 A 正确。本案调查人员有上述规定情形的，不影响听证的进行。所以选项 B 错误。本案调查人员应当按照税务机关的通知参加听证，无正当理由不参加的，不影响听证的进行。《税务行政处罚听证程序实施办法（试行）》（国税发〔1996〕190 号）第十六条规定，听证过程中，当事人或者其代理人放弃申辩和质证权利，声明退出听证会；或者不经听证主持人许可擅自退出听证会的，听证主持人可以宣布听证终止。选项 C 正确。《税务行政处罚听证程序实施办法（试行）》（国税发〔1996〕190 号）第十七条规定，听证过程中，当事人或者其代理人、本案调查人员、证人及其他人员违反听证秩序，听证主持人应当警告制止；对不听制止的，可以责令其退出听证会场。当事人或者其代理人有上述规定严重行为致使听证无法进行的，听证主持人或者税务机关可以终止听证。选项 D 正确。

【答案】ACD

12. 在税务行政复议审查时，行政复议机关应当根据案件的具体情况，从（　　）方面审查证据的合法性。

A. 证据是否符合法定形式

B. 证据的取得是否符合法律、法规、规章和司法解释的规定

C. 提供证据的人或者证人与行政复议参加人是否具有利害关系

D. 证据是否为原件、原物，复制件、复制品与原件、原物是否相符

【解析】《税务行政复议规则》第五十五条规定，行政复议机关应当根据案件的具体情况，从以下方面审查证据的合法性：

（1）证据是否符合法定形式。

（2）证据的取得是否符合法律、法规、规章和司法解释的规定。

（3）是否有影响证据效力的其他违法情形。

【答案】AB

13. 人民法院不受理公民、法人或者其他组织对（　　）事项提起的诉讼。

A. 国防、外交等国家行为

B. 行政法规、规章或者行政机关制定、发布的具有普遍约束力的决定、命令

C. 行政机关对行政机关工作人员的奖惩、任免等决定

D. 法律规定由行政机关最终裁决的行政行为

【解析】《行政诉讼法》第十三条规定，人民法院不受理公民、法人或者其他组织对下列事项提起的诉讼：

（1）国防、外交等国家行为；

（2）行政法规、规章或者行政机关制定、发布的具有普遍约束力的决定、命令；

（3）行政机关对行政机关工作人员的奖惩、任免等决定；

（4）法律规定由行政机关最终裁决的行政行为。

【答案】ABCD

14. 税务稽查中下列事项如果被提起税务行政复议，按照自愿、合法的原则，申请人和被申请人在行政复议机关作出行政复议决定以前可以达成和解的有（　　）。

A. 对涉税违法行为进行行政处罚

B. 对未按规定正确核算收入的被查对象进行核定征收

C. 对税务稽查过程中采取税收保全措施不当给被查对象造成的直接损失给予的行政赔偿

D. 对查处举报过程中根据贡献大小给予举报人的举报奖励

【解析】当事人在行政复议决定作出前可以自愿达成和解，和解内容不得损害国家利益、社会公共利益和他人合法权益，不得违反法律、法规的强制性规定。

当事人达成和解后，由申请人向行政复议机构撤回行政复议申请。行政复议机构准予撤回行政复议申请、行政复议机关决定终止行政复议的，申请人不得再以同一事实和理由提出行政复议申请。但是，申请人能够证明撤回行政复议申请违背其真实意愿的除外。

《税务行政复议规则》第八十六条规定，对下列行政复议事项，按照自愿、合法的原则，申请人和被申请人在行政复议机关作出行政复议决定以前可以达成和解，行政复议机关也可以调解：

（1）行使自由裁量权作出的具体行政行为，如行政处罚、核定税额、确定应税所得率等。

（2）行政赔偿。

（3）行政奖励。

（4）存在其他合理性问题的具体行政行为。

【答案】ABCD

15. 下列属于行政处罚的种类的有（　　）。

A. 警告　　B. 限制从业

C. 通报批评　　D. 行政拘留

【解析】《行政处罚法》第九条规定，行政处罚的种类包括：①警告、通报批评；②罚款、没收违法所得、没收非法财物；③暂扣许可证件、降低资质等级、吊销许可证件；④限制开展生产经营活动、责令停产停业、责令关闭、限制从业；⑤行政拘留；⑥法律、行政法规规定的其他行政处罚。

【答案】ABCD

16. 根据《行政诉讼法》的规定，下列人员可以被委托为诉讼代理人的有（　　）。

A. 律师、基层法律服务工作者

B. 当事人的近亲属

C. 当事人的工作人员

D. 当事人所在社区、单位以及有关社会团体推荐的公民

【解析】《行政诉讼法》第三十一条规定，当事人、法定代理人，可以委托1~2人作为诉讼代理人。下列人员可以被委托为诉讼代理人：

（1）律师、基层法律服务工作者；

（2）当事人的近亲属或者工作人员；

（3）当事人所在社区、单位以及有关社会团体推荐的公民。

【答案】ABCD

17. 下列属于中级人民法院管辖的第一审行政案件有（　　）。

A. 对国务院部门或者县级以上地方人民政府所作的行政行为提起诉讼的第一审案件

B. 海关处理的第一审案件

C. 本辖区内重大第一审案件

D. 本辖区内复杂第一审案件

【解析】《行政诉讼法》第十五条规定，中级人民法院管辖下列第一审行政案件：

（1）对国务院部门或者县级以上地方人民政府所作的行政行为提起诉讼的案件；

（2）海关处理的案件；

（3）本辖区内重大、复杂的案件；

（4）其他法律规定由中级人民法院管辖的案件。

【答案】ABCD

18. 对限制人身自由的行政强制措施不服提起的诉讼，下列（　　）人民法院有权管辖。

A. 原告所在地

B. 被告所在地

C. 行为发生地

D. 提起诉讼的近亲属所在地

【解析】《行政诉讼法》第十九条规定，对限制人身自由的行政强制措施不服提起的诉讼，由被告所在地或者原告所在地人民法院管辖。

【答案】AB

19. 在行政复议期间可以停止执行具体行政行为的情形有（　　）。

A. 行政复议机关认为需要停止执行的

B. 申请人认为需要停止执行的

C. 被申请人认为需要停止执行的

D. 第三人申请停止执行的，行政复议机关认为其要求合理，决定停止执行

【解析】行政复议期间具体行政行为不停止执行，但是有下列情形之一的，应当停止执行：

（1）被申请人认为需要停止执行。

（2）行政复议机关认为需要停止执行。

（3）申请人、第三申请人申请停止执行，行政复议机关认为其要求合理，决定停止执行。

（4）法律、法规、规章规定停止执行的其他情形。

【答案】ACD

20. 根据最新修订的《行政复议法》，下列属于行政复议决定类型的有（　　）。

A. 行政复议决定变更行政行为

B. 行政复议决定撤销或者部分撤销行政行为

C. 行政复议决定确认行政行为无效

D. 行政复议决定驳回复议请求

【解析】行政复议决定类型有：①行政复议决定变更行政行为；②行政复议决定撤销或者部分撤销行政行为；③行政复议决定确认行政行为违法；④行政复议决定限期履行行政行为；⑤行政复议决定确认行政行为无效；⑥行政复议决定维持行政行为；⑦行政复议决定驳回复议请求；⑧涉及行政协议的行政复议决定（承担依法订立、继续履行、采取补救措施或赔偿损失等责任）；⑨行政复议决定给予补偿。

【答案】ABCD

21. 根据最新修订的《行政复议法》，行政行为有下列（　　）情形的，行政复议

机关应当决定变更该行政行为。

A. 被复议的行政行为事实清楚，证据确凿，适用依据正确，程序合法，但是内容不适当

B. 被复议的行政行为事实清楚，证据确凿，程序合法，但是未正确适用依据

C. 被复议的行政行为事实不清、证据不足，但经行政复议机关查清事实和证据

D. 被复议的行政行为事实清楚，但证据不足

【解析】行政行为有下列情形之一的，行政复议机关决定变更该行政行为：①事实清楚，证据确凿，适用依据正确，程序合法，但是内容不适当；②事实清楚，证据确凿，程序合法，但是未正确适用依据；③事实不清、证据不足，经行政复议机关查清事实和证据。行政复议机关不得作出对申请人更为不利的变更决定，但是第三人提出相反请求的除外。

【答案】ABCD

22. 根据最新修订的《行政复议法》，行政行为有下列（　　）情形的，行政复议机关应当决定确认该行政行为违法。

A. 被复议的行政行为依法应予撤销，但是撤销会给国家利益、社会公共利益造成重大损害

B. 被复议的行政行为程序轻微违法，但是对申请人权利不产生实际影响

C. 被复议的行政行为违法，但是不具有可撤销内容

D. 被申请人不履行或者拖延履行法定职责

【解析】行政行为有下列情形之一的，行政复议机关不撤销该行政行为，但是确认该行政行为违法：①依法应予撤销，但是撤销会给国家利益、社会公共利益造成重大损害；②程序轻微违法，但是对申请人权利不产生实际影响。行政行为有下列情形之一，不需要撤销或者责令履行的，行政复议机关确认该行政行为违法：①行政行为违法，但是不具有可撤销内容；②被申请人改变原违法行政行为，申请人仍要求撤销或者确认该行政行为违法；③被申请人不履行或者拖延履行法定职责，责令履行没有意义。选项 A、B、C 正确，选项 D 只有在责令履行没有意义的前提下，行政复议机关应当决定确认该行政行为违法。

【答案】ABCD

23. 在税务行政诉讼中，属于不需要撤销或者判决履行，而是由人民法院判决确认税务行政行为违法的情形有（　　）。

A. 被告改变原违法行政行为，原告仍要求确认原行政行为违法的

B. 行政行为违法，但不具有可撤销内容的

C. 税务行政行为明显不当的

D. 被告不履行或者拖延履行法定职责，判决履行没有意义的

【解析】《行政诉讼法》第七十四条第二款规定，行政行为有下列情形之一，不需要撤销或者判决履行的，人民法院判决确认违法：

（1）行政行为违法，但不具有可撤销内容的；

（2）被告改变原违法行政行为，原告仍要求确认原行政行为违法的；

（3）被告不履行或者拖延履行法定职责，判决履行没有意义的。

【答案】ABD

24. 下列逃税案件中，应予立案追诉刑事责任的有（　　）。

A. 纳税人采取欺骗、隐瞒手段进行虚假纳税申报或者不申报，逃避缴纳税款，数额在 5 万元以上并且占各税种应纳税总额的 10% 以上，经税务机关依法下达追缴通知后，不补缴应纳税款、不缴纳滞纳金或者不接受行政处罚的

B. 纳税人采取欺骗、隐瞒手段进行虚假纳税申报或者不申报，逃避缴纳税款，数额在 10 万元以上并且占各税种应纳税总额的 10% 以上，经税务机关依法下达追缴通知后，不补缴应纳税款、不缴纳滞纳金或者不接受行政处罚的

C. 扣缴义务人采取欺骗、隐瞒手段，不缴或者少缴已扣、已收税款，数额在 5 万元以上的

D. 扣缴义务人采取欺骗、隐瞒手段，不缴或者少缴已扣、已收税款，数额在 10 万元以上的

【解析】根据新《立案追诉标准的规定（二）》规定，对公安机关管辖的部分经济犯罪案件立案追诉标准进行修改完善，逃避缴纳税款，涉嫌下列情形之一的，应予立案追诉：①纳税人采取欺骗、隐瞒手段进行虚假纳税申报或者不申报，逃避缴纳税款，数额在 10 万元以上并且占各税种应纳税总额 10% 以上，经税务机关依法下达追缴通知后，不补缴应纳税款、不缴纳滞纳金或者不接受行政处罚的；②纳税人 5 年内因逃避缴纳税款受过刑事处罚或者被税务机关给予 2 次以上行政处罚，又逃避缴纳税款，数额在 10 万元以上并且占各税种应纳税总额 10% 以上的；③扣缴义务人采取欺骗、隐瞒手段，不缴或者少缴已扣、已收税款，数额在 10 万元以上的。纳税人在公安机关立案后再补缴应纳税款、缴纳滞纳金或者接受行政处罚的，不影响刑事责任的追究。

【答案】BD

25. 下列关于非法出售增值税专用发票案立案追诉标准，说法正确的有（　　）。

A. 非法出售增值税专用发票票面税额累计在 10 万元以上的

B. 非法出售增值税专用发票 10 份以上且票面税额在 6 万元以上的

C. 非法获利数额在 1 万元以上的

D. 非法获利数额在 10 万元以上的

【解析】根据新《立案追诉标准的规定（二）》规定，非法出售增值税专用发票，

涉嫌下列情形之一的，应予立案追诉：①票面税额累计在10万元以上的；②非法出售增值税专用发票10份以上且票面税额在6万元以上的；③非法获利数额在1万元以上的。

【答案】ABC

26. 下列关于非法出售用于骗取出口退税、抵扣税款发票案立案追诉标准，说法正确的有（　　）。

A. 非法出售用于骗取出口退税、抵扣税款的其他发票票面可以退税、抵扣税额累计在10万元以上的

B. 非法出售用于骗取出口退税、抵扣税款的其他发票10份以上且票面可以退税、抵扣税额在6万元以上的

C. 非法出售用于骗取出口退税、抵扣税款的其他发票20份以上且票面可以退税、抵扣税额在6万元以上的

D. 非法获利数额在10万元以上的

【解析】根据新《立案追诉标准的规定（二）》规定，非法出售可以用于骗取出口退税、抵扣税款的其他发票，涉嫌下列情形之一的，应予立案追诉：①票面可以退税、抵扣税额累计在10万元以上的；②非法出售用于骗取出口退税、抵扣税款的其他发票10份以上且票面可以退税、抵扣税额在6万元以上的；③非法获利数额在1万元以上的。

【答案】AB

27. 以暴力、威胁方法拒不缴纳税款，涉嫌（　　）情形的，应予立案追诉。

A. 造成税务工作人员轻微伤以上的

B. 造成税务工作人员轻伤以上的

C. 以给税务工作人员及其亲友的生命、健康、财产等造成损害为威胁，抗拒缴纳税款的

D. 聚众抗拒缴纳税款的

【解析】根据新《立案追诉标准的规定（二）》规定，以暴力、威胁方法拒不缴纳税款，涉嫌下列情形之一的，应予立案追诉：①造成税务工作人员轻微伤以上的；②以给税务工作人员及其亲友的生命、健康、财产等造成损害为威胁，抗拒缴纳税款的；③聚众抗拒缴纳税款的；④以其他暴力、威胁方法拒不缴纳税款的。

【答案】ABCD

28. 下列关于非法出售发票案立案追诉标准说法正确的有（　　）。

A. 非法出售普通发票40份以上，应予立案追诉

B. 非法出售普通发票100份以上，应予立案追诉

C. 非法出售普通发票票面额累计在40万元以上的，应予立案追诉

D. 非法出售普通发票票面额累计在100万元以上的，应予立案追诉

【解析】根据新《立案追诉标准的规定（二)》第六十八条规定，非法出售普通发票100份以上或者票面额累计在40万元以上的，应予立案追诉。

【答案】BC

29. 行政执法“三项制度”的具体内容包括（　　）。

A. 行政执法公示制度

B. 行政执法全过程记录制度

C. 重大执法决定法制审核制度

D. 重大事项集体审议制度

【解析】行政执法“三项制度”是指行政执法公示制度、行政执法全过程记录制度和重大执法决定法制审核制度。

【答案】ABC

30. 2023年7月20日，国务院总理李强签署《国务院关于修改和废止部分行政法规的决定》(国务院令第764号)，对（　　）等14部行政法规的部分条款予以修改。

A. 《中华人民共和国发票管理办法》

B. 《中华人民共和国国际海运条例》

C. 《中华人民共和国认证认可条例》

D. 《中华人民共和国道路运输条例》

【解析】以上四项均符合题意，详见《国务院关于修改和废止部分行政法规的决定》(国务院令第764号)。

【答案】ABCD

31. 行政机关拟作出下列（　　）行政处罚决定，应当告知当事人有要求听证的权利，当事人要求听证的，行政机关应当组织听证。

A. 较大数额罚款

B. 没收违法所得、没收非法财物

C. 吊销许可证件

D. 责令停产停业

【解析】行政机关拟作出下列行政处罚决定，应当告知当事人有要求听证的权利，当事人要求听证的，行政机关应当组织听证：①较大数额罚款；②没收较大数额违法所得、没收较大价值非法财物；③降低资质等级、吊销许可证件；④责令停产停业、责令关闭、限制从业；⑤其他较重的行政处罚；⑥法律、法规、规章规定的其他情形。所以选项A、C、D都正确，选项B错在忽略了“较大数额”，并不是所有的没收违法所得和没收非法财物都有听证的程序。

【答案】ACD

32. 下列关于行政处罚决定的缴纳说法正确的有（　　）。

A. 除当场收缴外，当事人应当自收到行政处罚决定书之日起 15 日内，到指定的银行或者通过电子支付系统缴纳罚款

B. 行政处罚决定依法作出后，当事人应当在行政处罚决定书载明的期限内予以履行。当事人确有经济困难，需要分期缴纳罚款的，行政机关可以决定分期缴纳

C. 除当场收缴外，作出罚款决定的行政机关应当与收缴罚款的机构应当分离

D. 当场收缴的罚款外，作出行政处罚决定的行政机关及其执法人员不得自行收缴罚款

【解析】行政处罚决定依法作出后，当事人应当在行政处罚决定书载明的期限内予以履行。当事人确有经济困难，需要延期或者分期缴纳罚款的，经当事人申请和行政机关批准，可以暂缓或者分期缴纳。作出罚款决定的行政机关应当与收缴罚款的机构分离。除依照《行政处罚法》第六十八条、第六十九条的规定当场收缴的罚款外，作出行政处罚决定的行政机关及其执法人员不得自行收缴罚款。当事人应当自收到行政处罚决定书之日起 15 日内，到指定的银行或者通过电子支付系统缴纳罚款。银行应当收受罚款，并将罚款直接上缴国库。故选项 A、C、D 正确。选项 B，当事人应当先申请分期缴纳罚款，行政机关才可以批准同意；不申请，行政机关不可以直接作出决定分期缴纳罚款的决定。

【答案】ACD

33. 依照《行政许可法》的规定，出现下列情形的，行政机关应当依法办理有关行政许可的注销手续的有（　　）。

A. 行政许可有效期届满未延续的

B. 赋予公民特定资格的行政许可，该公民死亡或者丧失行为能力的

C. 法人或者其他组织依法终止的

D. 因不可抗力导致行政许可事项无法实施的

【解析】《行政许可法》第七十条规定，有下列情形之一的，行政机关应当依法办理有关行政许可的注销手续：①行政许可有效期届满未延续的；②赋予公民特定资格的行政许可，该公民死亡或者丧失行为能力的；③法人或者其他组织依法终止的；④行政许可依法被撤销、撤回，或者行政许可证件依法被吊销的；⑤因不可抗力导致行政许可事项无法实施的；⑥法律、法规规定的应当注销行政许可的其他情形。

【答案】ABCD

34. 依照《行政许可法》第七十条的规定，出现下列情形，行政机关应当依法办理有关行政许可的注销手续的有（　　）。

A. 行政许可有效期届满未延续的

B. 赋予公民特定资格的行政许可，该公民死亡或者丧失行为能力的

C. 法人或者其他组织依法终止的

D. 因不可抗力导致行政许可事项无法实施的

【解析】略

【答案】ABCD

35. 行政许可申请的方式有（ ）。

A. 口头　　B. 信函

C. 传真　　D. 电子邮件

【解析】《行政许可法》第二十九条第三款规定，行政许可申请可以通过信函、电报、电传、传真、电子数据交换和电子邮件等方式提出。

【答案】BCD

36. 2023 年修正的《立法法》规定，下列事项只能制定法律的有（ ）。

A. 犯罪和刑罚

B. 税种的设立

C. 税率的确定

D. 税收征收管理等税收基本制度

【解析】《立法法》第十一条规定，下列事项只能制定法律：①国家主权的事项；②各级人民代表大会、人民政府、监察委员会、人民法院和人民检察院的产生、组织和职权；③民族区域自治制度、特别行政区制度、基层群众自治制度；④犯罪和刑罚；⑤对公民政治权利的剥夺、限制人身自由的强制措施和处罚；⑥税种的设立、税率的确定和税收征收管理等税收基本制度；⑦对非国有财产的征收、征用；⑧民事基本制度；⑨基本经济制度以及财政、海关、金融和外贸的基本制度；⑩诉讼制度和仲裁基本制度；⑪必须由全国人民代表大会及其常务委员会制定法律的其他事项。

【答案】ABCD

37. 当事人确有经济困难，需要延期或者分期交纳罚款的，经当事人申请和行政机关批准，可以（ ）交纳。

A. 不必　　B. 暂缓

C. 分期　　D. 减少

【解析】《行政处罚法》第六十六条规定，当事人确有经济困难，需要延期或者分期交纳罚款的，经当事人申请和行政机关批准，可以暂缓或者分期交纳。

【答案】BC

38. 对下列事项的行政复议，按照合法、自愿的原则，稽查局可在复议机关作出决定前，与申请人达成和解，也可由复议机关进行调解。这些事项包括（ ）。

A. 行使自由裁量权　　B. 行政赔偿

C. 行政处罚　　　　　　　　　　D. 行政奖励

【解析】对行使自由裁量权、行政赔偿、行政奖励以及存在其他合理性问题的具体行政行为的行政复议，按照合法、自愿的原则，稽查局可在复议机关作出决定前，与申请人达成和解，也可由复议机关进行调解。

【答案】ABD

39. 根据《行政处罚法》规定，当事人有下列情形之一，应当从轻或者减轻行政处罚（　　）。

A. 主动消除或者减轻违法行为危害后果的

B. 受他人胁迫或者诱骗实施违法行为的

C. 主动供述行政机关尚未掌握的违法行为的

D. 违法行为轻微并及时改正，没有造成危害后果的

【解析】根据《行政处罚法》第三十二条规定，当事人有下列情形之一，应当从轻或者减轻行政处罚：①主动消除或者减轻违法行为危害后果的；②受他人胁迫或者诱骗实施违法行为的；③主动供述行政机关尚未掌握的违法行为的；④配合行政机关查处违法行为有立功表现的；⑤法律、法规、规章规定其他应当从轻或者减轻行政处罚的。第三十三条规定，违法行为轻微并及时改正，没有造成危害后果的，不予行政处罚。初次违法且危害后果轻微并及时改正的，可以不予行政处罚。当事人有证据足以证明没有主观过错的，不予行政处罚。法律、行政法规另有规定的，从其规定。对当事人的违法行为依法不予行政处罚的，行政机关应当对当事人进行教育。选项A、B、C属于应当从轻或者减轻行政处罚的情形，选项D属于不予行政处罚的情形。

【答案】ABC

40. 不予税务行政处罚的情形包括（　　）。

A. 首次发生清单中所列事项且危害后果轻微，在税务机关发现前主动改正的

B. 违反税收法律、行政法规应当给予行政处罚的行为，在5年内未被发现的

C. 不满16周岁的人有违法行为的

D. 精神病人在不能辨认或者不能控制自己行为时有违法行为的

E. 首次发生清单中所列事项且危害后果轻微，在税务机关责令限期改正的期限内改正的

【解析】《国家税务总局关于发布〈税务行政处罚裁量权行使规则〉的公告》（国家税务总局公告2016年第78号）第十四条规定，当事人有下列情形之一的，不予行政处罚：①违法行为轻微并及时纠正，没有造成危害后果的；②不满14周岁的人有违法行为的；③精神病人在不能辨认或者不能控制自己行为时有违法行为的；④其他法律规定不予行政处罚的。《国家税务总局关于发布〈税务行政处罚"首违不罚"事项清单〉的公告》（国家税务总局公告2021年第6号）规定，首次发生清单中所列事项

且危害后果轻微，在税务机关发现前主动改正或者在税务机关责令限期改正的期限内改正的，不予行政处罚。

【答案】ABDE

41. 下列选项中，税务机关首次发现纳税人的违法违规行为，适用“首违不罚”的事项有（　　）。

A. 纳税人丢失账簿和记账凭证

B. 纳税人违规以收取手续费方式替人代开发票

C. 纳税人未按规定缴销发票且有违法所得

D. 纳税人未按规定将其全部银行账号向税务机关报送

E. 纳税人未按规定向主管税务机关报送开具发票的数据且没有违法所得

【解析】《国家税务总局关于发布〈税务行政处罚“首违不罚”事项清单〉的公告》（国家税务总局公告2021年第6号）明确，“首违不罚”清单包括：纳税人未按照《税收征收管理法》及其实施细则等有关规定设置、保管账簿或者保管记账凭证和有关资料；纳税人未按照《税收征收管理法》及其实施细则等有关规定将其全部银行账号向税务机关报送；纳税人未按照《税收征收管理法》及其实施细则和《发票管理办法》等有关规定缴销发票且没有违法所得。纳税人违规以收取手续费方式替人代开发票不适用“首违不罚”是因为收取手续费属于违法所得；纳税人未按规定缴销发票且有违法所得不适用“首违不罚”也是因为有违法所得。

【答案】ADE

42. 某纳税人对稽查局作出100万元的罚款决定不服，可选择的救济方式有（　　）。

A. 提起行政诉讼

B. 提起行政复议

C. 行政复议决定为最终裁决

D. 行政复议后对复议决定仍不服，再提起行政诉讼

E. 行政诉讼后仍不服，再提起行政复议

【解析】《行政复议法》第十条规定，公民、法人或者其他组织对行政复议决定不服的，可以依照《行政诉讼法》的规定向人民法院提起行政诉讼，但是法律规定行政复议决定为最终裁决的除外。根据《税收征收管理法》第八十八条第二款规定，当事人对税务机关的处罚决定、强制执行措施或者税收保全措施不服的，可以依法申请行政复议，也可以依法向人民法院起诉。

【答案】ABD

43. 某稽查局为行政诉讼案件被告，下列说法正确的有（　　）。

A. 在诉讼过程中，稽查局可以继续自行向第三人和证人收集证据

B. 稽查局对作出的行政处罚决定负有举证责任

C. 稽查局虽无证据，但被诉行政行为涉及第三人赵某合法权益，可由赵某提供证据

D. 稽查局作出行政行为时已收集证据，但因不可抗力不能提供的，经法院准许，可以延期提供

E. 原告或者第三人不得在诉讼中提出其在行政处理程序中没有提出的理由或者证据

【解析】《行政诉讼法》第三十四条规定，被告对作出的行政行为负有举证责任，应当提供作出该行政行为的证据和所依据的规范性文件。被告不提供或者无正当理由逾期提供证据，视为没有相应证据。但是，被诉行政行为涉及第三人合法权益，第三人提供证据的除外。第三十五条规定，在诉讼过程中，被告及其诉讼代理人不得自行向原告、第三人和证人收集证据。第三十六条规定，被告在作出行政行为时已收集证据，但因不可抗力等正当事由不能提供的，经人民法院准许，可以延期提供。

【答案】BCD

44. 下列行为中符合逃避缴纳税款罪“欺骗、隐瞒”手段特征的有（　　）。

A. 甲公司取得销售收入4000万元，通过公司财务人员个人储蓄卡分别收取款项1000万元，当年甲公司账载收入2000万元并申报

B. 乙公司通过非法的中介机构办理了大量的“残疾人证”，相应的工资支出在企业所得税税前加计扣除

C. 丁公司收到稽查局送达的《税务检查通知书》后，指使他人将公司账簿立即销毁

D. 戊公司冒用他人身份信息分散高管奖金应扣未扣个人所得税1000万元

E. 二人签订《股权转让合同A》，以3000万元的价格转让其所持股权，同时另行签订《股权转让合同B》载明“股权转让价格2000万元”用于申报纳税，办理股权转让登记手续

【解析】《最高人民法院 最高人民检察院关于办理危害税收征管刑事案件适用法律若干问题的解释》（法释〔2024〕4号）第一条规定，纳税人进行虚假纳税申报，具有下列情形之一的，应当认定为《刑法》第二百零一条第一款规定的“欺骗、隐瞒手段”：①伪造、变造、转移、隐匿、擅自销毁账簿、记账凭证或者其他涉税资料的；②以签订“阴阳合同”等形式隐匿或者以他人名义分解收入、财产的；③虚列支出、虚抵进项税额或者虚报专项附加扣除的；④提供虚假材料，骗取税收优惠的；⑤编造虚假计税依据的；⑥为不缴、少缴税款而采取的其他欺骗、隐瞒手段。选项A、E属于以签订“阴阳合同”等形式隐匿或者以他人名义分解收入、财产，选项B属于“提供虚假材料，骗取税收优惠”，选项C属于擅自销毁账簿，当选。选项D属于以他人名义

分解收入、财产的行为，当选。

【答案】ABCDE

45. 检查人员发现纳税人存在下列违法行为，需移送公安机关的有（　　）。

A. 甲公司虚开增值税普通发票120份，虚开金额合计30万元

B. 乙公司虚开增值税普通发票80份，虚开金额合计50万元

C. 丙公司首次因虚开增值税普通发票被查处，涉及发票份数90份，虚开金额合计20万元

D. 丁公司2018年因虚开发票受过刑事处罚，2024年又虚开发票60份以上且票面金额在18万元以上的

E. 戊公司2023年虚开增值税普通发票60份，虚开金额合计10万元，2018年和2019年分别因虚开增值税普通发票受到税务机关罚款的行政处罚

【解析】新《立案追诉标准的规定（二）》第五十七条规定，虚开《刑法》第二百零五条规定以外的其他发票，涉嫌下列情形之一的，应予立案追诉：①虚开发票金额累计在50万元以上的；②虚开发票100份以上且票面金额在30万元以上的；③5年内因虚开发票受过刑事处罚或者二次以上行政处罚，又虚开发票，数额达到第①、②项标准60%以上的。

【答案】AB

46. 检查人员发现纳税人逃避缴纳税款，需移送公安机关的有（　　）。

A. 纳税人采取欺骗、隐瞒手段进行虚假纳税申报或者不申报，逃避缴纳税款数额在10万元以上，并且占各税种应纳税总额10%以上，经税务机关依法下达追缴通知后，不补缴应纳税款、不缴纳滞纳金或者不接受行政处罚的

B. 纳税人5年内因逃避缴纳税款受过刑事处罚或者被税务机关给予二次以上行政处罚，又逃避缴纳税款，数额在10万元以上并且占各税种应纳税总额10%以上的

C. 扣缴义务人应扣未扣税款，数额在10万元以上的

D. 扣缴义务人采取欺骗、隐瞒手段，不缴或者少缴已扣、已收税款，数额在10万元以上的

E. 纳税人在公安机关立案后再补缴应纳税款、缴纳滞纳金或者接受行政处罚的，不影响刑事责任的追究

【解析】新《立案追诉标准的规定（二）》第五十二条规定，纳税人采取欺骗、隐瞒手段进行虚假纳税申报或者不申报，逃避缴纳税款，数额在10万元以上并且占各税种应纳税总额10%以上，经税务机关依法下达追缴通知后，不补缴应纳税款、不缴纳滞纳金或者不接受行政处罚的；纳税人5年内因逃避缴纳税款受过刑事处罚或者被税

务机关给予二次以上行政处罚，又逃避缴纳税款，数额在10万元以上并且占各税种应纳税总额10%以上的；扣缴义务人采取欺骗、隐瞒手段，不缴或者少缴已扣、已收税款，数额在10万元以上的。纳税人在公安机关立案后再补缴应纳税款、缴纳滞纳金或者接受行政处罚的，不影响刑事责任的追究。

【答案】ABD

47. 2019年3月，甲省乙市新兴公司因涉嫌偷税，被乙市税务局稽查局立案查处，经乙市税务局重大税务案件审理委员会集体审理后，送达《税务行政处罚决定书》。后新兴公司不服该行政处罚决定，在法定期限内向甲省税务局申请行政复议，并对行政处罚决定所依据的以下规定提出审查申请，其中符合规定的有（　　）。

A. 国家税务总局《重大税务案件审理办法》

B. 国家税务总局《税务行政处罚裁量权行使规则》

C. 甲省人民政府以地方政府规章形式制发的《行政执法程序规定》

D. 甲省税务局以公告形式制发的《甲省税务行政处罚裁量基准》

E.《税收征收管理法实施细则》

【解析】《税务行政复议规则》第十五条规定，申请人认为税务机关的具体行政行为所依据的下列规定不合法，对具体行政行为申请行政复议时，可以一并向行政复议机关提出对有关规定的审查申请；申请人对具体行政行为提出行政复议申请时不知道该具体行政行为所依据的规定的，可以在行政复议机关作出行政复议决定以前提出对该规定的审查申请。①国家税务总局和国务院其他部门的规定。②其他各级税务机关的规定。③地方各级人民政府的规定。④地方人民政府工作部门的规定。前款中的规定不包括规章。选项A属于部门规章，选项C属于地方政府规章，选项E属于国务院的行政法规。

【答案】BD

48. 纳税人进行虚假纳税申报，具有下列情形之一的，应当认定为《刑法》第二百零一条第一款规定的“欺骗、隐瞒手段”（　　）。

A. 拆分合同隐匿财产的

B. 以他人名义分解收入、财产的

C. 虚报专项附加扣除的

D. 签订“阴阳合同”隐匿收入的

E. 以明显不合理的价格进行交易的

【解析】《最高人民法院 最高人民检察院关于办理危害税收征管刑事案件适用法律若干问题的解释》（法释〔2024〕4号）第一条规定，纳税人进行虚假纳税申报，具有下列情形之一的，应当认定为《刑法》第二百零一条第一款规定的“欺骗、隐瞒手段”：①伪造、变造、转移、隐匿、擅自销毁账簿、记账凭证或者其他涉税资料的；

②以签订“阴阳合同”等形式隐匿或者以他人名义分解收入、财产的；③虚列支出、虚抵进项税额或者虚报专项附加扣除的；④提供虚假材料，骗取税收优惠的；⑤编造虚假计税依据的；⑥为不缴、少缴税款而采取的其他欺骗、隐瞒手段。

【答案】ABCD

49. 某纳税人对稽查局作出100万元的罚款决定不服，可选择的救济方式有（　　）。

A. 提起行政诉讼

B. 提起行政复议

C. 行政复议决定为最终裁决

D. 行政复议后对复议决定仍不服，再提起行政诉讼

E. 行政诉讼后仍不服，再提起行政复议

【解析】《行政复议法》第十条规定，公民、法人或者其他组织对行政复议决定不服的，可以依照《行政诉讼法》的规定向人民法院提起行政诉讼，但是法律规定行政复议决定为最终裁决的除外。根据《税收征收管理法》第八十八条第二款规定，当事人对税务机关的处罚决定、强制执行措施或者税收保全措施不服的，可以依法申请行政复议，也可以依法向人民法院起诉。

【答案】ABD

三、判断题

1. 根据授权制定的法规与法律规定不一致，不能确定如何适用时，由国务院裁决。（　　）

【解析】根据授权制定的法规与法律规定不一致，不能确定如何适用时，由全国人民代表大会常务委员会裁决。

【答案】错误

2. 违法行为构成犯罪，人民法院判处罚金时，行政机关已经给予当事人罚款的，应当折抵相应罚金；行政机关尚未给予当事人罚款的，可以再给予罚款。（　　）

【解析】违法行为构成犯罪，人民法院判处罚金时，行政机关已经给予当事人罚款的，应当折抵相应罚金；行政机关尚未给予当事人罚款的，不再给予罚款。

【答案】正确

3. 当事人有证据证明没有主观过错的，不予行政处罚。（　　）

【解析】当事人有证据足以证明没有主观过错的，不予行政处罚。注意“足以证明”不可或缺。

【答案】错误

4. 违法行为构成犯罪，只有当人民法院判处有期徒刑时，行政机关已经给予当事

人行政拘留的，应当依法折抵相应刑期。（　）

【解析】《行政处罚法》第三十五条第一款规定，违法行为构成犯罪，人民法院判处拘役或者有期徒刑时，行政机关已经给予当事人行政拘留的，应当依法折抵相应刑期。题目错在行政拘留并不仅折抵有期徒刑的刑期，也应当折抵拘役的刑期。

【答案】错误

5. 违法行为构成犯罪，人民法院判处罚金时，行政机关已经给予当事人罚款的，应当折抵相应罚金。（　）

【解析】略

【答案】正确

6. 公民、法人或者其他组织在紧急情况下请求行政机关履行保护其人身权、财产权等合法权益的法定职责，行政机关不履行的，可以提起诉讼。（　）

【解析】公民、法人或者其他组织在紧急情况下请求行政机关履行保护其人身权、财产权等合法权益的法定职责，行政机关不履行的，可以提起诉讼。

【答案】正确

7. 税务机关对同一违法行为不能给予 2 次以上的行政处罚，但法律法规另有规定的除外。（　）

【解析】《行政处罚法》第二十九条规定，对当事人的同一个违法行为不得给予两次以上罚款的行政处罚。

【答案】错误

8. 行政复议的被申请人违法解除行政协议的，行政复议机关可以决定被申请人承担依法继续履行、采取补救措施或者赔偿损失等责任。（　）

【解析】被申请人不依法订立、不依法履行、未按照约定履行或者违法变更、解除行政协议的，行政复议机关决定被申请人承担依法订立、继续履行、采取补救措施或者赔偿损失等责任。被申请人变更、解除行政协议合法，但是未依法给予补偿或者补偿不合理的，行政复议机关决定被申请人依法给予合理补偿。

【答案】正确

9. 纳税人涉嫌逃税，在公安机关立案后再补缴应纳税款、缴纳滞纳金或者接受行政处罚的，无须继续对其追究刑事责任。（　）

【解析】根据新《立案追诉标准的规定（二）》规定，纳税人在公安机关立案后再补缴应纳税款、缴纳滞纳金或者接受行政处罚的，不影响刑事责任的追究。

【答案】错误

10. 行政处罚是指行政机关依法对违反行政管理秩序的公民、法人或者其他组织，以增加义务的方式予以惩戒的行为。（　）

【解析】行政处罚是指行政机关依法对违反行政管理秩序的公民、法人或者其他组织，以减损权益或者增加义务的方式予以惩戒的行为。

【答案】错误

11. 申请人在申请行政复议时一并提出行政赔偿请求，行政复议机关对依照有关规定应当不予赔偿的，在作出行政复议决定时，应当同时决定驳回行政赔偿请求。（ ）

【解析】申请人在申请行政复议时一并提出行政赔偿请求，行政复议机关对依照《国家赔偿法》的有关规定应当不予赔偿的，在作出行政复议决定时，应当同时决定驳回行政赔偿请求；对符合《国家赔偿法》的有关规定应当给予赔偿的，在决定撤销或者部分撤销、变更行政行为或者确认行政行为违法、无效时，应当同时决定被申请人依法给予赔偿；确认行政行为违法的，还可以同时责令被申请人采取补救措施。

【答案】正确

12. 申请人在申请行政复议时没有提出行政赔偿请求的，行政复议机关在依法决定撤销或者部分撤销、变更罚款时，应当同时责令被申请人返还财产。（ ）

【解析】申请人在申请行政复议时没有提出行政赔偿请求的，行政复议机关在依法决定撤销或者部分撤销、变更罚款，撤销或者部分撤销违法集资、没收财物、征收征用、摊派费用以及对财产的查封、扣押、冻结等行政行为时，应当同时责令被申请人返还财产，解除对财产的查封、扣押、冻结措施，或者赔偿相应的价款。

【答案】正确

13. 被诉行政机关负责人应当出庭应诉。不能出庭的，应当委托行政机关相应的工作人员出庭。（ ）

【解析】被诉行政机关负责人应当出庭应诉。不能出庭的，应当委托行政机关相应的工作人员出庭。

【答案】正确

14. 某稽查局被两个不同稽查案件的行政相对人分别提起行政诉讼，行政机关负责人在一个审理程序中出庭应诉，可以免除其在其他审理程序出庭应诉的义务。（ ）

【解析】行政机关负责人在一个审理程序中出庭应诉，不免除其在其他审理程序出庭应诉的义务。

【答案】错误

15. 被诉行政机关负责人应当出庭应诉，这里的“被诉行政机关负责人”是指被诉行政机关的主要负责人，即通常所称的一把手。（ ）

【解析】被诉行政机关负责人应当出庭应诉，是指被诉行政机关负责人依法应当在第一审、第二审、再审等诉讼程序中出庭参加诉讼，行使诉讼权利，履行诉讼义务。被诉行政机关负责人，包括行政机关的正职、副职负责人、参与分管被诉行政行为实施工作的副职级别的负责人以及其他参与分管的负责人。

【答案】错误

16. 行政机关负责人有正当理由不能出庭的，人民法院应当对行政机关负责人不能出庭的理由以及证明材料进行审查。行政机关负责人有正当理由不能出庭，人民法院可以依职权决定延期开庭审理。（ ）

【解析】行政机关负责人有正当理由不能出庭的，应当提交相关证明材料，并加盖行政机关印章或者由该机关主要负责人签字认可。人民法院应当对行政机关负责人不能出庭的理由以及证明材料进行审查。行政机关负责人有正当理由不能出庭，行政机关申请延期开庭审理的，人民法院可以准许；人民法院也可以依职权决定延期开庭审理。

【答案】正确

17. 人民法院审理政府信息公开的第一审行政案件，为事实清楚、权利义务关系明确、争议不大的，可以适用简易程序。（ ）

【解析】人民法院审理下列第一审行政案件，认为事实清楚、权利义务关系明确、争议不大的，可以适用简易程序：

（1）被诉行政行为是依法当场作出的；

（2）案件涉及款额2000元以下的；

（3）属于政府信息公开案件的。

除上述规定以外的第一审行政案件，当事人各方同意适用简易程序的，可以适用简易程序。

【答案】正确

18. 行政强制措施，是指行政机关在行政管理过程中，为制止违法行为、防止证据损毁、避免危害发生、控制危险扩大等情形，依法强制民、法人或者其他组织履行义务的行为。（ ）

【解析】行政强制措施，是指行政机关在行政管理过程中，为制止违法行为、防止证据损毁、避免危害发生、控制危险扩大等情形，依法对公民的人身自由实施暂时性限制，或者对公民、法人或者其他组织的财物实施暂时性控制的行为。

行政强制执行，是指行政机关或者行政机关申请人民法院，对不履行行政决定的公民、法人或者其他组织，依法强制履行义务的行为。

【答案】错误

19. 加处罚款或者滞纳金属于行政强制措施。（ ）

【解析】加处罚款或者滞纳金属于行政强制执行的方式。

【答案】错误

20. 因债务人怠于行使其债权或者与该债权有关的从权利，影响债权人的到期债权实现的，债权人可以向人民法院请求以债务人的名义代位行使债务人对相对人的权利，但是该权利专属于债务人自身的除外。代位权的行使范围以债权人的到期债权为限。债权人行使代位权的必要费用，由债权人负担。相对人对债务人的抗辩，可以向债权人主张。（ ）

【解析】因债务人怠于行使其债权或者与该债权有关的从权利，影响债权人的到期债权实现的，债权人可以向人民法院请求以自己的名义代位行使债务人对相对人的权利，但是该权利专属于债务人自身的除外。代位权的行使范围以债权人的到期债权为限。债权人行使代位权的必要费用，由债务人负担。相对人对债务人的抗辩，可以向债权人主张。

【答案】错误

21. 行政诉讼案件均由最初作出行政行为的行政机关所在地人民法院管辖。（ ）

【解析】行政案件由最初作出行政行为的行政机关所在地人民法院管辖。经复议的案件，也可以由复议机关所在地人民法院管辖。

【答案】错误

22. 王某 2023 年 9 月 4 日向有管辖权的 A 人民法院提起行政诉讼，2023 年 9 月 5 日就同一案件又向有管辖权的 B 人民法院提起行政诉讼，A 人民法院先立案，A 人民法院拥有该案件的管辖权。（ ）

【解析】两个以上人民法院都有管辖权的案件，原告可以选择其中一个人民法院提起诉讼。原告向两个以上有管辖权的人民法院提起诉讼的，由最先立案的人民法院管辖。

【答案】正确

23. 在行政诉讼中，代理诉讼的律师有权按照规定查阅、复制本案有关材料，但无权向有关组织和公民调查，收集与本案无关的证据。（ ）

【解析】代理诉讼的律师，有权按照规定查阅、复制本案有关材料，有权向有关组织和公民调查，收集与本案有关的证据。对涉及国家秘密、商业秘密和个人隐私的材料，应当依照法律规定保密。

【答案】正确

24. 冻结存款、汇款应当由法律、行政法规规定的行政机关实施，不得委托给其他行政机关或者组织；其他任何行政机关或者组织不得冻结存款、汇款。（ ）

【解析】冻结存款、汇款应当由法律规定的行政机关实施，不得委托给其他行政机关或者组织；其他任何行政机关或者组织不得冻结存款、汇款。本题错在增加了行政法规规定的行政机关实施。

【答案】错误

25. 冻结存款、汇款的数额应当与违法行为涉及的金额相当；已被其他国家机关依

法冻结的，可以重复冻结。 （ ）

【解析】冻结存款、汇款的数额应当与违法行为涉及的金额相当；已被其他国家机关依法冻结的，不得重复冻结。

【答案】错误

26. 行政机关依照法律规定决定实施冻结存款、汇款的，应当履行《行政强制法》规定的程序，并向金融机构交付冻结通知书。金融机构接到行政机关依法作出的冻结通知书后，应当在一个工作日内予以冻结，不得在冻结前向当事人泄露信息。 （ ）

【解析】行政机关依照法律规定决定实施冻结存款、汇款的，应当履行《行政强制法》规定的程序，并向金融机构交付冻结通知书。金融机构接到行政机关依法作出的冻结通知书后，应当立即予以冻结，不得拖延，不得在冻结前向当事人泄露信息。法律规定以外的行政机关或者组织要求冻结当事人存款、汇款的，金融机构应当拒绝。

【答案】错误

27. 为掩饰、隐瞒破坏金融管理秩序犯罪的所得及其产生的收益的来源和性质，提供资金账户的，应以涉嫌构成洗钱罪予立案追诉。 （ ）

【解析】为掩饰、隐瞒毒品犯罪、黑社会性质的组织犯罪、恐怖活动犯罪、走私犯罪、贪污贿赂犯罪、破坏金融管理秩序犯罪、金融诈骗犯罪的所得及其产生的收益的来源和性质，涉嫌下列情形之一的，应予立案追诉：①提供资金账户的；②将财产转换为现金、金融票据、有价证券的；③通过转账或者其他支付结算方式转移资金的；④跨境转移资产的；⑤以其他方法掩饰、隐瞒犯罪所得及其收益的来源和性质的。

【答案】正确

28. 行政行为有实施主体不具有行政主体资格情形的，申请人申请确认行政行为无效的，行政复议机关确认该行政行为无效。 （ ）

【解析】行政行为有实施主体不具有行政主体资格或者没有依据等重大且明显违法情形，申请人申请确认行政行为无效的，行政复议机关确认该行政行为无效。

【答案】正确

29. 税务行政处罚听证一般都应公开进行。税务机关应事先将案由、举行听证会的时间和地点向社会公告，允许群众旁听，但旁听群众不得发表意见。 （ ）

【解析】税务行政处罚听证应当公开进行。但是涉及国家秘密、商业秘密或者个人隐私的，听证不公开进行。对公开听证的案件，应当先期公告当事人和本案调查人员的姓名、案由和听证的时间、地点。公开进行的听证，应当允许群众旁听。经听证主持人许可，旁听群众可以发表意见。

【答案】错误

30. 最低刑事责任的年龄为 12 周岁。 （ ）

【解析】已满 16 周岁的人犯罪，应当负刑事责任。已满 14 周岁不满 16 周岁的人，犯故意杀人、故意伤害致人重伤或者死亡、强奸、抢劫、贩卖毒品、放火、爆炸、投放危险物质罪的，应当负刑事责任。已满12周岁不满14周岁的人，犯故意杀人、故意伤害罪，致人死亡或者以特别残忍手段致人重伤造成严重残疾，情节恶劣，经最高人民检察院核准追诉的，应当负刑事责任。

【答案】正确

31. 承担资产评估、验资、验证、会计、审计、法律服务、保荐、安全评价、环境影响评价、环境监测等职责的中介组织的人员故意提供虚假证明文件，情节严重的，涉嫌构成提供虚假证明文件罪。（　　）

【解析】《刑法》规定了涉嫌构成提供虚假证明文件罪，承担资产评估、验资、验证、会计、审计、法律服务、保荐、安全评价、环境影响评价、环境监测等职责的中介组织的人员故意提供虚假证明文件，情节严重的，处5年以下有期徒刑或者拘役，并处罚金。

【答案】正确

32. 《行政强制法》规定，查封、扣押的期限不得超过15日；情况复杂的，经行政机关负责人批准，可以延长，但是延长期限不得超过30日。（　　）

【解析】略

【答案】正确

33. 根据《行政强制法》规定，冻结存款、汇款可以委托给其他行政机关或者组织。（　　）

【解析】《行政强制法》第二十九条规定，冻结存款、汇款应当由法律规定的行政机关实施，不得委托给其他行政机关或组织；其他任何行政机关或者组织不得冻结存款、汇款。

【答案】错误

34. 行政复议机关责令被申请人重新作出具体行政行为的，被申请人在任何情况下，都不得以同一事实和理由作出与原决定基本相同的决定。（　　）

【解析】《税务行政复议规则》第七十六条规定，行政复议机关责令被申请人重新作出具体行政行为的，被申请人不得以同一事实和理由作出与原具体行政行为相同或者基本相同的具体行政行为；但是行政复议机关以原具体行政行为违反法定程序决定撤销的，被申请人重新作出具体行政行为的除外。

【答案】错误

35. 在行政复议过程中，被申请人可以自行向申请人和其他有关组织或者个人收集证据。（　　）

【解析】《税务行政复议规则》第五十九条规定，在行政复议过程中，被申请人不得自行向申请人和其他有关组织或者个人收集证据。

【答案】错误

36. 根据税务处罚裁量原则，当事人同一个税收违法行为违反不同行政处罚规定且均应处以罚款的，应当选择使用处罚较轻的条款。（　）

【解析】《税务行政处罚裁量权行使规则》第十三条规定，当事人同一个税收违法行为违反不同行政处罚规定且均应处以罚款的，应当选择适用处罚较重的条款。

【答案】错误

37. 申请人对税务机关作出的逾期不缴纳罚款加处罚款的决定不服的，可以直接提起行政复议。（　）

【解析】《税务行政复议规则》第三十四条规定，申请人对税务机关作出的逾期不缴纳罚款加处罚款的决定不服的，应当先缴纳罚款和加处罚款，再申请行政复议。

【答案】错误

38. 经复议的案件，只能由最初作出行政行为所在判断题地人民法院管辖。（　）

【解析】《行政诉讼法》第十八条规定，行政案件由最初作出行政行为的行政机关所在地人民法院管辖。经复议的案件，也可以由复议机关所在地人民法院管辖。

【答案】错误

39. 电子技术监控设备记录违法事实应当真实、清晰、完整、准确。行政机关应当审核记录内容是否符合要求；未经审核或者经审核不符合要求的，不得作为行政处罚的证据。（　）

【解析】依据为《行政处罚法》第四十一条。

【答案】正确

40. 税务机关采取税收保全措施的期限一般不得超过 6 个月；重大案件需要延长的，应当报省、自治区、直辖市税务局批准。（　）

【解析】《税收征收管理法实施细则》第八十八条规定，依照《税收征收管理法》第五十五条规定，税务机关采取税收保全措施的期限一般不得超过 6 个月；重大案件需要延长的，应当报国家税务总局批准。

【答案】错误

41. 除涉及国家秘密、商业秘密或者个人隐私依法判断题予以保密外，行政处罚听证公开举行。（　）

【解析】依据为《行政处罚法》第六十四条第三项。

【答案】正确

42. 行政强制执行，是指行政机关或者行政机关申请人民法院，对不履行行政决定的公民、法人或者其他组织，依法强制履行义务的行为。（　）

【解析】依据为《行政强制法》第二条第三款。

【答案】正确

43. 经《行政强制法》规定的中止执行的情形消失后，行政机关应当恢复执行。对没有明显社会危害，当事人确无能力履行，中止执行满 3 年未恢复执行的，行政机关不再执行。（　　）

【解析】《行政强制法》第三十九条规定，中止执行的情形消失后，行政机关应当恢复执行。对没有明显社会危害，当事人确无能力履行，中止执行满 3 年未恢复执行的，行政机关不再执行。

【答案】正确

44. 行政诉讼中，被告应当就其行政行为合法有效承担举证责任。（　　）

【解析】行政诉讼主要审查被告作出的行政行为是否合法，被告应当就其行政行为合法有效承担举证责任。

【答案】正确

45. 国家赔偿以返还财产为主要方式。（　　）

【解析】国家赔偿以支付赔偿金为主要方式，能够返还财产或者恢复原状的，予以返还财产或者恢复原状。

【答案】错误

46. 两个以上行政机关共同行使行政职权时，侵犯公民、法人和其他组织的合法权益造成损害的，共同行使行政职权的行政机关为共同赔偿义务机关。（　　）

【解析】依据为《国家赔偿法》第七条。

【答案】正确

47. 虚开增值税专用发票罪的犯罪主体是一般主体，自然人和单位均可构成该罪。（　　）

【解析】依据为《刑法》第二百零五条。

【答案】正确

48. 对欠缴当期税款的从事生产、经营纳税人采取查封、扣押强制措施的，期限一般不得超过 6 个月。（　　）

【解析】《税务稽查案件办理程序规定》第三十条规定，除规定情形外，采取查封、扣押、冻结措施的，期限不得超过 30 日；情况复杂的，经县以上税务局局长批准，可以延长，但是延长期限不得超过 30 日。

【答案】错误

49. 应当给予税务行政处罚的行为，在 5 年内未被发现的不再给予行政处罚。群众举报后被认定属实的，“发现”时效以立案时间为准。

【解析】《全国人大常委会法工委关于提请明确对行政处罚追诉时效“二年未被发现”认定问题的函的研究意见》（法工委复字〔2004〕27 号）明确，群众举报后被认定属实的，发现时效以举报时间为准。

【答案】错误

50. 不履行税收义务并脱离税务监管的，属于“采取转移或者隐匿财产的手段”逃避追缴欠税情形。（　）

【解析】依据为《最高人民法院最高人民检察院关于办理危害税收征管刑事案件适用法律若干问题的解释》（法释〔2024〕4号）。

【答案】正确

四、简答题

1. 税务行政诉讼期间，不停止行政行为的执行。但在哪些情形下，依法应当裁定停止执行？

【答案】诉讼期间，不停止行政行为的执行。但有下列情形之一的，裁定停止执行：

（1）被告认为需要停止执行的；

（2）原告或者利害关系人申请停止执行，人民法院认为该行政行为的执行会造成难以弥补的损失，并且停止执行不损害国家利益、社会公共利益的；

（3）人民法院认为该行政行为的执行会给国家利益、社会公共利益造成重大损害的；

（4）法律、法规规定停止执行的。

2. 请简要说明什么是行政处罚的双向移送制度？

【答案】违法行为涉嫌犯罪的，行政机关应当及时将案件移送司法机关，依法追究刑事责任。对依法不需要追究刑事责任或者免予刑事处罚，但应当给予行政处罚的，司法机关应当及时将案件移送有关行政机关。行政处罚实施机关与司法机关之间应当加强协调配合，建立健全案件移送制度，加强证据材料移交、接收衔接，完善案件处理信息通报机制。

违法行为构成犯罪，人民法院判处罚金时，行政机关已经给予当事人罚款的，应当折抵相应罚金；行政机关尚未给予当事人罚款的，不再给予罚款。

3. 如果当事人逾期不履行行政处罚决定的，作出行政处罚决定的行政机关可以采取下列哪些措施？

【答案】应从以下方面进行阐述：

（1）到期不缴纳罚款的，每日按罚款数额的3%加处罚款，加处罚款的数额不得超出罚款的数额；

（2）根据法律规定，将查封、扣押的财物拍卖、依法处理或者将冻结的存款、汇款划拨抵缴罚款；

（3）根据法律规定，采取其他行政强制执行方式；

（4）依照《行政强制法》的规定申请人民法院强制执行。行政机关批准延期、分期缴纳罚款的，申请人民法院强制执行的期限，自暂缓或者分期缴纳罚款期限结束之日起计算。

4. 行政处罚法规定的不予处罚与从轻、减轻的情形有哪些?

【答案】（1）不予处罚的情形有：

①不满14周岁的未成年人有违法行为的，不予行政处罚，责令监护人加以管教；

②精神病人、智力残疾人在不能辨认或者不能控制自己行为时有违法行为的，不予行政处罚，但应当责令其监护人严加看管和治疗；

③违法行为轻微并及时改正，没有造成危害后果的，不予行政处罚；

④初次违法且危害后果轻微并及时改正的，可以不予行政处罚；

⑤当事人有证据足以证明没有主观过错的，不予行政处罚。法律、行政法规另有规定的，从其规定。

（2）当事人有下列情形之一，应当从轻或者减轻行政处罚：

①主动消除或者减轻违法行为危害后果的；

②受他人胁迫或者诱骗实施违法行为的；

③主动供述行政机关尚未掌握的违法行为的；

④配合行政机关查处违法行为有立功表现的；

⑤已满14周岁不满18周岁的未成年人有违法行为的，应当从轻或者减轻行政处罚；

⑥尚未完全丧失辨认或者控制自己行为能力的精神病人、智力残疾人有违法行为的，可以从轻或者减轻行政处罚；

⑦法律、法规、规章规定其他应当从轻或者减轻行政处罚的。

5. 2023年新修订的《行政复议法》为适应行政复议化解行政争议主渠道的制度定位，对行政复议前置范围进行了哪些优化？行政复议前置范围有哪些？

【答案】（1）行政复议前置的目的是通过制度约束，将行政相对人的救济意愿“挽留”在行政机关，充分发挥行政机关的专业性和技术性优势，提高处理行政争议的准确性，将矛盾化解在行政机关内部，减轻人民法院的审判负担。新《行政复议法》适应行政复议化解行政争议主渠道的制度定位，对行政复议前置范围进行了优化，具体为：

①充分尊重行政相对人的救济选择权，保留“以当事人自由选择为原则，以复议前置为例外”的模式，从发挥行政复议便捷性、专业性优势角度，增加了行政复议的前置范围，将明显有利于当事人化解行政争议的情形吸纳到行政复议中来，实现行政复议化解行政争议的主渠道作用。

②对设定行政复议前置的权限进行了限缩，将原来设定行政复议前置的“法律、法规”修改为“法律、行政法规”，排除了地方性法规行政复议前置的设定权。

（2）《行政复议法》第二十三条规定，有下列情形之一的，申请人应当先向行政复议机关申请行政复议，对行政复议决定不服的，可以再依法向人民法院提起行政诉讼：

①对当场作出的行政处罚决定不服；

②对行政机关作出的侵犯其已经依法取得的自然资源的所有权或者使用权的决定不服；

③认为行政机关存在该法第十一条规定的未履行法定职责情形；

④申请政府信息公开，行政机关不予公开；

⑤法律、行政法规规定应当先向行政复议机关申请行政复议的其他情形。

对上述情形，行政机关在作出行政行为时应当告知公民、法人或者其他组织先向行政复议机关申请行政复议。

五、案例分析题

（一）2021 年 11 月 9 日、2021 年 12 月 23 日 A 公司向 T 市税务局稽查局举报中心举报 X 公司少缴纳土地使用税等事实。

T 市税务局稽查局根据案源管理相关规定，将此检举事项安排给 T 市税务局稽查局检查一股处理。检查一股接到工作任务后，安排税务人员小陈和小樊处理此事项。小陈和小樊测量 X 公司占用土地面积后，于 2021 年 12 月 28 日作出《责令限期改正通知书》，要求 X 公司于 2021 年 12 月 29 日前缴纳土地使用税税款 282636 元。

2021 年 12 月 30 日，T 市税务局稽查局向银行作出《冻结存款通知书》，通知该行冻结 X 公司存款 291430 元，期限为半年。

2021 年 12 月 31 日，T 市税务局稽查局作出《关于 X 公司少申报城镇土地使用税涉嫌税收违法的调查报告》，建议对 X 公司未按时申报并缴纳城镇土地使用税 291430 元的税收违法事实，依法加收滞纳金并处一倍的罚款。同日 T 市税务局稽查局作出《税务行政处罚事项告知书》，该通知书载明 X 公司少申报拒不缴纳城镇土地使用税 291430 元，根据《税收征收管理法》第六十三条的规定，处以 291430 元罚款。

2022 年 1 月 4 日，X 公司向 T 市税务局稽查局提出听证申请，T 市税务局稽查局于 2022 年 1 月 5 日下达《税务行政处罚听证通知书》，并于 2022 年 1 月 6 日举行了听证。

听证结束，2022 年 1 月 7 日，T 市税务局稽查局直接作出听证处理意见报告，其中听证意见中记载X公司少缴纳土地使用税为291420元，处以罚款203994元。同日T市税务局稽查局作出了《税务行政处罚决定书》，对X公司处以少缴税款0.7倍罚款。

2022年1月17日，T市税务局稽查局以X公司涉嫌逃税一案向T市公安局移送报请立案侦查，T市公安局于2022年1月20日受理该案。

2022年3月8日，X公司缴纳2017年至2019年城镇土地使用税220860元、2020年至2021年城镇土地使用税61776元，共计282636元及罚款197845.20元。后T市公安局于2022年3月10日作出《不予立案通知书》。

X公司2022年6月24日起诉至法院，请求撤销T市税务局稽查局作出的《税务行政处罚决定书》。

请回答下列问题：

1. 本案中，税务机关和税务人员存在哪些执法问题？正确的处理是怎样的？

2. 本案中，法院可能将如何判决？

【答案】1. 本案中，税务机关和税务人员存在下列执法问题：

（1）T市税务局稽查局作出处罚决定明显不当。

T市税务局稽查局既未与国土部门调查核实确定X公司真实的土地证以及实际的占地面积，又在进行土地测量时没有X公司方及土地部门参与，仅通过自己工作人员测量并结合举报人提供的信息即认定X公司少申报计税土地面积和少缴纳土地使用税，即作出处理处罚决定不妥。正确的处理应为：税务机关在调查计税土地面积应向国土部门调查核实真实的土地证及实际的占地面积，并委托有资质的测量单位进行土地测量，并应有纳税人及土地部门参与。

（2）T市税务局稽查局提供的《责令限期改正通知书》《听证处理意见报告》《调查报告》等多份文书中记载的少缴税额有291420元、282636元、291430元等多处不一致情形，且与X公司缴纳的土地使用税额282636元不一致；故T市税务局稽查局在作出行政行为时认定的事实不清、证据不足。

正确的处理应为：税务机关在调查认定违法事实时，应当事实清楚，证据充足。

（3）在程序方面，T市税务局稽查局举报中心2022年1月5日《税务行政处罚听证通知书》告知X公司于2022年1月6日举行听证，少于7日，程序违法。

正确的处理应为：行政机关应当在听证的7日前，通知当事人举行听证的时间、地点。

（4）T市税务局稽查局在X公司行使听证权利并且举行听证会后，没有经过集体讨论，便直接作出行政处罚决定，明显属程序违法。

正确的处理应为：对情节复杂或重大违法行为或给予较重的行政处罚，行政机关的负责人应当集体讨论决定。

（5）其他合情合理的答案。

2. 法院可能将判决：程序违法、依法撤销行政行为。

（二）某企业因不服某行政机关作出的行政处罚决定，向人民法院提起行政诉讼。原告认为，行政机关将《行政处罚决定书》送达给值班室一临时工沙某，此送达不符合法律规定，不能认定行政机关已有效送达了《行政处罚决定书》。

请回答下列问题：

1. 行政处罚文书的送达有哪些方式？

2. 直接送达行政处罚文书应符合哪些要求？

3. 本案中行政机关将《行政处罚决定书》送达给值班室一临时工沙某是否属于有效的送达？

【答案】1. 行政处罚文书的送达有下列方式：

行政处罚决定书应当在宣告后当场交付当事人；当事人不在场的，行政机关应当在7日内依照民事诉讼法的有关规定，将行政处罚决定书送达当事人。

当事人同意并签订确认书的，行政机关可以采用传真、电子邮件等方式，将行政处罚决定书等送达当事人。

经受送达人同意，税务机关可以采用电子送达方式送达税务文书。

结合民事诉讼法有关规定，行政处罚文书的送达有直接送达、留置送达、委托送达、邮寄送达、电子送达、公告送达等方式。

2. 直接送达行政处罚文书应符合下列要求：

送达诉讼文书，应当直接送交受送达人。

受送达人是公民的，本人不在交他的同住成年家属签收；受送达人是法人或者其他组织的，应当由法人的法定代表人、其他组织的主要负责人或者该法人、组织负责收件的人签收；受送达人有诉讼代理人的，可以送交其代理人签收；受送达人已向人民法院指定代收人的，送交代收人签收。

向法人或者其他组织送达诉讼文书，应当由法人的法定代表人、该组织的主要负责人或者办公室、收发室、值班室等负责收件的人签收或者盖章。

3. 本案中行政机关将《行政处罚决定书》送达给值班室一临时工沙某，如果沙某的职责就是该企业负责收件的人，则沙某签收该文书，属于有效送达。

（三）2023年8月4日，某稽查局向甲公司送达《税收保全决定书》，扣押甲公司一辆小汽车。9月1日，稽查局向甲公司依法送达了《税务处理决定书》《税务行政处罚决定书》，责令其15日内补缴税款17万余元，并依法加收滞纳金，并处少缴税款50%的罚款。甲公司到期未补缴税款，未缴纳滞纳金、罚款。

2023年10月8日，稽查局向甲公司送达《税务事项通知书》，通知其限期履行两份决定书。稽查局人员来到甲公司办公地时，才发现已经人去楼空，遂找房屋物业管理人员，得知甲公司已于半月前退租搬走，不知去向。经查询税务登记，其并未变更登记地址。稽查局人员遂于甲公司原住址张贴送达公告，送达《税务事项通知书》。

与此同时，甲公司的主管税务分局也发现甲公司未按期办理纳税申报和报送纳税资料，查找无果后按税务登记地址向甲公司邮寄了一份《责令限期改正通知书》，甲公司签收了该邮件。原因是主管税务分局在邮件上填写了甲公司办税人员的电话，办税人员领取了邮件。

2023 年 11 月 10 日，稽查局按照同样的方式公告送达了《催告书（行政强制执行适用）》《税收强制执行决定书》，并于 12 月 15 日由委托的合法拍卖机构将汽车拍卖，拍卖全款共计 24. 5 万元（含拍卖机构佣金 2. 5 万元），稽查局实际收到 22 万元，扣除扣押期间委托第三方保管汽车的费用 0. 2 万元，缴纳罚款 8 万余元、税款及滞纳金 15 万余元。甲公司尚欠税款 3 万余元及相应的滞纳金。

2023 年 12 月 18 日，甲公司向法院提起行政诉讼，要求确认稽查局的《税务事项通知书》和《税收强制执行决定书》无效，确认强制执行行为违法，理由是文书未依法送达；请求法院责令税务机关返还车辆或赔偿损失。甲公司还向法院提供了其购买该车辆支出 52 万余元，车辆购买时间仅 2 个月就被稽查局扣押的证据。

根据以上情况，回答以下问题：

1.（单项选择题）关于稽查局以公告方式送达《税务事项通知书》和《税收强制执行决定书》问题，下列说法正确的是（　　）。

A. 送达有效，因为公告送达是一种法定的税收法文书送达方式

B. 送达有效，因为甲公司下落不明，可以采用公告送运方式送达

C. 送达无效，因为公告送达不能采用在原住址张贴方式公告

D. 送达无效，因为稽查局不能证明自己无法采用其他送达方式送达

【解析】有下列情形之一的，税务机关可以公告送达税务文书，自公告之日起满 30 日，即视为送达：①同一送达事项的受送达人众多；②采用规定的其他送达方式无法送达。

【答案】D

2.（单项选择题）如果不考虑文书送达的合法性问题，关于汽车拍卖佣金和保管费的承担问题，下列说法中正确的是（　　）。

A. 佣金和保管费均应由甲公司承担

B. 佣金和保管费均应当由税务机关承担

C. 佣金由税务机关承担，保管费由甲公司承担

D. 保管费由税务机关承担，佣金由甲公司承担

【解析】《行政强制法》第六十条规定，行政机关申请人民法院强制执行，不缴纳

申请费。强制执行的费用由被执行人承担。第二十六条规定，行政强制法因查封、扣押发生的保管费用由行政机关承担。

【答案】D

3.（单项选择题）本案稽查局在处理拍卖所得款项问题上，下列说法正确的有（　　）。

A. 应当按照税收优先权规定先行缴纳税款和滞纳金，剩余的才能缴纳罚款

B. 只能先行缴纳税款和滞纳金，罚款因不具备强制执行条件暂不能由税务机关直接缴入国库

C. 应当按照同等比例缴纳税款、滞纳金和罚款

D. 应当先行缴纳罚款，因为产生的每日3%的罚款比税款产生的滞纳金更重，先行缴纳罚款对纳税人更有利

【解析】当事人对税务机关的处罚决定逾期不申请行政复议也不向人民法院起诉，又不履行的，作出处罚决定的稽查局可以对未缴的罚款实施强制执行，或者自期限届满之日起3个月内申请人民法院强制执行。

【答案】B

4.（单项选择题）本案关于甲公司向人民法院起诉的问题，下列说法中正确的是（　　）。

A. 甲公司不能直接向人民法院起诉，因为本案涉及纳税争议

B. 甲公司不能就税务机关强制执行税款、滞纳金部分直接向人民法院起诉，因为税款、滞纳金的强制执行属于纳税争议

C. 甲公司可以直接起诉税务机关强制执行罚款部分，因为罚款不属于纳税争议

D. 甲公司可以直接起诉，因为其并未对纳税争议提起诉讼，而只是对行政强制行为提起诉讼

【解析】由于甲公司向法院提起行政诉讼，要求确认稽查局的《税务事项通知书》和《税收强制执行决定书》无效，确认强制执行行为违法，理由是文书未依法送达，并未对纳税争议提起诉讼，而只是对行政强制行为提起诉讼，所以甲公司可以直接起诉。

【答案】D

5.（多项选择题）在日常征管工作中，税务机关对未在规定期限内缴纳税款形成欠税的纳税人，可以采取的措施，下列说法正确的有（　　）。

A. 可采取提醒方式，督促纳税人及时缴纳欠税

B. 可采取约谈方式，督促纳税人及时缴纳欠税

C. 可引导其制定清欠计划

D. 对能够按计划缴纳欠税的纳税人，税务机关可暂不采取强制执行等措施

【解析】税务机关对未在规定期限内缴纳税款形成欠税的纳税人，可以采取提醒方

式，督促纳税人及时缴纳欠税；可采取约谈方式，督促纳税人及时缴纳欠税；可引导其制定清欠计划；对能够按计划缴纳欠税的纳税人，税务机关可暂不采取强制执行等措施。

【答案】ABCD

（四）2023 年 6 月 9 日，市稽查局举报中心接到实名检举，检举某公司 2019—2020 年期间偷税并提供了相关证明材料。举报中心根据举报线索进行分级分类处理。经稽查局案源集体审议后，于 6 月 20 日决定立案检查。

检查过程中，检查人员在履行了相关程序后，调取了该公司 2019—2020 年的账簿、记账凭证和其他相关涉税资料。检查人员同时要求公司提供电子账册，公司以纸质与电子内容一致为由，拒不提供电子账册。为防止该企业转移、隐匿相关资料，检查人员给检查部门负责人打电话汇报，在公司不配合的情况下强制调回了电子账册；检查人员同时对企业库存数据存在疑虑，实地盘点了库存并制作了现场笔录，但该公司相关人员拒绝在现场笔录上签字，当时无其他人在场，检查组依法进行了处理。

经查，该公司利用收入不入账、虚假纳税申报手段偷税。经初审，审理股认为适用法律错误退回补正，补正后再次审理，市稽查局于 2023 年 10 月 10 日作出了补税 85 万元、按规定加收滞纳金的税务处理决定和处以偷税金额 1 倍即 85 万元罚款的行政处罚决定。

该企业不服，在缴纳 45 万元税款后也未提供担保，于 10 月 30 日（周一）就税款向市税务局申请行政复议，市税务局于 11 月 6 日作出不予受理复议申请的决定。

要求：根据上述资料，回答下列问题。

1.（多项选择题）关于税务机关的处理，下列说法正确的有（　　）。

A. 紧急情况下，检查部门负责人可以批准调取企业的电子账册

B. 审理部门因适用法律错误而退回补正不恰当

C. 稽查案件于 2023 年 6 月 20 日立案，如无其他可扣减情形，应当于 2023 年 9 月 18 日前作出结论性文书

D. 市稽查局在作出行政处罚决定之前，未履行告知程序，处罚程序违法

E. 市税务局超出法定期限作出不予受理复议申请的决定

【解析】检查部门负责人无权批准调取企业的电子账册，选项 A 错误。

【答案】BCDE

2.（多项选择题）对于公司人员拒绝在现场笔录签章的情况，检查人员的做法正确的有（　　）。

A. 应当在笔录上注明原因

B. 可以在笔录上注明原因，并提出相应的处罚建议

C. 认为当事人有正当理由的，可以不在笔录上注明原因

D. 可以联系属地税务机关人员，由其到现场签字作证

E. 可以联系基层组织人员，由其到现场签字作证

【解析】《税务稽查案件办理程序规定》第二十四条第三款规定，当事人经通知不到场或者拒绝在现场笔录、勘验笔录上签章的，检查人员应当在笔录上注明原因；如有其他人员在场，可以由其签章证明。《全国税务稽查规范（1.2版）》规定，调查取证应当2人以上，并出示执法证件。所取得的证据应当注明来源、提取时间和地点，并有证据提供人、提取人的签名；当事人拒绝签章的，可以邀请基层组织人员或者其他第三方见证人到场，制作《现场笔录》，在《现场笔录》上记明拒签事由和日期，并由检查人员、见证人签章，也可以通过音像记录设备进行记录。

【答案】AE

3.（多项选择题）在复议机关作出决定前，市稽查局可以与复议申请人达成和解或由复议机关进行调解的为（　　）。

A. 补缴税款的金额

B. 加收滞纳金的金额

C. 因强制取证对当事人电脑造成损害的赔偿金额

D. 给予举报人的奖励金额

E. 税务行政处罚的金额

【解析】对行使自由裁量权、行政赔偿、行政奖励以及存在其他合理性问题的具体行政行为的行政复议，按照合法、自愿的原则，稽查局可以在复议机关作出决定前，与申请人达成和解，也可以由复议机关进行调解。

【答案】CDE

4.（多项选择题）如果企业提起行政诉讼，下列关于税务机关在应诉过程中的做法，正确的为（　　）。

A. 对于因纳税发生的案件，市税务局负责人应当出庭应诉

B. 市税务局应当按照人民法院通知按时出庭，因特殊情况不能按时出庭的，应向人民法院申请延期开庭

C. 市税务局主要负责人不能出庭的，由主要负责人指定分管被诉行政行为承办机构的负责人出庭应诉

D. 市税务局自收到应诉通知书和起诉状副本之日起10日内进行答辩

E. 市税务局自收到应诉通知书和起诉状副本之日起15日内进行答辩

【解析】主要负责人不能出庭的，由分管被诉行政行为承办机构的负责人出庭应诉，选项C说法不准确。税务机关自收到应诉通知书和起诉状副本之日起15日内进行答辩，选项D说法不准确。

【答案】ABCE

错题、要点整理页

第三章　税务稽查案件办理程序

>> 本章知识框架

节	细目	知识点	学习进度
选案	税务稽查案源管理的一般流程	【知识点 1】税务稽查案源的概念	
		【知识点 2】税务稽查案源管理的一般流程	
	案源基本类型、立案程序以及立案前检查的要求	【知识点 1】案源类型	
		【知识点 2】特殊案源	
		【知识点 3】案源处理	
		【知识点 4】立案检查的案源标准	
		【知识点 5】撤销案源	
		【知识点 6】立案程序及立案前检查的要求	
	统筹安排检查工作的要求	【知识点】统筹安排检查工作的要求	
	案源处理结果的使用	【知识点 1】案源处理结果反馈	
		【知识点 2】《案源处理结果反馈单》的审批	
		【知识点 3】案源反馈后续处理	
		【知识点 4】立案检查案源的统计分析	
检查	检查流程和检查方法	【知识点 1】检查通知	
		【知识点 2】检查方法	
		【知识点 3】调取账簿资料	
		【知识点 4】查询存款账户	
		【知识点 5】询问	
		【知识点 6】对第三方调查取证	

续表

节	细目	知识点	学习进度
检查	检查流程和检查方法	【知识点7】异地调查取证	
		【知识点8】阻挠税务检查的处理	
		【知识点9】税务稽查案件常用取证要求	
	税务稽查取证	【知识点1】税务稽查取证原则	
		【知识点2】提取证据材料	
		【知识点3】询问笔录	
		【知识点4】当事人陈述和证人证言	
		【知识点5】视听资料	
		【知识点6】电子数据	
		【知识点7】现场笔录、勘验笔录	
		【知识点8】行政诉讼中证据的要求	
	税务强制措施、中止检查、终结检查	【知识点1】税务稽查案件中的税收强制措施的适用情形	
		【知识点2】税务稽查案件中的税收强制措施的程序	
		【知识点3】税务稽查案件中的税收强制措施的时限要求	
		【知识点4】税务稽查案件中的税收强制措施的解除条件	
		【知识点5】税务稽查案件中的税收强制措施的解除程序	
		【知识点6】中止检查	
		【知识点7】终结检查	
审理	税务稽查审理一般流程和重大税收执法事项集体审议范围	【知识点1】税务稽查审理一般流程	
		【知识点2】重大税务案件审理范围	
		【知识点3】不属于重大税务案件审理范围	
		【知识点4】重大税收执法决定法制审核范围	
		【知识点5】重大税收执法事项集体审议的范围	
	案件审理审核的具体内容和要求	【知识点1】案件审理审核内容	
		【知识点2】案件审理中补正或者补充调查的情形	
		【知识点3】处罚告知	

续表

节	细目	知识点	学习进度
审理	案件审理审核的具体内容和要求	【知识点4】陈述申辩	
		【知识点5】听证	
	案件办理的时限要求	【知识点1】税务稽查案件办理期限	
		【知识点2】不计算在税务稽查案件办理期限内的时间	
	决定性文书制作要求	【知识点1】决定性文书适用情形	
		【知识点2】税务处理决定书	
		【知识点3】税务行政处罚决定书	
		【知识点4】不予税务行政处罚决定书	
		【知识点5】税务稽查结论	
	涉嫌犯罪案件移送的程序与移送材料的种类	【知识点1】税务稽查案件的移送程序	
		【知识点2】税务稽查案件移送材料的种类	
	重大税务案件审理	【知识点1】重大税务案件审理机构和职责	
		【知识点2】重大税务案件审理委员会的职责	
		【知识点3】重大税务案件审理委员会成员单位的职责	
		【知识点4】重大税务案件审理委员会办公室	
		【知识点5】重大税务案件审理中稽查局的职责	
		【知识点6】重大税务案件审理的回避	
		【知识点7】重大税务案件审理的提请	
		【知识点8】重大税务案件审理的受理	
		【知识点9】重大税务案件的审理程序	
		【知识点10】重大税务案件审理重点审查内容	
		【知识点11】重大税务案件审理方式	
		【知识点12】重大税务案件的书面审理	
		【知识点13】重大税务案件的会议审理	
		【知识点14】重大税务案件审理的备案要求	
		【知识点15】重大税务案件审理的执行	
		【知识点16】重大税务案件审理的监督	
		【知识点17】重大税务案件审理案卷的归档	

续表

节	细目	知识点	学习进度
执行	决定性文书送达要求	【知识点 1】决定性文书的送达要求	
		【知识点 2】税务文书	
		【知识点 3】税务文书送达	
		【知识点 4】税务文书送达——直接送达	
		【知识点 5】税务文书送达——留置送达	
		【知识点 6】税务文书送达——委托送达	
		【知识点 7】税务文书送达——邮寄送达	
		【知识点 8】税务文书送达——公告送达	
		【知识点 9】税务文书送达——送达回证	
	税收强制执行的程序和要求	【知识点 1】税务稽查案件强制执行的适用情形	
		【知识点 2】依法申请人民法院强制执行的要求	
		【知识点 3】税务稽查案件的强制执行程序	
	中止执行、终结执行、延期分期缴纳罚款	【知识点 1】中止执行	
		【知识点 2】终结执行	
		【知识点 3】延期或者分期缴纳罚款	
	重新作出决定性文书	【知识点】依法重新作出决定的情形	
	税务稽查欠税处理	【知识点】税务稽查欠税处理程序	
	其他可以采取的执行追缴措施	【知识点 1】收缴发票或者停止发售发票	
		【知识点 2】阻止出境	
		【知识点 3】申请人民法院强制执行	
		【知识点 4】行使代位权、撤销权	
		【知识点 5】行使税收优先权	
		【知识点 6】移送涉嫌犯罪的案件	
签章	税务稽查案件办理中签章的要求	【知识点】税务稽查案件办理中签章的要求	
	《税务稽查案件办理程序规定》中涉及签章的情形	【知识点】《税务稽查案件办理程序规定》中涉及签章的情形	

>>习题演练

一、单项选择题

1. 某市税务局第一稽查局依法查处了某加油站偷税案件。经查，该加油站通过第三方收款平台和个人账户收款不入账等手段隐匿销售收入，进行虚假申报，少缴增值税等税费600余万元。在本案的查办中，稽查局采取了立案前检查。下列关于立案前检查说法错误的是（　　）。

A. 稽查局应当加强稽查案源管理，全面收集整理案源信息，合理、准确地选择待查对象。待查对象确定后，经稽查局局长批准实施立案检查。必要时，依照法律法规的规定，稽查局可以在立案前进行检查

B. 除可以当场作出的行政处罚外，行政机关发现公民、法人或者其他组织有依法应当给予行政处罚的行为的，必须全面、客观、公正地调查，收集有关证据；必要时，依照法律、法规的规定，可以进行检查。符合立案标准的，行政机关应当及时立案

C. 立案前检查必须在规定的期限内完成。立案前检查结束后，对于不需要立案检查的，应提请案源撤销，并告知被查对象暂未发现税收违法行为；对于符合立案标准的，应及时办理立案审批手续

D. 立案前检查过程中收集的证据资料，即使符合证据合法性、真实性、关联性等要求的，在立案后也应当重新依法定程序取证才可作为定案依据

【解析】立案前检查过程中收集的证据资料，符合证据合法性、真实性、关联性等要求的，在立案后可以作为定案依据。选项D错误，选项A、B、C均正确。

【答案】D

2. 某市税务部门在对个人所得税汇算清缴办理情况开展事后抽查时，发现某自然人在某数据股份有限公司、某科技有限公司等多处任职，同时自己还成立了个体工商户，未办理个人所得税综合所得汇算清缴和经营所得年度申报，遂由稽查局依法对其进行立案检查。请问对该自然人的检查，根据规定，税务机关不能对（　　）实施检查。

A. 纳税人的生产车间

B. 纳税人的私人住宅

C. 纳税人的经营场所

D. 纳税人的货物存放地

【解析】根据《税收征收管理法》的规定，税务机关不能对纳税人的私人住宅实

施检查。

【答案】B

3. 将税收违法证据分为直接证据与间接证据，是根据证据的（　　）进行的分类。

A. 来源

B. 表现形式

C. 提供者的身份

D. 与税收违法事实的关系

【解析】根据证据的表现形式可以分为言词证据和实物证据，根据证据与案件事实的关系可以分为直接证据和间接证据，根据证据来源的不同可以分为原始证据和传来证据，根据制作主体不同可以分为内部证据和外部证据。直接证据是用以直接证明应证事实（或待证事实）的证据。间接证据则是必须与其他证据相结合，并经过推理才能证明案件主要事实的证据。

【答案】D

4. 近期，某市警税联合破获一起虚开全面数字化的电子发票案件，摧毁犯罪团伙1个，抓获犯罪嫌疑人8人。经查，该犯罪团伙控制15户空壳小规模纳税人企业，在没有真实业务交易的情况下，涉嫌对外虚开生活服务类全面数字化的电子发票800余份，价税合计金额700余万元。请问，如在本案中，仅税务检查人员单独执法，需要对采用电子信息系统进行管理和核算的被查对象进行检查，可以要求其打开该电子信息系统，或者提供与原始电子数据、电子信息系统技术资料一致的复制件。被查对象拒不打开或者拒不提供的，经稽查局局长批准，可以采取的手段，下列说法正确的是（　　）。

A. 采取税收保全措施

B. 采取税收强制措施

C. 采用适当的技术手段对该电子信息系统进行直接检查，或者提取、复制电子数据进行检查

D. 查封载有该电子信息系统的电脑

【解析】《税务稽查案件办理程序规定》第十六条第二款规定，对采用电子信息系统进行管理和核算的被查对象，检查人员可以要求其打开该电子信息系统，或者提供与原始电子数据、电子信息系统技术资料一致的复制件。被查对象拒不打开或者拒不提供的，经稽查局局长批准，可以采用适当的技术手段对该电子信息系统进行直接检查，或者提取、复制电子数据进行检查，但所采用的技术手段不得破坏该电子信息系统原始电子数据，或者影响该电子信息系统正常运行。

【答案】C

5. 在税务检查过程中，询问应当由2名以上检查人员实施，除在（　　）询问外，应当向被询问人送达《询问通知书》。

A. 税务机关办公场所

B. 被查对象生产、经营场所

C. 车站、码头或邮局

D. 被询问人居住地

【解析】《税务稽查案件办理程序规定》第二十条规定，询问应当由2名以上检查人员实施。除在被查对象生产、经营、办公场所询问外，应当向被询问人送达《询问通知书》。

【答案】B

6.《税务稽查案件办理程序》规定，检查应当依照法定权限和程序收集证据材料。收集的证据必须经查证属实，并与证明事项相关联。下列证据材料，可能可以作为定案根据的是（　　）。

A. 违反法定程序收集、获取证据材料

B. 以违反法律强制性规定的手段获取且侵害他人合法权益的方式收集、获取证据材料

C. 以利诱、欺诈等手段获取证据材料

D. 以胁迫、暴力等手段获取证据材料

【解析】《税务稽查案件办理程序》第十七条规定，检查应当依照法定权限和程序收集证据材料。收集的证据必须经查证属实，并与证明事项相关联。不得以下列方式收集、获取证据材料：①严重违反法定程序收集；②以违反法律强制性规定的手段获取且侵害他人合法权益；③以利诱、欺诈、胁迫、暴力等手段获取。选项A，《税务稽查案件办理程序》与原《税务稽查工作规程》相比，在此处增加了"严重"二字。根据《最高人民法院关于适用〈中华人民共和国行政诉讼法〉的解释》（法释〔2018〕1号）的规定，符合程序轻微违法的情形，且确实无法补正的，所收集的证据可以作为定案根据。

【答案】A

7. 稽查局在调查某协查案件时，发现涉案资金可能流转到了被查对象的亲属陈某的账户上，因此申请对陈某的储蓄存款进行查询，则此项查询权的批准权限为（　　）。

A. 县以上税务局（分局）局长

B. 银行县、市支行以上负责人

C. 设区的市税务局（分局）局长

D. 开户银行负责人

【解析】《税务稽查案件办理程序规定》第二十六条第二款规定，查询案件涉嫌人员储蓄存款的，应当经设区的市、自治州以上税务局局长批准，凭检查存款账户许可证明向相关银行或者其他金融机构查询。选项 C 正确，选项 A、B、D 均错误。

【答案】C

8. 下列情形中，可采用公告送达方式送达税务文书的是（　　）。

A. 同一送达事项的受送达人众多

B. 采用直接送达方式无法送达税务文书

C. 采用委托送达方式无法送达税务文书

D. 采用邮寄送达方式无法送达税务文书

【解析】《税收征收管理法实施细则》第一百零六条规定，有下列情形之一的，税务机关可以公告送达税务文书：①同一送达事项的受送达人众多；②采用其他送达方式无法送达。选项 A 正确。选项 B、C、D 错误，因为仅是一种方式无法送达，不是能够采取公告送达的前提条件，必须是除公告送达以外，其他所有的送达方式都无法送达才可以。

【答案】A

9. 按照规定，税务文书受送达人是公民的，应当由本人直接签收；本人不在的，交（　　）签收。

A. 其同住成年家属　　B. 其邻居

C. 其单位领导　　D. 其单位收发

【解析】《税收征收管理法实施细则》第一百零一条规定，受送达人是公民的，应当由本人直接签收；本人不在的，交其同住成年家属签收。选项 A 正确，选项 B、C、D 都不可以签收此文书，除非受托签收，且有法定有效的委托文书。

【答案】A

10. 某稽查案件经审理没有税收违法行为的，审理人员应当制作（　　）交由执行人员送达给被查对象。

A.《税务稽查结论》

B.《税务处理决定书》

C.《税务稽查审理报告》

D.《不予税务行政处罚决定书》

【解析】《税务稽查案件办理程序规定》第四十二条规定，经审理，区分下列情形分别作出处理：①有税收违法行为，应当作出税务处理决定的，制作税务处理决定书；②有税收违法行为，应当作出税务行政处罚决定的，制作税务行政处罚决定书；③税收违法行为轻微，依法可以不予税务行政处罚的，制作不予税务行政处罚决定书；④没有税收违法行为的，制作税务稽查结论。选项 A 正确，选项 B 是属于有违法行为，应当作出税务处理决定时制作的文书，选项D是有税收违法行为，但税收违法行为轻微，依法可以不予税务行政处罚时制作的文书，选项C是内部报告，并不是可以交由执行人员送达给被查对象的外部文书。

【答案】A

11. 按照规定，稽查案件案情复杂需要延期的，第一次经（　　）批准，可以延长不超过规定的时间。

A. 上级稽查局局长

B. 稽查局局长

C. 稽查局所属税务局领导

D. 稽查局所属税务局局长

【解析】《税务稽查案件办理程序规定》第四十七条规定，稽查局应当自立案之日起90日内作出行政处理、处罚决定或者无税收违法行为结论。案情复杂需要延期的，经税务局局长批准，可以延长不超过90日；特殊情况或者发生不可抗力需要继续延期的，应当经上一级税务局分管副局长批准，并确定合理的延长期限。

【答案】D

12. 根据《税务稽查案件办理程序规定》规定，一般情况下，稽查局应当自立案之日起（　　）作出行政处理、处罚决定或者无税收违法行为结论。

A. 30日内　　　　B. 60日内

C. 90日内　　　　D. 180日内

【解析】《税务稽查案件办理程序规定》第四十七条规定，稽查局应当自立案之日起90日内作出行政处理、处罚决定或者无税收违法行为结论。案情复杂需要延期的，经税务局局长批准，可以延长不超过90日；特殊情况或者发生不可抗力需要继续延期的，应当经上一级税务局分管副局长批准，并确定合理的延长期限。

【答案】C

13. 稽查局不能在规定时间内作出行政处理、处罚决定或者无税收违法行为结论。案情复杂需要首次延期的，经税务局局长批准，可以延长（　　）。

A. 不超过30日

B. 不超过60日

C. 不超过90日

D. 根据案情确定合理的延长期限

【解析】《税务稽查案件办理程序规定》第四十七条规定，稽查局应当自立案之日起90日内作出行政处理、处罚决定或者无税收违法行为结论。案情复杂需要延期的，经税务局局长批准，可以延长不超过90日；特殊情况或者发生不可抗力需要继续延期的，应当经上一级税务局分管副局长批准，并确定合理的延长期限。

【答案】C

14. 稽查案件经过首延后，特殊情况或者发生不可抗力需要继续延期的，应当经上一级税务局分管副局长批准，可以延长（　　）。

A. 不超过 30 日

B. 不超过 60 日

C. 不超过 90 日

D. 根据案情确定合理的延长期限

【解析】《税务稽查案件办理程序规定》第四十七条规定，稽查局应当自立案之日起 90 日内作出行政处理、处罚决定或者无税收违法行为结论。案情复杂需要延期的，经税务局局长批准，可以延长不超过 90 日；特殊情况或者发生不可抗力需要继续延期的，应当经上一级税务局分管副局长批准，并确定合理的延长期限。

【答案】D

15. 根据相关规定，税收违法行为涉嫌犯罪的，填制（　　），经税务局局长批准后，依法移送公安机关。

A.《涉嫌犯罪案件移送书》

B.《涉嫌犯罪案件情况调查报告》

C.《税务处理决定书》

D.《税务行政处罚决定书》

【解析】《税务稽查案件办理程序规定》第四十八条规定，税收违法行为涉嫌犯罪的，填制涉嫌犯罪案件移送书，经税务局局长批准后，依法移送公安机关，并附送以下资料：①涉嫌犯罪案件情况的调查报告；②涉嫌犯罪的主要证据材料复制件；③其他有关涉嫌犯罪的材料。

【答案】A

16. 下列各项中，属于稽查证据中书证的是（　　）。

A. 录音资料　　B. 录像资料

C. 实物盘点表　　D. 法医鉴定报告

【解析】实物盘点表属于稽查证据中的书证。

【答案】C

17. 某市稽查局对某公司 2022 年的纳税情况进行了实地检查，发现该公司存在账外销售情况，少申报缴纳增值税和企业所得税。稽查局依法对该公司的违法行为定性为偷税。稽查局收集的下列材料不能作为该案证据的是（　　）。

A. 该公司 2022 年会计账簿中相关资料的复制件

B. 该公司 2022 年账外经营资金流水的复制件

C. 该公司法人代表王某的询问笔录

D. 该公司 2021 年扣缴个人所得税纳税申报表

【解析】选项 A、B、C 能证明案件真实情况，且与本案所要证明的违法事实相关联。选项 D 与要证明的 2022 年的违法事实没有关联性，所以选择选项 D。

【答案】D

18. 负责稽查对象的选取，并对税收违法案件查处情况进行跟踪管理的稽查局内设部门是（　　）。

A. 选案部门　　B. 检查部门

C. 审理部门　　D. 执行部门

【解析】选案部门负责稽查对象的选取，并对税收违法案件查处情况进行跟踪管理。

【答案】A

19. 稽查案件审理过程中，需检查部门补正或者补充调查的，审理部门应当有明确的要求并且一次性全部告知，补正或者补充调查的次数一般不得超过（　　）次。

A. 1　　B. 2

C. 3　　D. 4

【解析】根据相关规定，需补正或者补充调查的，应当有明确的要求并且一次性全部告知，次数一般不得超过两次。

【答案】B

20. 2023 年 7 月，某省甲市税务局第一稽查局决定对乙县某股份公司立案检查，因协查案源线索涉及该公司 2023 年的情况，拟调取该公司 2023 年 1—6 月的账簿资料回稽查局检查，则该调取账簿的工作应当经（　　）批准。

A. 甲市税务局局长

B. 甲市税务局分管稽查工作的副局长

C. 乙县税务局局长

D. 甲市税务局第一稽查局局长

【解析】《税务稽查案件办理程序规定》第十八条规定，调取纳税人、扣缴义务人当年的账簿、记账凭证、报表和其他有关资料的，应当经设区的市、自治州以上税务局局长批准。

【答案】A

21. 2023 年 8 月，国家税务总局 X 省税务局第三稽查局（负责 X 省甲区、乙区的税务稽查工作），对 X 省甲区某股份公司立案检查，拟选派检查人员调取该公司 2022 年度的账簿资料进行检查，该调取账簿的执法行政审批应当经（　　）批准。

A. 甲区税务局局长

B. X 省税务局稽查局局长

C. X省税务局第三稽查局局长

D. X省税务局局长

【解析】《税务稽查案件办理程序规定》第十八条规定，调取纳税人、扣缴义务人以前会计年度的账簿、记账凭证、报表和其他有关资料的，应当经县以上税务局局长批准。

【答案】D

22. 税务检查人员实施税务稽查过程中，与纳税人、扣缴义务人或者其法定代表人（主要负责人）、直接责任人存在特定关系的应当回避，下列情形属于可以不回避的情形是（　　）。

A. 税务检查主查人员与被检查企业的实际控制人是父子

B. 税务检查辅查人员与被检查企业的法定代表人是姑侄

C. 税务检查主查人员与被检查企业的主要负责人是同学

D. 税务检查主查人员拥有被检查企业少量股票

【解析】《税收征收管理法实施细则》第八条规定，税务人员在核定应纳税额、调整税收定额、进行税务检查、实施税务行政处罚、办理税务行政复议时，与纳税人、扣缴义务人或者其法定代表人、直接责任人有下列关系之一的，应当回避：①夫妻关系；②直系血亲关系；③三代以内旁系血亲关系；④近姻亲关系；⑤可能影响公正执法的其他利害关系。

【答案】C

23. 下列稽查案件不属于重大税务案件审理范围的是（　　）。

A. 应监察、司法机关要求出具认定意见的稽查案件

B. 拟移送公安机关处理的稽查案件

C. 重大税务行政处罚的稽查案件

D. 公安机关尚未就税收违法行为立案，但被查对象为走逃（失联）企业，并且涉嫌犯罪的案件

【解析】重大税务案件审理的范围包括：①重大税务行政处罚案件，具体标准由各省、自治区、直辖市和计划单列市税务局根据本地情况自行制定，报国家税务总局备案；②根据《重大税收违法案件督办管理暂行办法》督办的案件；③应监察、司法机关要求出具认定意见的案件；④拟移送公安机关处理的案件；⑤重大税务案件审理委员会成员单位认为案情重大、复杂，需要审理的案件；⑥其他需要重大税务案件审理委员会审理的案件。

不属于重大税务案件审理范围：①公安机关已就税收违法行为立案的；②公安机关尚未就税收违法行为立案，但被查对象为走逃（失联）企业，并且涉嫌犯罪的；③国家税务总局规定的其他情形。选项A、B、C属于重大税务案件审理范围，选项D

不属于重大税务案件审理范围。

【答案】D

24. 税务违法案件执行完毕后，或者按照规定终结检查或者终结执行的，审理部门应当在（　　）内收集稽查各环节与案件有关的全部资料，整理成税务稽查案卷，归档保管。

A. 15 日　　B. 30 日

C. 60 日　　D. 90 日

【解析】根据《税务稽查案卷管理暂行办法》有关规定，《税务处理决定书》《税务行政处罚决定书》《不予税务行政处罚决定书》《税务稽查结论》执行完毕，或者按照规定终结检查或者终结执行的，审理部门应当在60日内收集稽查各环节与案件有关的全部资料，整理成税务稽查案卷，归档保管。

【答案】C

25. 税务行政处罚决定书采取直接送达方式的，应当在宣告后当场交付当事人；稽查局应当在（　　）内送达当事人。

A. 3 日　　B. 5 日

C. 7 日　　D. 15 日

【解析】行政处罚决定书应当在宣告后当场交付当事人；当事人不在场的，行政机关应当在7日内依照《民事诉讼法》的有关规定，将行政处罚决定书送达当事人。

【答案】C

26. 税务稽查人员在查处某走逃失联案件时，因其他方式无法送达，如果采取公告送达的方式送达《税务检查通知书》，税务局网站上发出公告的日期为20×3年8月1日，则视为送达的日期为（　　）。

A. 20×3年8月30日（周四）

B. 20×3年9月1日（周五）

C. 20×3年9月2日（周六）

D. 20×3年9月4日（周一）

【解析】根据《税收征收管理法实施细则》的规定，税务文书公告期限一般为30日。发出公告日期以最后张贴或者刊登的日期为准。公告期限自公告次日起算，期限届满即视为送达。期限届满的最后一日是节假日的，以节假日后的第一日为期限届满的日期。公告期限届满的次日为送达日期。本题中，公告期限届满日为9月1日（周五），是工作日，不需要延期，因此，其次日，也就是9月2日（周六），就是公告送达的送达日期。选项C正确。选项A为公告期限届满的当天，不是送达日期。选项D容易被作为节假日后的第一日误选，但本题中送达日为周五，为工作日，不需要考虑节假日的影响因素，所以不选。

【答案】C

27. 检查从事生产、经营的纳税人以前纳税期的纳税情况时，发现纳税人有逃避纳税义务行为，并有明显的转移、隐匿其应纳税的商品、货物以及其他财产或者应纳税收入迹象的，经县以上税务局局长批准，可以依法采取查封、扣押措施的，期限一般不得规定时间；重大案件需要延长期限的，应当报（　　）批准。

A. 稽查局局长　　B. 市税务局局长

C. 省税务局局长　　D. 国家税务总局

【解析】检查从事生产、经营的纳税人以前纳税期的纳税情况时，发现纳税人有逃避纳税义务行为，并有明显的转移、隐匿其应纳税的商品、货物以及其他财产或者应纳税收入迹象的，经县以上税务局局长批准，可以依法采取税收强制措施。此处采取查封、扣押措施的，期限一般不得超过6个月；重大案件有下列情形之一，需要延长期限的，应当报国家税务总局批准：①案情复杂，在查封、扣押期限内确实难以查明案件事实的；②被查对象转移、隐匿、销毁账簿、记账凭证或者其他证据材料的；③被查对象拒不提供相关情况或者以其他方式拒绝、阻挠检查的；④解除查封、扣押措施可能使纳税人转移、隐匿、损毁或者违法处置财产，从而导致税款无法追缴的。

【答案】D

28. 根据《税务稽查案件办理程序规定》，税务稽查案件查办中出现（　　）情形时，经批准，就可以依法采取税收强制措施。

A. 稽查局在案件查办时有根据认为从事生产、经营的被查对象有逃避纳税义务行为的

B. 稽查局在案件查办时发现被查对象有明显的转移、隐匿其应纳税的商品、货物以及其他财产或者应纳税收入迹象的

C. 稽查局在案件查办时检查从事生产、经营的被查对象以前纳税期的纳税情况时，发现被查对象有逃避纳税义务行为的

D. 稽查局在案件查办时检查从事生产、经营的被查对象以前纳税期的纳税情况时，发现被查对象有逃避纳税义务行为，并有明显的转移、隐匿其应纳税的商品、货物以及其他财产或者应纳税收入迹象的

【解析】情形一：税务机关有根据认为从事生产、经营的纳税人有逃避纳税义务行为，可以在规定的纳税期之前，责令限期缴纳应纳税款；在限期内发现纳税人有明显的转移、隐匿其应纳税的商品、货物以及其他财产或者应纳税收入迹象的，可以责成纳税人提供纳税担保。如果纳税人不能提供纳税担保，经县以上税务局局长批准，可以依法采取税收强制措施。选项A、B都是错误的，因为程序不完整，尚不符合采取税收强制措施的条件。

情形二：检查从事生产、经营的纳税人以前纳税期的纳税情况时，发现纳税人有

逃避纳税义务行为，并有明显的转移、隐匿其应纳税的商品、货物以及其他财产或者应纳税收入迹象的，经县以上税务局局长批准，可以依法采取税收强制措施。选项 C 错误，因为没有明显的转移、隐匿其应纳税的商品、货物以及其他财产或者应纳税收入迹象，选项 D 正确。

【答案】D

29. 按照案源信息的来源分类，下列属于特殊案源的是（　　）。

A. 安排案源　　　　B. 推送案源

C. 督办案源　　　　D. 自选案源

【解析】根据案源信息的来源不同分为九种类型：推送案源、督办案源、交办案源、安排案源、自选案源、检举案源、协查案源、转办案源、其他案源。督办案源、交办案源、转办案源、检举案源和协查案源统称为特殊案源。

【答案】C

30. 提取证据材料复制件的，应当由原件保存单位或者个人在复制件上注明（　　），并由提供人签章。

A. “与原件核对无误，原件存于我处”

B. “与原件核对无误”

C. “数据核对无误”

D. “数据核对无误，原件存于我处”

【解析】《税务稽查案件办理程序规定》第十九条第二款规定，提取证据材料复制件的，应当由当事人或者原件保存单位（个人）在复制件上注明“与原件核对无误”及原件存放地点，并签章。

【答案】B

31. 在检查中需要提取证据材料原件的，检查人员应当向当事人出具（　　），由当事人核对后签章确认。

A. 《提取证据专用收据》

B. 《发票换票证》

C. 《调验空白发票收据》

D. 《调取账簿资料通知书》

【解析】《税务稽查案件办理程序规定》第十九条第一款规定，需要提取证据材料原件的，应当向当事人出具《提取证据专用收据》，由当事人核对后签章确认。

【答案】A

32. 在税务检查过程中，询问应当由 2 名以上检查人员实施，除在（　　）询问外，应当向被询问人送达《询问通知书》。

A. 稽查局询问室

B. 被查对象生产、经营或者办公场所

C. 车站、码头或邮局

D. 被询问人居住地

【解析】《税务稽查案件办理程序规定》第二十条规定，询问应当由2名以上检查人员实施。除在被查对象生产、经营、办公场所询问外，应当向被询问人送达询问通知书。

【答案】B

33. 2023年7月，甲市税务局第一稽查局决定对乙县某股份公司立案检查，因协查案源线索涉及该公司2023年的情况，拟调取该公司2023年1—6月的账簿资料回稽查局检查，则该调取账簿的工作应当经（　　）批准。

A. 甲市税务局局长

B. 甲市税务局分管稽查工作的副局长

C. 乙县税务局局长

D. 甲市税务局第一稽查局局长

【解析】《税务稽查案件办理程序规定》第十八条规定，调取纳税人、扣缴义务人当年的账簿、记账凭证、报表和其他有关资料的，应当经设区的市、自治州以上税务局局长批准。

【答案】A

34. 下列稽查案件不属于重大税务案件审理范围的是（　　）。

A. 应监察、司法机关要求出具认定意见的稽查案件

B. 拟移送公安机关处理的稽查案件

C. 重大税务行政处罚的稽查案件

D. 公安机关尚未就税收违法行为立案，但被查对象为走逃（失联）企业，并且涉嫌犯罪的案件

【解析】《重大税务案件审理办法》第十一条规定，有下列情形之一的案件，不属于重大税务案件审理范围：①公安机关已就税收违法行为立案的；②公安机关尚未就税收违法行为立案，但被查对象为走逃（失联）企业，并且涉嫌犯罪的；③国家税务总局规定的其他情形。

【答案】D

35. 下列关于证据的合法性说法错误的是（　　）。

A. 合法性指证据必须由当事人按照法定程序提供，或由法定机关、法定人员按照法定的程序调查、收集和审查

B. 合法性包括证据的收集主体，收集程序和证据形式合法

C. 证据有时不需要具备法律规定的形式

D. 对某些法律行为的成立，法律规定了特定的形式，不具备法律所要求的形式，该项法律行为就不能成立

【解析】合法性指证据必须由当事人按照法定程序提供，或由法定机关、法定人员按照法定的程序调查、收集和审查。合法性包括证据的收集主体、收集程序和证据形式合法。也就是说诉讼证据不论是当事人提供的还是人民法院主动调查收集的，必须符合法律规定负有举证责任或具有取证权利的主体，都要符合法律规定的程序，不按照法定程序提供、调查收集的证据不能作为认定案件事实的根据。证据必须具备法律规定的形式。对某些法律行为的成立，法律规定了特定的形式，不具备法律所要求的形式，该项法律行为就不能成立。

【答案】C

36. 税务稽查随机抽查方案批准后，应将税务稽查随机抽查信息自形成之日起在规定期限内予以公开。该规定期限是（　　）。

A. 10 个工作日　　B. 15 个工作日

C. 20 个工作日　　D. 30 个工作日

【解析】税务稽查随机抽查信息主动向社会公布。公开的内容：事前公示主要包括税务稽查随机抽查的依据、主体、内容、方式事项等；事后公示主要包括抽查情况概述、查处汇总结果。公开的途径：税务机关在执法信息公示平台、官方网站公开；在办税服务场所公开的，可以通过公示栏、电子显示屏或者触摸屏公开。公开的期限：自信息形成或者变更之日起20 个工作日内予以公开。

【答案】C

37. 跨区域稽查局需提请市局稽查局重点案件审理的，一般的流程是（　　）。

A. 跨区域稽查局审理—跨区域稽查局局长审批—提请市局稽查局重点案件审理—跨区域稽查局处罚告知—跨区域稽查局决定性文书出具

B. 跨区域稽查局审理—跨区域稽查局局长审批—跨区域稽查局处罚告知—提请市局稽查局重点案件审理—跨区域稽查局决定性文书出具

C. 跨区域稽查局审理—跨区域稽查局集体审理—跨区域稽查局局长审批—提请市局稽查局重点案件审理—跨区域稽查局处罚告知—跨区域稽查局决定性文书出具

D. 跨区域稽查局审理—跨区域稽查局局长审批—跨区域稽查局集体审理—提请市局稽查局重点案件审理—跨区域稽查局处罚告知—跨区域稽查局决定性文书出具

【解析】《全国税务稽查规范（1.2 版）》规定，接收跨区域稽查局提交的《税务稽查审理审批表》、《税务稽查报告》、《税务稽查审理报告》、证据目录及有关案卷材料，办理交接手续，组织集体审理。

【答案】A

38. 实施立案前检查的，检查人员应当向当事人发出的稽查文书是（　　）。

A. 《税务协助检查通知书》

B. 《税务事项通知书》

C. 《税务事项告知书》

D. 《税务检查通知书》

【解析】检查人员在实施检查前应向被查对象出示税务检查证件、出示或者送达《税务检查通知书》，告知其权利和义务。

【答案】D

39. 稽查局某副局长带队对甲企业实施检查时发现该企业财务负责人是其大学同学，有权作出该副局长是否回避决定的是（　　）。

A. 稽查局局长

B. 所属税务局分管稽查的副局长

C. 所属税务局分管纪检的副局长

D. 所属税务局局长

【解析】可能影响公正执法的其他利害关系，是否回避由稽查局局长依法决定。稽查局局长的回避，由税务局局长依法审查决定。

【答案】A

40. 在税务稽查案件经办过程中，经批准后调取纳税人、扣缴义务人当年的账簿、记账凭证、报表和其他有关资料的，应完整归还的期限是（　　）。

A. 10 日　　　　B. 30 日

C. 60 日　　　　D. 3 个月

【解析】《税务稽查案件办理程序规定》第十八条第二款规定，调取纳税人、扣缴义务人当年的账簿、记账凭证、报表和其他有关资料的，应当经设区的市、自治州以上税务局局长批准，并在 30 日内退还。

【答案】B

41. 下列有关稽查案源处理方式的表述，错误的是（　　）。

A. 协查事项需要提供纳税人查无此户状态证明的，经稽查局负责人批准移交相关部门配合取证

B. 转办案源税收违法线索不清晰或者资料不完整，要求补充资料不能补充资料的，可以作退回处理

C. 推送的案源信息数据有误，导致无法进一步处理的，可以作退回处理或者要求补充资料

D. 案源信息涉及特别纳税调整事项的，经稽查局负责人批准移交反避税部门

处理

【解析】案源信息涉及特别纳税调整事项的，经税务局负责人批准移交反避税部门处理。

【答案】D

42. 经查验确认是虚开的增值税发票，取证时提取证据原件需使用的税务文书是（　　）。

A. 《发票换票证》

B. 《调验空白发票收据》

C. 《提取证据专用收据》

D. 《调取账簿资料清单》

【解析】《全国税务稽查规范（1.2 版）》规定，经鉴定或者查验确认为伪造、变造、虚开的发票后，使用《提取证据专用收据》提取证据原件，同时换回原先交付给发票提供单位或者个人的《发票换票证》。

【答案】C

43. 跨区域稽查局在收到不属于管辖范围的协查对象时，将《税收违法案件协查函》交由本级或者上级税务局稽查局重新分拣的时间期限是（　　）。

A. 收到《税收违法案件协查函》之日起 5 个工作日内

B. 收到《税收违法案件协查函》之日起 7 个工作日内

C. 收到《税收违法案件协查函》之日起 7 日内

D. 收到《税收违法案件协查函》之日起 10 日内

【解析】《全国税务稽查规范（1.2 版）》规定，关于受托协查事项的处理，协查对象不属受托方管辖的，协查管理岗应在收到《税收违法案件协查函》之日起 5 个工作日内，将《税收违法案件协查函》退回委托方或交由本级或者上级税务局稽查局重新分拣。

【答案】A

44. 检查人员在检查过程中，有特殊情况的，按规定权限批准后，可以调取被查对象当年的账簿、记账凭证、报表和其他有关资料。该“特殊情况”不包括的情形是（　　）。

A. 涉及增值税专用发票检查

B. 纳税人涉嫌税收违法行为情节严重

C. 到企业实地检查存在难度

D. 当事人可能毁灭、藏匿、转移账簿等证据资料

【解析】《全国税务稽查规范（1.2 版）》规定，有特殊情况的，报稽查局所属设区的市、自治州以上税务局局长审批，可以调取被查对象当年的账簿、记账凭证、报表

和其他有关资料。特殊情况是指：①涉及增值税专用发票检查的；②纳税人涉嫌税收违法行为情节严重的；③纳税人及其他当事人可能毁灭、藏匿、转移账簿等证据资料的；④税务机关认为其他需要调回检查的情况。

【答案】C

45. 下列通知事项，表述错误是（　　）。

A. 检查人员检查中发现被查对象税务登记内容发生变更的，可以向被查对象送达《税务事项通知书》，通知其到主管税务机关办理变更登记手续

B. 检查结束前，检查人员可以将发现的税收违法事实和依据告知被查对象；必要时，可以向被查对象发出《税务事项通知书》，要求其在限期内说明，并提供有关资料

C. 检查人员发生变更的，应当向被查对象送达《税务事项通知书》，告知其变更情况

D. 稽查所属期间发生变更的，应当向被查对象送达《税务事项通知书》，书面通知其变更情况

【解析】稽查所属期间发生变更非必须通知事项，《税务检查通知书》已列明。

【答案】D

46. 调取被查对象账簿资料无法退还的，下列表述正确的是（　　）。

A. 被查对象拒绝在《调取账簿资料清单》签章的，检查人员应当通过制作《现场笔录》、音像记录等适当方式行为进行记录并作为不配合税务机关检查的证据

B. 被查对象未在约定时间领回的，检查人员可以向被查对象送达《税务事项通知书》，通知被查对象领回账簿资料并作为不配合税务机关检查的证据

C. 书面通知后，被查对象仍未及时领回的，检查人员可以采用邮寄、直接送还等方式主动退还

D. 确实无法退还的，应当对无法退还的情况进行记录，并妥善保管待退回账簿资料

【解析】选项 A，被查对象拒绝签章和领回账簿资料的，不宜直接作为不配合税务检查证据使用；选项 B，被查对象无正当理由未在约定时间领回的，检查人员可以向被查对象送达《税务事项通知书》，通知被查对象领回账簿资料，不能作为不配合税务机关检查的证据；选项 C，邮寄账簿不妥。

【答案】D

47. 稽查案件办理应当在 90 日内作出行政处理、处罚决定或者无税收违法行为结论，该期限计算的起点是（　　）。

A. 案源登记之日

B. 稽查立案批准之日

C. 检查任务分配之日

D. 《税务检查通知书》送达之日

【解析】《税务稽查案件办理程序规定》第四十七条规定，稽查案件办理应当自立案之日起 90 日内作出行政处理、处罚决定或者无税收违法行为结论。

【答案】B

48. 检查人员对当事人进行询问，下列做法错误的是（　　）。

A. 除在被查对象生产、经营或者办公场所询问外，应当制作并向被询问人送达《询问通知书》

B. 检查人员可以同时担任询问（调查）人和记录人，但应当分别签名；询问（调查）人签字处应当由 2 名以上检查人员签名

C. 《询问（调查）笔录》有修改的，应当由被询问人在改动处捺指印

D. 询问结束时应当取得被询问人身份证复印件等有效的身份证明资料，并由被询问人在身份证明资料上签名

【解析】《全国税务稽查规范（1.2 版）》规定，询问开始前应当取得被询问人身份证复印件等有效的身份证明资料，并由被询问人在身份证明资料上签名。

【答案】D

49. 因接受虚开函应当给予行政处罚的，对于行政机关“发现”之日，下列表述正确的是（　　）。

A. 受票方稽查局收到虚开函的时间

B. 受票方稽查局立案时间

C. 开票方稽查局立案时间

D. 开票方稽查局作出处理决定且认定虚开时间

【解析】《全国人大常委会法制工作委员会关于提请明确对行政处罚追诉时效“二年未发现”认定问题的研究意见》（法工委复字〔2004〕27 号）规定，任何机关只要启动调查、取证和立案程序，均可视为“发现”；群众举报后被认定属实的，“发现”时效以举报时间为准。受票方稽查局收到虚开函启动调查、取证和立案程序，因此选项 A 正确。

【答案】A

50. 案件办结后，对符合继续办理条件的案件，相关人员应填制《办结案件恢复办理审批表》，逐级报局领导批准。该领导是（　　）。

A. 所属税务局局长

B. 所属税务局分管局长

C. 稽查局局长

D. 稽查局分管局长

【解析】根据《全国税务稽查规范（1.2 版）》关于一般案件办结规定，作办结处理的案件，符合继续办理条件的，相关人员填制《办结案件恢复办理审批表》，逐级报稽查局局长批准后，继续办理。

【答案】C

51. 关于查询纳税人的银行存款账户和涉案人员储蓄存款，下列表述正确的是（　　）。

A. 均只能向管辖地域范围内的金融机构查询

B. 查询纳税人的银行存款账户只能向管辖地域范围内的金融机构查询

C. 查询涉案人员储蓄存款只能向管辖地域范围内的金融机构查询

D. 均可以跨管辖地查询

【解析】《税收征收管理法》第五十四条第（六）项规定，经县以上税务局（分局）局长批准，凭全国统一格式的检查存款账户许可证明，查询从事生产、经营的纳税人、扣缴义务人在银行或者其他金融机构的存款账户。税务机关在调查税收违法案件时，经设区的市、自治州以上税务局（分局）局长批准，可以查询案件涉嫌人员的储蓄存款。没有限制跨管辖地查询纳税人的银行存款账户和涉案人员储蓄存款。选项 D 正确。

【答案】D

52. 被查对象不主动履行税务处理决定，关于收缴、停止发售发票，下列做法错误的是（　　）。

A. 由执行实施岗提出停止发售或者收缴发票的建议

B. 稽查局实施重大税收执法事项集体审议程序审批

C. 审理部门制作《税务稽查建议书》

D. 执行部门负责《税务稽查建议书》的执行送达

【解析】执行实施岗提出停止发售或者收缴发票的建议，按照稽查局重大税收执法事项集体审议程序审批后，交由审理部门制作《税务稽查建议书》移交纳税人、扣缴义务人。

【答案】D

53. 下列情形，应加收滞纳金的是（　　）。

A. 经税务机关核准延期申报并按规定预缴税款的，在核准的延期内办理税款结算的

B. 主管税务机关开具的缴税凭证上的应纳税额和滞纳金为 5 元以下的

C. 纳税人善意取得虚开的增值税专用发票被依法追缴已抵扣税款的

D. 税务机关依照规定作出特别纳税调整，需要补征税款并按照国务院规定加

收利息的

【解析】主管税务机关开具的缴税凭证上的应纳税额和滞纳金为 1 元以下的，不予加收滞纳金。

【答案】B

54. 经鉴定或者查验确认为伪造的空白发票后，使用《提取证据专用收据》调取证据原件，同时换回原先交付给证据提供单位或者个人的文书是（　　）。

A. 《调取账簿资料通知书》

B. 《调取账簿资料清单》

C. 《发票换票证》

D. 《调验空白发票收据》

【解析】《发票管理办法》第三十三条第二款规定，税务机关需要将空白发票调出查验时，应当开具收据；经查无问题的，应当及时发还。调取空白发票查验时使用的是《调验空白发票收据》。

【答案】D

55. 某市稽查局检查人员检查发现 A 公司账簿、记账凭证及有关资料被其他国家机关依法调取且尚未归还的，致使检查暂时无法进行，经批准中止了检查程序。后来相关资料被归还至 A 公司，则恢复检查的批准人员是（　　）。

A. 检查科科长

B. 稽查局局长

C. 所属市局局长

D. 主管稽查局的市局副局长

【解析】《税务稽查案件办理程序规定》第三十三条第二款规定，中止检查的情形消失，经稽查局局长批准后，恢复检查。

【答案】B

56. 检查应当依照法定权限和程序进行，不得严重违反法定程序收集、获取证据材料，下列严重违反法定程序的是（　　）。

A. 因检查人员突发疾病，超期一周退还调取的账簿资料

B. 因纳税人出差，超期一周送达税务行政处罚决定书

C. 因系统时间计算错误，在处罚告知后未满 5 个工作日，即作出了行政处罚决定，致使当事人未能在决定作出前提交陈述申辩意见

D. 改变检查所属期未书面通知被查对象

【解析】有下列情形之一的，且对被查对象及其他当事人依法享有的听证、陈述、申辩等重要程序性权利不产生实质损害的，属于程序轻微违法：①处理期限轻微违法；②通知、送达等程序轻微违法；③其他程序轻微违法的情形。

【答案】C

57. 对有关第三方调查取证时，应当使用的税务文书是（　　）。

A.《税务检查通知书》

B.《税务检查通知书（二）》

C.《税务事项通知书》

D.《税务协助检查通知书》

【解析】略

【答案】D

58. 在税务行政诉讼案件中，承担举证义务的被告稽查局为了证明自己作出的处罚决定合法，提供作出该处罚决定时所依据的各项证据，该证据根据分类属于（　　）。

A. 直接证据　　B. 间接证据

C. 本证　　D. 反证

【解析】本证与反证的划分是以证据是否为负有举证责任的当事人所提出，及其所能证明的事实是否为举证当事人所主张的事实为标准对证据所作的分类。本证，是指由负有举证责任的当事人提出，用以证明他所主张的事实存在的根据。在诉讼过程中，负有举证责任的当事人，不论是原告还是被告都可以提出本证，证明自己的主张。

【答案】C

59. 根据证据排除规则，下列证据材料不能单独作为定案依据的是（　　）。

A. 未成年人所作的与其年龄和智力状况不相适应的证言

B. 以违反法律强制性规定的手段获取且侵害他人合法权益的证据材料

C. 被当事人或者他人进行技术处理而无法辨明真伪的证据材料

D. 当事人无正当事由超出举证期限提供的证据材料

【解析】《最高人民法院关于行政诉讼证据若干问题的规定》(法释〔2002〕21 号) 规定，下列证据不能单独作为定案依据：①未成年人所作的与其年龄和智力状况不相适应的证言；②与一方当事人有亲属关系或者其他密切关系的证人所作的对该当事人有利的证言，或者与一方当事人有不利关系的证人所作的对该当事人不利的证言；③应当出庭作证而无正当理由不出庭作证的证人证言；④难以识别是否经过修改的视听资料；⑤无法与原件、原物核对的复制件或者复制品；⑥经一方当事人或者他人改动，对方当事人不予认可的证据材料；⑦其他不能单独作为定案依据的证据材料。

【答案】A

60. 税务稽查人员直接送达税务文书时，受送达人为公司的，在“受送达人签名或盖章”一栏的下列签名，不具有法律效力的是（　　）。

A. 公司的法定代表人

B. 公司的财务负责人

C. 法定代表人的代理人

D. 法定代表人的同住成年家属

【解析】由于受送达人为公司，法定代表人的同住成年家属如无特别授权，签名不具有法律效力，即不视为该文书送达。

【答案】D

61. 下列各项中不属于终结执行情形的是（　　）。

A. 当事人确无财产可供抵缴税款、滞纳金、罚款

B. 当事人依照破产清算程序确实无法清缴税款、滞纳金、罚款

C. 当事人死亡或者被依法宣告死亡，尚未确定可执行财产的

D. 有其他法定终结执行情形

【解析】《税务稽查案件办理程序规定》第五十七条规定，当事人确无财产可供抵缴税款、滞纳金、罚款或者依照破产清算程序确实无法清缴税款、滞纳金、罚款，或者有其他法定终结执行情形的，经税务局局长批准后，终结执行。

【答案】C

62. 稽查局在拟定案件处理意见，正式作出税务行政处罚决定之前，应当向当事人送达的文书是（　　）。

A. 《税务审理报告》

B. 《税务稽查结论》

C. 《税务行政处罚事项告知书》

D. 《税务处理决定书》

【解析】《税务稽查案件办理程序规定》第三十九条规定，拟对被查对象或者其他涉税当事人作出税务行政处罚的，应当向其送达税务行政处罚事项告知书，告知其依法享有陈述、申辩及要求听证的权利。

【答案】C

63. 稽查局在拟定案件处理意见，正式作出税务行政处罚决定之前，应当向当事人送达的文书是（　　）。

A. 《税务审理报告》

B. 《税务稽查结论》

C. 《税务行政处罚事项告知书》

D. 《税务处理决定书》

【解析】《税务稽查案件办理程序规定》第三十九条规定，拟对被查对象或者其他涉税当事人作出税务行政处罚的，应当向其送达税务行政处罚事项告知书，告知其依法享有陈述、申辩及要求听证的权利。

【答案】C

64. 下列关于证据审查的一般要求的说法中，错误的是（　　）。

A. 合法性审查　　B. 合理性审查

C. 真实性审查　　D. 关联性审查

【解析】证据审查是审理部门对检查过程中取得的证据进行合法性、真实性、关联性审查，从而判断所收集的证据能否用作认定案件事实的根据并认定其证明效力的业务处理过程。

【答案】B

65. 下列各项中，不是法定证据种类的是（　　）。

A. 证人证言　　B. 实物证据

C. 视听资料　　D. 现场笔录

【解析】根据《行政诉讼法》第三十三条规定，证据分为书证、物证、视听资料、电子数据、证人证言、当事人的陈述、鉴定意见、勘验笔录和现场笔录八类证据。

【答案】B

66. 税收违法行为涉嫌犯罪的，填制涉嫌犯罪案件移送书，经税务局局长批准后，依法移送公安机关，并附送以下资料、移送资料不包括（　　）。

A. 涉嫌犯罪案件情况的调查报告

B. 税务稽查报告

C. 涉嫌犯罪的主要证据材料复制件

D. 其他有关涉嫌犯罪的材料

【解析】《税务稽查案件办理程序规定》第四十八条规定，税收违法行为涉嫌犯罪的，填制涉嫌犯罪案件移送书，经税务局局长批准后，依法移送公安机关，并附送以下资料：①涉嫌犯罪案件情况的调查报告；②涉嫌犯罪的主要证据材料复制件；③其他有关涉嫌犯罪的材料。

【答案】B

67. 下列选项中，不属于中止检查情形的是（　　）。

A. 被查对象税收违法行为均已超过法定追究期限

B. 当事人被有关机关依法限制人身自由

C. 账簿、记账凭证及有关资料被其他国家机关依法调取且尚未归还

D. 税收违法行为直接相关的事实需要人民法院或者其他国家机关确认

【解析】《税务稽查案件办理程序规定》第三十三条规定，有下列情形之一，致使检查暂时无法进行的，经稽查局局长批准后，中止检查：①当事人被有关机关依法限制人身自由的；②账簿、记账凭证及有关资料被其他国家机关依法调取且尚未归还的；③与税收违法行为直接相关的事实需要人民法院或者其他国家机关确认的；④法律、行政法规或者国家税务总局规定的其他可以中止检查的。中止检查的情形消失，经稽

查局局长批准后，恢复检查。

【答案】A

68. 下列关于证据的相关表述中，说法错误的是（　　）。

A. 依法调查、收集、固定案件证据是检查实施过程的核心内容

B. 税务稽查证据应当具备合法性、真实性、关联性

C. 单份书证多页的，要在骑缝处加盖印章或者捺指印，并在最末页标注共多少页

D. 不得以偷拍、偷录、窃听等手段获取侵害他人合法权益的证据材料

【解析】单份书证多页的，应当逐页签章或者捺指印，并在骑缝处加盖印章或者捺指印。

【答案】C

69. 稽查局应当自立案之日起 90 日内作出行政处理、处罚决定或者无税收违法行为结论。案情复杂需要延期的，经税务局局长批准，可以延长的期限是（　　）。

A. 不超过 90 日　　B. 不超过 30 日

C. 不超过 3 个月　　D. 不超过 1 个月

【解析】《税务稽查案件办理程序规定》第四十七条规定，稽查局应当自立案之日起 90 日内作出行政处理、处罚决定或者无税收违法行为结论。案情复杂需要延期的，经税务局局长批准，可以延长不超过 90 日；特殊情况或者发生不可抗力需要继续延期的，应当经上一级税务局分管副局长批准，并确定合理的延长期限。

【答案】A

70.《指定管辖申请》适用于各方税务机关因税务稽查管辖发生争议、协商未果，报请（　　）。

A. 共同的上级税务机关协调或者决定时使用

B. 共同的上级稽查局协调或者决定时使用

C. 国家税务总局各省级税务局协调或者决定时使用

D. 国家税务总局稽查局协调或者决定时使用

【解析】根据《部分税务稽查内部管理文书式样》（税总发〔2018〕133 号）的规定，《指定管辖申请》适用于各方税务机关因税务稽查管辖发生争议、协商未果，报请共同的上级税务机关协调或者决定时使用。

【答案】A

71. 根据《全国税务稽查规范（1.2 版）》的规定，案源管理部门通过筛选案源信息确定待查对象后，应填制《税务稽查立案审批表》并附有关资料报请审批，审批人为（　　）。

A. 所属税务局局长

B. 设区的市税务局局长

C. 案源管理部门负责人

D. 稽查局局长

【解析】《全国税务稽查规范（1.2 版）》规定，《税务稽查立案审批表》为待查对象确定后，案源管理部门报请稽查局局长批准立案检查时使用。

【答案】D

72. 稽查局办理税务稽查案件时，当事人确无财产可供抵缴税款、滞纳金、罚款或者依照破产清算程序确实无法清缴税款、滞纳金、罚款，或者有其他法定终结执行情形的，经批准后，终结执行，能依法决定其是否能终结执行的领导岗位是（　　）。

A. 稽查局局长

B. 税务局局长

C. 上一级分管税务稽查副局长

D. 税务局副局长

【解析】《税务稽查案件办理程序规定》第五十七条规定，当事人确无财产可供抵缴税款、滞纳金、罚款或者依照破产清算程序确实无法清缴税款、滞纳金、罚款，或者有其他法定终结执行情形的，经税务局局长批准后，终结执行。

【答案】B

73. 查处部门应当在收到举报中心转来的检举材料之日起的一定期限内办理完毕；案情复杂无法在规定期限内办理完毕的，可以延期。该规定期限是（　　）。

A. 1 个月　　B. 3 个月

C. 6 个月　　D. 9 个月

【解析】《税收违法行为检举管理办法》第二十二条第二款规定，查处部门应当在收到举报中心转来的检举材料之日起 3 个月内办理完毕；案情复杂无法在期限内办理完毕的，可以延期。

【答案】B

74. 在稽查检查工作中，检查人员发现同一事实存在数个相互矛盾的证据，下列关于证明效力的表述中错误的是（　　）。

A. 原始证据优于传来证据

B. 原件、原物优于复制件、复制品

C. 数个种类不同、内容一致的证据优于一个孤立的证据

D. 与当事人有亲属关系的证人提供的对该当事人有利的证言优于其他证人证言

【解析】《最高人民法院关于行政诉讼证据若干问题的规定》（法释〔2002〕21 号）第六十三条规定，证明同一事实的数个证据，其证明效力一般可以按照下列情形分别

认定：①国家机关以及其他职能部门依职权制作的公文文书优于其他书证；②鉴定结论、现场笔录、勘验笔录、档案材料以及经过公证或者登记的书证优于其他书证、视听资料和证人证言；③原件、原物优于复制件、复制品；④法定鉴定部门的鉴定结论优于其他鉴定部门的鉴定结论；⑤法庭主持勘验所制作的勘验笔录优于其他部门主持勘验所制作的勘验笔录。

【答案】D

75. 稽查局提供的虚开发票违法证据是行政定性，移送司法处理最直接、最有力、最关键的证据是（　　）。

A. 发票流　　B. 资金流

C. 货物流　　D. 人物流

【解析】从虚开发票案件司法判决实践来看，税务部门对虚开发票违法认定承担举证责任，稽查部门提供的资金流证据是行政定性、移送司法处最直接、最有力、最关键的证据。

【答案】B

76. 关于《税务稽查报告》中“检查情况及发现问题”部分，不包括的内容是（　　）。

A. 被查对象税收违法行为查证情况，如税收违法行为的目的、手段、情节以及所造成的实际后果和收集的相关证据

B. 被查对象对有关违法事实提出的陈述申辩及检查人员复核意见

C. 税种完整列示税款的计算过程，并附拟查补、退税款汇总表

D. 税收违法行为是否涉嫌犯罪

【解析】根据《税务稽查内部管理文书式样》（国税发〔2011〕122号）的规定，《税务稽查报告》中“检查情况及发现问题”具体包括：①违反税收法律、法规、规章和其他税收规范性文件的具体情况；②具体写明被查对象税收违法行为查证情况，如税收违法行为的目的、手段、情节以及所造成的实际后果和收集的相关证据；③被查对象对有关违法事实提出的陈述申辩及检查人员复核意见；④分税种完整列示税款的计算过程，并附拟查补、退税款汇总表；⑤被查对象是否有拒绝、阻挠检查的情形。“其他情况说明”主要填写：税收违法行为是否涉嫌犯罪，被查对象对调查事实的意见，以及检查人员对税收征管问题的建议等内容。

【答案】D

77. 2024年2月，某市稽查局在对某企业进行检查期间，该企业出现下列若干情形，符合终结检查的是（　　）。

A. 该企业会计资料被国家审计机关依法调取且尚未归还

B. 该企业2020年因计算错误等失误少缴税款8万元，未发现其他税收违法

情形

C. 该企业法定代表人王某因打架斗殴被依法拘留

D. 该企业进入破产清算程序，无财产可抵缴税款

【解析】当事人被依法限制人身自由和会计资料被其他国家机关调取尚未归还，属于中止检查的情形；被查对象依法注销和税收违法行为均已超过法定追究期限的，属于终结检查的情形。纳税人因计算错误等失误造成少缴税款的，追征期是 3 年，数额在 10 万元以上的，追征期为 5 年。

【答案】B

二、多项选择题

1. 某市税务局稽查局根据实名检举线索，依法查处某技术有限公司涉嫌接受虚开增值税专用发票并违规适用研发费用加计扣除案件。经查，该公司在生产研发过程中，通过多列支成本费用违规享受研发费用加计扣除 290 余万元。同时，该公司还存在接受虚开增值税专用发票，违规抵扣增值税进项税额等涉税违法问题。在案件查办中，市税务局稽查局依法定程序调取了其账簿、记账凭证、报表和其他有关资料，检查人员填写调取账簿资料清单交被查对象核对后签章确认，同时依法询问了公司的法定代表人王某，询问笔录交被询问人王某核对无误后，由被询问人王某逐页签章、捺指印。下列关于本案中的“签章”的处理正确的有（　　）。

A. 调取账簿资料清单上的签章，属于法人签章，应加盖单位印章并注明日期

B. 调取账簿资料清单上的签章，属于法人，应由相关人员签名，加盖单位印章并注明日期

C. 调取账簿资料清单上的签章，属于个人，应由王某签私章并注明日期

D. 调取账簿资料清单上的签章，属于个人，应由王某签名并注明日期

【解析】根据《税务稽查案件办理程序规定》第六十条明确，该规定所称签章，区分以下情况确定：①属于法人或者其他组织的，由相关人员签名，加盖单位印章并注明日期；②属于个人的，由个人签名并注明日期。

【答案】BD

2. 稽查局在执法过程中，依法需要公告送达文书的情形中，下列税务文书的中公告期限为 30 日的有（　　）。

A. 税务事项通知书

B. 税务处罚告知书

C. 税务处罚决定书

D. 税务强制执行决定书

【解析】除法律法规另有规定外，税务文书的公告期限为 30 日，其中催告书、税

收强制执行决定书的公告期限在民事诉讼法修订后也改为30日。

【答案】ABCD

3. 下列要素属于税务行政处罚决定书应当包括的主要内容的有（　　）。

A. 行政处罚种类　　B. 税收违法证据

C. 检查范围　　D. 税收违法事实

【解析】《税务稽查案件办理程序规定》第四十四条第一款规定，税务行政处罚决定书应当包括以下主要内容：①被查对象或者其他涉税当事人姓名或者名称、有效身份证件号码或者统一社会信用代码、地址；没有统一社会信用代码的，以税务机关赋予的纳税人识别号代替；②检查范围和内容；③税收违法事实、证据及所属期间；④行政处罚种类和依据；⑤行政处罚履行方式、期限和地点；⑥当事人不按期履行行政处罚决定应当承担的责任；⑦申请行政复议或者提起行政诉讼的途径和期限；⑧行政处罚决定书的文号、制作日期、税务机关名称及印章。

【答案】ABCD

4. 实施税务稽查时，可以根据需要和法定程序采取（　　）等手段进行。

A. 询问　　B. 调取账簿资料

C. 搜查　　D. 实地检查

【解析】《税务稽查案件办理程序规定》第十六条规定，检查应当依照法定权限和程序，采取实地检查、调取账簿资料、询问、查询存款账户或者储蓄存款、异地协查等方法。选项A、B、D都是，选项C是公安等部门的权限，税务机关无此权限。

【答案】ABD

5. 下列关于税务稽查中涉及需要异地协查的做法符合规定的有（　　）。

A. 受托地稽查局应当根据协查请求，依照法定权限和程序调查

B. 检查人员异地调查取证的，当地税务机关应当予以协助

C. 需要取得境外资料的，稽查局可以提请国际税收管理部门依照有关规定程序获取

D. 检查人员发函委托相关稽查局调查取证的，应当派人参与受托地稽查局的调查取证

【解析】《税务稽查案件办理程序规定》第二十五条规定，检查人员异地调查取证的，当地税务机关应当予以协助；发函委托相关稽查局调查取证的，必要时可以派人参与受托地稽查局的调查取证，受托地稽查局应当根据协查请求，依照法定权限和程序调查。

【答案】ABC

6. 税务稽查办案中，需要取得境外资料的，稽查局可以（　　）。

A. 指派稽查干部到境外收集有关信息

B. 提请国际税收管理部门依照税收协定情报交换程序获取

C. 通过我国驻外机构收集有关信息

D. 直接委托境外税务机关收集有关信息

【解析】需要取得境外资料的，稽查局可以提请国际税收管理部门依照有关规定程序获取。选项 B、选项 C 属于有关程序的内容范畴。

【答案】BC

7. 税务检查时应当告知被查对象相应的权利和义务，下列内容属于应当告知的被查对象的义务内容的有（　　）。

A. 接受税务机关依法进行的税务检查，如实反映情况，提供有关资料，不得拒绝、隐瞒

B. 接受稽查人员就与纳税或者代扣代缴、代收代缴税款有关的问题和情况依法进行的询问

C. 在检查期间，不得转移、隐匿、销毁有关资料

D. 控告和检举税务机关、税务人员的违法违纪行为

【解析】检查对象依法享有的权利包括：①稽查人员进行税务检查时，应当出示税务检查证和《税务检查通知书》；未出示税务检查证和《税务检查通知书》的，有权拒绝检查；②有权向税务机关了解国家税收法律、行政法规的规定以及与纳税程序有关的情况；③认为稽查人员与案件有利害关系的，有权向税务机关要求回避；④有权要求检察人员为自己的商业秘密及个人隐私保密；⑤依法享有陈述权、申辩权，申请听证、行政复议、提起行政诉讼、请求国家赔偿等权利；⑥有权控告和检举税务机关、税务人员的违法违纪行为；⑦国家法律、行政法规规定的其他权利。

被查对象依法应当履行的义务包括：①接受税务机关依法进行的税务检查，如实反映情况，提供有关资料，不得拒绝、隐瞒；②在税务机关调查税务违法案件时，不得拒绝或者阻止税务机关记录、录音、录像、照相和复制与案件有关的情况和资料；③接受稽查人员就与纳税或者代扣代缴、代收代缴税款有关的问题和情况依法进行的询问；④在检查期间，不得转移、隐匿、销毁有关资料；⑤履行税务机关依法作出的处理、处罚决定；⑥国家法律、行政法规规定的其他义务。

选项 A、B、C 正确，选项 D 是被查对象的权利。

【答案】ABC

8. 根据国家税务总局相关规定，税务稽查案源信息档案的内容包括（　　）。

A. 基本信息　　　　B. 分类信息

C. 共享信息　　　　D. 正常信息

【解析】案源信息档案包括基本信息、分类信息、异常信息、共享信息和必要的信息标识等。选项 D 正常信息没有此分类。

【答案】ABC

9. 纳税人的下列征管涉税资料中，检查人员可以通过税收征管系统调取的有（　　）。

A. 税务登记资料

B. 各税征收申报资料

C. 财务会计报表

D. 会计账簿和凭证

【解析】税收征管系统调取的资料不包括会计账簿和凭证。

【答案】ABC

10. 下列关于审理部门文书制作的表述，正确的有（　　）。

A. 被查对象有税收违法行为，应当作出税务处理决定的，制作《税务处理决定书》

B. 被查对象有税收违法行为，应当作出税务行政处罚决定的，制作《税务行政处罚决定书》

C. 被查对象税收违法行为轻微，依法不予税务行政处罚的，制作《税务稽查结论》

D. 文书引用的法律、行政法规、规章及其他规范性文件，应当注明文件全称、文号和有关条款

【解析】《税务稽查案件办理程序规定》第四十二条规定，经审理，区分下列情形分别作出处理：①有税收违法行为，应当作出税务处理决定的，制作《税务处理决定书》；②有税收违法行为，应当作出税务行政处罚决定的，制作《税务行政处罚决定书》；③税收违法行为轻微，依法可以不予税务行政处罚的，制作《不予税务行政处罚决定书》；④没有税收违法行为的，制作税务稽查结论。

《税务处理决定书》《税务行政处罚决定书》《不予税务行政处罚决定书》，税务稽查结论引用的法律、行政法规、规章及其他规范性文件，应当注明文件全称、文号和有关条款。

选项A、B、D正确，选项C错在应制作《不予税务行政处罚决定书》，而不是税务稽查结论。

【答案】ABD

11. 下列关于稽查审理的表述，符合相关规定的有（　　）。

A. 一般性案件由审理人员进行逐项审核，提出书面处理意见，报审理部门负责人审核

B. 案情复杂的，稽查局应当集体审理

C. 案情重大的，稽查局应当报请所属税务局集体审理

D. 案情重大的，稽查局应当报请上级税务局集体审理

【解析】《税务稽查案件办理程序规定》第三十六条规定，检查结束后，稽查局应当对案件进行审理。符合重大税务案件标准的，稽查局审理后提请税务局重大税务案件审理委员会审理。重大税务案件审理依照国家税务总局有关规定执行。

选项D，稽查局是派出机构，因此提请税务局重大税务案件审理委员会审理，提请的是所属税务局，而不是上级税务局。

【答案】ABC

12. 填写《税务文书送达回证》时，“受送达人签名或盖章”一栏可以由（　　）签名、盖章或签名押印。

A. 法定代表人

B. 财务负责人

C. 同住的未成年家属

D. 负责收件的人

【解析】填写《税务文书送达回证》时，“受送达人签名或盖章”一栏可以由法定代表人、财务负责人和负责收件的人签名、盖章或签名押印。

【答案】ABD

13. 下列各项中，属于《税务处理决定书》应当包括的内容有（　　）。

A. 税收违法事实　　B. 税收违法证据

C. 处理决定　　D. 处理依据

【解析】《税务稽查案件办理程序规定》第四十三条规定，税务处理决定书应当包括以下主要内容：①被查对象姓名或者名称、有效身份证件号码或者统一社会信用代码、地址。没有统一社会信用代码的，以税务机关赋予的纳税人识别号代替；②检查范围和内容；③税收违法事实及所属期间；④处理决定及依据；⑤税款金额、缴纳期限及地点；⑥税款滞纳时间、滞纳金计算方法、缴纳期限及地点；⑦被查对象不按期履行处理决定应当承担的责任；⑧申请行政复议或者提起行政诉讼的途径和期限；⑨处理决定书的文号、制作日期、税务机关名称及印章。

【答案】ACD

14. 税务稽查案件决定性文书送达后，出现下列（　　）情形的，稽查局可以依法重新作出决定。

A. 决定性文书被人民法院判决撤销的

B. 决定性文书被行政复议机关决定撤销的

C. 税务机关认为需要变更原决定性文书的

D. 税务机关认为需要撤销原决定性文书的

【解析】《税务稽查案件办理程序规定》第五十八条规定，税务处理决定书、税务

行政处罚决定书等决定性文书送达后，有下列情形之一的，稽查局可以依法重新作出：①决定性文书被人民法院判决撤销的；②决定性文书被行政复议机关决定撤销的；③税务机关认为需要变更或者撤销原决定性文书的；④其他依法需要变更或者撤销原决定性文书的。

【答案】ABCD

15. 稽查案件符合下列（　　）情形，经税务局局长批准后，终结执行。

A. 被执行人确无财产可供抵缴税款、滞纳金、罚款的

B. 被执行人依照破产清算程序确实无法清缴税款、滞纳金、罚款的

C. 被执行人进入破产清算程序尚未终结的

D. 被执行人有诉讼程序未终结的

【解析】被执行人确无财产可供抵缴税款、滞纳金、罚款或者依照破产清算程序确实无法清缴税款、滞纳金、罚款，或者有其他法定终结执行情形的，经税务局局长批准后，终结执行。

【答案】ABD

16. 某市税务局第一稽查局依法查处了某汽车销售有限公司偷税案件。经查，该公司购进超豪华小汽车后，通过低价开具机动车销售统一发票等手段，少缴超豪华小汽车零售环节消费税、增值税等税费。请问，在本案的查处中，如果需要提取证据材料复制件，下列做法正确的有（　　）。

A. 应当由当事人在复制件上注明“与原件核对无误，原件存于我处”，并签章

B. 应当由原件保存单位或个人在复制件上注明“与原件核对无误，原件存于我处”，并签章

C. 应当由当事人在复制件上注明“与原件核对无误”及原件存放地点，并签章

D. 应当由原件保存单位或个人在复制件上注明“与原件核对无误”及原件存放地点，并签章

【解析】提取证据材料复制件的，应当由当事人或者原件保存单位（个人）在复制件上注明“与原件核对无误”及原件存放地点，并签章。

【答案】CD

17. 某市税务局稽查局举报中心接到实名举报，某加油站涉嫌通过第三方收款平台和个人账户收款不入账等手段隐匿销售收入偷税，对该案的检查处理，下列说法正确的有（　　）。

A. 检查应当由两名以上具有执法资格的检查人员共同实施，并向被查对象出示税务检查证件、出示税务检查通知书，告知其权利和义务

B. 检查应当由两名以上具有执法资格的检查人员共同实施，并向被查对象出

示税务检查证件、送达税务检查通知书，告知其权利和义务

C. 检查前，稽查局应当告知被查对象检查时间、需要准备的资料等，但预先通知有碍检查的除外

D. 被查对象被检举涉嫌存在税收违法行为的，可以不预先通知

【解析】《税务稽查案件办理程序规定》第十五条规定，检查前，稽查局应当告知被查对象检查时间、需要准备的资料等，但预先通知有碍检查的除外。本案中被查对象被检举涉嫌存在税收违法行为，属于可以不必预先通知的情形，所以选项 A、B、C、D 都正确。

【答案】ABCD

18. 税务稽查案件办理过程中，依法对相对人采取了行政强制措施，但如出现下列（　　）情形的，应当依法及时解除税收强制措施。

A. 被采取税收强制措施的纳税人已按履行期限缴纳税款

B. 被采取税收强制措施的扣缴义务人已按履行期限解缴税款

C. 被采取税收强制措施的纳税担保人已按履行期限缴纳所担保税款的

D. 税收强制措施被复议机关决定撤销的

【解析】《税务稽查案件办理程序规定》第三十一条规定，有下列情形之一的，应当依法及时解除税收强制措施：①纳税人已按履行期限缴纳税款、扣缴义务人已按履行期限解缴税款、纳税担保人已按履行期限缴纳所担保税款的；②税收强制措施被复议机关决定撤销的；③税收强制措施被人民法院判决撤销的；④其他法定应当解除税收强制措施的。

【答案】ABCD

19. 税务稽查案件办理过程中，下列对象可能被采取税收强制措施的有（　　）。

A. 稽查案件中被查的从事生产经营的企业纳税人

B. 稽查案件中被查的从事生产经营的个人纳税人

C. 稽查案件中被查的从事生产经营的扣缴义务人

D. 稽查案件中经稽查局确认为被查对象提供纳税担保的纳税担保人

【解析】纳税人、扣缴义务人、纳税担保人都有可能成为税收强制措施的对象。

【答案】ABCD

20. 某税务局稽查局 2023 年在对某企业 2022 年度的纳税情况进行检查时，发现纳税人有逃避纳税义务行为，并有明显的转移、隐匿其应纳税的商品、货物以及其他财产或者应纳税收入迹象的，经县以上税务局局长批准，依法采取税收强制措施，查封其商品、货物，下列关于其查封期限说法正确的有（　　）。

A. 一般不得超过 6 个月

B. 一般不得超过 30 日

C. 情况复杂的，经批准后，可以延长，但是延长期限不得超过30日

D. 案情复杂，在查封期限内确实难以查明案件事实的，需要延长期限的，应当报经批准后适当延长

【解析】检查从事生产、经营的纳税人以前纳税期的纳税情况时，发现纳税人有逃避纳税义务行为，并有明显的转移、隐匿其应纳税的商品、货物以及其他财产或者应纳税收入迹象的，经县以上税务局局长批准，可以依法采取税收强制措施。此处采取查封、扣押措施的，期限一般不得超过6个月；重大案件有下列情形之一，需要延长期限的，应当报国家税务总局批准：①案情复杂，在查封、扣押期限内确实难以查明案件事实的；②被查对象转移、隐匿、销毁账簿、记账凭证或者其他证据材料的；③被查对象拒不提供相关情况或者以其他方式拒绝、阻挠检查的；④解除查封、扣押措施可能使纳税人转移、隐匿、损毁或者违法处置财产，从而导致税款无法追缴的。除上述规定情形外采取查封、扣押、冻结措施的，期限不得超过30日；情况复杂的，经县以上税务局局长批准，可以延长，但是延长期限不得超过30日。

选项A、D正确，选项B、C错误，不适用于本题中所给出的案情。

【答案】AD

21. 某市警税联合破获一起虚开全面数字化的电子发票案件，摧毁犯罪团伙1个，抓获犯罪嫌疑人8人。经查，犯罪团伙控制15户空壳小规模纳税人企业，在没有真实业务交易的情况下，涉嫌对外虚开生活服务类全面数字化的电子发票。请问本案中相关取证要求的说法正确的有（　　）。

A. 需要提取证据材料原件的，应当向当事人出具提取证据专用收据，由当事人核对后签章确认

B. 对需要退还的证据材料原件，检查结束后应当及时退还，并履行相关签收手续

C. 需要将已开具的发票调出查验时，应当向被查验的单位或者个人开具发票换票证

D. 需要将空白发票调出查验时，应当向被查验的单位或者个人开具调验空白发票收据

【解析】《税务稽查案件办理程序规定》第十九条第一款规定，需要提取证据材料原件的，应当向当事人出具提取证据专用收据，由当事人核对后签章确认。对需要退还的证据材料原件，检查结束后应当及时退还，并履行相关签收手续。需要将已开具的纸质发票调出查验时，应当向被查验的单位或者个人开具发票换票证；需要将空白纸质发票调出查验时，应当向被查验的单位或者个人开具调验空白发票收据。经查无问题的，应当及时退还，并履行相关签收手续。选项A、B正确，选项C、D错在调取发票原件和调验空白发票仅针对纸质发票，电子发票无须调出查验。

【答案】AB

22. 税务稽查案件执行过程中，执行部门发现下列（　　）情形，应填制《税收违法案件中止执行审批表》，附有相关证据材料，经稽查局局长批准后中止执行。

A. 当事人死亡或者被依法宣告死亡，确实没有财产抵缴税款、滞纳金、罚款的

B. 当事人进入破产清算程序尚未终结的

C. 可执行财产被司法机关或者其他国家机关依法查封、扣押、冻结，致使执行暂时无法进行的

D. 可供执行的标的物需要人民法院或者仲裁机构确定权属的

【解析】《税务稽查案件办理程序规定》第五十六条规定，执行过程中发现有下列情形之一的，经稽查局局长批准后，中止执行：①当事人死亡或者被依法宣告死亡，尚未确定可执行财产的；②当事人进入破产清算程序尚未终结的；③可执行财产被司法机关或者其他国家机关依法查封、扣押、冻结，致使执行暂时无法进行的；④可供执行的标的物需要人民法院或者仲裁机构确定权属的；⑤法律、行政法规和国家税务总局规定其他可以中止执行的。

【答案】BCD

23. 某稽查案件检查阶段结束后移送审理，审理部门审理时发现检查部门提交的《税务稽查报告》等案件材料有特定情形的，审理部门可以将案件退回到检查部门进行补正或者补充调查。上述特定情形包括（　　）。

A. 被查对象认定错误的

B. 税收违法事实不清、证据不足的

C. 不符合法定程序的

D. 税款计算错误的

【解析】《税务稽查案件办理程序规定》第三十八条规定，有下列情形之一的，应当补正或者补充调查：①被查对象认定错误的；②税收违法事实不清、证据不足的；③不符合法定程序的；④税务文书不规范、不完整的；⑤其他需要补正或者补充调查的。税款计算错误一般情况下审理部门可以直接修改，并不需要退回补正或补充调整。

【答案】ABC

24. 稽查案件的办案时限，下列时间不计算在内的有（　　）。

A. 中止检查的时间

B. 纳税人、扣缴义务人提供资料的时间

C. 请示上级机关或者征求有权机关意见的时间

D. 提请重大税务案件审理的时间

【解析】下列时间不计算在案件时限内：①中止检查的时间；②请示上级机关或者

征求有权机关意见的时间；③提请重大税务案件审理的时间；④因其他方式无法送达、公告送达文书的时间；⑤组织听证的时间；⑥纳税人、扣缴义务人超期提供资料的时间；⑦移送司法机关后，税务机关需根据司法文书决定是否处罚的案件，从司法机关接受移送到司法文书生效的时间。

【答案】ACD

25. 以下情形，经稽查局局长批准后可以中止检查的有（　　）。

A. 当事人被有关机关依法限制人身自由的

B. 账簿、记账凭证及有关资料被其他国家机关依法调取且尚未归还的

C. 被查对象税收违法行为已超过法定追究期限的

D. 与税收违法行为直接相关的事实需要人民法院或者其他国家机关确认的

【解析】有下列情形之一，致使检查暂时无法进行的，经稽查局局长批准后，中止检查：①当事人被有关机关依法限制人身自由的；②账簿、记账凭证及有关资料被其他国家机关依法调取且尚未归还的；③与税收违法行为直接相关的事实需要人民法院或者其他国家机关确认的；④法律、行政法规或者国家税务总局规定的其他可以中止检查的。中止检查的情形消失，经稽查局局长批准后，恢复检查。

【答案】ABD

26. 检查人员对与案件有关的现场、物品进行勘查、测量、检验和拍照、询问等制作的实况记录有（　　）。

A. 物证　　B. 检查记录

C. 勘验笔录　　D. 鉴定结论

E. 现场记录

【解析】《税务稽查案件办理程序规定》第二十四条规定，检查人员实地调查取证时，可以制作现场笔录、勘验笔录，对实地调查取证情况予以记录。

【答案】CE

27. 下列情形中，应当补正或者补充调查的有（　　）。

A. 被查对象认定错误的

B. 税收违法事实不清、证据不足的

C. 不符合法定程序的

D. 税务文书不规范、不完整的

【解析】《税务稽查案件办理程序规定》第三十八条规定，有下列情形之一的，应当补正或者补充调查：①被查对象认定错误的；②税收违法事实不清、证据不足的；③不符合法定程序的；④税务文书不规范、不完整的；⑤其他需要补正或者补充调查的。

【答案】ABCD

28. 检举事项受理后，以下处理方式正确的有（　　）。

A. 检举内容与线索较明确但缺少必要证明资料，有可能存在税收违法行为的，由稽查局立案检查

B. 检举对象明确，但其他检举事项不完整或者内容不清、线索不明的，可以暂存待查

C. 已经受理尚未查结的检举事项，再次检举的，可以合并处理

D. 检举内容详细、税收违法行为线索清楚、证明资料充分的，由稽查局调查核实，发现存在税收违法行为的立案检查

【解析】检举事项受理后，应当分级分类，按照以下方式处理：①检举内容详细、税收违法行为线索清楚、证明资料充分的，由稽查局立案检查。②检举内容与线索较明确但缺少必要证明资料，有可能存在税收违法行为的，由稽查局调查核实。发现存在税收违法行为的，立案检查；未发现的，作查结处理。③检举对象明确，但其他检举事项不完整或者内容不清、线索不明的，可以暂存待查，待检举人将情况补充完整以后，再进行处理。④已经受理尚未查结的检举事项，再次检举的，可以合并处理。⑤涉嫌偷税（逃避缴纳税款），逃避追缴欠税，骗税，虚开、伪造、变造发票，以及其他与逃避缴纳税款相关的税收违法行为以外的检举事项，转交有处理权的单位或者部门。

【答案】BC

29. 检查人员在检查过程中收集的下列证据，不能作为定案依据的有（　　）。

A. 严重违反法定程序收集的证据材料

B. 以偷拍、偷录、窃听等手段获取侵害他人合法权益的证据材料

C. 以利诱、欺诈、胁迫、暴力等不正当手段获取的证据材料

D. 附有说明材料的报表、图纸、会计账册、专业技术资料、科技文献等书证

【解析】不得以下列方式收集、获取证据材料：①严重违反法定程序收集；②以违反法律强制性规定的手段获取且侵害他人合法权益；③以利诱、欺诈、胁迫、暴力等手段获取。

【答案】ABC

30. 下列各项中，属于稽查证据中的物证的有（　　）。

A. 证明税收违法行为的凭证、账簿

B. 非法印制、买卖、伪造、变造的发票

C. 非法印制增值税专用发票的机器

D. 倒卖发票获取的赃物

【解析】凡是能够证明案件真实情况的物品或者物质痕迹都是物证。如倒卖发票获取的赃款、赃物；非法印制增值税专用发票的机器、仪器和非法印制的票证等。选项

B、C、D 正确。书证，是指记录有关案件事实内容或者信息的文件。选项 A 是书证。

【答案】BCD

31. 在税务稽查执法过程中，税务稽查人员应当履行的告知义务包括（　　）。

A. 回避的告知

B. 检查结束前税收违法事实和依据的告知

C. 处罚事项的告知

D. 风险防范的告知

【解析】在税务稽查执法过程中，检查人员应当履行的告知义务包括回避的告知和处罚事项的告知。检查结束前，检查人员可以将发现的税收违法事实和依据告知被查对象。此时是“可以”而不是应当。所以选项 A、C 符合题意，选项 B 不当选。选项 D 不是必须履行的告知义务，属于服务的范畴，故不当选。

【答案】AC

32. 下列事项应当进行案源集体审议的有（　　）。

A. 决定立案前检查

B. 决定对重点稽查对象立案检查

C. 案源撤销

D. 调查核实建议与案源管理岗意见不一致

E. 批量案源立案

【解析】选项 D，调查核实建议与案源管理岗若存在意见不一致的，应当提请局长审批。

【答案】ABCE

33. 下列实名检举事项答复表述准确的有（　　）。

A. 应实名检举人要求，可以简要告知检举事项分级分类处理结果

B. 检查过程中，可以应实名检举人要求简要告知案件查处进度以及与举报相关事实的查处情况

C. 检查结束后，检查人员应当向检举管理部门报送案件查处情况报告

D. 实名检举人要求答复查处结果时，应当出示检举时所提供的有效身份证件

E. 检举受理岗可以电话告知、口头答复或者书面方式答复实名检举人

【解析】选项 B，检查过程不得告知案件查处情况；选项 C，审理结束后，检查人员应当向检举管理部门报送案件查处情况报告。

【答案】ADE

34. 某市稽查局 2023 年 8 月在查处一起税收违法案件中，发现纳税人虽有真实货物交易，接受虚开的增值税普通发票 120 份，金额 390 万元，税额 11.7 万元，价税合计 401.7 万元。经审理，按偷税进行了处罚。2023 年 9 月作出《税务行政处罚决定书》

并送达纳税人，罚款金额55.7万元。纳税人未提起行政复议和诉讼。下列关于重大税收违法失信主体信息公布处理，表述正确的有（　　）。

A. 被查对象涉嫌虚开，应当按虚开适用的“重大税收违法失信主体”公布范围

B. 被查对象税务行政处理为偷税，应按偷税适用的“重大税收违法失信主体”公布范围

C. 要区分被查对象是否有发票对应的真实业务相应作出处理

D. 列入重大税收违法失信主体信息公布范围

E. 不列入重大税收违法失信主体信息公布范围

【解析】《重大税收违法失信主体信息公布工作指引（3.0版）》规定，接受虚开以“偷税”处罚的，视情形确定：有发票对应的真实业务的，按《重大税收违法失信主体信息公布管理办法》第六条第一项的情况认定；无发票对应的真实业务的，视发票种类，按《重大税收违法失信主体信息公布管理办法》第六条第五项和第六项规定的情形认定。

【答案】CE

35. 根据《税务稽查案件办理程序规定》，下列不计入案件办理时限的有（　　）。

A. 组织听证的时间

B. 被查对象提供资料的时间

C. 邮寄税务文书的时间

D. 提请重大税务案件审理的时间

E. 行政处罚告知的时间

【解析】根据《全国税务稽查规范（1.2版）》关于延长案件办理时限的规定，下列时间不计算在案件办理期限内：①中止检查的时间；②请示上级机关或者征求有权机关意见的时间；③提请重大税务案件审理的时间；④因其他方式无法送达、公告送达文书的时间；⑤组织听证的时间；⑥纳税人、扣缴义务人超期提供资料的时间；⑦移送司法机关后，税务机关需根据司法文书决定是否处罚的案件，从司法机关接受移送到司法文书生效的时间。

【答案】AD

36. 根据《检举纳税人税收违法行为奖励暂行办法》的规定，不予奖励的情形包括（　　）。

A. 实名检举税收违法行为，或者检举人逾期提供其真实身份证明的

B. 检举人采取欺诈的手段获取税收违法行为证据的

C. 检举的税收违法行为税务机关已经发现或者正在查处的

D. 检举人从国家机关工作人员处获取税收违法行为信息检举的

E. 检举内容含糊不清、缺乏事实根据的

【解析】根据《检举纳税人税收违法行为奖励暂行办法》的规定，有下列情形之一的，不予奖励：①匿名检举税收违法行为，或者检举人无法证实其真实身份的；②检举人不能提供税收违法行为线索，或者采取盗窃、欺诈或者法律、行政法规禁止的其他手段获取税收违法行为证据的；③检举内容含糊不清、缺乏事实根据的；④检举人提供的线索与税务机关查处的税收违法行为无关的；⑤检举的税收违法行为税务机关已经发现或者正在查处的；⑥有税收违法行为的单位和个人在被检举前已经向税务机关报告其税收违法行为的；⑦国家机关工作人员利用工作便利获取信息用以检举税收违法行为的；⑧检举人从国家机关或者国家机关工作人员处获取税收违法行为信息检举的；⑨国家税务总局规定不予奖励的其他情形。

【答案】BCDE

37. 下列可以解除阻止欠税出境布控措施的情形有（　　）。

A. 欠税企业已依法申请行政复议

B. 已结清阻止出境时欠缴的全部税款、滞纳金

C. 欠税企业已被稽查局采取税收保全措施

D. 已向稽查局提供相当于全部欠缴税款的纳税担保

E. 欠税企业已进入破产程序

【解析】根据《全国税务稽查规范（1.2 版）》关于阻止出境的规定，被阻止出境的欠税人有下列情形之一的，由稽查局所属税务局统一报省、自治区、直辖市、计划单列市税务局审批后，填制《阻止欠税人出境撤控通知书》，依照布控程序通知本省（直辖市、自治区）指定出入境边防检查机关撤控：①已结清阻止出境时欠缴的全部税款、滞纳金；②已向稽查局提供相当全部欠缴税款的纳税担保；③欠税企业已依法宣告破产，并依《企业破产法》程序清偿终结。

【答案】BD

38. 某稽查局在调查取证过程中取得的下列证据，不能单独作为定案依据的有（　　）。

A. 在被查对象不注意的情况下，通过技术手段获取被查对象手机中的微信聊天记录

B. 遭受被查对象长期家暴的妻子提供的对被查对象不利的证言

C. 检查部门提供自行修改后，但被查对象不予认可的询问笔录

D. 被查对象提供的无法辨明真伪的录音资料

E. 被查对象十岁的女儿提供的被查对象参与虚构交易的证言

【解析】《最高人民法院关于行政诉讼证据若干问题的规定》（法释〔2002〕21 号）的规定，下列证据不能单独作为定案证据：①未成年人所做的与其年龄和智力状况不

相适应的证言；②与当事人有亲属关系或者其他密切关系的证人所做的对该当事人有利的证言，或者与当事人有不利关系的证人所作的对该当事人不利的证言；③难以识别是否经过修改的视听资料；④无法与原件、原物核对的复制件或者复制品；⑤经改动但当事人不予认可的证据资料；⑥其他不能单独作为定案依据的证据材料。选项 A、D 属于“不能作为定案依据”的证据材料。

【答案】BCE

39. 下列在检查过程中检查人员对证人证言的收集，表述正确的有（　　）。

A. 证人必须以书面方式提供证言

B. 证人变更书面证言的，应退回其原件

C. 以法人名义出具的证明文件，属于书证

D. 自然人代表单位提供的证言，属于证人证言

E. 利用音像记录设备记录证人口头证言的，音像记录应当不间断

【解析】《全国税务稽查规范（1.2 版）》规定，证人可以采取书面或者口头方式提供证言。利用音像记录设备记录证人口头证言的，音像记录应当不间断。证人变更书面证言的，不退回原件。

【答案】CDE

40. 下列关于《税务稽查工作底稿》，表述正确的有（　　）。

A.《税务稽查工作底稿（一）》主要用于记录从被查对象的账簿凭证资料中摘录的内容

B.《税务稽查工作底稿（一）》主要用于记录案件具体事实

C.《税务稽查工作底稿（二）》主要用于记录从被查对象的账簿凭证资料中摘录的内容

D.《税务稽查工作底稿（二）》主要用于记录案件具体事实

E.《税务稽查工作底稿》确需改正的，应当在改动处逐一签名、捺指印

【解析】《全国税务稽查规范（1.2 版）》规定，《税务稽查工作底稿（一）》主要用于记录从被查对象的账簿凭证资料中摘录的内容，《税务稽查工作底稿（二）》主要用于记录案件具体事实。工作底稿填写应当数据准确，项目齐全，字迹清楚，不得随意涂改；确需改正的，应当在改动处逐一签名、捺指印。

【答案】ADE

41. 对某企业实施检查，稽查局下列做法正确的有（　　）。

A. 到该企业的货物存放地检查其应纳税的商品、货物

B. 到码头检查该企业托运应纳税商品、货物

C. 到机场检查该企业托运应纳税商品、货物

D. 询问该企业法定代表人有关检查所属期内的纳税申报情况

E. 询问该企业财务负责人有关代扣代缴职工个人所得税情况

【解析】《税收征收管理法》第五十四条规定，税务机关有权进行下列税务检查：①检查纳税人的账簿、记账凭证、报表和有关资料，检查扣缴义务人代扣代缴、代收代缴税款账簿、记账凭证和有关资料；②到纳税人的生产、经营场所和货物存放地检查纳税人应纳税的商品、货物或者其他财产，检查扣缴义务人与代扣代缴、代收代缴税款有关的经营情况；③责成纳税人、扣缴义务人提供与纳税或者代扣代缴、代收代缴税款有关的文件、证明材料和有关资料；④询问纳税人、扣缴义务人与纳税或者代扣代缴、代收代缴税款有关的问题和情况；⑤到车站、码头、机场、邮政企业及其分支机构检查纳税人托运、邮寄应纳税商品、货物或者其他财产的有关单据、凭证和有关资料；⑥经县以上税务局（分局）局长批准，凭全国统一格式的检查存款账户许可证明，查询从事生产、经营的纳税人、扣缴义务人在银行或者其他金融机构的存款账户。

【答案】ADE

42. 下列稽查文书和执法事项，应由稽查局所属税务局局长批准的有（　　）。

A. 《检查纳税人电子信息系统审批表》

B. 《税务稽查执行报告》

C. 《涉嫌犯罪案件移送书》

D. 中止检查

E. 终结执行

【解析】《全国税务稽查规范（1.2 版）》规定，《检查纳税人电子信息系统审批表》，提交稽查局局长批准；执行实施岗制作《税务稽查执行报告》，逐级报稽查局局长审批。《税务稽查案件办理程序规定》第三十三条规定，有下列情形之一，致使检查暂时无法进行的，经稽查局局长批准后，中止检查。第四十八条规定，税收违法行为涉嫌犯罪的，填制涉嫌犯罪案件移送书，经税务局局长批准后，依法移送公安机关。第五十七条规定，当事人确无财产可供抵缴税款、滞纳金、罚款或者依照破产清算程序确实无法清缴税款、滞纳金、罚款，或者有其他法定终结执行情形的，经税务局局长批准后，终结执行。

【答案】CE

43. 下列情形致使检查确实无法进行的，经稽查局局长批准后，终结检查的有（　　）。

A. 纳税人被依法注销且有证据表明无财产可抵缴税款或者无法定税收义务承担主体

B. 被查对象税收违法行为均已超过法定追究期限

C. 与税收违法行为直接相关的事实需要人民法院确认

D. 被查对象的账簿、记账凭证被其他国家机关依法调取且尚未归还

E. 被查对象死亡且有证据表明无财产可抵缴税款或者无法定税收义务承担主体

【解析】《税务稽查案件办理程序规定》第三十四条规定，有下列情形之一，致使检查确实无法进行的，经稽查局局长批准后，终结检查：①被查对象死亡或者被依法宣告死亡或者依法注销，且有证据表明无财产可抵缴税款或者无法定税收义务承担主体的；②被查对象税收违法行为均已超过法定追究期限的；③法律、行政法规或者国家税务总局规定的其他可以终结检查的。

【答案】ABE

44. 稽查案件应当自立案之日起在规定期限内作出行政处理、处罚决定。下列时间，不计算在案件办理期限内的有（　　）。

A. 中止检查的时间

B. 征求有权机关意见的时间

C. 提请重大税务案件审理的时间

D. 检查人员因案情需要异地取证的时间

E. 被查对象超期提供资料的时间

【解析】《全国税务稽查规范（1.2 版）》规定，下列时间不计算在案件办理期限内：①中止检查的时间；②请示上级机关或者征求有权机关意见的时间；③提请重大税务案件审理的时间；④因其他方式无法送达、公告送达文书的时间；⑤组织听证的时间；⑥纳税人、扣缴义务人超期提供资料的时间；⑦移送司法机关后，税务机关需根据司法文书决定是否处罚的案件，从司法机关接受移送到司法文书生效的时间。

【答案】ABCE

45. 下列情形属于《税务行政执法审批表》适用范围的有（　　）。

A. 调取账簿资料审批

B. 查询存款账户审批

C. 检查电子信息系统审批

D. 阻止欠税人出境审批

E. 解除冻结存款审批

【解析】检查电子信息系统审批不需要使用《税务行政执法审批表》，使用的是《检查电子信息系统审批表》。

【答案】ABDE

46. 经法定程序审批后，可以终结执行的情形有（　　）。

A. 被查对象税收违法行为均已超过法定追究期限的

B. 可执行财产被司法机关或者其他国家机关依法查封，致使执行暂时无法进

行的

C. 作为当事人的个人因生活困难无力履行，无收入来源又丧失劳动能力的

D. 依照破产清算程序确实无法清缴税款、滞纳金、罚款

E. 可供执行的标的物需要人民法院或者仲裁机构确定权属的

【解析】根据《全国税务稽查规范（1.2版）》关于案件终结执行的规定，一般案件终结执行条件为：①当事人确实没有财产抵缴税款、滞纳金、罚款；②依照破产清算程序确实无法清缴税款、滞纳金、罚款；③作为当事人的个人死亡，无遗产可供执行，又无义务承受人的；④作为当事人的个人因生活困难无力履行，无收入来源，又丧失劳动能力的；⑤作为当事人的企业法人或者其他组织被撤销、注销、终止后既无财产可供执行，又无义务承受人的；⑥有其他法定终结执行情形的。选项A为终结检查情形，选项B、E为中止执行情形。

【答案】CD

47. 2021年，某网络主播无任职受雇情况，主要收入来源地为甲省，户籍所在地为乙省，两省税务局稽查局均通过大数据筛查发现其在2020年存在明显的偷逃税线索并对其立案，两省税务局稽查局均向上级部门提请指定管辖，上级部门指定该案由甲省税务局稽查局立案查办，并下发《指定管辖决定书》，下列关于两省税务局稽查局的处理正确的有（　　）。

A. 甲省税务局稽查局作为交办案源进行立案检查处理

B. 甲省税务局稽查局作为督办案源进行立案检查处理

C. 如果还没有立案，乙省税务局稽查局不做处理

D. 如果已经立案，乙省税务局稽查局做终结检查处理

E. 无论是否已经立案，乙省税务局稽查局均应做案源撤销处理

【解析】上级税务局指定管辖的案源，作为交办案源进行处理。无论是否已经立案，乙省税务局稽查局均应做案源撤销处理，如果还没有立案，由案源环节做案源撤销处理，如果已立案，由检查环节提请做案源撤销处理。

【答案】AE

48. 某稽查局派出检查人员对某企业进行税收检查，检查人员在出示了各自的税务检查证件后即要展开检查，该企业以检查人员未出示《税务检查通知书》为由而拒绝检查。上述情形，下列说法正确的有（　　）。

A. 体现了稽查执法主体责任中依法行政的要求

B. 体现了稽查执法主体责任中接受监督的要求

C. 体现了稽查执法相对人权利中对未出示税务检查证件和《税务检查通知书》的拒绝检查权

D. 体现了稽查执法相对人权利中税收法律救济权

E. 体现了稽查执法相对人义务中依法接受检查的义务

【解析】税收法律救济权是稽查执法相对人对稽查局作出的决定，依法享有申请行政复议、提起行政诉讼、请求国家赔偿等权利。案例未体现此点，其余选项均有体现。

【答案】ABC

49. 下列执法行为应当制作《现场笔录》的有（　　）。

A. 查封（扣押）财产

B. 冻结存款

C. 提取电子数据

D. 解封鉴定签封电子数据

E. 送达《税务事项通知书》

【解析】根据《全国税务稽查规范（1.2 版）》规定，提取电子数据时，应当制作《现场笔录》，注明电子数据的来源、事由和目的、对象、提取电子数据的时间、地点、方法、过程、原始存储介质的存放地点以及对电子数据存储介质的签封情况。稽查人员依法实施查封（扣押）财产或者实施冻结存款等行政强制措施时，应当制作《现场笔录》，对现场执法情况进行记录；稽查人员依法就其他实地调查现场执法情况、违法事实等事项进行客观记录时，可以制作《现场笔录》。

【答案】ABCD

50. 关于如何检查和使用被查对象电子数据，下列说法正确的有（　　）。

A. 查前，检查人员应当了解被查对象已向主管税务机关备案的会计核算软件，并熟悉主流的财务软件和业务系统的操作应用

B. 对检查人员加载在被查对象计算机中运行的专业技术应用软件工具是否是合法正版不作要求，但不得影响被查对象电子设备及信息系统正常运行

C. 检查电子信息系统时，有关技术操作可以请专业技术人员主持独立实施，只要签订保密协议即可

D. 专业技术人员离场时，在签订保密协议的前提下，为了后续数据分析和检查需要，可以保存数据一段时间，待检查完成再删除

E. 检查人员可以把检索到的涉税电子数据信息复制、备份到 2 个以上有足够存储容量的有形存储介质中，分别用于检查和证据备份

【解析】选项 B，必须是合法正版软件；选项 C，不得由专业技术人员主持独立实施，专业技术人员应当在检查人员主持下实施有关技术操作；选项 D，专业技术人员离场时，就应当在检查人员主持下删除有关数据，不得擅自保存。

【答案】AE

51. 下列情形中，鉴定意见不能作为定案依据的有（　　）。

A. 鉴定人不具备鉴定资格

B. 鉴定程序严重违法

C. 鉴定意见内容不完整

D. 鉴定意见不明确

E. 两份鉴定意见不一致

【解析】两份鉴定意见不一致，并不排除其证据效力，其他情形均不能作为定案依据。

【答案】ABCD

52. 关于询问，下列做法正确的有（　　）。

A. 询问开始前应当取得被询问人身份证复印件等有效的身份证明资料，并由税务干部在身份证明资料上签名

B. 记录询问内容应当如实反映被询问人的原意，语意清晰，表达通顺，重要情节应当尽量记录原话

C. 《询问（调查）笔录》正文部分一般可以分为三个环节，分别是告知环节、被询问人身份和经历核对环节、涉税事实调查环节

D. 询问过程中，被询问人出示证据的，应当在《询问（调查）笔录》中注明出示何物

E. 询问过程中，涉及重要事实、情节、数字、日期等问题时，应当要求被询问人准确回答，避免含糊，应当记录被询问人核对资料的情况或者对数字、日期等关键事项作出答复所依据的资料和资料来源

【解析】选项 A，应由询问人在身份证明资料上签名；选项 C，《询问（调查）笔录》正文部分一般可以分为四个环节，分别是告知环节、被询问人身份和经历核对环节、涉税事实调查环节和核对确认环节。

【答案】BDE

53. 检查从事生产、经营的纳税人以前纳税期的纳税情况时，发现纳税人有逃避纳税义务行为，并有明显的转移、隐匿其应纳税的商品、货物以及其他财产或者应纳税收入迹象的，经批准，可以依法采取查封、扣押措施的。关于查封、扣押的期限，下列说法正确的有（　　）。

A. 查封、扣押期限一般不得超过 30 日

B. 查封、扣押期限一般不得超过 6 个月

C. 符合条件需要延长查封、扣押期限的，应当报国家税务总局批准

D. 符合条件需要延长查封、扣押期限的，应当报县以上税务局局长批准

E. 经批准可以延长查封、扣押期限的，延长期限不得超过 30 日

【解析】采取查封、扣押措施的，期限一般不得超过 6 个月；重大案件有规定情形，需要延长期限的，应当报国家税务总局批准，无延长期限的限制。

【答案】BC

54. 关于税务稽查办案过程中《税务事项通知书》的使用，下列做法正确的有（　　）。

A.《税务事项通知书》中应当填写办理通知事项的具体内容，并明确复议诉讼的途径

B. 检查过程中，检查人员可以制作《税务事项通知书》，要求被查对象在规定期限内提供有关资料

C. 检查人员检查中发现被查对象基本信息发生变更的，可以向被查对象送达《税务事项通知书》，通知其到主管税务机关办理变更登记手续

D. 检查结束前，检查人员可以将发现的税收违法事实和依据告知被查对象；必要时，可以向被查对象发出《税务事项通知书》

E. 走逃（失联）企业涉嫌虚开增值税专用发票案件，检查人员公告送达《税务检查通知书》的，不可以同时公告送达《税务事项通知书》，应在《税务检查通知书》公告期满后，再送达《税务事项通知书》，要求纳税人提供涉税资料

【解析】选项A，并不是所有的《税务事项通知书》都应当明确复议诉讼的途径；选项E，走逃（失联）企业涉嫌虚开增值税专用发票案件，检查人员公告送达《税务检查通知书》的，可以同时公告送达《税务事项通知书》，要求其限期向税务机关提供涉税资料。

【答案】BCD

55. 稽查局办理税务稽查案件时，税收违法行为涉嫌犯罪的，填制涉嫌犯罪案件移送书，经税务局局长批准后，依法移送公安机关，并附送的资料有（　　）。

A. 涉嫌犯罪案件情况的调查报告

B. 涉嫌犯罪的主要证据材料复制件

C. 税务稽查审理报告

D. 其他有关涉嫌犯罪的材料

E. 税收违法案件集体审理纪要

【解析】《税务稽查案件办理程序规定》第四十八条规定，税收违法行为涉嫌犯罪的，填制涉嫌犯罪案件移送书，经税务局局长批准后，依法移送公安机关，并附送以下资料：①涉嫌犯罪案件情况的调查报告；②涉嫌犯罪的主要证据材料复制件；③其他有关涉嫌犯罪的材料。

【答案】ABD

56. 下列关于在执行稽查案件回退的条件中，下列表述正确的有（　　）。

A. 需要补充处理流程的

B. 需要变更查补税款和罚款的

C. 纳税人不履行处理处罚决定书决定的

D. 作出的具体行政行为不符合法定程序的

E. 作出的具体行政行为引用法律．法规有误的

【解析】《全国税务稽查规范（1.2 版）》规定，在执行稽查案件回退条件包括：①作出的具体行政行为不符合法定程序的；②作出的具体行政行为引用法律、法规有误的；③当事人出示与原调查取证材料不一致的新的证据，可能需要改变原具体行政行为的；④需要变更查补税款和罚款的；⑤需要补充处理流程的；⑥决定性文书被人民法院判决撤销、被行政复议机关决定撤销或者税务机关认为需要变更或撤销决定文书等其他情形。

【答案】ABDE

57. 下列关于税务局稽查局实施税务检查的选项中，表述正确的有（　　）。

A. 检查前，稽查局应当告知被查对象检查时间、需要准备的资料等

B. 检查应当由两名以上具有执法资格的检查人员共同实施

C. 向被查对象出示税务检查证件

D. 出示或者送达《税务检查通知书》

E. 告知其权利和义务

【解析】《税务稽查案件办理程序规定》第十五条规定，检查前，稽查局应当告知被查对象检查时间、需要准备的资料等，但预先通知有碍检查的除外。检查应当由两名以上具有执法资格的检查人员共同实施，并向被查对象出示税务检查证件，出示或者送达《税务检查通知书》，告知其权利和义务。

【答案】BCDE

58. 关于证据规则，下列表述正确的有（　　）。

A. 现场笔录优于询问笔录

B. 负责采购的普通员工证实公司取得发票所列货物从未采购过的证言优于公司会计（老板妻子）证明该采购真实发生的证言

C. 从银行调取的资金流水记录优于公司提供的银行对账单复印件

D.《已证实虚开通知单》优于受票企业提供的证明交易真实性的相关书证

E. 虚开案件检查中，稽查局根据资金回流推定交易不真实，企业辩称回流资金是借款。稽查局的推定不能认定交易不真实

【解析】选项 D，《已证实虚开通知单》不能直接作为证据。选项 E，根据《最高人民法院关于行政诉讼证据若干问题的规定》（法释〔2002〕21 号）第六十八条规定，根据日常生活经验法则推定的事实可以直接认定。销售行为获取资金收入是生产经营中的日常生活经验，收款后即回流不符合常理，可推定销售行为虚假，同样，收款后

即回流作为借出款项也不符合经营常理。根据日常生活经验法则推定的事实，符合免证事实规则，即某些特定事实无须证据证明，可直接认定案件事实。

【答案】ABC

59. 检查人员进行检查时，下列表述正确的有（　　）。

A. 检查应当依照法定权限和程序收集证据材料

B. 收集的证据必须经查证属实，并与证明事项相关联

C. 询问应当由两名以上检查人员实施，必须向被询问人送达询问通知书

D. 检查人员实地调查取证时，可以制作现场笔录、勘验笔录，对实地调查取证情况予以记录

E. 调取电子账簿无须出具《调取账簿资料通知书》

【解析】《税务稽查案件办理程序规定》第二十条规定，询问应当由两名以上检查人员实施。除在被查对象生产、经营、办公场所询问外，应当向被询问人送达询问通知书。因此选项C错误。第二十四条规定，检查人员实地调查取证时，可以制作现场笔录、勘验笔录，对实地调查取证情况予以记录。因此选项D正确。第十八条规定，调取账簿、记账凭证、报表和其他有关资料时，应当向被查对象出具《调取账簿资料通知书》，并填写调取账簿资料清单交其核对后签章确认。因此选项E错误。

【答案】ABD

60. 关于稽查任务分配，下列表述正确的有（　　）。

A. 案源部门在立案处理时，应当明确任务分配方式

B. 对案情复杂稽查案源，可以成立跨检查部门的专案组

C. 采取非随机抽查方式获得的稽查任务，可直接指定检查部门分配任务

D. 采取随机抽查方式获得的稽查任务，只能通过摇号方式选派分配任务

E. 上级税务局指定管理的案源应作为安排案源处理

【解析】随机抽查方式确定待查对象的稽查任务应当使用通过摇号方式从执法检查人员名录库中随机选派或采取竞标等方式选派进行任务分配；上级税务局指定管理的案源，作为交办案源进行处理。

【答案】ABC

61. 某市税务局稽查局检查股在检查结束后向法制审理股提交稽查报告及相关材料，审理部门对下列情形应当要求补正或者补充调查的有（　　）。

A. 适用法律错误

B. 不符合法定程序

C. 被查对象认定错误

D. 税务文书不规范的、不完整

E. 税收违法事实不清、证据不足

【解析】《税务稽查案件办理程序规定》第三十八条规定，有下列情形之一的，应当补正或者补充调查：①被查对象认定错误的；②税收违法事实不清、证据不足的；③不符合法定程序的；④税务文书不规范、不完整的；⑤其他需要补正或者补充调查的。

【答案】BCDE

62.《税务处理决定书》《税务行政处罚决定书》《不予税务行政处罚决定书》《税务稽查结论》引用的法律、行政法规、规章及其他规范性文件，应当注明的内容有（　　）。

A. 发文日期　　B. 文件全称

C. 文号　　D. 有关条款

E. 施行日期

【解析】《税务稽查案件办理程序规定》第四十二条规定，税务处理决定书、税务行政处罚决定书、不予税务行政处罚决定书、税务稽查结论引用的法律、行政法规、规章及其他规范性文件，应当注明文件全称、文号和有关条款。

【答案】BCD

三、判断题

1. 调取纳税人、扣缴义务人当年的账簿、记账凭证、报表和其他有关资料的，应当经所属税务局局长批准，并在60日内退还。（　　）

【解析】调取纳税人、扣缴义务人当年的账簿、记账凭证、报表和其他有关资料的，应当经设区的市、自治州以上税务局局长批准，并在30日内退还。

【答案】错误

2. 为检查纳税人的生产、经营及纳税情况，税务机关可对与其相关的债务人和债权人的账簿实施检查。（　　）

【解析】为检查纳税人的生产、经营及纳税情况，税务机关可对其账簿实施检查。

【答案】错误

3. 询问笔录核对无误后，由被询问人在尾页结束处写明“以上笔录我看过（或者向我宣读过），与我说的相符”，并逐页签章、捺指印。（　　）

【解析】略

【答案】正确

4. 案件检查过程中以录音资料作为证据的，必须附有该声音内容的文字记录。（　　）

【解析】略

【答案】正确

5. 稽查局在拟采取税收执法行为时使用的《税务行政执法审批表》可以直接作为税收执法行为的法律文书。 （ ）

【解析】稽查局在拟采取税收执法行为时，依照规定的审批程序和权限由税务局（分局）局长批准税务执法行为时使用《税务行政执法审批表》。该表不能直接作为税收执法行为的法律文书。

【答案】错误

6. 税务机关依照规定行使代位权、撤销权的，可以免除欠缴税款的纳税人尚未履行的纳税义务和应承担的法律责任。 （ ）

【解析】税务机关依照规定行使代位权、撤销权的，不免除欠缴税款的纳税人尚未履行的纳税义务和应承担的法律责任。

【答案】错误

7. 税务行政处罚听证一般都应公开进行。税务机关应事先将案由、举行听证会的时间和地点向社会公告，允许群众旁听，但旁听群众不得发表意见。 （ ）

【解析】税务行政处罚听证应当公开进行。但是涉及国家秘密、商业秘密或者个人隐私的，听证不公开进行。对公开听证的案件，应当先期公告当事人和本案调查人员的姓名、案由和听证的时间、地点。公开进行的听证，应当允许群众旁听。经听证主持人许可，旁听群众可以发表意见。

【答案】错误

8. 被查对象税收违法行为均已超过法定追究期限的，但纳税人主动配合补缴了税款，并不一定需要终结检查。 （ ）

【解析】有下列情形之一，致使检查确实无法进行的，经稽查局局长批准后，终结检查：①被查对象死亡或者被依法宣告死亡或者依法注销，且有证据表明无财产可抵缴税款或者无法定税收义务承担主体的；②被查对象税收违法行为均已超过法定追究期限的；③法律、行政法规或者国家税务总局规定的其他可以终结检查的。虽然被查对象税收违法行为已超过法定追究期，但纳税人主动配合补缴了税款，并没有致使检查无法进行，并不一定需要终结检查。

【答案】正确

9. 被查对象税收违法行为已超过税款追征期限，致使检查确实无法进行的，经稽查局局长批准后，终结检查。 （ ）

【解析】《税务稽查案件办理程序规定》第三十四条规定，有下列情形之一，致使检查确实无法进行的，经稽查局局长批准后，终结检查：①被查对象死亡或者被依法宣告死亡或者依法注销，且有证据表明无财产可抵缴税款或者无法定税收义务承担主体的；②被查对象税收违法行为均已超过法定追究期限的；③法律、行政法规或者国家税务总局规定的其他可以终结检查的。这里的法定追究期限，包括税款追征期限和处罚追诉期限。被查对象的所有税收违法行为必须均已超过上述两个期限的，才能终结检查。只有一部分税收违法行为超过期限，或者说所有税收违法行为超过了税款追征期，但未超过处罚追诉期限的，不得终结检查。

【答案】错误

10. 检查结束后，稽查局应当对案件进行书面审理。符合重大税务案件标准的，稽查局审理后提请税务局重大税务案件审理委员会审理。（ ）

【解析】检查结束后，稽查局应当对案件进行审理。符合重大税务案件标准的，稽查局审理后提请税务局重大税务案件审理委员会审理。

【答案】错误

11. 稽查局拟对被查对象或者其他涉税当事人作出税务行政处罚的，应当向其送达税务行政处罚事项告知书，告知其依法享有陈述、申辩及要求听证的权利。（ ）

【解析】拟对被查对象或者其他涉税当事人作出税务行政处罚的，应当向其送达税务行政处罚事项告知书，告知其依法享有陈述、申辩及要求听证的权利。

【答案】正确

12. 当事人确有经济困难，需要延期或者分期缴纳罚款的，可向稽查局提出申请，经稽查局局长批准后，可以暂缓或者分期缴纳。（ ）

【解析】当事人确有经济困难，需要延期或者分期缴纳罚款的，可向稽查局提出申请，经税务局局长批准后，可以暂缓或者分期缴纳。

【答案】错误

13. 纳税人欠缴税款的，税务机关应当依法追征，任何单位和个人不得豁免。但税务机关追缴税款有追征期的限制。（ ）

【解析】纳税人欠缴税款的，税务机关应当依法追征，直至收缴入库，任何单位和个人不得豁免。税务机关追缴税款没有追征期的限制。

【答案】错误

14. 经过重大税务案件审理的稽查案件，稽查局应当按照重大税务案件审理意见书制作税务处理处罚决定等相关文书，加盖所属税务局印章后送达执行。（ ）

【解析】稽查局应当按照重大税务案件审理意见书制作税务处理处罚决定等相关文书，加盖稽查局印章后送达执行。

【答案】错误

15. 某稽查案件由 4 名检查人员共同实施，向被查对象出示税务检查证件时只需要出示其中 2 名检查人员的检查证件，即符合要求。（ ）

【解析】检查应当由两名以上具有执法资格的检查人员共同实施，并向被查对象出示税务检查证件。实际上实施检查的人员应当与《税务检查通知书》列明、出示检查证件记录的检查人员一致。检查过程中，如果检查人员变更，应当书面通知被查对象。

【答案】错误。

16. 重大税务案件经重大税务案件审理委员会审理后，应当将拟处理意见报上一级税务局审理委员会备案后，可以立即作出决定。（　）

【解析】重大税务案件经重大税务案件审理委员会审理后，应当将拟处理意见报上一级税务局审理委员会备案。备案5日后可以作出决定。

【答案】错误

17. 省以下各级税务局设立重大税务案件审理委员会。审理委员会由主任、副主任和成员单位组成，实行主任负责制。审理委员会主任由税务局局长担任，副主任由税务局其他领导担任。审理委员会成员单位包括政策法规、税政业务、纳税服务、征管科技、大企业税收管理、税务稽查、督察内审部门。各级税务局可以根据实际需要，增加其他与案件审理有关的部门作为成员单位。（　）

【解析】略

【答案】正确

18. 稽查局扣押纳税人商品、货物或者其他财产时，必须开付清单，由纳税人核对后签章。（　）

【解析】《税务稽查案件办理程序规定》第二十九条第三款规定，采取查封、扣押商品、货物或者其他财产措施时，应当向纳税人、扣缴义务人、纳税担保人当场交付查封、扣押决定书，填写查封商品、货物或者其他财产清单或者出具扣押商品、货物或者其他财产专用收据，由当事人核对后签章。查封清单、扣押收据一式二份，由当事人和稽查局分别保存。

【答案】错误

19. 被查对象死亡或者被依法宣告死亡或者依法注销，致使检查确实无法进行的，经稽查局局长批准后，终结检查。（　）

【解析】有下列情形之一，致使检查确实无法进行的，经稽查局局长批准后，终结检查：①被查对象死亡或者被依法宣告死亡或者依法注销，且有证据表明无财产可抵缴税款或者无法定税收义务承担主体的；②被查对象税收违法行为均已超过法定追究期限的；③法律、行政法规或者国家税务总局规定的其他可以终结检查的。

【答案】错误

20. 被查对象逃避或者拒绝检查的过程应当制作视听资料。（　）

【解析】以下情形应当制作视听资料：①被查对象逃避或者拒绝检查的过程。②在查处大额偷逃税、严重的虚开发票、骗税，以及有明显线索表明涉嫌犯罪的案件时，对以下过程应当制作视听资料：收集、固定用于证明案件事实的主要证据材料的过程；就主要违法事实，或者违法事实涉及的主要当事人进行询问的过程。

【答案】正确

21. 税务稽查案件当事人确有经济困难，需要延期或者分期缴纳罚款的，可向稽查局提出申请，经税务局局长批准后，可以暂缓或者分期缴纳。（　）

【解析】略

【答案】正确

22. 审理人员不受理被查对象或者其他涉税当事人的口头陈述、申辩意见。（　）

【解析】《税务稽查案件办理程序规定》第四十条规定，被查对象或者其他涉税当事人可以书面或者口头提出陈述、申辩意见。对当事人口头提出陈述、申辩意见，应当制作陈述申辩笔录，如实记录，由陈述人、申辩人签章。

【答案】错误

23. 根据《税务稽查案件办理程序规定》，询问应当由两名以上检查人员实施。除在被查对象生产经营、办公场所询问外，应当向被询问人送达询问通知书。询问时应当告知被询问人如实回答问题。（　）

【解析】《税务稽查案件办理程序规定》第二十条规定，询问应当由两名以上检查人员实施。除在被查对象生产经营、办公场所询问外，应当向被询问人送达询问通知书。需要注意的是，询问时应当告知被询问人有关权利义务，而不仅仅是“告知被询问人如实回答问题”，这也正是《税务稽查案件办理程序规定》有别于《税务稽查工作规程》规定的条款。

【答案】错误

24. 被查对象拒不打开或者拒不提供电子数据的，检查人员应当制作《检查纳税人电子信息系统审批表》，经稽查局局长批准，可以采用适当的技术手段对该电子信息系统进行直接检查。有必要的，也可在实施现场检查前提交稽查局局长批准。（　）

【解析】依据为《全国税务稽查规范（1.2 版）》。

【答案】正确

25. 市局稽查局向本级跨区域稽查局统筹推送各类案源信息时，应填制《转办函》传递给跨区域稽查局。（　）

【解析】《全国税务稽查规范（1.2 版）》规定，省、市局稽查局向本级跨区域稽查局统筹推送各类案源信息时，应填制《案源信息传递单》，通过其他案源处理流程传递给跨区域稽查局。

【答案】错误

26. 经稽查局研究决定对 A 企业实施立案前检查，制作的《税务稽查案源审批表》中案源处理意见为“立案前检查”。（　）

【解析】《全国税务稽查规范（1.2 版）》规定，对《税务稽查案源审批表》中案源处理意见为“立案检查”的，由案源实施岗进行案头风险分析，认为案情复杂、疑难、重大。

【答案】错误

27. 《发票换票证》与所调换的原发票具有同等法律效力。（　　）

【解析】依据为《全国税务稽查规范（1.2版）》。

【答案】正确

28. 稽查案件需补正或者补充调查的，审理实施岗应当有明确的要求并且一次性全部告知，补正或者补充调查次数一般不得超过两次。（　　）

【解析】依据为《全国税务稽查规范（1.2版）》。

【答案】正确

29. 税收违法案件发票协查工作中，委托方对税收违法案件中需调查取证的发票只能采取发函的方式进行协查。（　　）

【解析】《税收违法案件发票协查管理办法（试行）》（税总发〔2013〕66号）第六条规定，委托方对税收违法案件中需调查取证的发票采取发函或者派人参与的方式进行协查。

【答案】错误

30. 善意取得虚开的增值税专用发票不加收滞纳金，是《国家税务总局关于纳税人善意取得虚开增值税专用发票已抵扣税款加收滞纳金问题的批复》中作出的特殊性规定。（　　）

【解析】纳税人善意取得虚开的增值税专用发票，在发票收到并抵扣的当月并无过错，其进项税金转出的时间应当是被告之发票是虚开的当月，其当初抵扣税款的行为不属于《税收征收管理法》第三十二条"纳税人未按照规定期限缴纳税款"的情形，不需要加收滞纳金，属于《税收征收管理法》的一般规定，不属于超越《税收征收管理法》的特殊性规定。

【答案】错误

31. 检查结束前，检查人员可以将发现的税收违法事实和依据告知被查对象。被查对象对违法事实和依据有异议的，应当在限期内提供说明及证据材料。被查对象口头说明的，检查人员应当制作笔录，由当事人签章。（　　）

【解析】依据为《税务稽查案件办理程序规定》第三十五条。

【答案】正确

32. 检查结束后，稽查局应当对案件进行审理。经审理，没有税收违法行为的，制作税务稽查结论。（　　）

【解析】依据为《税务稽查案件办理程序规定》第四十二条。

【答案】正确

33. 稽查局办理税务稽查案件时，待查对象确定后，经稽查局局长批准实施立案检

查。必要时，依照法律法规的规定，稽查局可以在立案前进行检查。（　　）

【解析】依据为《税务稽查案件办理程序规定》第十三条。

【答案】正确

34. 某市税务局稽查局按照该市税务局重大税务案件审理意见书制作税务处理处罚决定等相关文书，应加盖市税务局印章后送达执行。（　　）

【解析】《重大税务案件审理办法》第三十五条规定，稽查局应当按照重大税务案件审理意见书制作税务处理处罚决定等相关文书，加盖稽查局印章后送达执行。

【答案】错误

35. 对偷税、抗税、骗税的，税务机关追征其未缴或少缴的税款、滞纳金或者骗取的税款，不受法律规定的年限限制。（　　）

【解析】《税收征收管理法》第五十二条第三款规定，对偷税、抗税、骗税的，税务机关追征其未缴或者少缴的税款、滞纳金或者所骗取的税款，不受前款规定期限（3年、5年）的限制。《国家税务总局关于欠税追缴期限有关问题的批复》（国税函〔2005〕813号）规定，按照《税收征收管理法》和其他税收法律、法规的规定，纳税人有依法缴纳税款的义务。纳税人欠缴税款的，税务机关应当依法追征，直至收缴入库，任何单位和个人不得豁免。税务机关追缴税款没有追征期的限制。《税收征收管理法》第五十二条有关追征期限的规定，是指因税务机关或纳税人的责任造成未缴或少缴税款在一定期限内未发现的，超过此期限不再追征。纳税人已申报或税务机关已查处的欠缴税款，税务机关不受该条追征期规定的限制，应当依法无限期追缴税款。

【答案】正确

36. 审理部门审查证人证言时，证人的猜测性、评论性、推断性的证言不得作为证据使用。（　　）

【解析】《全国税务稽查规范（1.2版）》规定，审理部门审查证人证言的内容是否为证人直接感知，证人的猜测性、评论性、推断性的证言不得作为证据使用，但根据一般生活经验判断且符合事实的除外。

【答案】错误

37. 某市税务局稽查局实行案件集中审理，2024年3月1日审理了某市税务局第一稽查局的某案件，下达《税务行政处罚告知书》后，该企业提出听证申请，应当以市税务局稽查局的名义举行听证。（　　）

【解析】根据税务稽查规范的相关要求，实施集中审理的，应当以拟制发税务决定性文书的稽查局的名义举行听证。

【答案】错误

38. 稽查局未立案检查的推送案源，反馈后推送部门仍认为需要立案检查的，直接由稽查局按交办案源程序立案检查。（　　）

【解析】《税务稽查案源管理办法（试行）》（税总发〔2016〕71号）第三十五条规定，稽查局未立案检查的推送案源，反馈后推送部门仍认为需要立案检查的，经税务局负责人批准，由稽查局按交办案源程序立案检查。

【答案】错误

39. 检查从事生产、经营的纳税人以前纳税期的纳税情况时，发现纳税人有逃避纳税义务行为，并有明显的转移、隐匿其应纳税的商品、货物以及其他财产或者应纳税收入迹象的，可以依法采取税收保全措施。（　）

【解析】《税务稽查案件办理程序规定》第二十八条规定，检查从事生产、经营的纳税人以前纳税期的纳税情况时，发现纳税人有逃避纳税义务行为，并有明显的转移、隐匿其应纳税的商品、货物以及其他财产或者应纳税收入迹象的，经县以上税务局局长批准，可以依法采取税收强制措施。

【答案】错误

40. 稽查局实施检查前，应当告知被查对象检查时间、需要准备的资料等。（　）

【解析】《税务稽查案件办理程序规定》第十五条规定，检查前，稽查局应当告知被查对象检查时间、需要准备的资料等，但预先通知有碍检查的除外。

【答案】错误

四、简答题

1. 税务稽查证据可以分为哪些类型，取证时应遵循哪些原则？

【答案】税务稽查证据包括书证、物证、视听资料、电子数据、证人证言、当事人的陈述、鉴定意见以及勘验笔录、现场笔录。

税务稽查证据应当具备合法性、真实性、关联性。

（1）合法性是指证据的收集、调查必须符合法律规定的程序，取得的证据必须符合法定形式。

（2）真实性是指证据须以客观存在的事实为依据。稽查证据必须是在作出行政行为之前形成的，客观真实地反映或者记载案件的事实。

（3）关联性是指证据所证明的事实必须与待证案件事实具有内在的联系，即直接或者间接地证明案件事实形成的条件、发生的原因或者案件事实导致的后果。

2. 请列举出税务稽查时哪些情况下可以终结检查？

【答案】有下列情形之一，致使检查确实无法进行的，经稽查局局长批准后，终结检查：①被查对象死亡或者被依法宣告死亡或者依法注销，且有证据表明无财产可抵缴税款或者无法定税收义务承担主体的；②被查对象税收违法行为均已超过法定追究期限的；③法律、行政法规或者国家税务总局规定的其他可以终结检查的。

3. 案源部门如何将立案的案源合理地分配到检查部门实施检查？

【答案】《税务稽查案源管理办法（试行）》（税总发〔2016〕71号）第二十八条规定，案源部门对立案的案源，应当合理地分配到检查部门，实施检查。

（1）稽查层级与管理对象相匹配；

（2）执法主体与案件性质相匹配；

（3）稽查力量与检查任务相匹配；

（4）办案能力与案源特点相匹配。

4. 请列举出审理时哪些情况下应当补正或者补充调查？

【答案】（1）被查对象认定错误的；

（2）税收违法事实不清、证据不足的；

（3）不符合法定程序的；

（4）税务文书不规范、不完整的；

（5）其他需要补正或者补充调查的。

5. 请列举出执法决定法制审核的的范围？

【答案】执法决定法制审核，是指稽查局作出执法决定前，对决定的合法性进行审核的活动。未经法制审核或者法制审核未通过的，不得作出决定。

（1）税务稽查案件审理、重大税务案件审理属于法制审核，其审核范围、内容、程序等分别适用《税务稽查案件办理程序规定》《重大税务案件审理办法》的有关规定；

（2）其他执法决定法制审核的范围一般包括：税收保全、强制执行、阻止出境、暂缓或者分期缴纳罚款等，以及法律、法规、规章等规定应当进行法制审核的执法决定。

五、案例分析题

（一）国家税务总局西海市税务局稽查局（化名）查处的西海市西海房地产开发有限公司涉税案件于2021年12月10日立案，2022年3月6日审结，形成《税务处理决定书》，同日，移交执行环节。

经查，该企业合计应补缴各税1200万元，应加收滞纳金80万元；经多次催缴，到目前为止，企业因资金原因没有入库查补税款。

经调查了解，西海房地产开发有限公司2019年开发太阳城项目，向西海市银行项目贷款5000万元；在项目施工开发中，拖欠建筑施工单位西海市建设集团有限公司等单位工程款、材料款6000万元。

因该公司资金链断裂，无力偿还银行贷款、工程款，2021年1月21日起西海市银行对该公司不动产进行冻结；西海市建设集团有限公司也向法院申请冻结；法院具体执行文书有：西海市人民法院协助执行通知书、西海市人民法院民事裁定书、西海市人民法院协助执行通知书、西海市人民法院民事判决书等。

执行人员查询西海市不动产登记中心，西海房地产开发有限公司名下登记的不动产已全部被西海市人民法院采取司法保全措施；且西海市人民法院对公司资产均采用轮候查封的形式进行查封；因此，西海房地产开发有限公司名下已无不动产可供税务执行。

问：1. 稽查案件在符合什么条件下可以终结执行？

2. 本案是否符合终结执行的条件，为什么？

3. 如果需要符合终结执行条件，还需要进行哪些程序？一旦符合，还需要填写哪些文书，经过哪些审批环节？

【答案】

1. 案件终结执行，是指被执行人确无财产可供抵缴税款、滞纳金、罚款或者依照破产清算程序确实无法清缴税款、滞纳金、罚款，或者有其他法定终结执行情形的，按规定程序终结执行。

2. 本案还不符合终结执行条件，因为执行人员仅查询了西海房地产开发有限公司名下的债权债务关系，证明没有可执行的债权；查询了西海房地产开发有限公司名下登记的不动产，证明没有可供税务机关执行的不动产，但没有查询公司的银行存款、股票、债券、长期股权投资、车辆等其他动产。

3. 如果需要符合终结执行条件，还需要进行下列程序：

（1）查询公司的银行账户是否有余额，余额是否可供税务机关执行。

（2）到西海市车管所等相关单位，查询公司的名下是否有车船登记信息，如果有，是否可供税务机关执行。

（3）到证券部门查询公司的名下是否有股票、债券和其他投资产品登记信息，如果有，是否可供税务机关执行。

（4）约谈企业负责人，了解企业是否有其他未列在账面上的债权关系，如果有，是否可供税务机关执行。

（注：读者也可结合工作实际作答。）

一旦符合，西海市税务局稽查局可以填制《税收违法案件终结执行申请》，依照国家税务总局规定权限和程序，报税务局局长批准后，终结执行。重大税收违法督办案件同时向督办机关申请终结执行。稽查案件终结后，稽查局对所形成的欠税按照相关规定管理。

（二）某稽查局在对某企业（增值税一般纳税人）2019—2021 年度纳税情况进行税务检查时，发现企业房产税方面的下列信息，请根据下面四个材料，回答后面的问题。

材料一：该企业 2019 年初账面房产原值 1921 万元，长期待摊费用中 2018 年曾发生仓库改造工程费用 161 万元、大门改造费用 6.7 万元，尚未摊销完毕。

1995 年取得土地 1.4 万平方米支付价款 211 万元，2012 年政府收回土地 900 平方米，减少土地价款 15 万元，房产证建筑面积 2.2 万平方米。

2019 年 8 月新增房产原值 26 万元，2019 年 11 月新增房产原值 30 万元，2019 年 12 月新增房产原值 18 万元。

材料二：该企业 2020 年 1 月新增房产原值 8 万元，7 月新增房产原值 9 万元，9 月新增房产原值 6 万元，10 月新增房产原值 22 万元，11 月新增房产原值 13 万元，12 月新增房产原值 20 万元。

材料三：该企业 2021 年 4 月新增房产原值 17 万元，5 月新增房产原值 21 万元，6 月新增房产原值 30 万元，8 月新增房产原值 39 万元，9 月新增房产原值 10 万元，10 月新增房产原值 5 万元，12 月新增房产原值 40 万元。

材料四：该企业 2019—2020 年每季均按 4.8 万元缴纳房产税，2021 年每季均按 5 万元缴纳房产税，该地区从价计征的房产税依照房产原值一次减除 30% 后的余值计算缴纳。

请回答下列问题：

1. 如果你是检查人员，请你分析被查对象 2019—2021 年在房产税上存在哪些问题？（计算金额保留小数点后两位）

2. 如果你是检查人员，针对这些问题，你应获取哪些证据材料？

3. 如果你是检查人员，在《税务处理决定书》上对被查对象你将提出什么样的处理建议？处理依据是什么？

【答案】1. 被查对象 2019—2021 年度在房产税纳税方面存在下列问题。

（1）2019 年：

企业的土地容积率 = 2.2 ÷ （1.4 - 0.09） = 1.68，大于 0.5，土地价值 = 211 - 15 = 196（万元）。

年初房产税的计税原值 = 1921 + 161 + 6.7 + 196 = 2284.7（万元）

2019 年应申报缴纳房产税 = 2284.7 × （1 - 30%） × 1.2% + 26 × （1 - 30%） × 1.2% × 4 ÷ 12 + 30 × （1 - 30%） × 1.2% × 1 ÷ 12 = 19.29（万元），已申报缴纳 = 4.8 × 4 = 19.2（万元），少申报缴纳 = 19.29 - 19.2 = 0.09（万元）。

（2）2020 年：

年初房产税的计税原值 = 2284.7 + 26 + 30 + 18 = 2358.7（万元）

2020 年应申报缴纳房产税 = 2358.7 × （1 - 30%） × 1.2% + 8 × （1 - 30%） ×

1.2% ×11 ÷12 +9 × （1 −30%） ×1.2% ×5 ÷12 +6 × （1 −30%） ×1.2% ×3 ÷12 + 22 × （1 −30%） ×1.2% ×2 ÷12 +13 × （1 −30%） ×1.2% ÷12 =19.96（万元），已申报缴纳 =4.8 ×4 =19.2（万元），少申报缴纳 =19.96 −19.2 =0.76（万元）。

（3）2021 年：

年初房产税的计税原值 =2358.7 +8 +9 +6 +22 +13 +20 =2436.7（万元）

2021 年应申报缴纳房产税 =2436.7 × （1 −30%） ×1.2% +17 × （1 −30%） ×1.2% ×8 ÷12 +21 × （1 −30%） ×1.2% ×7 ÷12 +30 × （1 −30%） ×1.2% ×6 ÷12 +39 × （1 −30%） ×1.2% ×4 ÷12 +10 × （1 −30%） ×1.2% ×3 ÷12 +5 × （1 −30%） ×1.2% ×2 ÷12 =20.89（万元），已申报缴纳 =5 ×4 =20（万元），少申报缴纳 =20.89 −20 =0.89（万元）。

2019—2021 年合计少申报缴纳 =0.09 +0.76 +0.89 =1.74（万元）

2. 针对这些问题，应获取下列证据材料：

（1）固定资产（房产）账页复印件；

（2）房产证复印件；

（3）土地使用证复印件；

（4）土地出让协议复印件；

（5）收回土地协议及补偿款复印件；

（6）房产明细表；

（7）长期待摊费用明细表；

（8）长期待摊费用账页复印件；

（9）经该单位核对的税务稽查工作底稿；

（10）其他合情合理的证据材料。

（注：读者也可结合工作实际作答。）

3. 在《税务处理决定书》上对该企业查补税款时的法律依据和处理建议是：

根据《房产税暂行条例》第一条至第四条、《财政部 国家税务总局关于安置残疾人就业单位城镇土地使用税等政策的通知》（财税〔2010〕121 号）及《税收征收管理法》第三十二条规定，建议全额追缴该单位少申报缴纳的 2019 年度房产税 0.09 万元、2020 年度房产税 0.76 万元、2021 年度房产税 0.89 万元，并从滞纳之日起按日加收 5‰的滞纳金。

（三）某市税务局第一稽查局依照年度检查计划对祥云轩大酒店 2022 年的纳税情况进行检查，因非举报案件，该市稽查局并未立案。

2023 年 11 月 25 日，市稽查一局检查科孙某和李某对其实施检查，检查人员在出示税务检查证后，对相关人员进行了询问，发现该酒店涉嫌偷税。在批准补充立案后，检查人员在该酒店总经理（非法定代表人）江某办公室发现流水账一本，经与实际申报纳税情况核对，得到该酒店利用收入不入账，偷逃增值税和企业所得税合计532000元的事实。

11月28日，市稽查一局依法下达了税务行政处罚事项告知书，拟作出追缴税款、加收滞纳金，并处30000元罚款的决定。

11月29日，该酒店提出税务行政处罚听证要求。

12月5日由孙某主持了听证会，经听取意见后，当场做出税务行政处罚决定，并要求听证所需费用由祥云轩大酒店承担，且当场将税务行政处罚决定书交给酒店总经理江某。

在没有履行义务的情况下，该酒店于12月5日就未交税款事宜向市税务局提出行政复议申请，市税务局以纳税人未缴纳税款为由不予受理复议申请。

12月7日，该酒店就30000元罚款的处罚不服，依法向该市某区人民法院起诉。

请根据以上资料，指出该市税务局及第一稽查局在该案处理过程中的违法行为，并说明理由。

【答案】1. 检查时未履行法定程序。

《税务稽查案件办理程序规定》第十三条规定，待查对象确定后，经稽查局局长批准实施立案检查。必要时，依照法律法规的规定，稽查局可以在立案前进行检查。

立案前检查，是指对待查对象经初步分析，认为案情复杂、疑难、重大，有必要进行立案前检查的，提请立案前检查审批、移交检查部门实施立案前检查；应当经过稽查局案源管理集体审议会议审议。而该案是先检查后补充立案。

《税收征收管理法》第五十九条规定，税务人员实施检查时应出示税务检查证和《税务检查通知书》，该案中检查人员仅出示税务检查证，未送达《税务检查通知书》。

2. 孙某不能主持听证会。

《税务稽查案件办理程序规定》第四十一条规定，被查对象或者其他涉税当事人按照法律、法规、规章要求听证的，应当依法组织听证。听证依照国家税务总局有关规定执行。

《全国税务稽查规范（1.2版）》规定，决定举行听证的，由稽查局局长指定审理部门人员担任听证主持人。

3. 听证结束当场作出税务行政处罚决定属行政越权行为。

《税务行政处罚听证程序实施办法（试行）》第十九条规定，听证结束后，听证主持人应当将听证情况和处理意见报告税务机关负责人。

《全国税务稽查规范（1.2版）》规定，听证会结束后，听证主持人应当结合听证情况，提出处理意见，必要时，可以要求检查人员进行实地复核。听证主持人应当将听证情况和处理意见形成听证报告，针对当事人的意见主张提出采纳或者不予采纳的处理意见，连同《听证笔录》等资料向稽查局局长报告。

本案中，未履行报告程序。

4. 要求酒店负担听证所需费用不合法。

《行政处罚法》第六十三条规定，当事人不承担行政机关组织听证的费用。

5. 税务文书送达酒店总经理错误。

《税收征收管理法实施细则》第一百零一条第一款和第三款规定，税务机关送达税务文书，应当直接送交受送达人。送达人是法人或者其他组织的，应当由法人的法定代表人、其他组织的主要负责人或者该法人、组织的财务负责人、负责收件的人签收。受送达人有代理人的，可以送交其理人签收。江某为酒店总经理，而非法定代表人。

6. 市税务局对复议申请不予受理的理由不成立。

《税收征收管理法》第八十八条第二款规定，当事人对税务机关作出的行政处罚决定不服的，可依法申请行政复议。税务局以未履行纳税义务作为复议前置条件是错误的。

（四）请阅读下面材料，并回答后面的题目

材料：某地级市税务局稽查局（以下简称市稽查局）2023 年 1 月接到群众匿名举报，反映天天公司（化名）于 2020 年将 A 公司 100% 股权转让给百明公司（化名），隐瞒转让价款 4280 万元，涉嫌偷逃税款。

举报人寄过来一份载有拍摄纸质《股权转让合同》和《股权转让合同的补充协议》照片的光盘。光盘中的合同和补充协议显示，2020 年 3 月 15 日，天天公司的法定代表人林某与百明公司约定：天天公司将持有的 A 公司 100% 股权转让给百明公司，转让价款 4280 万元，并约定其中 4230 万元转让款支付至林某个人银行账户中。由于举报人提供的线索较为明确，但缺少更多必要的证明材料，举报中心安排市稽查局检查一股进行调查核实。

检查人员章某与李某接受了此调查核实任务，提出查询天天公司存款账户以及林某储蓄存款账户的行政执法许可申请，获得市税务局局长批准。经调查核实发现，在举报事项所述的时间段被查询账户确有大额资金流入，金额与方向与举报事项所述内容基本相符，于是提出立案检查的建议，经市稽查局局长批准，2023 年 2 月 15 日，市稽查局对天天公司涉嫌税收违法问题予以立案检查，并于 2 月 16 日依法送达检查文书给天天公司。经行政执法许可批准，检查人员向天天公司送达《调取账簿资料通知书》，自 2023 年 2 月 16 日起，对该公司 2020 年 1 月 1 日至 2020 年 12 月 31 日的涉税情况进行检查，并调取天天公司 2020 年 1 月 1 日至 2020 年 12 月 31 日的账薄、记账凭证、报表和其他有关资料，调取账簿资料清单交财务负责人王某核对后签上王某私章和天天公司公章。检查中发现案情还涉及其他年度，检查人员经申请批准后将检查所属期扩展至 2019 年和 2021 年，但未另行通知天天公司，仅于 2023 年 5 月 15 日退还了原有调取账簿后，再次向天天公司发出《调取账簿资料通知书》，调取了其2019年至2021年三年的账簿资料。

检查过程中，检查人员还分别在天天公司和百明公司询问了上述公司的相关人员，并用执法记录仪进行了全过程记录。

至2023年6月15日，检查阶段结束，检查人员查明百明公司通过银行转账方式支付50万元至天天公司银行账户，另百明公司法定代表人张某分年度通过现金方式支付200万元、个人账户转账方式支付4150万元至林某的个人账户，共计支付4400万元股权转让款（其中股权转让款4280万元，逾期付款补偿金120万元）。但天天公司账上只反映通过银行收款方式收取了50万元转让股权收入，其余4350万元股权转让款一直未在天天公司账上反映，也未按规定申报缴纳相关税收。

该案经市稽查局集体审议，市税务局重大案件审理委员会审理后，稽查局于2023年7月7日（周五）做出《税务行政处罚事项告知书》，拟处偷税50%的处罚即850万元，并于当天依法送达到天天公司办公场所，由天天公司财务负责人签收，同时通过电子邮件向天天公司法定代表人林某发送《税务行政处罚告知书》的扫描件，告知其享有陈述、申辩和要求听证的权利。2023年7月10日（周一），天天公司通过电子邮件方式对处罚事项提出陈述、申辩。2023年7月14日（周五），市税务局重大税务案件审理委员会出具《重大税务案件审理委员会审理意见书（补充）》，根据该补充意见，2023年7月17日（周一），稽查局做出《税务行政处理决定书》和《税务行政处罚决定书》，认定天天公司存在账簿上不列或少列收入，隐瞒股权转让收入的行为。根据《税收征收管理法》第六十三条第一款等有关规定，对天天公司的上述违法行为定性为偷税，对天天公司追缴偷逃税款1700万元，加收滞纳金，并处以偷逃税款0.5倍的罚款850万元，限期其于收到决定文书之日起15日内缴清。并依法公开了处罚决定。天天公司对处罚不服，申请听证，被稽查局拒绝。因天天公司在限期内未缴纳税款、滞纳金和罚款，系统内已形成欠税记录。2023年8月10日（周四），执行人员发出《税务事项通知书》，责令其限期缴纳，《税务事项通知书》上列明了天天公司的复议诉讼途径。

1.（多项选择题）下列关于本案中涉及的证据类型说法正确的有（　　）。

A. 载有拍摄纸质《股权转让合同》和《股权转让合同的补充协议》照片的光盘是电子数据证据

B. 对询问过程的全过程记录是视听资料证据

C. 对天天公司法定代表人林某的询问笔录是当事人陈述证据

D. 对天天公司相关账簿资料的复制件是书证

【解析】载有拍摄纸质《股权转让合同》和《股权转让合同的补充协议》照片的光盘是由举报人提供的，不能直接作为证据适用。选项A错误。

【答案】BCD

2.（多项选择题）下列关于本案中询问程序的说法正确的有（　　）。

A. 在天天公司的办公场所询问林某，可以直接进行，可以不在询问前书面通知林某

B. 在稽查局的询问室询问林某，不可以直接进行，需要在询问前书面通知林某

C. 在百明公司的生产、经营、办公场所询问张某，可以直接进行，可以不在询问前书面通知张某

D. 在稽查局的询问室询问林某，不可以直接进行，需要在询问前书面通知张某

【解析】《税务稽查案件办理程序规定》第二十条规定，询问应当由两名以上检查人员实施。除在被查对象生产、经营、办公场所询问外，应当向被询问人送达询问通知书。本案中被查对象为天天公司，询问前需要书面通知张某，选项C错误。

【答案】ABD

3.（多项选择题）下列关于本案中执法程序所存在的问题和原因说法正确的有（　　）。

A. 通过电子邮件向天天公司法定代表人林某发送《税务行政处罚告知书》的扫描件，告知其享有陈述、申辩和要求听证的权利程序存在问题，因为税务稽查文书不适用电子送达程序

B. 检查人员经申请批准后将检查所属期扩展至2019年和2021年，但未另行通知天天公司，程序存在问题，应当书面通知被查对象天天公司

C. 于2023年5月15日退还了原有调取账簿后，再次向天天公司发出《调取账簿资料通知书》，调取了其2019年至2021年三年的账簿资料，程序存在问题，其中调取2020年的账簿属于重复调取，不符合限定调取账簿归还时限的意义

D. 调取账簿资料清单交财务负责人王某核对后签上王某私章和天天公司公章，程序存在问题。应当由王某核对后签名并盖天天公司公章并注明日期

【解析】《税务行政处罚事项告知书》于当天依法送达到天天公司办公场所，文书送达无误，选项A错误。《全国税务稽查规范（1.2版）》规定，稽查所属期间经申请批准发生变更的，可以（不是应）向被查对象送达《税务事项通知书》，书面通知其变更情况，选项B错误。

【答案】CD

4.（多项选择题）下列关于本案中执法程序所存在的问题和原因说法正确的有（　　）。

A. 2023年7月14日，稽查局制作并送达《税务行政处罚决定书》，程序存在问题，因为税务行政处罚事项告知未满规定的时限

B. 经重大税务案件审理后，稽查局未再次进行处罚告知，程序存在问题，未保

障当事人的合法权益

C. 天天公司对处罚不服，申请听证，稽查局拒绝其听证申请，程序存在问题。因为处罚涉及天天公司的重大权益，稽查不应当拒绝其听证申请

D. 执行人员发出《税务事项通知书》，责令其限期缴纳，《税务事项通知书》上列明了天天公司的复议诉讼途径，程序存在问题，责令其限期缴纳的文书属于过程性文书，决定性文书中已列明复议诉讼途径，过程性文书不应当再列复议诉讼途径

【解析】《重大税务案件审理办法》第三十五条规定，稽查局应当按照重大税务案件审理意见书制作税务处理处罚决定等相关文书，加盖稽查局印章后送达执行，无须未再次进行处罚告知，选项 B 错误。《重大税务案件审理办法》第十四条规定，稽查局应当在内部审理程序终结后 5 日内，将重大税务案件提请审理委员会审理。当事人按照法律、法规、规章有关规定要求听证的，由稽查局组织听证。天天公司收到《税务行政处罚事项告知书》之日起 5 个工作日内书面提出听证申请的，稽查局应当自接到听证申请之日起 15 日内组织听证，选项 C 错误。

【答案】AD

5.（多项选择题）本案的处罚决定依法公开后，如果经复议诉讼又被依法变更，则下列关于后续程序处理说法正确的有（　　）。

A. 应当在 1 个工作日内撤回原行政处罚决定信息

B. 应当在 3 个工作日内撤回原行政处罚决定信息

C. 应当公开说明理由。

D. 应当向被查对象说明理由，但无须公开撤回的理由。

【解析】《行政处罚法》第四十八条规定，具有一定社会影响的行政处罚决定应当依法公开。公开的行政处罚决定被依法变更、撤销、确认违法或者确认无效的，行政机关应当在 3 日内撤回行政处罚决定信息并公开说明理由。

【答案】BC

错题、要点整理页

第四章　货物和劳务税稽查

>> 本章知识框架

节	细目	知识点	学习进度
增值税的检查方法	增值税适用税目和税率（征收率）的检查方法	【知识点 1】增值税适用税目的基本政策	
		【知识点 2】增值税适用税率的基本政策	
		【知识点 3】增值税征收率的基本政策	
		【知识点 4】销售货物、进口货物的基本政策	
		【知识点 5】销售加工、修理修配劳务的基本政策	
		【知识点 6】有形动产租赁服务的基本政策	
		【知识点 7】不动产租赁服务的基本政策	
		【知识点 8】销售服务——交通运输服务的基本政策	
		【知识点 9】销售服务——邮政服务的基本政策	
		【知识点 10】销售服务——电信服务的基本政策	
		【知识点 11】销售服务——建筑服务的基本政策	
		【知识点 12】销售不动产的基本政策	
		【知识点 13】销售无形资产的基本政策	
		【知识点 14】销售服务——金融服务的基本政策	
		【知识点 15】销售服务——现代服务的基本政策	
		【知识点 16】销售服务——现代服务——研发和技术服务的基本政策	
		【知识点 17】销售服务——现代服务——信息技术服务的基本政策	

续表

节	细目	知识点	学习进度
增值税的检查方法	增值税适用税目和税率（征收率）的检查方法	【知识点18】销售服务——现代服务——文化创意服务的基本政策	
		【知识点19】销售服务——现代服务——物流辅助服务的基本政策	
		【知识点20】销售服务——现代服务——鉴证咨询服务的基本政策	
		【知识点21】销售服务——现代服务——广播影视服务的基本政策	
		【知识点22】销售服务——现代服务——商务辅助服务的基本政策	
		【知识点23】销售服务——现代服务——其他现代服务的基本政策	
		【知识点24】销售服务——生活服务的基本政策	
		【知识点25】销售服务——生活服务——文化体育服务的基本政策	
		【知识点26】销售服务——生活服务——教育医疗服务的基本政策	
		【知识点27】销售服务——生活服务——旅游娱乐服务的基本政策	
		【知识点28】销售服务——生活服务——餐饮住宿服务的基本政策	
		【知识点29】销售服务——生活服务——居民日常服务的基本政策	
		【知识点30】销售服务——生活服务——其他生活服务的基本政策	
		【知识点31】关于增值税适用税目和税率的常见违法行为	
		【知识点32】增值税适用税目和税率（征收率）的检查方法	
	增值税销项税额的检查方法	【知识点1】增值税销项税额的基本政策	
		【知识点2】特殊销售方式的销项税额的基本政策	
		【知识点3】增值税销项税额的检查方法	
	增值税进项税额的检查方法	【知识点1】增值税进项税额的基本政策	
		【知识点2】增值税进项税额抵扣凭证的基本政策	
		【知识点3】不得抵扣进项税额的基本政策	

续表

节	细目	知识点	学习进度
增值税的检查方法	增值税进项税额的检查方法	【知识点4】加计抵减的基本政策	
		【知识点5】纳税人既欠缴增值税，又有增值税留抵税额问题的税务处理	
		【知识点6】增值税进项税额的检查方法	
	增值税简易计税、差额计税、留抵退税的检查方法	【知识点1】增值税小规模纳税人简易计税的基本政策	
		【知识点2】增值税一般纳税人简易计税的基本政策	
		【知识点3】增值税差额计税的基本政策	
		【知识点4】增值税差额计税扣除凭证的基本政策	
		【知识点5】增值税简易计税、差额计税的检查方法	
		【知识点6】增值税期末留抵退税政策	
		【知识点7】骗取留抵退税和违规取得留抵退税行为的检查	
	增值税纳税与扣缴义务发生时间、纳税地点的检查方法	【知识点1】增值税纳税义务发生时间基本政策	
		【知识点2】增值税扣缴义务发生时间基本政策	
		【知识点3】增值税纳税地点基本政策	
		【知识点4】增值税扣缴地点基本政策	
		【知识点5】增值税纳税与扣缴义务发生时间、纳税地点的检查方法	
消费税的检查方法	消费税适用税目和税率的检查方法	【知识点1】消费税征税范围的基本政策	
		【知识点2】烟消费税税目和税率的基本政策	
		【知识点3】酒消费税税目和税率的基本政策	
		【知识点4】高档化妆品消费税税目和税率的基本政策	
		【知识点5】贵重首饰及珠宝玉石消费税税目和税率的基本政策	
		【知识点6】鞭炮、焰火消费税税目和税率的基本政策	
		【知识点7】成品油消费税税目和税率的基本政策	
		【知识点8】摩托车消费税税目和税率的基本政策	

续表

节	细目	知识点	学习进度
消费税的检查方法	消费税适用税目和税率的检查方法	【知识点9】小汽车消费税税目和税率的基本政策	
		【知识点10】高尔夫球及球具消费税税目和税率的基本政策	
		【知识点11】高档手表消费税税目和税率的基本政策	
		【知识点12】游艇消费税税目和税率的基本政策	
		【知识点13】木制一次性筷子消费税税目和税率的基本政策	
		【知识点14】实木地板消费税税目和税率的基本政策	
		【知识点15】电池消费税税目和税率的基本政策	
		【知识点16】涂料消费税税目和税率的基本政策	
		【知识点17】兼营和成套消费品的税率适用	
		【知识点18】消费税适用税目和税率的检查方法	
	消费税计税依据及应纳税额的检查方法	【知识点1】消费税计税依据及应纳税额的基本政策	
		【知识点2】自产自用应税消费品消费税的基本政策	
		【知识点3】委托加工应税消费品消费税的基本政策	
		【知识点4】进口应税消费品消费税的基本政策	
		【知识点5】出口消费税的基本政策	
		【知识点6】视同销售消费税的基本政策	
		【知识点7】消费品计税依据抵扣的基本政策	
		【知识点8】消费税计税依据及应纳税额的检查方法	
	消费税纳税与扣缴义务发生时间、纳税地点的检查方法	【知识点1】消费税纳税义务发生时间的基本政策	
		【知识点2】消费税扣缴义务发生时间的基本政策	
		【知识点3】消费税纳税地点的基本政策	
		【知识点4】消费税扣缴地点的基本政策	
		【知识点5】消费税纳税与扣缴义务发生时间、纳税地点的检查方法	

续表

节	细目	知识点	学习进度
消费税的检查方法	成品油消费税的检查方法	【知识点 1】成品油消费税税目和税率的基本政策	
		【知识点 2】成品油消费税子税目的基本政策	
		【知识点 3】成品油消费税征税范围的特殊规定	
		【知识点 4】外购（进口）、委托加工收回已税成品油消费税计税依据抵扣的特殊规定	
		【知识点 5】成品油消费税征收环节的归纳	
		【知识点 6】成品油消费税征收管理特殊规定	
		【知识点 7】成品油消费税优惠政策	
		【知识点 8】成品油消费税的检查方法	

>> 习题演练

一、单项选择题

1. 某市警税联合破获一起利用小规模纳税人减免增值税政策虚开发票案件，抓获犯罪嫌疑人 7 人。经查，该团伙控制多家空壳公司，在没有真实业务交易的情况下，利用小规模纳税人减免增值税政策，对外虚开增值税普通发票。下列关于增值税小规模纳税人可能利用的优惠政策说法错误的是（　　）。

A. 2023 年 1 月 1 日至 2027 年 12 月 31 日，对月销售额 15 万元以下（含本数）的增值税小规模纳税人，免征增值税

B. 2021 年 4 月 1 日至 2022 年 3 月 31 日，增值税小规模纳税人适用 3% 征收率的应税销售收入，减按 1% 征收率征收增值税；适用 3% 预征率的预缴增值税项目，减按 1% 预征率预缴增值税

C. 2022 年 4 月 1 日至 2022 年 12 月 31 日，增值税小规模纳税人适用 3% 征收率的应税销售收入，免征增值税；适用 3% 预征率的预缴增值税项目，暂停预缴增值税

D. 2023 年 1 月 1 日至 2027 年 12 月 31 日，增值税小规模纳税人适用 3% 征收率的应税销售收入，减按 1% 征收率征收增值税；适用 3% 预征率的预缴增值税项目，减按 1% 预征率预缴增值税

【解析】2023 年 1 月 1 日至 2027 年 12 月 31 日，对月销售额 10 万元以下（含本数）的增值税小规模纳税人，免征增值税。选项 A 说法错误，符合题意。

2021 年 4 月 1 日至 2022 年 3 月 31 日，增值税小规模纳税人适用 3% 征收率的应税销售收入，减按 1% 征收率征收增值税；适用 3% 预征率的预缴增值税项目，减按 1% 预征率预缴增值税。2022 年 4 月 1 日至 2022 年 12 月 31 日，增值税小规模纳税人适用 3% 征收率的应税销售收入，免征增值税；适用 3% 预征率的预缴增值税项目，暂停预缴增值税。2023 年 1 月 1 日至 2027 年 12 月 31 日，增值税小规模纳税人适用 3% 征收率的应税销售收入，减按 1% 征收率征收增值税；适用 3% 预征率的预缴增值税项目，减按 1% 预征率预缴增值税。

选项 B、C、D 说法正确，不符合题意。

【答案】A

2. 某市税务局第一稽查局依法查处了某汽车销售有限公司偷税案件。经查，该公司购进超豪华小汽车后，通过低价开具机动车销售统一发票等手段，少缴超豪华小汽车零售环节消费税、增值税等税费 5000 余万元。下列关于超豪华小汽车消费税的说法错误的是（　　）。

A. 小汽车消费税分为乘用车、中轻型商用客车、超豪华小汽车三个子税目，在生产环节和零售环节征收

B. 对超豪华小汽车加征消费税，征收范围为每辆零售价格 130 万元（不含增值税）及以上的乘用车和中轻型商用客车，即乘用车和中轻型商用客车子税目中的超豪华小汽车

C. 对超豪华小汽车，在生产（进口）环节按现行税率征收消费税的基础上，在零售环节加征消费税，税率为 10%

D. 对我国驻外使领馆工作人员、外国驻华机构及人员、非居民常住人员、政府间协议规定等应税（消费税）进口自用，且完税价格 130 万元及以上的超豪华小汽车，免征消费税

【解析】对我国驻外使领馆工作人员、外国驻华机构及人员、非居民常住人员、政府间协议规定等应税（消费税）进口自用，且完税价格 130 万元及以上的超豪华小汽车消费税，按照生产（进口）环节税率和零售环节税率（10%）加总计算，由海关代征。所以选项 D 说法错误，符合题意。

【答案】D

3. 创新企业境内发行存托凭证，又称创新企业 CDR，是指符合《国务院办公厅转发证监会关于开展创新企业境内发行股票或存托凭证试点若干意见的通知》（国办发〔2018〕21 号）规定的试点企业，以境外股票为基础证券，由存托人签发并在中国境内发行，代表境外基础证券权益的证券。下列关于投资者投资创新企业 CDR 可以享受的增值税优惠政策说法错误的是（　　）。

A. 对个人投资者转让创新企业 CDR 取得的差价收入，暂免征收增值税

B. 对单位投资者转让创新企业 CDR 取得的差价收入，暂免征收增值税

C. 2023 年 9 月 21 日至 2025 年 12 月 31 日，对公募证券投资基金管理人运营基金过程中转让创新企业 CDR 取得的差价收入，暂免征收增值税

D. 对合格境外机构投资者（QFII）、人民币合格境外机构投资者（RQFII）委托境内公司转让创新企业 CDR 取得的差价收入，暂免征收增值税

【解析】选项 B 说法错在，对单位投资者转让创新企业 CDR 取得的差价收入，按金融商品转让政策规定征免增值税，而不是全部暂免征收增值税。所以选项 B 符合题意。

对个人投资者转让创新企业 CDR 取得的差价收入，暂免征收增值税。选项 A 说法正确。

2023 年 9 月 21 日至 2025 年 12 月 31 日，对公募证券投资基金（封闭式证券投资基金、开放式证券投资基金）管理人运营基金过程中转让创新企业 CDR 取得的差价收入，暂免征收增值税。选项 C 说法正确。

对合格境外机构投资者（QFII）、人民币合格境外机构投资者（RQFII）委托境内公司转让创新企业 CDR 取得的差价收入，暂免征收增值税。选项 D 说法正确。

【答案】B

4. 下列关于增值税优惠政策说法错误的是（　　）。

A. 对纳税人生产销售新支线飞机和空载重量大于 25 吨的民用喷气式飞机暂减按 3% 征收增值税

B. 对纳税人因生产销售新支线飞机和空载重量大于 25 吨的民用喷气式飞机而形成的增值税期末留抵税额予以退还

C. 对国家级、省级科技企业孵化器、大学科技园和国家备案众创空间向在孵对象提供孵化服务取得的收入，免征增值税

D. 对经国务院批准对外开放的货物期货品种保税交割业务，暂免征收增值税

【解析】选项 A 说法错误在于，对纳税人生产销售新支线飞机和空载重量大于 25 吨的民用喷气式飞机暂减按 5% 征收增值税，而不是减按 3% 征收增值税。选项 B、C、D 说法正确，选项 A 符合题意。

【答案】A

5. 某市稽查局于 2023 年 6 月对当地某酒厂（增值税一般纳税人）2022 年度纳税申报情况开展检查，发现其在 2022 年 4 月销售黄酒取得的销售额中，有 113 万元未计入收入，销售发出这一部分黄酒时收取的包装物押金为 5. 65 万元，约定一年内收回包装物，即退还押金。则市稽查局应查补该酒厂 2022 年 4 月的增值税销项税额为（　　）万元。

A. 13　　　　B. 13. 65

C. 13.99　　D. 14.18

【解析】增值税相关政策规定，除白酒和其他酒外的包装物押金，包括啤酒和黄酒的押金，如约定期限未超过一年的，在约定期内收回，不作为价外收费，未收回的，作为价外收费；如果无约定期限，或约定超过一年，则在一年内未收回的，作为价外收费，一年内收回，则不作为价外收费。本案中，因为企业未计入收入，说明113万元是含税的销售额，因此，市稽查局应查补该酒厂2022年4月的增值税销项税额 $=113\div(1+13\%)\times13\%=13$（万元）。收取的包装物押金收入在2022年4月时并不符合确认增值税收入的条件，不征收增值税。

【答案】A

6. 续接上题，市稽查局检查时发现上述包装物至入户检查时仍没有收回，押金也一直未退，企业未作任何账务处理。则市稽查局应就此情况（　　）。

A. 查补确认该酒厂2023年4月的增值税销项税额0.65万元

B. 查补确认该酒厂2023年5月的增值税销项税额0.65万元

C. 查补确认该酒厂2022年4月的增值税销项税额0.65万元

D. 因2023年度不在检查所属期，且事项不重大，市稽查局无需作任何处理

【解析】因包装物押金未退，至2023年4月已满一年，应查补确认该酒厂2023年4月的增值税销项税额 $=5.65\div(1+13\%)\times13\%=0.65$（万元），所以选项A正确，选项B、C错误。2023年虽不在检查所属期，但税务检查通知书上一般会明确说明："如检查发现此期间以外明显的税收违法嫌疑或线索不受此限"，所以选项D不作任何处理的做法不正确。

【答案】A

7. 续接上题，关于应税消费品连同包装物销售的消费税的处理，下列做法错误的是（　　）。

A. 应税消费品连同包装物销售的，无论包装物是否单独计价以及在会计上如何核算，均应并入应税消费品的销售额中缴纳消费税

B. 如果包装物不作价随同产品销售，而是收取押金，此项押金则不应并入应税消费品的销售额中征税。但对因逾期未收回的包装物不再退还的或者已收取的时间超过12个月的押金，应并入应税消费品的销售额，按照应税消费品的适用税率缴纳消费税

C. 对酒类产品生产企业销售酒类产品而收取的包装物押金，无论押金是否返还、无论会计上如何核算，均需并入酒类产品销售额中，依酒类产品的适用税率征收消费税

D. 啤酒消费税单位税额按照出厂价格（含包装物及包装物押金）划分档次，上述包装物押金不包括供重复使用的塑料周转箱的押金

【解析】对酒类包装物押金一律征税的规定只适用于实行从价定率办法征收消费税的粮食白酒、薯类白酒和其他酒，而不适用于实行从量定额办法征收消费税的啤酒和黄酒产品。所以选项 C 说法错误，符合题意。

【答案】C

8. 随着国家出台各种促进汽车消费的政策措施，汽车消费市场逐渐升温。甲企业是从事二手车经销业务的纳税人，2023 年 9 月，销售其收购的二手车取得含税收入额 300 万元，无其他业务，则当月甲企业应纳增值税（　　）元。

A. 14925. 37　　B. 14563. 11

C. 58252. 43　　D. 92700

【解析】《财政部 税务总局关于二手车经销有关增值税政策的公告》（财政部 税务总局公告 2020 年第 17 号）规定，2020 年 5 月 1 日至 2023 年 12 月 31 日，从事二手车经销的纳税人销售其收购的二手车，由原按照简易办法依 3% 征收率减按 2% 征收增值税，改为减按 0. 5% 征收增值税。《国家税务总局关于明确二手车经销等若干增值税征管问题的公告》（国家税务总局公告 2020 年第 9 号）规定，2020 年 5 月 1 日至 2023 年 12 月 31 日，从事二手车经销业务的纳税人销售其收购的二手车，减按 0. 5% 征收率征收增值税，并按下列公式计算销售额：销售额 = 含税销售额 ÷（1 +0. 5%），因此当月企业应纳增值税 =3000000 ÷（1 +0. 5%）×0. 5% =14925. 37（元）。

【答案】A

9. 某商场（增值税一般纳税人）2022 年 12 月发生如下销售业务：销售金银首饰取得不含增值税收入 8000 万元；销售金银首饰与其他产品组成成套消费品取得不含增值税收入 2000 万元；采用以旧换新方式销售金银首饰，该批首饰的市场零售价为 14. 04 万元，旧首饰作价的含税金额为 5. 85 万元，商场实际收到 8. 19 万元；修理金银首饰取得含税收入 2. 34 万元；零售镀金首饰取得收入 7. 02 万元。该商场当月应计算缴纳消费税（　　）万元。（金银首饰消费税税率为 5%）

A. 500. 36　　B. 500. 46

C. 500. 61　　D. 500. 76

【解析】纳税人采取以旧换新方式销售货物，应按新货物的周期销售价格确定销售额。但《财政部 国家税务总局关于金银首饰等货物征收增值税问题的通知》（财税字〔1996〕74 号）规定，考虑到金银首饰以旧换新业务的特殊情况，对金银首饰以旧换新业务，可以按销售方实际收取的不含增值税的全部价款征收增值税。

《财政部 国家税务总局关于调整金银首饰消费税纳税环节有关问题的通知》（财税字〔1994〕95 号）规定，对既销售金银首饰，又销售非金银首饰的生产、经营单位，应将两类商品划分清楚，分别核算销售额。凡划分不清楚或不能分别核算的，在生产环节销售的，一律从高适用税率征收消费税；在零售环节销售的，一律按金银首饰征收消费税。金银首饰与其他产品组成成套消费品销售的，应按销售额全额征收消费税。纳税人采用以旧换新（含翻新改制）方式销售的金银首饰，应按实际收取的不含增值税的全部价款确定计税依据征收消费税。

《金银首饰消费税征收管理办法》（国税发〔1994〕267号）规定，金银首饰经营单位兼营生产、加工、批发、零售业务的，应分别核算销售额，未分别核算销售额或者划分不清的，一律视同零售征收消费税。金银首饰的范围，不包括镀金（银）、包金（银）首饰，以及镀金（银）、包金（银）的镶嵌首饰。

该商场当月应纳消费税＝[（8000＋2000）＋8.19÷（1＋13%）]×5%＝500.36（万元）。

【答案】A

10. 某稽查局在对某航空运输企业检查时，发现其为了拓展经营范围、满足不同客户的需求，除正常的客运服务外，还提供个性化的业务：将配备有机组人员的飞机承租给他人使用一定期限，承租期内听候承租方调遣，不论是否经营，均按一定标准向承租方收取租赁费，发生的固定费用均由承租方承担。则关于此个性化业务取得的收入，下列说法正确的是（　　）。

A. 应按现代服务缴纳增值税

B. 应按生活服务缴纳增值税

C. 应按交通运输服务缴纳增值税

D. 免征增值税

【解析】此个性化业务属于航空运输的湿租业务，也属于交通运输服务中的航空运输服务。湿租业务，是指航空运输企业将配备有机组人员的飞机承租给他人使用一定期限，承租期内听候承租方调遣，不论是否经营，均按一定标准向承租方收取租赁费，发生的固定费用均由承租方承担的业务。选项C正确。

【答案】C

11. 某稽查局在对某铁路客运服务企业检查时，发现其账面记载每年均有少量已售票但客户逾期未消费也未退票的情况，而且上述已售票客户一般均已打出电子报销凭证。则关于企业取得的上述未发生运输服务的票证收入，下列说法正确的是（　　）。

A. 应按现代服务缴纳增值税

B. 应按生活服务缴纳增值税

C. 应按交通运输服务缴纳增值税

D. 因为没有提供运输服务，不产生增值税纳税义务，不应当缴纳增值税

【解析】自2018年1月1日起，纳税人已售票但客户逾期未消费取得的运输逾期票证收入，按照交通运输服务缴纳增值税。纳税人为客户办理退票而向客户收取的退票费、手续费等收入，按照其他现代服务缴纳增值税。

【答案】C

12. 某稽查局在对企业检查时发现，该企业的主要经营范围是以承运人身份与托运人签订运输服务合同，收取运费并承担承运人责任，然后再将此运输业务委托给实际承运人完成运输服务。对该企业经营活动取得的收入的增值税处理，下列做法正确的是（　　）。

A. 应按现代服务缴纳增值税

B. 应按生活服务缴纳增值税

C. 应按交通运输服务缴纳增值税

D. 因为没有提供应税服务，不产生增值税纳税义务，不应当缴纳增值税

【解析】无运输工具承运业务是指经营者以承运人身份与托运人签订运输服务合同，收取运费并承担承运人责任，然后委托实际承运人完成运输服务的经营活动。企业此种经营活动属于无运输工具承运业务，应按交通运输服务缴纳增值税。

【答案】C

13. 纳税人在游览场所经营索道、摆渡车、电瓶车、游船等取得的收入，按照（　　）缴纳增值税。

A. 现代服务　　B. 生活服务

C. 交通运输服务　　D. 不征税

【解析】纳税人在游览场所经营索道、摆渡车、电瓶车、游船等取得的收入，按照文化体育服务缴纳增值税，文化体育服务属于生活服务业。

【答案】B

14. 纳税人通过楼宇、隧道等室内通信分布系统，为电信企业提供的语音通话和移动互联网等无线信号室分系统传输服务，应当（　　）。

A. 按照基础电信服务缴纳增值税

B. 按照增值电信服务缴纳增值税

C. 分别按照基础电信服务和增值电信服务缴纳增值税

D. 不征税

【解析】《国家税务总局关于营业税改征增值税试点期间有关增值税问题的公告》（国家税务总局公告2015年第90号）第五条规定，纳税人通过楼宇、隧道等室内通信分布系统，为电信企业提供的语音通话和移动互联网等无线信号室分系统传输服务，分别按照基础电信服务和增值电信服务缴纳增值税。

【答案】C

15. 物业服务企业为业主提供的装修服务，按照（　　）缴纳增值税。

A. 现代服务　　B. 生活服务

C. 建筑服务　　D. 不征税

【解析】略

【答案】C

16. 企业将建筑施工设备出租给他人使用并配备操作人员的，按照（　　）缴纳增值税。

A. 现代服务　　B. 生活服务

C. 建筑服务　　D. 不征税

【解析】略

【答案】C

17. 以货币资金投资收取的固定利润或者保底利润，按照（　　）缴纳增值税。

A. 现代服务　　B. 生活服务

C. 金融服务　　D. 不征税

【解析】以货币资金投资收取的固定利润或者保底利润，按照贷款服务缴纳增值税，贷款服务属于金融服务。

【答案】C

18. 将建筑物、构筑物等不动产或者飞机、车辆等有形动产的广告位出租给其他单位或者个人用于发布广告，按照（　　）缴纳增值税。

A. 广告服务　　B. 经营租赁服务

C. 会议展览服务　　D. 文化体育服务

【解析】略

【答案】B

19. 某餐饮公司（增值税一般纳税人），提供堂食餐饮和销售外卖烤鸭所取得的销售收入，应分别适用的增值税税率是（　　）。

A. 6% 和 6%　　B. 6% 和 13%

C. 6% 和 9%　　D. 9% 和 13%

【解析】根据《财政部 国家税务总局关于明确金融 房地产开发 教育辅助服务等增值税政策的通知》（财税〔2016〕140 号）的规定，提供餐饮服务的纳税人销售的外卖食品，按照餐饮服务缴纳增值税。

【答案】A

20. 纳税人提供租赁服务采取预收款方式的，其增值税纳税义务发生时间为（　　）。

A. 开具发票的当天　　B. 收到预收款的当天

C. 使用权转移的当天　　D. 结清租金的当天

【解析】略

【答案】B

21. 下列各项应当征收消费税的是（　　）。

A. 进口金银首饰　　B. 商店销售高档手表

C. 委托加工烟丝　　D. 加油站销售汽油

【解析】进口环节是消费税的纳税环节之一，但金银首饰在零售环节征收消费税，选项A错误；高档手表和汽油在生产环节缴税，故选项B、D错误。

【答案】C

22. 纳入农产品增值税进项税额核定扣除试点范围的货物，不包括（　　）。

A. 烟丝　　B. 酒及酒精

C. 植物油　　D. 液体乳及乳制品

【解析】核定扣除仅限于酒及酒精、植物油、液体乳及乳制品三种货物，不包括烟丝。

【答案】A

23. 某医疗器械厂为增值税一般纳税人，其本期发生的经济业务中，需要作进项税额转出处理的购进货物是（　　）。

A. 生产本企业应税产品耗用的上期购买的原材料

B. 捐赠给医院的医疗器材耗用的上期购买的原材料

C. 本企业医院使用的自产医疗器材耗用的外购原材料

D. 管理人员监守自盗，被盗产品耗用的前期购买原材料

【解析】根据《中华人民共和国增值税暂行条例》第十条规定，选项D，因管理不善造成的非正常损失的产成品所耗购进货物，其进项税额不准予抵扣，已经抵扣的需作进项税额转出处理。

【答案】D

24. 对纳税人为销售货物而出借包装物收取的押金，其增值税正确的计税方法是（　　）。

A. 单独记账核算的，一律不并入销售额征税，对逾期未退的包装物押金，均并入销售额征税

B. 酒类包装物押金，一律并入销售额计税，其他货物包装物押金，单独记账核算的，不并入销售额征税

C. 无论会计上如何核算，均应并入销售额计算缴纳增值税

D. 对销售除啤酒、黄酒以外的其他酒类产品收取的包装物押金，均应并入当期销售额征税。其他货物包装物押金，单独记账核算的，时间在1年以内，又未过期的，不计算缴纳增值税

【解析】纳税人为销售货物（非酒类产品、啤酒、黄酒）而出借包装物收取的押金，单独记账核算的，时间在1年内，又未过期的，不并入销售额征税；但对逾期未

收回包装物而不再退还的包装物押金，应按所包装货物的适用税率（征收率）计算纳税。对销售除啤酒、黄酒以外的其他酒类产品收取的包装物押金，无论是否返还以及会计上如何核算，均应并入当期销售额征税。

【答案】D

25. 根据消费税的有关规定，下列各项中不应征收消费税的是（　　）。

A. 购进货车改装生产的商务车

B. 涂料

C. 帆艇

D. 机动艇

【解析】企业购进货车或厢式货车改装生产的商务车、卫星通讯车等专用汽车不属于消费税征税范围，不征收消费税。

【答案】A

26. 下列关于资管产品的有关规定，表述错误的是（　　）。

A. 资管产品管理人运营资管产品过程中发生的增值税应税行为，暂适用简易计税方法，按照3%的征收率缴纳增值税

B. 资管产品管理人包括银行、信托公司、证券公司、期货公司、私募基金管理人等

C. 资管产品管理人应分别核算资管产品运营业务和其他业务的销售额和增值税应纳税额

D. 资管产品管理人应当分别核算资管产品运营业务销售额和增值税应纳税额

【解析】资管产品管理人可选择分别或汇总核算资管产品运营业务销售额和增值税应纳税额。

【答案】D

27. 某稽查局对某制造业企业立案检查，检查中发现该企业的部分资产在检查所属期有增值和减值的情况，则关于该企业资产的税务处理错误的是（　　）。

A. 企业的各项资产，包括固定资产、生物资产、无形资产、长期待摊费用、投资资产、存货等，应以历史成本为计税基础

B. 资产的历史成本，是指企业取得该项资产时实际发生的支出

C. 企业持有各项资产期间资产增值或者减值，不得调整该资产的计税基础

D. 企业持有各项资产期间资产增值或者减值，经国务院财政、税务主管部门规定，可以确认损益

【解析】企业持有各项资产期间资产增值或者减值，除国务院财政、税务主管部门规定可以确认损益外，不得调整该资产的计税基础。

【答案】C

28. 根据增值税相关政策规定，下列选项中，适用6%增值税税率的是（　　）。

A. 单独转让土地使用权

B. 水路运输的程租服务

C. 车辆停放服务

D. 融资性售后回租业务

【解析】根据《财政部 国家税务总局关于全面推开营业税改征增值税试点的通知》（财税〔2016〕36号）规定，转让土地使用权应适用9%的税率；程租属于交通运输服务应适用9%的税率；车辆停放服务属于不动产经营租赁服务，应适用9%的税率；融资性售后回租业务属于金融服务，应适用6%的税率。

【答案】D

29. 现行增值税政策规定，不得抵扣进项税额的不动产发生用途改变，用于允许抵扣进项税额项目的，可以在规定时间内计算可抵扣进项税额。该规定时间指的是（　　）。

A. 在改变用途的当月

B. 在改变用途的次月

C. 在改变用途的前月

D. 在改变用途的下年同月

【解析】《国家税务总局关于深化增值税改革有关事项的公告》（国家税务总局公告2019年第14号）规定，不得抵扣进项税额的不动产，发生用途改变，用于允许抵扣进项税额项目的，在改变用途的次月计算可抵扣进项税额。故选项B正确。

【答案】B

30. 纳税人发生下列增值税应税行为，税率不为9%的是（　　）。

A. 邮政普遍服务　　B. 邮政特殊服务

C. 基础电信服务　　D. 增值电信服务

【解析】按照《营业税改征增值税试点实施办法》（财税〔2016〕36号附件1）的相关规定，增值电信服务适用6%税率。

【答案】D

31. 2024年第一季度，某按季纳税的建筑业增值税小规模纳税人共收到预收款18万元，其预征率是（　　）。

A. 无须预缴增值税　　B. 1%预征率

C. 2%预征率　　D. 3%预征率

【解析】《国家税务总局关于增值税小规模纳税人减免增值税等政策有关征管事项的公告》（国家税务总局公告2023年第1号）规定，增值税小规模纳税人发生增值税应税销售行为，合计月销售额未超过10万元（以1个季度为1个纳税期的，季度销售额未超过30万元）的，免征增值税。按照现行规定应当预缴增值税税款的小规模纳税人，凡在预缴地实现的月销售额未超过10万元的，当期无须预缴税款。该纳税人以1个季度为纳税期限，季度销售额未超过30万元，因此，当期无须预缴增值税。

【答案】A

32. 2024年4月，甲市某建筑业纳税人（一般纳税人）承接了位于乙市建筑工程项目。4月该纳税人取得建筑服务预收款100万元，10月取得建筑服务收入300万元。以下关于预缴增值税的说法正确的是（　　）。

A. 少该纳税人取得的100万元建筑服务预收款应在甲地预缴增值税，取得的300万元建筑服务收入无须预缴增值税

B. 该纳税人取得的100万元建筑服务预收款和300万元建筑服务收入均需在乙地预缴增值税

C. 该纳税人取得的100万元建筑服务预收款应在甲地预缴增值税，300万元建筑服务收入应在乙地预缴增值税

D. 该纳税人取得的100万元建筑服务预收款和300万元建筑服务收入均需在甲地预缴增值税

【解析】按照《营业税改征增值税试点有关事项的规定》（财税〔2016〕36号附件2）和《财政部税务总局关于建筑服务等营改增试点政策的通知》（财税〔2017〕58号）的有关规定：①一般纳税人跨县（市）提供建筑服务纳税人，应按规定在建筑服务发生地预缴税款后，向机构所在地主管税务机关进行纳税申报；②纳税人提供建筑服务取得预收款，应在收到预收款时，以取得的预收款扣除支付的分包款后的余额，按规定预缴增值税。按照现行规定应在建筑服务发生地预缴增值税的项目，纳税人收到预收款时在建筑服务发生地预缴增值税。按照现行规定无须在建筑服务发生地预缴增值税的项目，纳税人收到预收款时在机构所在地预缴增值税。

【答案】B

33. 一般纳税人发生的下列应税行为中，适用增值税简易计税政策的是（　　）。

A. 合格境外投资者（QFII）委托境内公司在我国从事证券买卖业务

B. 金融机构发放国家助学贷款

C. 资管产品管理人运营资管产品过程中发生的增值税应税行为

D. 香港市场投资者通过沪港通买卖上海证券交易所上市A股

【解析】根据《财政部 税务总局关于资管产品增值税有关问题的通知》（财税〔2017〕56号）规定，资管产品管理人运营资管产品过程中发生的增值税应税行为，适用简易计税政策。

【答案】C

34. 某企业为一般纳税人，2024年员工李某因公出差并取得两张注明身份信息的

火车票，票价均为400元。该企业可计算抵扣的增值税进项税额是（　　）。

A. 66.06元　　　　B. 33.03元

C. 23.3元　　　　D. 11.65元

【解析】按照《财政部 税务总局 海关总署关于深化增值税改革有关政策的公告》（财政部 税务总局 海关总署公告2019年第39号）规定，纳税人购进国内旅客运输服务，其进项税额允许从销项税额中抵扣。纳税人取得注明旅客身份信息的铁路车票的，进项税额计算公式为：铁路旅客运输进项税额 = 票面金额 ÷（1 + 9%）×9%。因此，该企业按规定可计算抵扣的进项税额 =（400 + 400）÷（1 + 9%）×9% = 66.06（元）。

【答案】A

35. 小规模纳税人发生以下业务，增值税应税行为适用5%征收率的是（　　）。

A. 销售不动产

B. 建筑服务

C. 人力资源外包服务

D. 有形动产租赁服务

【解析】按照《营业税改征增值税试点有关事项的规定》（财税〔2016〕36号附件2）规定，小规模纳税人销售其取得的或自建的不动产，均适用5%征收率计算缴纳增值税。

【答案】A

36. 某住房租赁企业（一般纳税人）向个人出租住房可以按规定选择适用简易计税方法减按1.5%计算缴纳增值税。以下应纳税额计算公式正确的是（　　）。

A. 应纳税额 = 含税销售额 ÷（1 + 5%）×1.5%

B. 应纳税额 = 含税销售额 ÷（1 + 9%）×1.5%

C. 应纳税额 = 含税销售额 ÷（1 + 1.5%）×1.5%

D. 应纳税额 = 含税销售额 ÷（1 + 3%）×1.5%

【解析】按照《财政部 税务总局 住房城乡建设部关于完善住房租赁有关税收政策的公告》（财政部 税务总局 住房城乡建设部公告2021年第24号）相关规定，住房租赁企业中的增值税一般纳税人向个人出租住房取得的全部出租收入，可以选择适用简易计税方法，按照5%的征收率减按1.5%计算缴纳增值税。同时，按照《国家税务总局关于明确二手车经销等若干增值税征管问题的公告》（国家税务总局公告2020年第9号）相关规定，纳税人减按0.5%征收率征收增值税，并按下列公式计算销售额：销售额 = 含税销售额 ÷（1 + 0.5%）。该公告发布后出台新的增值税征收率变动政策，比照上述公式原理计算销售额。因此，新出台的住房租赁企业减征增值税政策中，还原不含税销售额的计算公式为：销售额 = 含税销售额 ÷（1 + 1.5%）。

【答案】C

37. 一般纳税人适用的以下增值税简易计税政策中，征收率为5%的是（　　）。

A. 电影放映服务

B. 装卸搬运服务

C. 公共交通运输服务

D. 人力资源外包服务

【解析】根据《营业税改征增值税试点有关事项的规定》（财税〔2016〕36号附件2）和《财政部 国家税务总局关于进一步明确全面推开营改增试点有关劳务派遣服务收费公路通行费抵扣等政策的通知》（财税〔2016〕47号）的规定，选项A、B、C按照3%征收率计算缴纳增值税，选项D按照5%的征收率计算缴纳增值税。

【答案】D

38. 经省、自治区、直辖市或者计划单列市财政厅（局）和税务局批准实行汇总申报缴纳增值税的电信企业，如果其分支机构提供电信服务申报不实的，应（　　）。

A. 由总机构主管税务机关按预征率全额补征增值税

B. 由分支机构主管税务机关按预征率全额补征增值税

C. 由总机构主管税务机关按适用税率全额补征增值税

D. 由分支机构主管税务机关按适用税率全额补征增值税

【解析】《电信企业增值税征收管理暂行办法》（国家税务总局公告2014年第26号）第十六条第二款规定，分支机构提供电信服务及其他应税服务申报不实的，由其主管税务机关按适用税率全额补征增值税。

【答案】D

39. 下列计税方法中，属于各国增值税最常采用的计税方法是（　　）。

A. 税基列举法　　B. 税基相减法

C. 购进扣税法　　D. 复合计税法

【解析】略

【答案】C

40. 增值税一般纳税人取得的下列凭证，不允许抵扣进项税额的是（　　）。

A. 购进农业生产者销售的免税农产品取得收购凭证

B. 从小规模纳税人的批发商购买免税农产品取得普通发票

C. 从国有粮食购销企业购进免税粮食取得增值税专用发票

D. 从一般纳税人购买农产品取得增值税专用发

【解析】《财政部 国家税务总局关于简并增值税税率有关政策的通知》（财税〔2017〕37号）第二条规定，纳税人购进农产品，取得一般纳税人开具的增值税专用发票或海关进口增值税专用缴款书的，以增值税专用发票或海关进口增值税专用缴款书上注明的增值税额为进项税额；从按照简易计税方法依照3%征收率计算缴纳增值税的小规模纳税人取得增值税专用发票的，以增值税专用发票上注明的金额和11%的扣除率计算进项税额；取得（开具）农产品销售发票或收购发票的，以农产品销售发票或收购发票上注明的农产品买价和11%的扣除率计算进项税额；纳税人从批发、零售环节购进适用免征增值税政策的蔬菜、部分鲜活肉蛋而取得的普通发票，不得作为计算抵扣进项税额的凭证。根据《财政部 税务总局 海关总署关于深化增值税改革有关政策的公告》（财政部 税务总局 海关总署公告2019年第39号）第二条规定，纳税人购进农产品，原适用10%扣除率的，扣除率调整为9%。纳税人购进用于生产或者委托加工13%税率货物的农产品，按照10%的扣除率计算进项税额。

【答案】B

41. 2024年9月，一家食品加工企业购入100万元生产原料（产品适用税率为13%），其中从享受免税政策的小规模流通企业处购入蔬菜50万元，取得免税增值税普通发票，从农民手中购入农产品20万元，开具农产品收购发票，从一般纳税人处购入农产品30万元，取得增值税专用发票，且所有原材料全部投入生产。这家食品加工企业2024年9月可抵扣的进项税额是（　　）万元。

A. 0. 5　　　　B. 4

C. 4. 5　　　　D. 5

【解析】纳税人取得增值税专用发票，按照发票上注明的税额抵扣；纳税人购入蔬菜取得的免税普通发票，不得抵扣进项税额；纳税人开具农产品收购发票，按照发票上注明的金额和9%的扣除率计算抵扣进项税额，且已抵扣的进项税额可在投入使用当月加计1%抵扣。因此，纳税人2024年9月取得的进项税额 = 30 × 9% + 20 × 9% = 4. 5（万元），同时可加计抵扣 = 30 × 1% + 20 × 1% = 0. 5（万元），纳税人2024年9月合计可以抵扣进项税额5万元。

【答案】D

42. 下列关于纳税人既欠缴增值税，又有增值税留抵税额的税务处理中，正确的是（　　）。

A. 允许以期末留抵税额抵减增值税欠税，但不得抵减欠税滞纳金

B. 抵减欠税时，不可以按欠税额度逐笔抵扣

C. 抵减后的留抵税额余额不得结转下期继续抵扣

D. 查补的增值税款，可以按规定用留抵税额抵减

【解析】根据《国家税务总局关于增值税一般纳税人用进项留抵税额抵减增值税欠税问题的通知》（国税发〔2004〕112号）和《国家税务总局关于增值税进项留抵税额抵减增值税欠税有关处理事项的通知》（国税函〔2004〕1197号）等文件规定，选项A，允许以留抵税额抵减增值税欠税，抵减的欠税包括呆账税金及欠税滞纳金；选项

B，抵减欠税款时，应按欠税发生时间逐笔抵扣，先发生的先抵；选项 C，若期末留抵税额大于欠缴总额，抵减后的余额可结转下期继续抵扣。

【答案】D

43. 纳税人采取预收款方式销售生产工期不超过 12 个月的机器设备，其增值税纳税义务发生时间是（　　）。

A. 签订销售合同的当天

B. 货物发出的当天

C. 收到预收款的当天

D. 货物送达购货方的当天

【解析】《增值税暂行条例实施细则》第三十八条第（四）项规定，采取预收货款方式销售货物，为货物发出的当天，但生产销售生产工期超过 12 个月的大型机械设备、船舶、飞机等货物，为收到预收款或者书面合同约定的收款日期的当天。

【答案】B

44. 某公司与农户签订委托养殖合同，向农户提供畜禽苗、饲料、兽药及疫苗等（所有权属于公司），农户饲养畜禽苗至成品后交付公司回收，公司将回收的成品畜禽用于销售。该增值税业务处理正确的是（　　）。

A. 征收增值税　　B. 免征增值税

C. 即征即退增值税　　D. 减半征收增值税

【解析】《国家税务总局关于纳税人采取“公司 + 农户”经营模式销售畜禽有关增值税问题的公告》（国家税务总局公告 2013 年第 8 号）规定，纳税人采取“公司 + 农户”经营模式从事畜禽饲养，即公司与农户签订委托养殖合同，向农户提供畜禽苗、饲料、兽药及疫苗等（所有权属于公司），农户饲养畜禽苗至成品后交付公司回收，公司将回收的成品畜禽用于销售。在上述经营模式下，纳税人回收再销售畜禽，属于农业生产者销售自产农产品，应根据《增值税暂行条例》的有关规定免征增值税。

【答案】B

45. 纳税人销售应税消费品收取的下列款项，应计入消费税计税依据的是（　　）。

A. 违约金

B. 符合条件的代为收取的行政事业性收费

C. 增值税销项税额

D. 未逾期的高档化妆品包装物押金

【解析】纳税人销售应税消费品收取的违约金应计入消费税计税依据。

【答案】A

46. 按照现行消费税规定，下列属于应税消费品应缴纳消费税的是（　　）。

A. 鞭炮引线　　B. 烟叶

C. 演员化妆用的油彩　　D. 合成金银首饰

【解析】选项 A、B、C 不属于消费税征税范围。

【答案】D

47. 某手表生产企业 10 月销售 A 型手表 800 只，取得不含税销售额 400 万元；销售 B 型手表 200 只，取得不含税销售额 300 万元。高档手表消费税税率 20%。该手表当月应纳消费税是（　　）万元。

A. 52. 8　　B. 60

C. 132. 8　　D. 140

【解析】销售价格（不含增值税）每只在 10000 元（含）以上的各类手表为高档手表，征收消费税。故 A 型手表不征税消费税，B 型手表应纳消费税为 300 × 20% = 60（万元）。

【答案】B

48. 关于消费税从价定率计税销售额，下列说法正确的是（　　）。

A. 消费税计税销售额包括增值税

B. 白酒包装物押金收取时不计入计税销售额

C. 高档化妆品品牌使用费应计入计税销售额

D. 金银首饰包装费不计入计税销售额

【解析】高档化妆品品牌使用费应计入计税销售额。

【答案】C

49. 下列关于成品油消费税规定，错误的是（　　）。

A. 成品油发票必须通过专门的发票开具模块开具

B. 成品油发票单位栏次只能选择“吨”或“升”

C. 开具成品油发票后发现错误的可以选择作废并重新开具

D. 成品油经销企业开具某种油品的数量应小于对应油品的购进数量

【解析】选项 C，开具成品油发票发现错误的应开具红字发票进行冲回，并重新开具正确的成品油发票。

【答案】C

50. 关于以下外购商品中已缴纳的消费税，可以从本企业应纳消费税额中扣除的是（　　）。

A. 购进已税白酒为原料生产的药酒

B. 从工业企业购进已税燃料油为原料生产的成品油

C. 外购已税玉石用于镶嵌纯金戒指

D. 从工业企业购进已税溶剂油为原料生产的溶剂油

【解析】从工业企业购进已税燃料油为原料生产的成品油，已缴纳的消费税可以从本企业应纳消费税额中扣除。

【答案】B

51. 根据消费税相关规定，下列行为中可以免于缴纳消费税的是（　　）。

A. 酒厂以福利形式发给职工的白酒

B. 汽车制造商赞助汽车拉力赛的越野车

C. 化妆品厂无偿发放一批小包装的试用品

D. 电池厂生产的太阳能电池对外销售

【解析】根据《财政部 国家税务总局关于对电池 涂料征收消费税的通知》（财税〔2015〕16号），对太阳能电池、燃料电池和全钒液流电池免征消费税。

【答案】D

52. 下列各项中不属于消费税征税范围的是（　　）。

A. 无铅汽油　　B. 电子烟

C. 纯电动汽车　　D. 葡萄酒

【解析】纯电动汽车不属于消费税的征税范围。

【答案】C

53. 对珍珠征收消费税的环节为（　　）。

A. 生产环节　　B. 零售环节

C. 出口环节　　D. 批发环节

【解析】珍珠属于除金银首饰、铂金首饰、钻石及钻石饰品外的其他贵重首饰及珠宝玉石，在生产（进口）环节征收消费税。

【答案】A

54. 根据消费税的现行规定，下列不属于成品油消费税征收范围的是（　　）。

A. 乙醇汽油

B. 橡胶填充油

C. 可用作柴油发动机燃料的非标油

D. 变压器油

【解析】变压器油不属于成品油的征收范围。

【答案】D

55. 下列关于成品油消费税的说法，错误的是（　　）。

A. 成品油发票必须通过专门的发票开具模块开具

B. 成品油发票单位栏次只能选择“吨”或“升”

C. 开具成品油发票后发现错误的可以选择作废并重新开具

D. 成品油经销企业开具某种油品的数量应小于对应油品的购进数量

【解析】选项C，开具成品油发票发现错误的应开具红字发票进行冲回，并重新开具正确的成品油发票。

【答案】C

56. 某稽查局在对某银行检查时发现，2023年该银行（增值税一般纳税人）通过法院判决取得抵债的一栋房屋，该楼房经法院判决价值3000万元，该银行未取得增值税专用发票，但取得其他服务费的增值税专用发票20万元，发票所载税额合计0.6万元。2024年8月，银行通过拍卖公司公开拍卖该房屋，取得拍卖价款3500万元；支付评估费、拍卖手续费等费用70万元，并取得增值税专用发票，发票所载税额合计3.96万元。下列选项中对该业务的处理正确的是（　　）。

A. 该银行处置抵债不动产，可选择以取得的全部价款和价外费用扣除取得该抵债不动产时的作价为销售额，适用9%税率计算缴纳增值税，即应为（3500－3000）÷（1＋9%）×9%＝41.28（万元）

B. 选择差额计算增值税销售额的该银行，接收抵债不动产取得增值税专用发票的，其取得的进项税额0.6万元和支付评估费、拍卖手续费取得的进项税额3.96万元可以从销项税额中抵扣

C. 选择差额计算增值税销售额的该银行，处置抵债不动产时，可以以拍卖价款全额向购买方开具增值税专用发票

D. 选择差额计算增值税销售额的该银行，计算增值税时扣除抵债不动产的作价，以第三方评估公司的作价为准

【解析】银行业金融机构、金融资产管理公司中的增值税一般纳税人处置抵债不动产，可选择以取得的全部价款和价外费用扣除取得该抵债不动产时的作价为销售额，适用9%税率计算缴纳增值税，选项A正确。按照上述规定从全部价款和价外费用中扣除抵债不动产的作价，应当取得人民法院、仲裁机构生效的法律文书，选项D错误。选择上述办法计算销售额的银行业金融机构、金融资产管理公司，接收抵债不动产取得增值税专用发票的，其进项税额不得从销项税额中抵扣，选项B错误。选择上述办法计算销售额的银行业金融机构、金融资产管理公司，处置抵债不动产时，抵债不动产作价的部分不得向购买方开具增值税专用发票，选项C错误。

【答案】A

57. 下列属于成品油消费税征税范围的是（　　）。

A. 航空煤油

B. 油气田企业在生产石油、天然气过程中，通过加热、增压、冷却、制冷等方法回重烃组分组成的稳定轻烃

C. 变压器油

D. 导热类油

【解析】航空煤油是成品油消费税税目，虽然暂缓征收，但也属于征税范围，选项A正确。根据《国家税务总局关于稳定轻烃产品征收消费税问题的批复》（国税函〔2010〕205号）规定，油气田企业在生产石油、天然气过程中，通过加热、增压、冷却、制冷等方法回重烃组分组成的稳定轻烃属于原油范畴，不属于成品油消费税征税范围，选项B错误。《国家税务总局关于绝缘油类产品不征收消费税问题的公告》（国家税务总局公告2010年第12号）规定，自2010年10月1日起，变压器油、导热类油等绝缘油类产品不属于应征消费税的“润滑油”，不征收消费税，选项C、D错误。

【答案】A

二、多项选择题

1. 某市警税联合依法查处一起利用增值税加计抵减政策虚开发票案件，摧毁虚开发票团伙1个，抓获犯罪嫌疑人12人。经查，该团伙控制某工程设备有限公司，在没有真实业务交易的情况下，非法取得大量海关进口增值税专用缴款书和虚开的增值税专用发票作进项税额抵扣，并利用增值税加计抵减政策违规加计抵减69万余元；对外虚开增值税专用发票。下列关于可能被违法犯罪分子利用的增值税加计抵减政策说法正确的有（　　）。

A. 2023年1月1日至2027年12月31日，允许先进制造业企业按照当期可抵扣进项税额加计5%抵减应纳税额

B. 2023年1月1日至2023年12月31日，允许生产性服务业纳税人按照当期可抵扣进项税额加计5%抵减应纳税额

C. 2023年1月1日至2023年12月31日，允许生活性服务业纳税人按照当期可抵扣进项税额加计10%抵减应纳税额

D. 2023年1月1日至2027年12月31日，允许生活性服务业纳税人按照当期可抵扣进项税额加计15%抵减应纳税额

【解析】自2023年1月1日至2023年12月31日，允许生活性服务业纳税人按照当期可抵扣进项税额加计10%抵减应纳税额。所以选项D错误。

【答案】ABC

2. 交通运输服务是指利用运输工具将货物或者旅客送达目的地，使其空间位置得到转移的业务活动，包括（　　）。

A. 陆路运输服务　　　　B. 水路运输服务

C. 航空运输服务　　　　D. 管道运输服务

【解析】交通运输服务是指利用运输工具将货物或者旅客送达目的地，使其空间位置得到转移的业务活动。包括陆路运输服务、水路运输服务、航空运输服务和管道运输服务。

【答案】ABCD

3. 下列服务属于邮政普遍服务的有（　　）。

A. 函件、包裹等邮件寄递

B. 邮票发行

C. 报刊发行

D. 义务兵平常信函

【解析】邮政普遍服务是指函件、包裹等邮件寄递，以及邮票发行、报刊发行和邮政汇兑等业务活动。义务兵平常信函是邮政特殊服务。

【答案】ABC

4. 下列服务属于邮政特殊服务的有（　　）。

A. 邮政汇兑

B. 机要通信

C. 盲人读物的寄递

D. 革命烈士遗物的寄递

【解析】邮政汇兑是邮政普遍服务。

【答案】BCD

5. 贷款是指将资金贷与他人使用而取得利息收入的业务活动。下列业务应按贷款服务缴纳增值税的有（　　）。

A. 金融商品持有期间（含到期）保本收益收入

B. 金融商品持有期间（含到期）非保本收益收入

C. 押汇收入

D. 罚息收入

【解析】贷款是指将资金贷与他人使用而取得利息收入的业务活动。各种占用、拆借资金取得的收入，包括金融商品持有期间（含到期）利息（保本收益、报酬、资金占用费、补偿金等）收入、信用卡透支利息收入、买入返售金融商品利息收入、融资融券收取的利息收入，以及融资性售后回租、押汇、罚息、票据贴现、转贷等业务取得的利息及利息性质的收入，按照贷款服务缴纳增值税。

【答案】ACD

6. 下列业务应按租赁服务征收增值税的有（　　）。

A. 车辆停放服务　　B. 道路通行服务

C. 光租业务　　D. 干租业务

【解析】车辆停放服务、道路通行服务（包括过路费、过桥费、过闸费等）等按照不动产经营租赁服务缴纳增值税。水路运输的光租业务、航空运输的干租业务，属于经营租赁。

【答案】ABCD

7. 下列属于建筑服务的有（　　）。

A. 工程勘察勘探

B. 建筑物平移、搭脚手架、爆破

C. 航道疏浚

D. 表面附着物（包括岩层、土层、沙层等）剥离和清理等工程作业

【解析】工程勘察勘探属于研发和技术服务，航道疏浚属于物流辅助服务。

【答案】BD

8. 企业收取的下列款项中，应作为价外费用并入销售额计算增值税销项税额的有（　　）。

A. 商业企业向供货方收取的返还收入

B. 生产企业销售货物时收取的包装物租金

C. 供电企业收取的逾期未退的电费保证金

D. 燃油电厂从政府财政专户取得的发电补贴

【解析】对商业企业向供货方收取的与商品销售量、销售额挂钩（如以一定比例、金额、数量计算）的各种返还收入，均应按照平销返利行为的有关规定冲减当期增值税进项税额。燃油电厂从政府财政专户取得的发电补贴不属于价外费用，不计入销售额计算销项税额。

【答案】BC

9. 企业提供下列服务取得的收入可以差额计算增值税的有（　　）。

A. 融资租赁服务　　　　B. 客运场站服务

C. 旅游服务　　　　　　D. 贷款服务

【解析】贷款服务按照利息收入全额征税。

【答案】ABC

10. 下列应税行为中，应该按照6%的税率征收增值税的有（　　）。

A. 中国联通提供语音通话服务

B. 不动产经营租赁服务

C. 中国移动提供短信服务

D. 邮政储蓄服务

【解析】选项A属于基础电信服务，按照9%的税率征收增值税；选项B按照9%的税率征收增值税。

【答案】CD

11. 增值税一般纳税人销售或者进口下列货物，税率为9%的有（　　）。

A. 挂面　　　　B. 桉油

C. 麦芽　　　　　　　　　　D. 中药饮片

【解析】桉油、麦芽适用税率为13%。

【答案】AD

12. 关于消费税抵扣的规定，下列说法中正确的有（　　）。

A. 纳税人以外购的已税实木地板为原料生产的实木地板，计征消费税时，可以扣除外购实木地板已经缴纳的消费税税款

B. 纳税人用外购（或委托加工收回的）已税珠宝玉石生产的改在零售环节征收消费税的金银首饰（镶嵌首饰），在计税时一律不得扣除已纳的消费税税款

C. 卷烟消费税在生产和批发两个环节征收后，批发企业在计算纳税时可以扣除已含的生产环节的消费税税款

D. 委托加工的应税消费品收回，用于连续生产应税消费品的，符合条件的已纳消费税税款准予按规定抵扣

【解析】卷烟消费税在生产和批发两个环节征收后，批发企业在计算纳税时不得扣除已含的生产环节的消费税税款。

【答案】ABD

13. 下列各项中，应视同销售缴纳消费税的有（　　）。

A. 纳税人用于投资入股的应税消费品

B. 将外购的消费税非应税产品以消费税应税产品对外销售的

C. 将外购的消费税低税率应税产品以高税率应税产品对外销售的

D. 将外购的消费税应税产品继续加工成非消费税应税产品对外销售的

【解析】纳税人用于换取生产资料和消费资料，投资入股和抵偿债务等方面的应税消费品，应当以纳税人同类应税消费品的最高销售价格作为计税依据计算消费税。

根据《国家税务总局关于消费税有关政策问题的公告》（国家税务总局公告2012年第47号）的规定，工业企业以外的单位和个人的下列行为视为应税消费品的生产行为，按规定征收消费税：①将外购的消费税非应税产品以消费税应税产品对外销售的；②将外购的消费税低税率应税产品以高税率应税产品对外销售的。

【答案】ABC

14. 下列行为中，不视同销售货物缴纳增值税的有（　　）。

A. 将购进的货物用于集体福利

B. 将购进的货物用于个人消费

C. 将购进的货物用于对外投资

D. 将购进的货物用于非增值税应税项目

【解析】《增值税暂行条例实施细则》第四条规定，单位或者个体工商户的下列行

为，视同销售货物：

（1）将货物交付其他单位或者个人代销；

（2）销售代销货物；

（3）设有两个以上机构并实行统一核算的纳税人，将货物从一个机构移送其他机构用于销售，但相关机构设在同一县（市）的除外；

（4）将自产或者委托加工的货物用于非增值税应税项目；

（5）将自产、委托加工的货物用于集体福利或者个人消费；

（6）将自产、委托加工或者购进的货物作为投资，提供给其他单位或者个体工商户；

（7）将自产、委托加工或者购进的货物分配给股东或者投资者；

（8）将自产、委托加工或者购进的货物无偿赠送其他单位或者个人。

【答案】ABD

15. 下列业务中，委托方不是消费税纳税义务人的有（　　）。

A. 委托加工木制一次性筷子，原材料由委托方提供，受托方只收取加工费

B. 委托加工鞭炮，受托方提供主要材料并收取加工费，委托方提供部分辅助材料

C. 委托加工小汽车，受托方先将原材料卖给委托方，然后再提供加工劳务收取加工费

D. 委托加工游艇，主要材料由受托方以委托方名义购进并生产应税消费品

【解析】委托加工的应税消费品，是指由委托方提供原料和主要材料，受托方只收取加工费和代垫部分辅助材料加工的应税消费品。对于由受托方提供原材料生产的应税消费品，或者受托方先将原材料卖给委托方，然后再接受加工的应税消费品，以及由受托方以委托方名义购进原材料生产的应税消费品，不论纳税人在财务上是否作销售处理，都不得作为委托加工应税消费品，而应当按照销售自制应税消费品缴纳消费税。所以，选项 A 的消费税纳税人是委托方，选项 B、C、D 的消费税纳税人是受托方。

【答案】BCD

16. 下列行为中，征收增值税或征收消费税的有（　　）。

A. 高档化妆品生产企业将生产的高档化妆品奖励给有突出贡献的职工

B. 高档化妆品生产企业将自产的高档香水精用于继续生产高档香水

C. 高档化妆品生产企业将自产的高档香水精用于继续生产普通护肤品

D. 外贸企业进口金银首饰

【解析】选项 A 既征收增值税，也征收消费税；选项 C 征收消费税，不征收增值税；选项 D 征收增值税，不征收消费税；选项 B 既不征收增值税，也不征收消费税。

【答案】ACD

17. 航空运输的电子客票行程单上计算进项税额的基础不包括（　　）。

A. 票价　　B. 燃油附加费

C. 民航发展基金　　D. 机场建设费

【解析】《财政部 税务总局 海关总署关于深化增值税改革有关政策的公告》（财政部 税务总局 海关总署公告2019年第39号）规定，取得注明旅客身份信息的航空运输电子客票行程单的，为按照下列公式计算进项税额：航空旅客运输进项税额 =（票价 + 燃油附加费）÷（1 +9%）×9%。

【答案】CD

18. 下列情形不属于视同提供应税行为的有（　　）。

A. 某运输企业为地震灾区无偿提供公路运输服务

B. 某咨询公司为个人无偿提供技术咨询服务

C. 某动画公司聘用动画人才为本公司设计动画

D. 某运输公司为其他单位无偿提供交通运输服务

【解析】选项 A、C 均不视同销售服务。

【答案】AC

19. 下列关于零售环节征收消费税的表述中，正确的有（　　）。

A. 在零售环节征收消费税的首饰仅限于金基、银基合金首饰以及金、银和金基、银基合金的镶嵌首饰

B. 纳税人销售金银首饰、钻石及钻石饰品，其计税依据是不含增值税的销售额

C. 金银首饰与其他产品组成成套消费品销售的，应按销售额全额征收消费税

D. 金银首饰连同包装物销售的，无论包装物是否单独计价，也无论会计上如何核算，均应并入金银首饰的销售额，计征消费税

【解析】在零售环节征收消费税的首饰还有铂金首饰、钻石和钻石饰品，故选项 A 错误。

【答案】BCD

20. 下列关于消费税纳税义务发生时间的表述中正确的有（　　）。

A. 采取赊销和分期收款结算方式的，为书面合同约定的收款日期的当天，书面合同没有约定收款日期或者无书面合同的，为发出应税消费品的当天

B. 采取预收货款结算方式的，为发出应税消费品的当天

C. 采取托收承付和委托银行收款方式的，为发出应税消费品并办妥托收手续的当天

D. 纳税人自产自用应税消费品的，为移送使用的当天

【解析】略

【答案】ABCD

21. 根据增值税的有关规定，下列说法中错误的有（　　）。

A. 企业销售货物发生销售折扣的，按折扣后的销售额征收增值税

B. 商场采取以旧换新方式销售冰箱的，按照新冰箱的同期销售价格减除旧冰箱的收购价格确定销售额

C. 企业采取还本销售方式销售货物，实际上是一种融资行为，不征收增值税

D. 贷款服务以提供贷款服务取得的全部利息及利息性质的收入为销售额征收增值税

【解析】选项A，企业销售货物发生销售折扣的，按照折扣前的销售额征收增值税，不得从销售额中减除折扣额；选项B，除金银首饰外，采用以旧换新销售方式销售货物的，应按新货物的同期销售价格确定销售额，不得扣减旧货物的收购价格；选项C，采取还本销售方式销售货物的，以货物的销售价格为销售额计征增值税，不得从销售额中减除还本支出。

【答案】ABC

22. 下列关于应税消费品计征消费税的计税依据，表述正确的有（　　）。

A. 纳税人通过自设非独立核算门市部销售的自产应税消费品，应当按照门市部对外销售额或者销售数量计算消费税

B. 纳税人通过自设非独立核算门市部销售的自产应税消费品，应当按照移送消费品的销售额或者销售数量计算消费税

C. 纳税人用于换取生产资料、消费资料，投资入股和抵偿债务等方面的应税消费品，应当以纳税人同类应税消费品的最高销售价格作为计税依据计算消费税

D. 纳税人用于换取生产资料、消费资料，投资入股和抵偿债务等方面的应税消费品，应当以纳税人同类应税消费品的平均销售价格作为计税依据计算消费税

【解析】纳税人通过自设非独立核算门市部销售的自产应税消费品，应当按照门市部对外销售额或者销售数量计算消费税；纳税人用于换取生产资料、消费资料，投资入股和抵偿债务等方面的应税消费品，应当以纳税人同类应税消费品的最高销售价格作为计税依据计算消费税。

【答案】AC

23. 自2019年4月1日起，我国现行的增值税税率有（　　）。

A. 11%　　　　B. 6%

C. 9%　　　　D. 13%

【解析】根据《财政部 税务总局 海关总署关于深化增值税改革有关政策的公告》（财政部 税务总局 海关总署公告2019年第39号）规定，自2019年4月1日起，增值税一般纳税人发生增值税应税销售行为或者进口货物，原适用16%税率的，税率调整为13%；原适用10%税率的，税率调整为9%。文件对原6%税率未做调整。因此，目前我国现行的增值税税率为13%、9%、6%。

【答案】BCD

24. 依据增值税的有关规定，境外单位或个人在境内销售劳务而在境内未设立经营机构的，增值税的扣缴义务人有（　　）。

A. 银行　　B. 代理人

C. 购买方　　D. 境外单位

【解析】《增值税暂行条例》第十八条规定，境外的单位或个人在境内销售劳务，在境内未设有经营机构的，以其境内代理人为扣缴义务人；在境内没有代理人的，以购买方为扣缴义务人。

【答案】BC

25. 按照增值税政策规定，对符合条件的金融机构向下列客户发放的，利率水平不高于全国银行间同业拆借中心公布的贷款市场报价利率（LPR）150%（含本数）的单笔小额贷款取得的利息收入，免征增值税的有（　　）。

A. 小型企业　　B. 微型企业

C. 农户　　D. 个体工商户

【解析】《财政部 税务总局关于金融机构小微企业贷款利息收入免征增值税政策的公告》（财政部 税务总局公告2023年第16号）规定，自2018年9月1日至2027年12月31日，对金融机构向小型企业、微型企业和个体工商户发放的，利率水平不高于全国银行间同业拆借中心公布的贷款市场报价利率（LPR）150%（含本数）的单笔小额贷款取得的利息收入，免征增值税；高于全国银行间同业拆借中心公布的贷款市场报价利率（LPR）150%的单笔小额贷款取得的利息收入，按照现行政策规定缴纳增值税。

【答案】ABD

26. 一般纳税人发生以下情形需要预缴增值税的是（　　）。

A. 江苏某建筑企业在浙江提供建筑服务取得工程款

B. 天津某企业在天津提供建筑服务取得预收款

C. 上海某个体工商户出租其位于深圳市的商铺取得租金

D. 广州某企业转让其位于北京的不动产取得售房款

【解析】按照《营业税改征增值税试点有关事项的规定》（财税〔2016〕36号附件2）和《财政部 税务总局关于建筑服务等营改增试点政策的通知》（财税〔2017〕58

号）的相关规定，选项 A、B、C、D 的情形均须预缴增值税。

【答案】ABCD

27.《财政部 税务总局关于明确增值税小规模纳税人减免增值税等政策的公告》（财政部 税务总局公告 2023 年第 1 号）规定，自 2023 年 1 月 1 日至 2023 年 12 月 31 日，继续执行生产、生活性服务业增值税加计抵减政策，同时，对加计抵减比例进行调整。下列属于调整后的加计抵减比例有（　　）。

A. 5%　　　　B. 10%

C. 15%　　　　D. 20%

【解析】《财政部 税务总局关于明确增值税小规模纳税人减免增值税等政策的公告》（财政部 税务总局公告 2023 年第 1 号）规定，自 2023 年 1 月 1 日至 2023 年 12 月 31 日，增值税加计抵减政策按照以下规定执行：①允许生产性服务业纳税人按照当期可抵扣进项税额加计 5% 抵减应纳税额。生产性服务业纳税人，是指提供邮政服务、电信服务、现代服务、生活服务取得的销售额占全部销售额的比重超过 50% 的纳税人。②允许生活性服务业纳税人按照当期可抵扣进项税额加计 10% 抵减应纳税额。生活性服务业纳税人，是指提供生活服务取得的销售额占全部销售额的比重超过 50% 的纳税人。

【答案】AB

28. 以下适用差额征税政策的增值税应税行为中，扣除额可以按规定开具增值税专用发票的有（　　）。

A. 适用简易计税方法的建筑服务扣除支付的分包款

B. 客运场站服务扣除支付给承运方的运费

C. 经纪代理服务扣除代收转付的政府性基金或行政事业性收费

D. 纳税人销售不动产扣除的不动产购置原价或取得时的作价

【解析】按照《营业税改征增值税试点有关事项的规定》（财税〔2016〕36 号附件 2）相关规定，经纪代理服务，以取得的全部价款和价外费用，扣除向委托方收取并代为支付的政府性基金或者行政事业性收费后的余额为销售额。向委托方收取的政府性基金或者行政事业性收费，不得开具增值税专用发票。

【答案】ABD

29. 税务机关在办理增量留抵退税过程中，发现申请留抵退税的纳税人存在以下情形，应暂停为其办理留抵退税的有（　　）。

A. 被税务稽查立案且未结案的

B. 取得增值税异常扣税凭证未处理的

C. 存在增值税涉税风险疑点的

D. 涉嫌骗取出口退税、虚开增值税专用发票等增值税重大税收违法行为的

【解析】《国家税务总局关于办理增值税期末留抵税额退税有关事项的公告》（国家税务总局公告2019年第20号）第十二条规定，税务机关在办理留抵退税期间，发现符合留抵退税条件的纳税人存在以下情形，暂停为其办理留抵退税：①存在增值税涉税风险疑点的；②被税务稽查立案且未结案的；③增值税申报比对异常未处理的；④取得增值税异常扣税凭证未处理的；⑤国家税务总局规定的其他情形。《国家税务总局关于办理增值税期末留抵税额退税有关事项的公告》（国家税务总局公告2019年第20号）第十四条规定，税务机关对增值税涉税风险疑点进行排查时，发现纳税人涉嫌骗取出口退税、虚开增值税专用发票等增值税重大税收违法行为的，终止为其办理留抵退税，并自作出终止办理留抵退税决定之日起5个工作日内，向纳税人出具终止办理留抵退税的《税务事项通知书》。因此，主管税务机关发现纳税人除选项D以外的情形，应暂停为其办理留抵退税；发现选项D情形的，应终止为其办理留抵退税。

【答案】ABC

30. 一般纳税人购进的下列服务中，不得抵扣进项税额的有（　　）。

A. 贷款服务　　B. 住宿服务

C. 餐饮服务　　D. 国际旅客运输服务

【解析】根据《营业税改征增值税试点有关事项的规定》（财税〔2016〕36号附件2）第二条第（一）项规定，购进贷款服务、餐饮服务、居民日常服务和娱乐服务的进项税额不得从销项税额中抵扣。纳税人购进的国际旅客运输服务适用零税率，因而在本环节无对应的进项税额抵扣。

【答案】ACD

31. 使用增值税发票管理系统反向开具二手车销售统一发票的纳税人，需要满足的条件有（　　）。

A. 存在有效的二手车销售统一发票票种核定信息

B. 在商务部门存在有效的二手车经销企业备案信息，且商务部门已将备案信息传递给税务部门

C. 在核心征管系统中存在有效的二手车经销企业的归类信息

D. 从自然人处购进二手车

【解析】《国家税务总局网络安全和信息化领导小组办公室关于2022年9月份增值税发票管理系统补丁升级工作的通知》规定，对同时符合下列条件的纳税人，自2022年10月1日起，从自然人处购进二手车的，可以反向开具二手车销售统一发票：①存在有效的二手车销售统一发票票种核定信息；②纳税人在商务部门存在有效的二手车经销企业备案信息，且商务部门已将备案信息传递给税务部门；③纳税人在核心征管系统中存在有效的二手车经销企业的归类信息。

【答案】ABCD

32. 下列关于消费税从量定额的计税依据，表述正确的有（　　）。

A. 从量定额通常以每单位应税消费品的重量、容积或数量为计税依据，并按每单位应税消费品规定固定税额

B. 自产自用应税消费品的，为应税消费品的移送使用

C. 委托加工应税消费品的，为纳税人收回的应税消费品数量

D. 进口的应税消费品，为纳税人报关进口的数量

【解析】选项 D，进口的应税消费品，为海关核定的应税消费品进口征税数量。

【答案】ABC

33. 关于白酒消费税最低计税价格的核定，下列说法正确的有（　　）。

A. 生产企业实际销售价格高于核定最低计税价格的，按实际销售价格申报纳税

B. 白酒消费税最低计税价格依据最终一级关联销售单位对外销售价格核定

C. 白酒消费税最低计税价格由行业协会核定

D. 白酒生产企业消费税计税价格高于销售单位对外销售价格 70%（含）以上的，税务机关暂不核定最低计税价格

【解析】选项 C，白酒消费税最低计税价格由白酒生产企业自行申报，税务机关核定。

【答案】ABD

34. 下列各项应税消费品中，不得扣除外购已纳消费税的有（　　）。

A. 外购已税溶剂油为原料生产的应税成品油

B. 外购已税润滑油大包装经简单加工成小包装的应税成品油

C. 外购已税实木地板为原料生产的实木地板

D. 外购已税低纯度白酒连续生产的高纯度白酒

【解析】由于某些应税消费品是用外购已缴纳消费税的应税消费品连续生产出来的，在对这些应税消费品计算征税时，税法规定应按当期生产领用数量计算准予扣除外购的应税消费品已纳的消费税税款，白酒和溶剂油不在允许抵扣的范围内。

【答案】AD

35. 下列产品中，应缴纳消费税的有（　　）。

A. 以煤为原料加工生产的成品油

B. 混合芳烃

C. 进口的稀释沥青

D. 用于机械加工过程中润滑的润滑脂

【解析】以煤为原料加工生产的成品油、混合芳烃、进口的稀释沥青、用于机械加工过程中润滑的润滑脂应缴纳消费税。

【答案】ABCD

36. 以下选项中，属于电子烟消费税征税范围的有（　　）。

A. 电子烟烟弹　　B. 一次性电子烟

C. 电子烟烟具　　D. 烟油

【解析】将电子烟纳入消费税征收范围，电子烟是指用于产生气溶胶供人抽吸等的电子传输系统，包括烟弹、烟具以及烟弹与烟具组合销售的电子烟产品。烟油属于原材料。

【答案】ABC

三、判断题

1. 对建筑物、构筑物的修补、加固、养护、改善，使之恢复原来的使用价值或者延长其使用期限的工程作业，属于加工、修理修配服务，按照加工、修理修配服务征收增值税。（　　）

【解析】加工、修理修配的对象限于有形动产，对建筑物、构筑物的修补、加固、养护、改善，使之恢复原来的使用价值或者延长其使用期限的工程作业，属于修缮服务，按照按建筑服务的修缮服务征收增值税。

【答案】错误

2. 航天运输服务，不缴纳增值税。（　　）

【解析】航天运输服务，按照航空运输服务缴纳增值税。航天运输服务是指利用火箭等载体将卫星、空间探测器等空间飞行器发射到空间轨道的业务活动。

【答案】错误

3. 邮品销售应按邮政服务中的邮政特殊服务缴纳增值税。（　　）

【解析】邮品销售应按邮政服务中的其他邮政服务缴纳增值税。

【答案】错误

4. 基础电信服务，是指利用固网、移动网、卫星、互联网、有线电视网络，提供短信和彩信服务、电子数据和信息的传输及应用服务、互联网接入服务等业务活动。

（　　）

【解析】基础电信服务，是指利用固网、移动网、卫星、互联网，提供语音通话服务的业务活动，以及出租或者出售带宽、波长等网络元素的业务活动。

【答案】错误

5. 增值电信服务，是指利用固网、移动网、卫星、互联网，提供语音通话服务的业务活动，以及出租或者出售带宽、波长等网络元素的业务活动。（　　）

【解析】增值电信服务，是指利用固网、移动网、卫星、互联网、有线电视网络，提供短信和彩信服务、电子数据和信息的传输及应用服务、互联网接入服务等业务活动。

【答案】错误

6. 建筑服务，是指各类建筑物、构筑物及其附属设施的建造、修缮、装饰，线路、管道、设备、设施等的安装以及其他工程作业的业务活动。包括工程服务、安装服务、修缮服务、装饰服务和其他建筑服务。（　　）

【解析】略

【答案】正确

7. 融资性售后回租，是指承租方以融资为目的，将资产出售给从事融资性售后回租业务的企业后，从事融资性售后回租业务的企业将该资产出租给承租方的业务活动。融资性售后回租应按金融保险业征收增值税。（　　）

【解析】略

【答案】正确

8. 以外购的溶剂油、润滑油、燃料油为原料生产的应税消费品，准予从消费税应纳税额中扣除原料已纳的消费税税款。（　　）

【解析】以外购的溶剂油生产的应税消费品，不准予从消费税应纳税额中扣除原料已纳的消费税税款。

【答案】错误

9. 孵化服务，是指为孵化企业提供的经纪代理、融资租赁、研发和技术、信息技术和鉴证咨询等服务。（　　）

【解析】孵化服务，是指为孵化企业提供的经纪代理、经营租赁、研发和技术、信息技术和鉴证咨询等服务。

【答案】错误

10. 桥、闸通行费以通行费发票为抵扣凭证，计算抵扣增值税。桥、闸通行费可抵扣进项税额＝桥、闸通行费发票上注明的金额÷（1＋3%）×5%。（　　）

【解析】桥、闸通行费可抵扣进项税额＝桥、闸通行费发票上注明的金额÷（1＋5%）×5%。

【答案】错误

11. 啤酒消费税单位税额按照出厂价格划分档次，在确定啤酒消费税适用单位税额依据时，啤酒出厂价格不包括啤酒瓶押金。（　　）

【解析】根据《财政部 国家税务总局关于调整酒类产品消费税政策的通知》（财税〔2001〕84号）第四条第一项“每吨啤酒出厂价格（含包装物及包装物押金）在3000元（含3000元，不含增值税）以上的，单位税额250元/吨”和《财政部 国家税务总局关于明确酒包装物押金消费税政策的通知》（财税〔2006〕20号）中“啤酒消费税单位税额按照出厂价格（含包装物及包装物押金）划分档次，上述包装物押金不包括供重复使用的塑料周转箱押金”规定，在确定啤酒消费税适用单位税额依据时，啤酒出厂价格包括啤酒瓶押金。

【答案】错误

12. 一般纳税人提供客运场站服务，以其取得的全部价款和价外费用，扣除支付给承运方运费后的余额为销售额。（ ）

【解析】略

【答案】正确

13. 营改增后，一般纳税人提供联运服务，以其取得的全部价款和价外费用，扣除支付给承运方运费后的余额为销售额。（ ）

【解析】一般纳税人提供联运服务不可以差额征税。

【答案】错误

14. 一般纳税人提供建筑服务适用简易计税方法的，以取得的全部价款和价外费用扣除支付的分包款后的余额为销售额。（ ）

【解析】略

【答案】正确

15. 航空运输企业的销售额，不包括代收的机场建设费和代售其他航空运输企业客票而代收转付的价款。（ ）

【解析】略

【答案】正确

16. 一般纳税人按规定可以差额征税的，从全部价款和价外费用中扣除的价款，如果是支付给境内单位或者个人的款项，以发票为合法有效凭证。（ ）

【解析】如果扣除的是政府性基金、行政事业性收费或者向政府支付的土地价款，以省级以上（含省级）财政部门监（印）制的财政票据为合法有效凭证。

【答案】错误

17. 一般纳税人按规定可以差额征税的，从全部价款和价外费用中扣除的价款，如果是支付给境外单位或者个人的款项，以该单位或者个人的签收单据为合法有效凭证，税务机关对签收单据有疑议的，可以要求其提供境外公证机构的确认证明。（ ）

【解析】略

【答案】正确

18. 一般纳税人按规定可以差额征税的，从全部价款和价外费用中扣除的价款，如果是缴纳的税款，以完税凭证为合法有效凭证。（ ）

【解析】略

【答案】正确

19. 按现行消费税政策的规定，由受托方以委托方名义购进原材料生产的应税消费

品，不论在会计上是否作销售处理，都不得作为委托加工应税消费品，受托方应当按照销售自制应税消费品缴纳消费税。（ ）

【解析】按现行消费税政策的规定，下列三种情况，不论在会计上是否作销售处理，都不得作为委托加工应税消费品，受托方应当按照销售自制应税消费品缴纳消费税：①由受托方提供原材料生产的应税消费品；②受托方先将原材料卖给委托方，再接受加工的应税消费品；③由受托方以委托方名义购进原材料生产的应税消费品。

【答案】正确

20. 建筑工程总承包单位为房屋建筑的地基与基础、主体结构提供工程服务，建设单位自行采购全部或部分钢材、混凝土、砌体材料、预制构件的，适用简易计税方法计税。

【解析】依据为《财政部 税务总局关于建筑服务等营改增试点政策的通知》（财税〔2017〕58号）。

【答案】正确

21. 一般纳税人取得异常抵扣凭证都必须在取得当期对应属期的《增值税及附加税费申报表附列资料（二）》（本期进项税额明细）第23a栏“异常凭证转出进项税额”填列转出。（ ）

【解析】根据《国家税务总局关于增值税消费税与附加税费申报表整合有关事项的公告》（国家税务总局公告2021年第20号）及其解读规定，如果纳税人的纳税信用等级为A级，则可以按照规定，自接到税务机关通知之日起10个工作日内，向主管税务机关提出核实申请，在税务机关出具核实结果之前暂不作进项税额转出处理，也不需要将对应专用发票已抵扣税额计入《增值税及附加税费申报表附列资料（二）》第23a栏。

【答案】错误

22. 增值税小规模纳税人年应税销售额超过规定标准应办理一般纳税人登记，但逾期仍不办理的，次月起按增值税一般计税方式计税。（ ）

【解析】根据《增值税一般纳税人登记管理办法》第八条规定，纳税人在年应税销售额超过规定标准的月份（或季度）的所属申报期结束后15日内按规定办理相关手续；未按规定时限办理的，主管税务机关应当在规定时限结束后5日内制作《税务事项通知书》，告知纳税人应当在5日内向主管税务机关办理相关手续；逾期仍不办理的，次月起按销售额依照增值税税率计算应纳税额，不得抵扣进项税额，直至纳税人办理相关手续为止。

【答案】错误

23. 纳税人受托对垃圾、污泥、污水、废气采取填埋、焚烧等方式进行专业化处理后未产生货物的，受托方属于提供“加工劳务”，其收取的处理费用适用13%的增值税

税率。（ ）

【解析】《国家税务总局关于明确二手车经销等若干增值税征管问题的公告》（国家税务总局公告2020年第9号）第二条规定，纳税人受托对垃圾、污泥、污水、废气等废弃物进行专业化处理后未产生货物的，受托方属于提供《销售服务、无形资产、不动产注释》（财税〔2016〕36号）“现代服务”中的“专业技术服务”，其收取的处理费用适用6%的增值税税率。

【答案】错误

24. 按照现行增值税政策规定，纳税人转让金融商品出现的正负差，按盈亏相抵后的余额为销售额。若相抵后出现负差，可结转下一纳税期与下期转让金融商品销售额相抵，但年末时仍出现负差的，不得转入下一个会计年度。（ ）

【解析】依据为《营业税改征增值税试点有关事项的规定》（财税〔2016〕36号附件2）。

【答案】正确

25. 增值税一般纳税人购进的贷款服务对应的进项税额不允许从销项税额中抵扣，同时，其接受贷款服务向贷款方支付的与该笔贷款直接相关的投融资顾问费、手续费、咨询费等费用对应的进项税额，也不得从销项税额中抵扣。（ ）

【解析】依据为《营业税改征增值税试点有关事项的规定》（财税〔2016〕36号附件1）。

【答案】正确

26. 某房地产开发企业（一般纳税人）销售自行开发的房地产项目，在计算增值税销售额时按规定可以一次性扣除全部土地价款。（ ）

【解析】按照《营业税改征增值税试点有关事项的规定》（财税〔2016〕36号附件2）和《房地产开发企业销售自行开发的房地产项目增值税征收管理暂行办法》（国家税务总局公告2016年第18号）的有关规定，房地产开发企业中的一般纳税人销售自行开发的房地产项目，适用一般计税方法计税，按照取得的全部价款和价外费用，扣除当期销售房地产项目对应的土地价款后的余额计算销售额。当期允许扣除的土地价款＝（当期销售房地产项目建筑面积÷房地产项目可供销售建筑面积）×支付的土地价款。

【答案】错误

27. 按照现行增值税政策规定，资管产品管理人属于金融机构的，其运营资管产品过程中发生的增值税应税行为，可按现行规定适用金融同业往来利息收入免征增值税政策。（ ）

【解析】按照《营业税改征增值税试点过渡政策的规定》（财税〔2016〕36号附件3）、《财政部 国家税务总局关于进一步明确全面推开营改增试点金融业有关政策的通知》（财税〔2016〕46号）、《财政部 国家税务总局关于金融机构同业往来等增值税政策的补充通知》（财税〔2016〕70号）等文件规定，金融同业往来是特指金融机构之间的业务，只有交易双方都是金融机构，才可适用金融同业往来利息收入免税政策。如果资管产品管理人属于金融机构，无论是资管业务还是其他业务，均可按规定享受金融同业往来利息收入免税政策。

【答案】正确

28. 经税务机关审核准予留抵退税的纳税人，应在实际收到的留抵退税额时冲减期末留抵税额，并在办理增值税纳税申报时相应调减当期留抵税额。（　　）

【解析】《国家税务总局关于办理增值税期末留抵税额退税有关事项的公告》（国家税务总局公告2019年第20号）第十五条规定，纳税人应在收到税务机关准予留抵退税的《税务事项通知书》当期，以税务机关核准的允许退还的增量留抵税额冲减期末留抵税额，并在办理增值税纳税申报时，相应填写《增值税纳税申报表附列资料（二）（本期进项税额明细）》第22栏“上期留抵税额退税”。

【答案】错误

29. 纳税人销售额未达到增值税起征点的，免征增值税，超过起征点的，就超过部分计算缴纳增值税。（　　）

【解析】根据《增值税暂行条例》第十七条规定，纳税人销售额未达到起征点的，免征增值税，达到起征点的，全额计算缴纳增值税。

【答案】错误

30. 增值税小规模纳税人享受3%征收率的销售收入减按1%政策时，销售额计算公式为：销售额=含税销售额÷（1+3%）。（　　）

【解析】根据《国家税务总局关于支持个体工商户复工复业等税收征收管理事项的公告》（国家税务总局公告2020年第5号）第二条规定，计算公式应为：销售额=含税销售额÷（1+1%）。

【答案】错误

31. 一般纳税人在资产重组过程中，将全部资产、负债和劳动力一并转让给新纳税人并按规定办理注销税务登记的，其在办理注销前尚未抵扣的进项税额不得结转至新纳税人处继续抵扣。（　　）

【解析】《国家税务总局关于纳税人资产重组增值税留抵税额处理有关问题的公告》（国家税务总局公告2012年第55号）第一条规定，增值税一般纳税人在资产重组过程中，将全部资产、负债和劳动力一并转让给其他增值税一般纳税人，并按程序办理注销税务登记的，其在办理注销登记前尚未抵扣的进项税额可结转至新纳税人处继续抵扣。

【答案】错误

32. 如果会计制度规定价外费用不并入销售额，那么增值税销售额中就可以不包括该价外费用。（　　）

【解析】依据《增值税暂行条例实施细则》第十二条规定，价外收取的各种性质的收费，无论其会计制度如何核算，都应并入销售额计税。

【答案】错误

33. 设有两个以上机构并实行统一核算的纳税人，将货物从一个机构移送其他机构用于销售，均应视同销售处理。（　　）

【解析】根据《增值税暂行条例实施细则》第四条第一款第（三）项规定，设有两个以上机构并实行统一核算的纳税人，将货物从一个机构移送其他机构用于销售，应视同销售处理，但相关机构设在同一县（市）的除外。

【答案】错误

34. 纳税人进口应税消费品，应当从海关填发海关进口消费税专用缴款书之日起15日内缴纳税款。（　　）

【解析】略

【答案】正确

35. 通过代加工方式生产电子烟的，由受托方代收代缴消费税。（　　）

【解析】通过代加工方式生产电子烟的，由持有商标的企业缴纳消费税。

【答案】错误

36. 混合动力汽车不属于消费税的征税范围。（　　）

【解析】略

【答案】错误

37. 纳税人外购汽油、柴油、石脑油、燃料油、润滑油连续生产成品油的除成品油专用发票、海关进口消费税专用缴款书以及税收缴款书（代扣代收专用）外，其他凭证不得作为消费税扣除凭证。（　　）

【解析】略

【答案】正确

38. 将不同税率的应税消费品组成成套消费品销售的，应分别计算消费税。

（　　）

【解析】纳税人兼营不同税率的应当缴纳消费税的消费品，应当分别核算不同税率应税消费品的销售额、销售数量；未分别核算销售额、销售数量，或者将不同税率的应税消费品组成成套消费品销售的，从高适用税率。

【答案】错误

39. 纳税人用自产汽油生产的乙醇汽油，应按照乙醇汽油的销售数量申报纳税。

（　　）

【解析】纳税人用自产汽油生产的乙醇汽油，按照生产乙醇汽油所耗用的汽油数量申报纳税。

【答案】错误

四、简答题

（一）对增值税进项税额检查可以采用哪些方法？

【答案】1. 检查被查对象的进项税额是否有真实交易往来，是否为正常的生产经营需要，是否为虚开，这部分的检查与虚开的检查方法相同，主要包括：一是发票流检查方法，二是资金流检查方法，三是货物流检查方法，四是生产经营现场检查方法。

2. 检查被查对象的进项税额不得从销项税额中抵扣的情形：用于简易计税方法计税项目的检查。对于一般纳税人的被查对象申报有简易计税方法计税项目的，应重点检查其是否按规定将简易计税项目涉及的进项税额进行了转出。

3. 检查被查对象的进项税额不得从销项税额中抵扣的情形：免征增值税项目的检查。对于一般纳税人的被查对象申报有免征增值税项目的，应重点检查其是否按规定将免征增值税项目涉及的进项税额进行了转出。

4. 检查被查对象的进项税额不得从销项税额中抵扣的情形：集体福利或者个人消费项目的检查。检查被查对象取得的进项税额发票的品名是否有用于集体福利、个人消费或交际应酬的项目，如“红酒”“床上用品”“礼品”“洗涤用品”等。

检查被查对象购进的是贷款服务、餐饮服务、居民日常服务和娱乐服务等不得用于进项税额抵扣的项目，却改变品名，取得了增值税专用发票的情形。

检查被查对象福利部门，如食堂、托儿所、自设的招待所领用物料和物耗的情况，是否有购进的原材料或库存商品用于集体福利、个人消费或交际应酬，未进行进项税额转出。

5. 检查被查对象的进项税额不得从销项税额中抵扣的情形：非正常损失的项目的检查。检查被查对象非正常损失的购进货物进行进项税额转出时，是否将相关的加工、修理修配劳务和交通运输服务也一并作出进项税额转出。

检查被查对象非正常损失的在产品、产成品所耗用的购进货物（不包括固定资产），是否将相关的加工、修理修配劳务和交通运输服务也一并作出进项税额转出。

检查被查对象非正常损失的不动产，是否将该不动产所耗用的购进货物、设计服务和建筑服务一并作出进项税额转出。

检查被查对象非正常损失的不动产在建工程，是否将该在建工程所耗用的购进货物、设计服务和建筑服务一并作出进项税额转出。

6. 检查被查对象的进项税额不得从销项税额中抵扣的情形：分期抵扣进项税额项目的检查。检查2016年5月1日至2019年3月31日期间，不动产进项税额是否按规定执行分期抵扣政策。

（注：读者也可结合工作实际作答。）

（二）对增值税销项税额检查可以采用哪些方法？

【答案】被查对象适用的增值税税率是相对固定的，只要税率选择正确，影响销项税额的主要因素则是销售额，所以，对增值税销项税额的稽查应更多侧重于掌握对销售额的稽查方法。具体可以采用以下检查方法：

1. 检查账上记载销售额与增值税销售额申报是否相符。

2. 对汇总申报缴纳增值税的被查对象，检查各成员单位的增值税明细账汇总数据，是否与账上汇总销售额、汇总应交增值税账户金额相符。

3. 检查资产减少的对方会计科目异常的情况，是否有销售货物直接冲减“生产成本”或“库存商品”；提供应税服务直接冲减费用类科目；以物易物不按规定确认收入，不计提销项税额；用货物或提供应税服务抵偿债务，不按规定计提销项税额等。

4. 检查退货或服务中止的真实性，是否有虚构退货或服务中止行为，冲减销售收入，以达到少缴税款的目的。

5. 检查被查对象是否有应视同销售的行为未按规定计提销项税额，销项税额的计提是否正确。

（注：读者也可结合工作实际作答。）

（三）增值税一般纳税人发生偷税行为如何确定偷税数额和补税罚款数额？

【答案】1. 关于偷税数额的确定。

（1）一般纳税人有偷税行为，其不报、少报的销项税额或多报的进项税额，即其不缴或少缴的应纳增值税额。偷税数额应当按销项税额的不报、少报部分或者进项税额的多报部分确定。如果销项、进项均查有偷税问题，其偷税数额应当为两项偷税数额之和。

（2）纳税人的偷税手段如属账外经营，即购销活动均不入账，其不缴或少缴的应纳增值税额即偷税额为账外经营部分的销项税额抵扣账外经营部分中已销货物进项税额后的余额。已销货物的进项税额按下列公式计算：已销货物进项税额＝账外经营部分购货的进项税额－账外经营部分存货的进项税额。

（3）纳税人账外经营部分的销售额（计税价格）难以核实的，应根据《增值税暂行条例实施细则》第十六条第（三）项法规按组成计税价格核定其销售额。

2. 关于税款的补征。

偷税款的补征入库，应当视纳税人的不同情况入理，即：根据检查核实后一般纳税人当期全部的销项税额与进项税额（包括当期留抵税额），重新计算当期全部应纳税额，若应纳税额为正数，应当作补税处理，若应纳税额为负数，应当核减期末留抵税额。

3. 关于罚款对一般纳税人偷税行为的罚款，应当按照上述规定计算确定偷税数额，以偷税数额为依据处理。

（四）一般纳税人购进农产品时如何抵扣增值税进项税额？

【答案】1. 向农业生产者购进农产品

购买方直接向农业生产者购进农产品可以凭借农产品销售发票或农产品收购发票进行抵扣。若购进农产品用于生产9%税率货物，以农产品销售发票或收购发票注明的买价，按9%抵扣进项税额；若用于生产销售或委托加工13%税率货物，可按10%抵扣进项税额；若购买方既用于生产13%税率货物又用于其他货物服务，未分别核算的，应按照9%抵扣进项税额。

2. 购进流通环节征税的农产品

若销售方是一般纳税人，购买方可凭一般纳税人开具的增值税专用发票进行抵扣。若销售方是小规模纳税人，购买方可凭小规模纳税人代开或自开3%或1%征收率的专用发票进行抵扣，其中，取得3%征收率的专用发票按9%或10%抵扣进项税额，取得1%征收率的专用发票按照1%抵扣进项税额。若进口农产品，可凭海关进口增值税专用缴款书进行抵扣。

3. 购进流通环节免税的农产品

纳税人从批发、零售环节购进适用免征增值税政策的蔬菜、部分鲜活肉蛋而取得的普通发票，不得作为计算抵扣进项税额的凭证。

（五）开具成品油发票时，应遵守的规则有哪些？

【答案】所有成品油发票均须通过增值税发票管理新系统中成品油发票开具模块开具。

1. 销售成品油所开具的增值税发票为成品油发票。

2. 成品油发票开具模块由主管税务机关开通。成品油的生产和经销企业分别使用相应的成品油发票开具模块。

3. 纳税人应按照以下规则开具成品油发票：

（1）正确选择商品和服务税收分类与编码。

（2）发票“单位”栏应选择“吨”或“升”，蓝字发票的“数量”栏为必填项且不为“0”。成品油消费税实行从量计征，为便于计算成品油发票上载明的成品油数量对应的消费税税额，成品油发票的“数量”栏统一为“吨”或“升”，以其他计量单位销售的成品油开具发票时，应按规定的换算率换算为“吨”或“升”。

（3）开具成品油专用发票后，发生销货退回、开票有误以及销售折让等情形，应按规定开具红字成品油专用发票。

销货退回、开票有误等原因涉及销售数量的，应在《开具红字增值税专用发票信息表》中填写相应数量，销售折让的不填写数量。

（4）成品油批发和加油站等经销企业，开具成品油发票的某一类别油品总量，应不大于所取得的成品油专用发票、海关进口消费税专用缴款书载明的同一类别油品总量。

五、案例分析题

（一）某市乐缘酒业有限公司为增值税一般纳税人，主营生产、批发、销售粮食白酒，企业有进出口经营权。2024 年 6 月，市稽查局检查人员对乐缘酒业有限公司进行检查，通过对调取的 2023 年度电子账套等涉税资料核实分析，发现以下情况：

1. 1 月 8 日，向 A 糖烟酒销售公司销售散装白酒 30 吨，取得不含税收入 19800000 元，开具增值税专用发票，另收取包装物押金 15000 元，双方约定 10 个月后退还押金，公司的相关账务处理为：

借：应收账款　　22374000
　　银行存款　　15000
　　贷：主营业务收入　　19800000
　　　　应交税费——应交增值税（销项）　　2574000
　　　　其他应付款——包装物押金（A 糖烟酒）　　15000

2. 5 月 18 日，收到 B 厂发来的薯干一批，代为加工成白酒，对方的发货单显示成本为 85800 元，公司作备查登记。

3. 6 月份盘点，发现 3 月份从农民手中收购的一批高粱（已按 9% 抵扣增值税进项税额）因管理不善发生霉烂，账面成本 37800 元，公司的相关账务处理为：

借：营业外支出——非常损失　　37800
　　贷：原材料——高粱　　37800

4. 6 月 25 日，受 B 厂委托加工的白酒加工完成，共计 20 吨，收取加工费，开具专用发票，注明加工费 40000 元，增值税 5200 元。公司的相关账务处理为：

借：银行存款　　45200
　　贷：其他业务收入　　40000
　　　　应交税费——应交增值税（销项）　　5200

5. 7 月，向本公司设立在市内某区的一非独立核算的门市部发出粮食白酒 15 吨，内部不含税价格为 53790 元/吨。门市部已全部对外销售，取得含税销售收入 1052934 元，公司的相关账务处理为：

借：应收账款　　1052934
　　贷：主营业务收入　　806850
　　　　应交税费——应交增值税（销项税额）　　104890.5
　　　　其他应付款　　141193.5
借：税金及附加　　176370
　　贷：应交税费——应交消费税　　176370

6. 9月26日，将新开发的高档粮食白酒10公斤送往省“品酒会”供参会人员免费品尝，账面成本计25000元。公司的相关账务处理为：

借：销售费用　　25000
　　贷：库存商品　　25000
借：税金及附加　　5000
　　贷：应交税费——应交消费税　　5000

7. 11月26日，从农民手中收购一批玉米准备用于加工生产基酒，企业的相关账务处理为：

借：原材料——玉米　　1092000
　　应交税费——应交增值税（进项）　　108000
　　贷：银行存款　　1200000

8. 12月2日，11月26日购进的玉米领用一半用于生产（剩余一半至年底尚未领用），公司的相关账务处理为：

借：生产成本　　534000
　　应交税费——应交增值税（进项）　　12000
　　贷：原材料——玉米　　546000

9. 12月20日，业务人员参加年底产品展销会，报销差旅费23.2万元，其中取得境内航空运输客票行程单40张，票价及燃油附加为8万元，民航发展基金0.6万元；出租车票据0.9万元；高铁票29张，票价合计为3.1万元；宾馆住宿费10.6万元取得了增值税专用发票，注明销售额10万元，税额0.6万元，公司的相关账务处理为：

借：管理费用　　215596.33
　　应交税费——应交增值税（进项）　　16403.67
　　贷：库存现金　　232000

10. 12月22日，购进一批大米；12月28日，直接向目标脱贫地区捐赠，公司的相关账务处理为：

借：原材料——外购大米　　91000
　　应交税费——应交增值税（进项）　　9000
　　贷：银行存款　　100000

借：营业外支出——捐赠支出　91000

　贷：原材料——外购大米　91000

11. 在检查中，检查人员发现该公司技术人员李某利用业余时间为丙公司提供技术服务未缴纳个人所得税，通过对李某的询问及查证得知，李某在2023年为丙公司提供技术服务一次性取得劳务报酬15000元，另取得稿酬收入5000元，两项收入支付方均未代扣代缴其个人所得税。

李某2023年度除上述收入外的综合所得138000元，已由公司代扣代缴个人所得税11280元。

说明：

（1）受B厂委托加工的白酒企业无同类产品的生产销售。

（2）增值税的抵扣凭证均符合规定，该企业取得的增值税抵扣凭证已在增值税发票综合服务平台勾选确认用途并申报抵扣。

（3）企业按照会计处理的账面结果进行了各期增值税和消费税的申报和企业所得税年度纳税申报。

（4）本题不考虑城市维护建设税、教育费附加及地方教育附加的调整；题中未涉及事项，视为无纳税问题。

要求：根据上述资料，逐笔分析企业在增值税、消费税、企业所得税和个人所得税处理方面存在的问题，并确定对税额的影响金额。

【答案】业务1：

对酒类产品生产企业生产销售白酒而收取的包装物押金，无论押金是否返回及会计上如何核算，均应并入产品销售额中征收消费税。

该酒厂包装物押金没有计算缴纳增值税和消费税，需补缴：

增值税 = 15000 ÷（1 + 13%）× 13% = 13274.34 × 13% = 1725.66（元）

消费税 = 15000 ÷（1 + 13%）× 20% = 13274.34 × 20% = 2654.87（元）

同时，调减企业所得税应纳税所得额2654.87元。

业务3：

企业购进货物白酒生产企业农产品购进因管理不善发生霉烂发生的损失，应同时转出进项税额 = 37800 ÷（1 − 9%）× 9% = 3738.46（元），并调减企业所得税应纳税所得额3738.46元。

业务2和业务4：

受托加工白酒，应当代收代缴消费税，无同类产品销售，按组成计税价格计算。

应代收代缴消费税 =（85800 + 40000 + 20 × 1000）÷（1 − 20%）× 20% + 20 × 1000 = 56450（元），税款应当向B厂追缴，可向乐缘酒业处以0.5倍至3倍罚款。

业务5：

公司非独立核算门市部对外销售粮食白酒，应按门市部的对外销售额计算征收增值税和消费税。

应纳增值税 = 1052934 ÷ （1 + 13%） × 13% = 121134（元）

应查补增值税 = 121134 − 104890.5 = 16243.5（元）

应纳消费税 = 1052934 ÷ （1 + 13%） × 20% + 15 × 2000 × 0.5 = 201360（元）

应查补消费税 = 201360 − 176370 = 24990（元）

应调增企业所得税应纳税所得额 = 1052934 ÷ （1 + 13%） − 806850 − 24990 = 99960（元）

业务6：

供酒会免费品尝酒，应视同销售，计提销项税额和消费税，因为是新产品无同类售价，应按组成计税价格计算税额。

高档粮食白酒组成计税价格 = ［25000 × （1 + 10%） + 1 × 200 × 0.5］ ÷ （1 − 20%） = 34500（元）

粮食白酒应补销项税额 = 34500 × 13% = 4485（元）

粮食白酒应补消费税 = 34500 × 20% + 1 × 200 × 0.5 − 5000 = 2000（元）

调增应纳税所得额 = （34500 − 25000） − 2000 = 7500（元）

业务7和业务8：

购进农产品进项税额的扣除率为9%，用于生产或者委托加工13%税率货物的农产品，按照10%的扣除率计算进项税额（领用时加计扣除1%）。

领用时应加计扣除的增值税 = 1200000 × 1% × 1/2 = 6000（元），该公司多抵扣6000元需转出，同时调增生产成本6000元。

业务9：

民航发展基金不得计算抵扣进项，航空运输电子客票可抵扣进项税额 = 80000 ÷ （1 + 9%） × 9% = 6605.50（元）。出租车票不得计算抵扣进项。

高铁票抵扣进项税额 = 31000 ÷ （1 + 9%） × 9% = 2559.63（元）

允许抵扣的进项税额合计 = 6605.50 + 2559.63 + 6000 = 15165.13（元）

多抵扣进项税额 = 16403.67 − 15165.13 = 1238.54（元）

业务10：

自2019年1月1日至2025年12月31日，对单位或者个体工商户将自产、委托加工或购买的货物通过公益性社会组织、县级及以上人民政府及其组成部门和直属机构，或直接无偿捐赠给目标脱贫地区的单位和个人，免征增值税。在政策执行期限内，目标脱贫地区实现脱贫的，可继续适用上述政策。根据增值税的一般原理，外购货物用于免税项目的，其进项税额不得抵扣，因此其9000元应作转出处理。

自2019年1月1日至2025年12月31日，企业通过公益性社会组织或者县级（含县级）以上人民政府及其组成部门和直属机构，用于目标脱贫地区的扶贫捐赠支出，准予在计算企业所得税应纳税所得额时据实扣除。在政策执行期限内，目标脱贫地区实现脱贫的，可继续适用上述政策。但公司直接向目标脱贫地区捐赠，不得在企业所得税前扣除，需调增应纳税所得额91000元。

业务11：

全年个人综合所得应纳税所得额 = 138000 + 15000 ×（1 - 20%）+ 5000 ×（1 - 20%）×（1 - 30%）= 152800（元）

应纳个人所得税额 = 152800 × 20% - 16920 = 13640（元）

年终汇算时应补缴个人所得税额 = 13640 - 11280 = 2360（元）

（二）2023年4月5日，根据上级布置，某稽查局决定对某大型成品油地炼企业甲公司立案，并开展突击检查。检查发现：

1. 2017—2019年，将第1炼化分厂的汽、柴油变名为沥青，3年期间分别少申报缴纳消费税款1200万元、1600万元、1300万。其中，2018年主管税务机关根据上级风险提示，认可甲公司自查补缴消费税100万元，未做进一步核查。

2. 稽查局对上述行为认定偷税，依法下达处理处罚决定后，甲公司未予履行；下达催缴通知，甲公司逾期仍未缴纳。

3. 甲公司收入科目反映，自然人王某2023年购柴油共计1200万元，未开具发票。经调查，王某在农村设柴油加油点，未办理税务登记及纳税申报。检查人员将该线索报经批准，一并立案检查。王某拒绝检查。检查人员以进定销，核定王某2023年瞒报销售收入1500万元（不含税），核定2023年度经营所得168万元。

已知：2017年至2019年期间，甲公司应缴纳各项税收合计分别为1.5亿元、1.7亿元、1.1亿元。

要求：根据上述资料，回答下列问题。

1.（单项选择题）请对以下检查方式的突破效率，按从高到低进行排序（　　）。

①通过账簿检查发现问题，固定证据

②内部突破，从低层员工逐层向上询问，获取关键言证后以基层员工掌握的其他证据进行补强

③通过票流穿透分析非应税品发票流向，对下游受票企业发起协查或外调

④突击检查，查前高度保密，获取关键性证据后再进一步开展检查

⑤从相关部门获取危化品运输信息，到运输企业调查取证其运输的实际物品

A. ④③⑤②①　　B. ⑤③④①②

C. ②④⑤③①　　D. ④②⑤③①

【解析】大型炼化企业人员多、部门多，层级管理制下必然有较多的安全、质检、储运等内控制度，其生产具有高度连续性，其改变销售货物品名逃避消费税行为不可能从高管到基层员工口径统一，因此内部突破是更有效的检查方法；首日突击检查，通过搜集各关键岗位员工电脑及掌握的纸质业务资料，可能会发现关键证据并及时固定，其突破更迅速；⑤③两项都是检查突破的有效方法，但耗时久，对下游企业协查或外调，常因下游企业进销均既有该消费税非应税产品，又有应税产品混杂，票流呈网状结构，无法通过票流清晰追踪物流去向，危化品运输信息由于物流信息保存时间不一，运输车辆分属全国各地，检查难度也较大；账簿检查是必查项，但在此类案件中，从账簿检查发现证据可能性很低。

【答案】D

2.（多项选择题）下列事项中，优先列入首日突击检查计划的四项事项有（　　）。

A. 从公司人力资源部门获取企业部门设置、职责、全体人员名册及岗位变动信息

B. 对企业法定代表人、财务人员进行询问

C. 搜集拷贝生产、储运、质检等数据

D. 搜集关键岗位人员使用的企业电脑中的各类文档

E. 调取公司会计资料，复制电子账套

F. 现场查看企业储罐区，对储罐编号及标示进行拍照取证

【解析】获取人员名册及部门设置等，是选取下一步重点突破部门、人员的必要基础，应尽早拿到名册，防止企业隐瞒、调离关键人员，造成下一步检查困难，所以选项A重要且急迫；询问是检查的重要手段，但对法定代表人及与被查对象密切相关的人员较难获取有用证据，询问从与被查对象关系不密切且对企业生产经营了解程度较高的人员入手更有效，选项B重要不急迫，可推迟时间进行；虽然地炼企业普遍通过篡改生产经营数据偷逃消费税，但大型生产企业的生产、储运、质检环节多，不可能在各环节都做到做假的一致性，第一时间发现原始生产、储运、质检记录，可快速固定证据，选项C重要且急迫；选项D理由同选项C，生产、储运、质检、销售、财务核算环节多，各经办人员留存纸质资料、电子文档也较多，突击检查时，相关人员日常防范检查措施不可能毫无线索遗漏，错过第一时间，可能会造成证据被隐藏而难以获得，选项D同样重要且急迫；地炼企业会计资料通常已与申报消费税数据保持一致，检查时短期不易获得关键证据，但为防止在检查中企业篡改，还是应该第一时间获取，选项E在本题设置4个选项中可选；石油制品的储罐安全性、纯净性要求较高，每次换存储品均需专业公司清洗，且有安监环保等部门监管，更改储罐储藏油品品种较复杂，所以选项F重要但不紧迫，不应选择在首日开展。

【答案】ACDE

3.（多项选择题）下列关于成品油发票开具的表述，正确的有（　　）。

A. 成品油发票是指销售汽油、柴油、航空煤油、石脑油、溶剂油、润滑油、燃料油等成品油所开具的增值税专用发票，不包括增值税普通发票

B. 发票"单位"栏应选择"吨"或"升"，蓝字发票的"数量"栏为非必填项

C. 开具成品油专用发票后，发生销售退回、开票有误以及销售折让等情形，应按规定开具红字成品油专用发票

D. 成品油批发和加油站等经销企业，开具成品油发票的某一类别油品总量，应不大于所取得的成品油发票、海关进口消费税专用缴款书载明的同一类别油品总量

【解析】成品油发票，不仅包括增值税专用发票，也包括增值税普通发票。A 错误。开具成品油发票，发票"单位"栏应选择"吨"或"升"，蓝字发票的"数量"栏为必填，且不为"0"。选项 B 错误。

【答案】CD

4.（单项选择题）根据资料（1）、（2），下列表述正确的有（　　）。

A. 甲公司 2017 年的少缴税款行为，已超过 5 年，不应给予行政处罚

B. 甲公司虽然偷税数额巨大，但由于 3 年期间总偷税额占总应纳税额不足 10%，不移送公安机关

C. 稽查部门在检查中发现税务机关或税务人员涉嫌失职渎职的，应移送"一案双查"

D. 甲公司因偷税数额巨大，依法应处 3 年以上 7 年以下的有期徒刑

【解析】同一偷税行为连续发生的，自行为终了之日起计算，选项 A 表述错误。2019 年偷税数额占当年应纳税款的比例 = 1300 ÷（11000 + 1300）> 10%，达到移送标准，偷税占比应按年计算，选项 B 表述错误。偷税数额占比未达 30%，处以 3 年以下有期徒刑，选项 D 表述错误。

【答案】C

5.（多项选择题）根据资料（3），下列表述正确的有（　　）。

A. 王某不可适用小规模纳税人增值税优惠，应按 3% 征收；不可享受个体工商户个人所得减半征收的税收优惠

B. 王某不可适用小规模纳税人增值税优惠，应按 3% 征收；但可享受个体工商户个人所得减半征收的税收优惠

C. 王某可适用 2023 年小规模纳税人 1% 的征收率，可享受个体工商户个人所得减半征收的税收优惠

D. 对王某未按规定办理税务登记行为，可给予处罚

E. 所涉税款应定性为偷税，应按规定进行处罚

【解析】根据规定，小规模纳税人减按1%征收增值税；个体工商户年应纳税所得额不满200万元的，可减半征收个人所得税。瞒报收入的核定税款，应按偷税处理处罚。故选项A、B错误，选项C、D正确。

【答案】CD

（三）稽查局对And公司2019—2021年度的纳税情况进行检查时，了解到被检查企业主要生产汽车用精锻、齿轮，其购进齿轮毛坯经过机器精加工生产出精锻齿轮。检查中，检查组组长张某对检查工作进行了分工，张某负责2019—2020年度各税种的检查，陈某负责2021年度各税种的检查。检查汇总时发现，张某在对2019—2020年度的检查中，在稽查底稿上记录了后面三份材料的内容，而陈某在对2021年度的检查却毫无发现。请根据本案题设和后面列举的三个材料回答下列问题：

1. 被查对象And公司2019—2020年度存在哪些涉税问题？

2. 如果你是检查人员陈某，应如何调整对2021年度的检查方案和检查方向？

3. 如果你是检查组组长张某，在检查结束后，就本案查出的问题，你可以提出哪些征管建议？

材料一：

税务稽查工作底稿（一）

被查对象名称：And公司　　　　单位：元

账簿名称	会计科目	记账日期	凭证号码	摘录	对应科目	金额		备注
						借方	贷方	
记账凭证	6603001－财务费用－利息收入	2020－03－22	000043	资金占用费	1221001－其他应收款		100000.00	

被查对象（当事人）陈述意见：

（签章）　　　　年　　月　　日

检查人员（签名）：张某　　　　年　　月　　日

材料二：

税务稽查工作底稿（二）

被查对象名称：And 公司　　　　　　　　　　　　　　　　　　　　　　单位：元

账簿名称	会计科目	记账日期	凭证号码	摘录	对应科目	金额		备注
						借方	贷方	
银行凭证	660301－财务费用－利息收入	2019－09－30	000047	理财转	1002010139 － 银行存款		100000.00	
银行凭证	660301－财务费用－利息收入	2019－10－31	000024	理财转	1002010139 － 银行存款		100000.00	
银行凭证	660301－财务费用－利息收入	2019－10－31	000029	定期理财赎回	1002010140 － 银行存款		100000.00	
银行凭证	660301－财务费用－利息收入	2019－10－31	000030	定期理财赎回	1002010140 － 银行存款		100000.00	

被查对象（当事人）陈述意见：

（签章）　　　　　　　　　　　　　　　　　　　　　　年　月　日

检查人员（签名）：张某　　　　　　　　　　　　　　　　年　月　日

材料三：

税务稽查工作底稿（三）

被查对象名称：And 公司　　　　　　　　　　　　　　　　　　　　　　单位：元

账簿名称	会计科目	记账日期	凭证号码	摘录	对应科目	金额		备注
						借方	贷方	
银行凭证	224101 － 其他应付款	2019－05－31	000009	个人所得税手续费	1002010117 － 银行存款		100000.00	
记账凭证	6301099 － 营业外收入	2019－05－31	000072	个人所得税返点	1002001001 － 银行存款		100000.00	

被查对象（当事人）陈述意见：

（签章）　　　　　　　　　　　　　　　　　　　　　　年　月　日

检查人员（签名）：张某　　　　　　　　　　　　　　　　年　月　日

【答案】

1. 应从以下方面进行阐述：

（1）收到资金占用利息收入未按贷款服务缴纳增值税。

（2）营改增后保本金融商品持有到期利息收入未按贷款服务缴纳增值税。

（3）收到个人所得税手续费未按代理经纪服务缴纳增值税。

2. 如果我是检查人员陈某，将从以下方面调整对2021年度的检查方案和检查方向：

（1）检查“财务费用——利息收入”会计科目，查看2021年度企业是否有资金占用利息收入发生。

（2）检查“财务费用——利息收入”会计科目，查看2021年度企业是否有理财转让和定期理财赎回的利息收入发生。

（3）检查“其他应付款”会计科目，查看2021年度企业是否有个人所得税手续费发生。

（4）检查“营业外收入”会计科目，查看2021年度企业是否有个人所得税手续费发生。

（5）检查2021年度所有凭证摘要内容，查个人所得税企业是否有关键词为“手续费”“资金占用”“理财”等会计科目。

（6）检查2021年度“银行存款”会计科目借方流向和明细科目，查看企业是否有类似上述情况的业务发生。

（注：读者也可结合工作实际作答。）

3. 如果我是检查组组长张某，在检查结束后，就本案查出的问题，可以提出以下征管建议：

（1）加强对生产型企业增值税政策的宣传和辅导。

（2）提高对营改增税收政策宣传和辅导的针对性。

（3）对由税务部门发放的个人所得税手续费，对领取的企业进行一次全面的专项风险分析和应对，企业也可以开展自查。

（注：读者也可结合工作实际作答。）

错题、要点整理页

第五章 所得税稽查

>> 本章知识框架

节	细目	知识点	学习进度
企业所得税检查方法	企业所得税居民企业、非居民企业纳税人与扣缴义务人的检查方法	【知识点1】居民企业、非居民企业纳税人的基本政策	
		【知识点2】扣缴义务人的基本政策	
		【知识点3】境外注册中资控股居民企业的基本政策	
		【知识点4】转让限售股的纳税义务人的基本政策	
		【知识点5】纳税义务的基本政策	
		【知识点6】居民企业、非居民企业纳税人与扣缴义务人的检查方法	
	企业所得税收入总额的检查方法	【知识点1】企业所得税收入总额的基本政策	
		【知识点2】销售货物收入的基本政策	
		【知识点3】提供劳务收入的基本政策	
		【知识点4】转让财产收入的基本政策	
		【知识点5】股息、红利等权益性投资收益的基本政策	
		【知识点6】利息收入的基本政策	
		【知识点7】租金收入的基本政策	
		【知识点8】特许权使用费收入的基本政策	
		【知识点9】接受捐赠收入的基本政策	
		【知识点10】产品分成收入的基本政策	
		【知识点11】视同销售收入的基本政策	

续表

节	细目	知识点	学习进度
企业所得税检查方法	企业所得税收入总额的检查方法	【知识点12】政策性搬迁收入的基本政策	
		【知识点13】其他收入的基本政策	
		【知识点14】不征税收入的基本政策	
		【知识点15】企业所得税收入总额的检查方法	
	企业所得税扣除项目及扣除凭证的检查方法	【知识点1】企业所得税扣除项目及扣除凭证的基本政策	
		【知识点2】以前年度发生应扣未扣支出的税务处理的基本政策	
		【知识点3】税前扣除规定与企业实际会计处理之间的协调的基本政策	
		【知识点4】不得税前扣除的基本政策	
		【知识点5】企业所得税税前扣除凭证的基本政策	
		【知识点6】工资、薪金支出税前扣除的基本政策	
		【知识点7】职工福利费税前扣除的基本政策	
		【知识点8】职工教育经费税前扣除的基本政策	
		【知识点9】工会经费税前扣除的基本政策	
		【知识点10】非公有制企业党组织工作经费的基本政策	
		【知识点11】保险费、住房公积金税前扣除的基本政策	
		【知识点12】借款费用税前扣除的基本政策	
		【知识点13】关于企业融资费用支出税前扣除的基本政策	
		【知识点14】汇兑损失税前扣除的基本政策	
		【知识点15】业务招待费税前扣除的基本政策	
		【知识点16】广告费和业务宣传费税前扣除的基本政策	
		【知识点17】环境保护、生态恢复专项资金税前扣除的基本政策	
		【知识点18】租赁费税前扣除的基本政策	
		【知识点19】劳动保护费税前扣除的基本政策	
		【知识点20】公益性捐赠税前扣除的基本政策	

续表

节	细目	知识点	学习进度
企业所得税检查方法	企业所得税扣除项目及扣除凭证的检查方法	【知识点21】手续费及佣金税前扣除的基本政策	
		【知识点22】准备金税前扣除的基本政策	
		【知识点23】开（筹）办费税前扣除的基本政策	
		【知识点24】政府性基金和行政事业性收费的基本政策	
		【知识点25】油气企业费用支出的基本政策	
		【知识点26】员工服饰费的基本政策	
		【知识点27】航空企业空勤训练费的基本政策	
		【知识点28】企业维简费和高危行业企业安全生产费用的基本政策	
		【知识点29】棚户区改造支出的基本政策	
		【知识点30】母子公司费用支付的基本政策	
		【知识点31】关于文物、艺术品资产的基本政策依据	
		【知识点32】企业所得税扣除项目及扣除凭证的检查方法	
	企业所得税资产税务处理的检查方法	【知识点1】企业所得税资产税务处理的基本政策	
		【知识点2】固定资产税务处理的基本政策	
		【知识点3】生产性生物资产税务处理的基本政策	
		【知识点4】无形资产税务处理的基本政策	
		【知识点5】长期待摊费用税务处理的基本政策	
		【知识点6】存货税务处理的基本政策	
		【知识点7】投资资产税务处理的基本政策	
		【知识点8】坏账损失税务处理的基本政策	
		【知识点9】其他资产损失税务处理的基本政策	
		【知识点10】抵押资产损失税务处理的基本政策	
		【知识点11】企业所得税资产税务处理的检查方法	
	企业所得税应纳税额的检查方法	【知识点1】企业所得税应纳税额的基本政策	
		【知识点2】弥补亏损的基本政策	

续表

节	细目	知识点	学习进度
企业所得税检查方法	企业所得税应纳税额的检查方法	【知识点3】境外税收抵免的基本政策	
		【知识点4】企业所得税减免税的基本政策	
		【知识点5】研发费用加计扣除的基本政策	
		【知识点6】企业所得税应纳税额的检查方法	
	企业所得税纳税与扣缴义务发生时间、纳税地点的检查方法	【知识点1】企业所得税纳税义务发生时间的基本政策	
		【知识点2】企业所得税扣缴义务发生时间的基本政策	
		【知识点3】企业所得税纳税地点的基本政策	
		【知识点4】企业所得税扣缴义务纳税地点的基本政策	
		【知识点5】企业所得税纳税与扣缴义务发生时间、纳税地点的检查方法	
个人所得税检查方法	个人所得税居民、非居民纳税人与扣缴义务人的检查方法	【知识点1】个人所得税居民纳税人的基本政策	
		【知识点2】个人所得税非居民纳税人的基本政策	
		【知识点3】个人所得税扣缴义务人的基本政策	
		【知识点4】个人取得拍卖收入扣缴义务人的基本政策	
		【知识点5】个人所得税居民、非居民纳税人与扣缴义务人的检查方法	
	个人所得税适用税目和税率的检查方法	【知识点1】个人所得税适用税目的基本政策	
		【知识点2】综合所得计税方式的基本政策	
		【知识点3】分类计税方式的基本政策	
		【知识点4】工资、薪金所得的基本政策	
		【知识点5】劳务报酬所得的基本政策	
		【知识点6】稿酬所得的基本政策	
		【知识点7】特许权使用费所得的基本政策	
		【知识点8】经营所得的基本政策	
		【知识点9】利息、股息、红利所得的基本政策	
		【知识点10】财产租赁所得的基本政策	
		【知识点11】财产转让所得的基本政策	
		【知识点12】偶然所得的基本政策	

续表

节	细目	知识点	学习进度
个人所得税检查方法	个人所得税适用税目和税率的检查方法	【知识点13】个人取得拍卖收入适用税目的基本政策	
		【知识点14】个人投资者以企业资金为本人、家庭成员及其相关人员支付消费性支出适用税目的基本政策	
		【知识点15】个人所得税适用税率的基本政策	
		【知识点16】创投企业可选择核算方式和相应个人所得税税目和税率的基本政策	
		【知识点17】居民个人取得全年一次性奖金可选择不同计税方式和相应税率的基本政策	
		【知识点18】中央企业负责人取得年度绩效薪金延期兑现收入和任期奖励可选择不同计税方式和相应税率的基本政策	
		【知识点19】居民个人取得股权激励所得个人所得税的优惠计算方式和相应税率的基本政策	
		【知识点20】企业年金、职业年金个人所得税的优惠计算方式和相应税率的基本政策	
		【知识点21】解除劳动关系取得一次性补偿收入个人所得税的优惠计算方式和相应税率的基本政策	
		【知识点22】提前退休取得的一次性补贴收入个人所得税的优惠计算方式和相应税率的基本政策	
		【知识点23】内部退养取得的一次性补贴收入个人所得税的优惠计算方式和相应税率的基本政策	
		【知识点24】单位低价向职工售房个人所得税的优惠计算方式和相应税率的基本政策	
		【知识点25】远洋船员个人所得税优惠的基本政策	
		【知识点26】粤港澳大湾区个人所得税优惠政策个人所得税优惠的基本政策	
		【知识点27】个人所得税适用税目与税率的检查方法	

续表

节	细目	知识点	学习进度
个人所得税检查方法	个人所得税计税依据及应纳税额的检查方法	【知识点 1】个人所得税所得的基本政策	
		【知识点 2】居民个人综合所得计税依据的基本政策	
		【知识点 3】保险营销员、证券经纪人佣金收入特殊计税依据的基本政策	
		【知识点 4】非居民个人四项所得计税依据的基本政策	
		【知识点 5】经营所得计税依据的基本政策	
		【知识点 6】财产租赁所得计税依据的基本政策	
		【知识点 7】财产转让所得计税依据的基本政策	
		【知识点 8】利息、股息、红利所得计税依据的基本政策	
		【知识点 9】偶然所得计税依据的基本政策	
		【知识点 10】公益捐赠扣除的基本政策	
		【知识点 11】来源于境内境外所得计算的基本政策	
		【知识点 12】个人所得税免税的基本政策	
		【知识点 13】无住所个人工资、薪金所得计税依据的基本政策	
		【知识点 14】无住所居民个人综合所得税款计算的基本政策	
		【知识点 15】非居民个人取得数月奖金税款计算的基本政策	
		【知识点 16】非居民个人取得股权激励所得税款计算的基本政策	
		【知识点 17】股权转让所得计算的特殊规定	
		【知识点 18】支持居民换购住房有关个人所得税政策	
		【知识点 19】子女教育专项附加扣除的基本政策	
		【知识点 20】3 岁以下婴幼儿照护个人所得税专项附加扣除政策	
		【知识点 21】继续教育专项附加扣除的基本政策	
		【知识点 22】大病医疗专项附加扣除的基本政策	
		【知识点 23】住房贷款利息专项附加扣除的基本政策	

续表

节	细目	知识点	学习进度
个人所得税检查方法	个人所得税计税依据及应纳税额的检查方法	【知识点24】住房租金专项附加扣除的基本政策	
		【知识点25】赡养老人专项附加扣除的基本政策	
		【知识点26】创业投资企业和天使投资个人有关税收政策	
		【知识点27】权益性投资经营所得个人所得税政策	
		【知识点28】个人所得税计税依据及应纳税额的检查方法	
	个人所得税纳税与扣缴义务申报时间、申报地点的检查方法	【知识点1】居民个人取得综合所得纳税申报时间、申报地点的基本政策	
		【知识点2】非居民个人取得四项所得纳税申报时间、申报地点的基本政策	
		【知识点3】经营所得纳税申报时间、申报地点的基本政策	
		【知识点4】利息、股息、红利所得，财产租赁所得，财产转让所得和偶然所得申报时间、申报地点的基本政策	
		【知识点5】无扣缴义务人的纳税申报时间、申报地点的基本政策	
		【知识点6】扣缴义务人未扣缴税款的纳税申报时间、申报地点的基本政策	
		【知识点7】取得境外所得的纳税申报时间、申报地点的基本政策	
		【知识点8】移居境外税款清算的基本政策	
		【知识点9】个人所得税扣缴申报时间、申报地点的基本政策	
		【知识点10】向居民个人支付综合所得扣缴税款的基本政策	
		【知识点11】向非居民个人支付四项所得扣缴税款的基本政策	
		【知识点12】支付利息、股息、红利所得，财产租赁所得，财产转让所得或者偶然所得扣缴税款的基本政策	
		【知识点13】涉及税收协定待遇扣缴税款的基本政策	
		【知识点14】扣缴税款过程中扣缴义务人提供信息和报告义务的基本政策	

续表

节	细目	知识点	学习进度
个人所得税检查方法	个人所得税纳税与扣缴义务申报时间、申报地点的检查方法	【知识点15】扣缴税款过程中纳税人修改信息和报告权利的基本政策	
		【知识点16】个人所得税纳税与扣缴义务申报时间、申报地点的检查方法	

>> 习题演练

一、单项选择题

1. 某市稽查局对某拍卖有限公司立案检查，发现其在2020年至2022年期间向自然人支付拍卖款及向股东分红时未按规定履行代扣代缴个人所得税义务。关于本案，下列说法错误的是（　　）。

A. 个人所得税以所得人为纳税人，以支付所得的单位或者个人为扣缴义务人

B. 个人取得的财产拍卖所得适用“财产转让所得”个人所得税税目

C. 企业向股东分红应代扣代缴利息、股息、红利所得个人所得税

D. 个人财产拍卖所得应纳的个人所得税税款，由拍卖单位负责代扣代缴，并按规定向拍卖单位所在地主管税务机关办理纳税申报

【解析】根据《国家税务总局关于加强和规范个人取得拍卖收入征收个人所得税有关问题的通知》（国税发〔2007〕38号）规定，作者将自己的文字作品手稿原件或复印件拍卖取得的所得，按照“特许权使用费所得”项目缴纳个人所得税。个人拍卖除文字作品原稿及复印件外的其他财产，应以其转让收入额减除财产原值和合理费用后的余额为应纳税所得额，按照“财产转让所得”项目缴纳个人所得税。选项B错误，选项A、B、C均符合相关规定。

【答案】B

2. 某市稽查局对某自然人立案检查，发现其将部分用于个人的消费性支出在其出资企业列支。关于本案，下列说法错误的是（　　）。

A. 企业发生的与生产经营活动无关的各种支出等不得在企业所得税税前扣除

B. 个人投资者以企业资金为本人支付消费性支出，视为企业对个人投资者的利润分配，依照“利息、股息、红利所得”项目计征个人所得税

C. 营利法人的控股出资人利用关联关系造成法人损失的，应当承担赔偿责任

D. 营利法人的出资人滥用法人独立地位和出资人有限责任，逃避债务，严重损害法人债权人的利益的，应当对法人债务承担连带责任

【解析】根据《财政部 国家税务总局关于规范个人投资者个人所得税征收管理的通知》（财税〔2003〕158号）规定，个人独资企业、合伙企业的个人投资者以企业资金为本人、家庭成员及其相关人员支付与企业生产经营无关的消费性支出及购买汽车、住房等财产性支出，视为企业对个人投资者的利润分配，并入投资者个人的生产经营所得，依照"个体工商户的生产经营所得"项目计征个人所得税。除个人独资企业、合伙企业以外的其他企业的个人投资者，以企业资金为本人、家庭成员及其相关人员支付与企业生产经营无关的消费性支出及购买汽车、住房等财产性支出，视为企业对个人投资者的红利分配，依照"利息、股息、红利所得"项目计征个人所得税。企业的上述支出不允许在所得税税前扣除。选项A正确。确定个人所得税征税税目，应当视不同的情况而定，可能是依照"个体工商户的生产经营所得"项目计征个人所得税，也可能是依照"利息、股息、红利所得"项目计征个人所得税，不能一概而论。选项B错误。

根据《中华人民共和国民法典》第八十四条规定，营利法人的控股出资人、实际控制人、董事、监事、高级管理人员不得利用其关联关系损害法人的利益；利用关联关系造成法人损失的，应当承担赔偿责任。选项C正确。

根据《中华人民共和国民法典》第八十三条第二款规定，营利法人的出资人不得滥用法人独立地位和出资人有限责任损害法人债权人的利益；滥用法人独立地位和出资人有限责任，逃避债务，严重损害法人债权人的利益的，应当对法人债务承担连带责任。选项D正确。

【答案】B

3. 某市稽查局2023年对某远洋渔业企业立案检查，该企业取得了农业农村部颁发的"远洋渔业企业资格证书"并在有效期内，检查所属期为2021—2022年度，关于相关问题的处理正确的是（　　）。

A. 该企业取得的所得，免征企业所得税

B. 远洋船员，其取得的工资薪金收入免征个人所得税

C. 一个纳税年度内在船航行时间累计满183天的随船出行的会计，其取得的工资薪金收入减按50%计入应纳税所得额，依法缴纳个人所得税

D. 一个纳税年度内在船航行时间累计满183天的远洋船员，其取得的工资薪金收入减按50%计入应纳税所得额，依法缴纳个人所得税

【解析】该企业从事远洋捕捞项目的所得，免征企业所得税，从事其他项目所得取得的收入，并不免征企业所得税。选项A错误。一个纳税年度内在船航行时间累计满183天的远洋船员，其取得的工资薪金收入减按50%计入应纳税所得额，依法缴纳个人所得税。选项B错误，选项D正确。远洋船员是指在海事管理部门依法登记注册的国际航行船舶船员和在渔业管理部门依法登记注册的远洋渔业船员。会计不是可以享

受此个人所得税优惠政策的远洋船员，选项 C 错误。

【答案】D

4. 某市稽查局 2023 年对上市公司 2022 年度申报纳税情况进行检查时发现，上市公司实行股权激励计划。根据相关规定，在股权激励计划可行权后，上市公司可根据该股票实际行权时的公允价格与当年激励对象实际行权支付价格的差额及数量，计算确定作为当年上市公司工资、薪金支出，依照税法规定进行税前扣除。关于股票实际行权时的公允价格下列说法正确的是（　　）。

A. 以实际行权日该股票的开盘价格确定

B. 以实际行权日该股票的收盘价格确定

C. 以实际行权日该股票的平均价格确定

D. 以实际行权日该股票的登记价格确定

【解析】根据《国家税务总局关于我国居民企业实行股权激励计划有关企业所得税处理问题的公告》（国家税务总局公告 2012 年第 18 号）规定，股票实际行权时的公允价格以实际行权日该股票的收盘价格确定。

【答案】B

5. 某市稽查局在对某企业检查时发现，该企业为鼓励员工为本企业提供融资担保，按企业实际获得的银行贷款额的 1% 支付报酬，某员工王某以其自有房产为企业提供担保，获得企业奖励 10000 元，则关于员工王某获得的此笔收入，下列处理正确的是（　　）。

A. 企业应按照工资、薪金所得税目计算扣缴个人所得税

B. 企业应按照劳务报酬所得税目计算扣缴个人所得税

C. 企业应按利息股息红利所得税目计算扣缴个人所得税

D. 企业应按偶然所得税目计算扣缴个人所得税

【解析】根据《财政部 税务总局关于个人取得有关收入适用个人所得税应税所得项目的公告》（财政部 税务总局公告 2019 年第 74 号）规定，个人为单位或他人提供担保获得收入，按照“偶然所得”项目计算缴纳个人所得税。即使个人是为本单位提供担保，也不是任职受雇合同所约定的内容，不能按照“工资、薪金所得”计税。

【答案】D

6. 某市稽查局对化妆品行业和医药制造行业开展随机抽查辅导，辅导中发现上述两类行业均反馈有大额的广告费和业务宣传费支出，则关于上述行业广告费和业务宣传费支出的处理说法错误的是（　　）。

A. 对化妆品制造企业发生的广告费和业务宣传费支出，不超过当年销售（营业）收入 30% 的部分，准予扣除；超过部分，准予在以后纳税年度结转扣除

B. 对化妆品销售企业发生的广告费和业务宣传费支出，不超过当年销售（营业）收入30%的部分，准予扣除；超过部分，准予在以后纳税年度结转扣除

C. 医药制造企业发生的广告费和业务宣传费支出，不超过当年销售（营业）收入30%的部分，准予扣除；超过部分，准予在以后纳税年度结转扣除

D. 医药销售企业发生的广告费和业务宣传费支出，不超过当年销售（营业）收入30%的部分，准予扣除；超过部分，准予在以后纳税年度结转扣除

【解析】对化妆品制造或销售、医药制造和饮料制造（不含酒类制造）企业发生的广告费和业务宣传费支出，不超过当年销售（营业）收入30%的部分，准予扣除；超过部分，准予在以后纳税年度结转扣除。

【答案】D

7. 非居民个人张某，2023年6月从中国某出版社一次性取得其创作的作品出版收入10万美元，假定2023年5月最后一日的人民币汇率中间价为1美元兑人民币7.0026元，对该笔收入出版社应代扣代缴的个人所得税计算公式正确的是（　　）。

A. 10×7.0026×（1－20%）×20%

B. 10×7.0026×（1－20%）×40%－7000

C. 10×7.0026×（1－20%）×70%×20%

D. 10×7.0026×（1－20%）×20%×70%

【解析】根据《个人所得税法》，应为稿酬所得，收入额减按70%计算。

【答案】C

8. 某稽查局2023年对某保险企业集团立案检查，该保险企业集团下设财产保险子公司和人身保险子公司，则在检查中，针对案件涉及的企业手续费及佣金的处理，下列说法错误的是（　　）。

A. 自2019年1月1日起，财产保险企业发生与其经营活动有关的手续费及佣金支出，不超过当年全部保费收入扣除退保金等后余额的18%（含本数）的部分，在计算应纳税所得额时准予扣除；超过部分，允许结转以后年度扣除

B. 自2019年1月1日起，人身保险企业发生与其经营活动有关的手续费及佣金支出，不超过当年全部保费收入扣除退保金等后余额的15%（含本数）的部分，在计算应纳税所得额时准予扣除；超过部分，允许结转以后年度扣除

C. 非保险企业发生与生产经营有关的手续费及佣金支出，按与具有合法经营资格中介服务机构或个人（不含交易双方及其雇员、代理人和代表人等）所签订服务协议或合同确认的收入金额的5%计算限额

D. 企业不得将手续费及佣金支出计入回扣、业务提成、返利、进场费等费用

【解析】根据《财政部 税务总局关于保险企业手续费及佣金支出税前扣除政策的公告》（财政部 税务总局公告2019年第72号）的规定，自2019年1月1日起，保险企业发生与其经营活动有关的手续费及佣金支出，不超过当年全部保费收入扣除退保金等后余额的18%（含本数）的部分，在计算应纳税所得额时准予扣除；超过部分，允许结转以后年度扣除。

【答案】B

9. 按照现行规定，个人按照规定领取的税收递延型商业养老保险的养老金收入有关个人所得税政策说法正确的是（　　）。

A. 25%部分予以征税

B. 计算缴纳的个人所得税，税款记入“偶然所得”项目

C. 计算缴纳的个人所得税，税款记入“工资、薪金所得”项目

D. 计算缴纳的个人所得税，税款记入“其他所得”项目

【解析】《财政部 税务总局关于个人取得有关收入适用个人所得税应税所得项目的公告》（财政部 税务总局公告2019年第74号）规定，个人按照《财政部 税务总局 人力资源社会保障部 中国银行保险监督管理委员会 证监会关于开展个人税收递延型商业养老保险试点的通知》（财税〔2018〕22号）的规定，领取的税收递延型商业养老保险的养老金收入，其中25%部分予以免税，其余75%部分按照10%的比例税率计算缴纳个人所得税，税款记入“工资、薪金所得”项目，由保险机构代扣代缴后，在个人购买税延养老保险的机构所在地办理全员全额扣缴申报。

【答案】C

10. 某稽查局2023年对某企业集团立案检查，该集团日常经营中存在母子公司之间提供服务支付费用的情况，则下列有关企业所得税处理问题说法错误的是（　　）。

A. 母公司为其子公司提供各种服务而发生的费用，应按照独立企业之间公平交易原则确定服务的价格，作为企业正常的劳务费用进行税务处理。母子公司未按照独立企业之间的业务往来收取价款的，税务机关有权予以调整

B. 母公司向其子公司提供各项服务，双方应签订服务合同或协议，明确规定提供服务的内容、收费标准及金额等，凡按上述合同或协议规定所发生的服务费，母公司应作为营业收入申报纳税；子公司作为成本费用在税前扣除

C. 母公司向其多个子公司提供同类项服务，其收取的服务费可以采取分项签订合同或协议收取；也可以采取服务分摊协议的方式，即由母公司与各子公司签订服务费用分摊合同或协议，以母公司为其子公司提供服务所发生的实际费用并附加一定比例利润作为向子公司收取的总服务费，在各服务

受益子公司（包括盈利企业、亏损企业和享受减免税企业）之间按《企业所得税法》第四十一条第二款规定合理分摊

D. 母公司以管理费形式向子公司提取费用，子公司因此支付给母公司的管理费，可以在税前扣除

【解析】母公司以管理费形式向子公司提取费用，子公司因此支付给母公司的管理费，不得在税前扣除。

【答案】D

11. 按照现行政策，下列说法错误的是（　　）。

A. 保险公司支付给保期内未出险的人寿保险保户的利息（或以其他名义支付的类似收入）不再征收个人所得税

B. 股民个人从证券公司取得的回扣收入或交易手续费返还收入等不再征收个人所得税

C. 对银行部门以超过国家规定利率和保值贴补率支付给储户的揽储奖金不再征收个人所得税

D. 居民个人因任职单位缴纳有关保险费用而取得的无赔偿优待收入应按“综合所得”缴纳个人所得税

【解析】根据《财政部 税务总局关于个人取得有关收入适用个人所得税应税所得项目的公告》（财政部 税务总局公告2019年第74号）的规定，对选项A、B、C、D中提到的收入征收个人所得税的条款均已废止，不再征收个人所得税，选项D错误。

【答案】D

12. 某稽查局对某航空企业立案检查，检查中发现该企业运输成本中列支的项目较多，则下列关于航空企业运输成本的企业所得税处理问题说法错误的是（　　）。

A. 航空企业实际发生的飞行员养成费可以作为航空企业运输成本在税前扣除

B. 航空企业实际发生的飞行训练费可以作为航空企业运输成本在税前扣除

C. 航空企业实际发生的乘务训练费可以作为航空企业运输成本在税前扣除

D. 航空企业实际发生的购买飞机的支出可以作为航空企业运输成本在税前扣除

【解析】航空企业实际发生的飞行员养成费、飞行训练费、乘务训练费、空中保卫员训练费等空勤训练费用，根据《企业所得税法实施条例》第二十七条规定，可以作为航空企业运输成本在税前扣除，选项A、B、C都正确。航空企业实际发生的购买飞机的支出应当计入固定资产，计提折旧，不可以直接作为航空企业运输成本在税前扣除，选项D错误。

【答案】D

13. 某稽查局对某制造业企业立案检查，该企业2021年新成立，成立当年有大量

的开（筹）办费支出，则关于该企业开（筹）办费的处理错误的是（　　）。

A. 开（筹）办费未明确列作长期待摊费用，企业可以在开始经营之日的当年一次性扣除

B. 开（筹）办费未明确列作长期待摊费用，企业可以按照有关长期待摊费用的处理规定处理，但一经选定，不得改变

C. 企业自开始生产经营的年度，为开始计算企业损益的年度。企业从事生产经营之前进行筹办活动期间发生筹办费用支出，可以计算为当期的亏损

D. 企业在筹建期间，发生的与筹办活动有关的业务招待费支出，可按实际发生额的60%计入企业筹办费，并按有关规定在税前扣除；发生的广告费和业务宣传费，可按实际发生额计入企业筹办费，并按有关规定在税前扣除

【解析】企业自开始生产经营的年度，为开始计算企业损益的年度。企业从事生产经营之前进行筹办活动期间发生筹办费用支出，不得计算为当期的亏损。

【答案】C

14. 非上市公司授予本公司员工的股权激励，符合规定条件的，经向主管税务机关备案，可实行递延纳税政策，即员工在取得股权激励时可暂不纳税，递延至转让该股权时纳税；股权转让时，适用（　　）项目计算缴纳个人所得税。

A. 工资、薪金所得　　B. 综合所得

C. 财产转让所得　　D. 以上全不对

【解析】根据《财政部 国家税务总局关于完善股权激励和技术入股有关所得税政策的通知》（财税〔2016〕101号）规定，非上市公司授予本公司员工的股票期权、股权期权、限制性股票和股权奖励，符合规定条件的，经向主管税务机关备案，可实行递延纳税政策，即员工在取得股权激励时可暂不纳税，递延至转让该股权时纳税；股权转让时，按照股权转让收入减除股权取得成本以及合理税费后的差额，适用"财产转让所得"项目，按照20%的税率计算缴纳个人所得税。

【答案】C

15. 某稽查局对某制造业企业立案检查，检查中发现该企业的固定资产项目繁多，资产取得的来源多种多样，固定资产计税基础的确定可能存在问题，则下列关于企业固定资产计税基础的确定，处理错误的是（　　）。

A. 外购的固定资产，企业以购买价款和支付的相关税费以及直接归属于使该资产达到预定用途发生的其他支出为计税基础

B. 自行建造的固定资产，企业以直接归属于使该资产达到预定用途发生前的支出为计税基础

C. 融资租入的固定资产，企业以租赁合同约定的付款总额和承租人在签订租赁合同过程中发生的相关费用为计税基础，租赁合同未约定付款总额的，

以该资产的公允价值和承租人在签订租赁合同过程中发生的相关费用为计税基础

D. 盘盈的固定资产，企业以同类固定资产的重置完全价值为计税基础

【解析】自行建造的固定资产，应以竣工结算前发生的支出为计税基础，选项 B 错误。选项 A、C、D 的处理均符合相关税法规定。

【答案】B

16. 某稽查局对某企业 2022 年度的纳税申报情况进行立案检查，检查中发现该企业符合中小微企业的条件，其在 2022 年 9 月 1 日新购置一机器设备，单位价值为 1000 万元，企业按选择最优惠的政策在企业所得税税前扣除。则 2022 年，该机器设备可在企业所得税税前扣除的折旧额，既正确又最有利的处理应为（　　）万元。

A. 1000　　B. 500

C. 25　　D. 50

【解析】中小微企业在 2022 年 1 月 1 日至 2022 年 12 月 31 日期间新购置的设备、器具，单位价值在 500 万元以上的，按照单位价值的一定比例自愿选择在企业所得税税前扣除。其中，《企业所得税法实施条例》规定最低折旧年限为 3 年的设备器具，单位价值的 100% 可在当年一次性税前扣除；最低折旧年限为 4 年、5 年、10 年的，单位价值的 50% 可在当年一次性税前扣除，其余 50% 按规定在剩余年度计算折旧进行税前扣除。企业选择适用上述政策当年不足扣除形成的亏损，可在以后 5 个纳税年度结转弥补，享受其他延长亏损结转年限政策的企业可按现行规定执行。因为机器设备的法定税前最低折旧年限为 10 年，且单位价值在 500 万元以上，则 2022 年购买当年，单位价值的 50% 即 500 万元，可在当年一次性税前扣除，其余 50%，即 500 万元，按规定在剩余年度计算折旧进行税前扣除。选项 B 正确。

【答案】B

17. 关于大病医疗专项附加扣除，除纳税人本人外，下列与纳税人本人有亲属关系的人员发生的符合条件的大病医疗支出，在规定限额内，可以由纳税人本人扣除的是（　　）。

A. 配偶　　B. 成年子女

C. 父母　　D. 兄弟姐妹

【解析】纳税人发生的医药费用支出可以选择由本人或者其配偶扣除；未成年子女发生的医药费用支出可以选择由其父母一方扣除。所以选项 C、D 错误。选项 B 必须是未成年子女才可以。

【答案】A

18. 下列关于无形资产的企业所得税处理说法错误的是（　　）。

A. 外购的无形资产，以购买价款和支付的相关税费以及直接归属于使该资产

达到预定用途发生的其他支出为计税基础

B. 自行开发的无形资产，以开发过程中该资产符合资本化条件后至达到预定用途前发生的支出为计税基础

C. 通过捐赠、投资、非货币性资产交换、债务重组等方式取得的无形资产，以该资产的公允价值和支付的相关税费为计税基础

D. 外购商誉的支出，不予扣除

【解析】外购商誉的支出，在企业整体转让或者清算时，准予扣除。

【答案】D

19. 2022 年 8 月，中国公民李某取得法律援助补贴收入 20000 元，李某就该笔收入应缴纳的增值税和被预扣预缴的个人所得税总计为（　　）元。

A. 0　　B. 1400

C. 3200　　D. 3800

【解析】根据《财政部 税务总局关于法律援助补贴有关税收政策的公告》（财政部 税务总局公告 2022 年第 25 号）的规定，自 2022 年 1 月 1 日起，对法律援助人员按照《中华人民共和国法律援助法》规定获得的法律援助补贴，免征增值税和个人所得税。法律援助机构向法律援助人员支付法律援助补贴时，应当为获得补贴的法律援助人员办理个人所得税劳务报酬所得免税申报。

【答案】A

20. 某市税务局稽查局对某技术有限公司立案检查过程中，发现其涉嫌接受虚开增值税专用发票并违规适用研发费用加计扣除，则被查对象的下列处理错误的是（　　）。

A. 将研发活动直接消耗的材料、燃料和动力费用加计扣除

B. 将用于研究开发活动的软件、知识产权、非专利技术（专有技术、许可证、设计和计算方法等）的摊销费用加计扣除

C. 将新产品设计费、新工艺规程制定费、新药研制的临床试验费、勘探开发技术的现场试验费加计扣除

D. 用于研发活动的仪器、设备的折旧费加计扣除

【解析】选项 A 属于直接投入费用，可以加计扣除。用于研发活动的软件、专利权、非专利技术（包括许可证、专有技术、设计和计算方法等）的摊销费用可以加计扣除。"知识产权"和"专利权"的口径存在一定的差异，并不都可以加计扣除，选项 B 错误。选项 C 属于设计试验等费用，可以加计扣除。选项 D 属于折旧费用与长期待摊费用，可以加计扣除。

【答案】B

21. 甲企业为非集成电路企业和工业母机企业，2023 年开展了 A、B 两个研发项

目，A 项目人员人工等五项费用之和为 88 万元，与研发活动直接相关的其他相关费用 12 万元；B 项目人员人工等五项费用之和为 84 万元，与研发活动直接相关的其他相关费用 8 万元。假设两项研发活动均符合加计扣除相关规定，2023 年度该企业 A、B 两个项目的其他相关费用加计扣除限额为（　　）万元。

A. 17. 2　　　　B. 17. 78

C. 19. 11　　　　D. 20

【解析】2023 年度该企业 A、B 两个项目的其他相关费用限额为 19. 11 万元［（88 + 84）×10% ÷（1 - 10%）］，小于实际发生数 20 万元（12 + 8）。则该企业当年允许加计扣除的其他相关费用为 19. 11 万元。

【答案】C

22. 续接上题，2023 年度甲企业的研发费用加计扣除额为（　　）万元。

A. 185. 34　　　　B. 189. 78

C. 191. 11　　　　D. 192

【解析】允许加计扣除的研发费用为 191. 11 万元（88 + 84 + 19. 11）。2023 年该企业的研发费用加计扣除额为 191. 11 万元（191. 11 ×100%）。

【答案】C

23. 2022 年企业购置并实际使用符合《环境保护专用设备企业所得税优惠目录》规定的环境保护专用设备，取得的增值税专用发票上所载金额为 1000 万元，增值税税款 130 万元，价税合计 1130 万元，2022 年度该企业企业所得税应纳税所得额为 400 万元，适用税率为 25%。则关于该设备的处理，做法正确的是（　　）。

A. 可以从企业 2022 年的应纳税所得额中抵免 100 万元

B. 可以从企业 2022 年的应纳税额中抵免 100 万元

C. 可以从企业 2022 年的应纳税额中抵免 113 万元

D. 可以从企业 2022 年的应纳税额中抵免 100 万元，当年不足抵免的 13 万元，可以在以后 5 个纳税年度结转抵免

【解析】企业购置并实际使用《环境保护专用设备企业所得税优惠目录》《节能节水专用设备企业所得税优惠目录》和《安全生产专用设备企业所得税优惠目录》规定的环境保护、节能节水、安全生产等专用设备的，该专用设备的投资额的 10% 可以从企业当年的应纳税额中抵免；当年不足抵免的，可以在以后 5 个纳税年度结转抵免。

进行税额抵免时，如增值税进项税额允许抵扣，其专用设备投资额不再包括增值税进项税额；如增值税进项税额不允许抵扣，其专用设备投资额应为增值税专用发票上注明的价税合计金额。企业购买专用设备取得普通发票的，其专用设备投资额为普通发票上注明的金额。

本题中企业取得增值税专用发票，增值税进项税额一般情况下允许抵扣，其专用

设备投资额不再包括增值税进项税额，即仅为1000万元，可在2022年抵免的是100万元，而2022年度企业企业所得税应纳税所得额为400万元，适用税率为25%，应纳税额为100万元，足够抵免，选项B正确。选项A错在不是从应纳税所得额中抵免，选项C、D皆错误地认为可以抵免应纳税额的是113万元。

【答案】B

24. 自2023年1月1日起，赡养老人专项附加扣除标准为（　　）。

A. 每月2000元

B. 每月3000元

C. 每个老人每月2000元

D. 每个老人每月3000元

【解析】自2023年1月1日起，赡养老人专项附加扣除标准，由每月2000元提高到3000元。其中，独生子女按照每月3000元的标准定额扣除；非独生子女与兄弟姐妹分摊每月3000元的扣除额度，每人分摊的额度不能超过每月1500元。

【答案】B

25. 某影视公司在西部地区设立了子公司，则该子公司如需要享受15%的企业所得税税率优惠，其符合《西部地区鼓励类产业目录》中规定的产业项目的收入占企业收入总额必须占比应达到（　　）。

A. 50%以上　　B. 60%以上

C. 70%以上　　D. 80%以上

【解析】对设在西部地区的鼓励类产业企业减按15%的税率征收企业所得税。鼓励类产业企业是指以《西部地区鼓励类产业目录》中规定的产业项目为主营业务，且其主营业务收入占企业收入总额60%以上的企业。

【答案】B

26. 企业开展研发活动中实际发生的研发费用，未形成无形资产计入当期损益的，在按规定据实扣除的基础上，自2023年1月1日起，再按照实际发生额的（　　）在税前加计扣除；形成无形资产的，自2023年1月1日起，按照无形资产成本的（　　）在税前摊销。

A. 100%；200%　　B. 150%；200%

C. 100%；250%　　D. 150%；250%

【解析】《财政部 税务总局关于进一步完善研发费用税前加计扣除政策的公告》（财政部税务总局公告2023年第7号）第一条规定，企业开展研发活动中实际发生的研发费用，未形成无形资产计入当期损益的，在按规定据实扣除的基础上，自2023年1月1日起，再按照实际发生额的100%在税前加计扣除；形成无形资产的，自2023年1月1日起，按照无形资产成本的200%在税前摊销。

【答案】A

27. 汇算清缴期结束后，税务机关发现企业应当取得而未取得发票、其他外部凭证或者取得不合规发票、不合规其他外部凭证并且告知企业的，企业应当自被告知之日起（　　）日内补开、换开符合规定的发票、其他外部凭证。其中，因对方特殊原因无法补开、换开发票、其他外部凭证的，自被告知之日起（　　）日内提供可以证实其支出真实性的相关资料。

A. 30；30　　B. 30；60

C. 60；60　　D. 60；30

【解析】《企业所得税税前扣除凭证管理办法》第十五条规定，汇算清缴期结束后，税务机关发现企业应当取得而未取得发票、其他外部凭证或者取得不合规发票、不合规其他外部凭证并且告知企业的，企业应当自被告知之日起60日内补开、换开符合规定的发票、其他外部凭证。其中，因对方特殊原因无法补开、换开发票、其他外部凭证的，企业应当自被告知之日起60日内提供可以证实其支出真实性的相关资料。

【答案】C

28. A企业从事国家非限制和禁止行业，2023年第一季度资产总额、从业人数符合小型微利企业条件，应纳税所得额为350万元，假设其不享受其他优惠政策，企业实际应纳所得税额和减免税额分别为（　　）万元、（　　）万元。

A. 35；52.5　　B. 37.5；50.5

C. 87.5；0　　D. 65；22.5

【解析】根据《财政部 税务总局关于小微企业和个体工商户所得税优惠政策的公告》（财政部 税务总局公告2023年第6号）规定，小型微利企业是指从事国家非限制和禁止行业，且同时符合年度应纳税所得额不超过300万元、从业人数不超过300人、资产总额不超过5000万元等三个条件的企业。同时，根据《国家税务总局关于落实小型微利企业所得税优惠政策征管问题的公告》（国家税务总局公告2023年第6号）规定，小型微利企业预缴企业所得税时，资产总额、从业人数、年度应纳税所得额指标，暂按当年度截至本期预缴申报所属期末的情况进行判断。A企业第一季度应纳税所得额为350万元，超过300万元，不符合小型微利企业的条件，因此，A企业不可享受小型微利企业所得税优惠政策。同时，A企业又不享受其他优惠政策，实际应纳所得税额=350×25%=87.5（万元），减免税额为0，故本题答案选C。

【答案】C

29. 原始权益人通过二级市场认购（增持）该基础设施REITs份额，按照原则认定优先处置战略配售份额为（　　）。

A. 先进先出　　B. 加权平均

C. 移动加权平均　　D. 后进先出

【解析】根据《财政部 税务总局关于基础设施领域不动产投资信托基金（REITs）试点税收政策的公告》（财政部 税务总局公告2022年第3号）规定，原始权益人通过二级市场认购（增持）该基础设施REITs份额，按照先进先出原则认定优先处置战略配售份额。

【答案】A

30. 纳税人无偿转让股票时，转出方股票卖出价的确定方式是（　　）。

A. 按照组成计税价格确定

B. 按照纳税人最近时期销售同类服务、无形资产或者不动产的平均价格确定

C. 按照股票的买入价确定

D. 按照其他纳税人最近时期销售同类服务、无形资产或者不动产的平均价格确定

【解析】《财政部 国家税务总局关于明确无偿转让股票等增值税政策的公告》（财政部 国家税务总局公告2020年第40号）第一条规定，纳税人无偿转让股票时，转出方以该股票的买入价为卖出价，按照"金融商品转让"计算缴纳增值税。

【答案】C

31. 企业发生的下列支出中，超过税法规定标准不得税前扣除，超过标准准予以后年度结转扣除的是（　　）。

A. 补充养老保险　　　　B. 职工福利费

C. 职工教育经费　　　　D. 补充医疗保险

【解析】《企业所得税法实施条例》第四十二条规定，除国务院财政、税务主管部门另有规定外，企业发生的职工教育经费支出，不超过工资、薪金总额2.5%（现为8%）的部分，准予扣除；超过部分，准予在以后纳税年度结转扣除。

【答案】C

32. 企业研发人员实际发生的下列支出，不属于研发费用税前加计扣除归集范围的是（　　）。

A. 差旅费　　　　B. 职工福利费

C. 补充医疗保险费　　　　D. 职工教育经费

【解析】根据《国家税务总局关于研发费用税前加计扣除归集范围有关问题的公告》（国家税务总局公告2017年第40号）规定，研发费用归集范围中的其他相关费用，是指与研发活动直接相关的其他费用，如技术图书资料费、资料翻译费、专家咨询费、高新科技研发保险费，研发成果的检索、分析、评议、论证、鉴定、评审、评估、验收费用，知识产权的申请费、注册费、代理费，差旅费、会议费，职工福利费、补充养老保险费、补充医疗保险费。此类费用总额不得超过可加计扣除研发费用总额的10%。

【答案】D

33. 关于企业委托境外研究开发费用税前加计扣除政策，下列说法错误的是（　　）。

A. 以委托境外进行研发活动所发生费用的 80% 作为加计扣除的基数

B. 委托境外进行研发活动不包括委托境外个人进行的研发活动

C. 委托方与受托方存在关联关系的，受托方应向委托方提供研发项目费用支出明细情况

D. 委托境外进行研发应签订技术开发合同，并由委托方到科技行政主管部门进行登记

【解析】委托境外进行研发活动所发生的费用，按照费用实际发生额的 80% 且不超过境内符合条件的研发费用 2/3 的部分，可以按规定在企业所得税前加计扣除。

【答案】A

34. 关于企业投入基础研究相关税收优惠政策，下列说法错误的是（　　）。

A. 基础研究是指通过对事物的特性、结构和相互关系进行分析，从而阐述和检验各种假设、原理和定律的活动

B. 对企业出资给非营利性科学技术研究开发机构用于基础研究的支出，在计算应纳税所得额时可按实际发生额在税前扣除，并可按 100% 在税前加计扣除

C. 批发和零售业企业，出资给符合条件的高等学校用于基础研究的支出，在计算应纳税所得额时可以按实际发生额在税前扣除，但不得按 100% 在税前加计扣除

D. 对高等学校接收企业、个人和其他组织机构基础研究资金收入，免征企业所得税

【解析】国家税务总局发布的《企业投入基础研究税收优惠政策操作指南》明确，作为批发和零售业企业，出资给符合条件的高等学校的支出，不受行业限制，在计算应纳税所得额时可以按实际发生额在税前扣除，并可按 100% 在税前加计扣除。

【答案】C

35. 自 2023 年 1 月 1 日至 2027 年 12 月 31 日，企业招用符合条件的自主就业退役士兵在 3 年内按实际招用人数予以定额依次扣减相应税费的定额标准及上浮幅度是（　　）。

A. 每人每年 6000 元，最高可上浮 30%

B. 每人每年 6000 元，最高可上浮 50%

C. 每人每年 9000 元，最高可上浮 30%

D. 每人每年 9000 元，最高可上浮 50%

【解析】自 2023 年 1 月 1 日至 2027 年 12 月 31 日，企业招用自主就业退役士兵，与其签订 1 年以上期限劳动合同并依法缴纳社会保险费的，在 3 年内按实际招用人数予以定额依次扣减增值税、城市维护建设税、教育费附加、地方教育附加和企业所得税。定额标准为每人每年 6000 元，最高可上浮 50%。

【答案】B

36. 甲公司从事非国家限制或禁止行业，2023 年度资产总额、从业人数符合小型微利企业条件，纳税调整后所得 1000 万元，其中符合减半征收条件的香料作物种植项目所得 1200 万元，符合所得免税条件的中药材种植项目所得 100 万元，以前年度结转待弥补亏损 200 万元。甲公司选择适用最优企业所得税优惠政策且无其他涉税事项。甲公司 2023 年度实际应纳所得税额（　　）万元。

A. 22. 5　　　　B. 25

C. 37. 5　　　　D. 20

【解析】应纳税所得额 = 1000 －（100 + 1200 × 50%）－ 200 = 100（万元），应纳所得税额 = 100 × 25% = 25（万元），小型微利企业所得税优惠政策减免税额 A = 100 ×（25% － 25% × 20%）= 20；B = 20 ×［（1200 × 50%）÷（1000 － 700）］= 40；A 和 B 的孰小值为 20；应纳税额 = 25 －（20 － 20）= 25（万元）。

【答案】B

37. 甲企业为调整战略规划，决定对乙企业进行减资。经乙企业股东会决议，甲企业减少实缴出资比例 10%，收回对应的注册资本 100 万元；以减资前上一个月末乙企业的留存收益 1500 万元为基础，按约定比例 12% 向甲企业进行减资分配；将乙企业形成的资本公积 80 万元作为减资款支付给甲企业。甲企业上述减资业务应确认财产转让所得（　　）万元。

A. 80　　　　B. 110

C. 260　　　　D. 360

【解析】企业减资，先收回投资成本，再按照被投资企业留存收益依据减资比例计算股息红利所得，减资收回的金额超过收回的投资成本和应确认的股息红利所得后的差额，确认为财产转让所得。应确认的财产转让所得 = 1500 ×（12% － 10%）+ 80 = 110（万元）。

【答案】B

38. 2023 年 11 月 1 日，某大闸蟹养殖企业向江苏某酒店销售大闸蟹 100 万元（不含税价，货物当日交割），为保证产品质量，双方约定以销售款的 2% 作为质量保证金；同日，向酒店销售大闸蟹提货券 1000 份（每份面值 800 元），实际收取预付款 60 万元。双方约定按客户实际提货量，依据提货券面值的 8. 8 折结算销售款。2023 年 11 月 1 日，该企业应确认销售收入（　　）万元。

A. 98　　B. 100

C. 160　　D. 180

【解析】现货交易，货物销售收入应在货物交割时确认收入。但质量保证金不得从销售收入中扣除。提货券应在客户实际提货时确认收入，在提货券交付环节，收取的预付款不符合收入确认条件。2023 年 11 月 1 日该企业应确认的销售收入为 100 万元。

【答案】B

39. 2023 年 3 月 1 日，甲企业以 1000 万元购入某商业银行代销的三年期国债，持有满 200 天时，其以 1050 万元的价格转让给第三方。已知该国债按面值发行，票面利率为 4.5%。甲企业上述业务应确认应纳税所得额（　　）万元。

A. 25.34　　B. 25.62

C. 26.62　　D. 26.92

【解析】国债转让时，应从国债处置损益中扣除国债利息收入。国债利息收入 = 1000 × 4.5% × 200 ÷ 365 = 24.66（万元）。国债转让应确认的所得 = 1050 − 1000 − 24.66 = 25.34（万元）。

【答案】A

40. 2023 年 12 月 12 日，中央空调设备生产商甲企业与乙企业签订设备销售合同。合同约定：乙企业于 2024 年 1 月 10 日支付全部货款的 80% 定制设备；甲企业在货物交割后负责安装调试；乙企业于 2024 年 2 月 10 日将货物验收入库；2024 年 4 月 10 日设备安装调试完毕并检验合格。甲企业该业务取得的收入，确认时间是（　　）。

A. 2023 年 12 月 12 日　　B. 2024 年 1 月 10 日

C. 2024 年 2 月 10 日　　D. 2024 年 4 月 10 日

【解析】销售商品需要安装和检验的，在购买方接受商品以及安装和检验完毕时确认收入。如果安装程序比较简单，可在发出商品时确认收入。中央空调的安装检验是销售收入确认必须履行的程序。因此，销售收入确认时间是 2024 年 4 月 10 日。

【答案】D

41. 某企业销售的无人机含税价为 2 万元/件。该企业规定，客户购买数量在 200 件以上的，销售价格 9 折优惠；客户在货物发出后 5 日内支付货款的，再给予现金 5% 折扣。某客户购买无人机 300 件并在货物发出后 5 日内付款。该企业上述业务应确认销售收入（　　）万元。

A. 477.88　　B. 467.54

C. 453.98　　D. 444.56

【解析】销售折让可以直接从销售收入中减除，现金折扣待实际发生时计入财务费用。销售收入 = 2 ÷ (1 + 13%) × 300 × 90% = 477.88（万元）。

【答案】A

42. 甲企业发生政策性搬迁，2023 年搬迁完成。搬迁期间，政府直接给予补偿 20000 万元，保险公司给予资产搬迁过程中遭到毁损而取得的保险赔款 300 万元，搬迁过程中处置非存货类资产收入 700 万元，停工期间支付给职工的工资及福利费 2000 万元，临时存放搬迁资产而发生的费用 700 万元，各类资产搬迁安装费用 200 万元，购置新机器设备支出 5000 万元，资产处置支出 100 万元，甲企业政策性搬迁清算所得应该为（　　）万元。

A. 13000　　B. 18000

C. 20000　　D. 18100

【解析】《企业政策性搬迁所得税管理办法》对政策性搬迁如何处理进行了明确，搬迁所得或损失按照政策性搬迁清算损益表进行计算，甲企业发生的购置新机器设备支出和租用新厂房租金支出不属于搬迁支出，甲企业政策性搬迁清算所得 = 20000 + 300 + 700 − 2000 − 700 − 200 − 100 = 18000（万元）。

【答案】B

43. 甲公司资产公允价值为 50000 万元，2022 年待弥补亏损 1000 万元，处于“两免三减半”的第一个减半年度，2023 年（假设仍然符合两免三减半条件）存续分立为甲、乙两个公司（符合特殊性税务处理规定），存续的甲公司（性质及适用税收优惠的条件未改变）资产公允价值为 30000 万元，2023 年纳税调整后所得为 800 万元；新成立的乙公司资产公允价值为 20000 万元，2023 年纳税调整后所得为 600 万元。2023 年甲公司应纳税额为（　　）万元。

A. 100　　B. 25

C. 50　　D. 150

【解析】《财政部 国家税务总局关于企业重组业务企业所得税处理若干问题的通知》（财税〔2009〕59 号）规定，企业重组符合特殊性税务处理条件的，可以按规定进行特殊性税务处理，被分立企业已分立出去资产相应的所得税事项由分立企业承继，被分立企业未超过法定弥补期限的亏损额可按分立资产占全部资产的比例进行分配，由分立企业继续弥补。2023 年甲公司应纳税额 = （800 − 1000 × 3/5） × 12.5% = 25（万元）。

【答案】B

44. 个人购买符合规定的商业健康保险产品，计算个人所得税应纳税所得额时，一个纳税年度内允许在税前扣除的限额是（　　）。

A. 3600 元/年（300 元/月）

B. 2400 元/年（200 元/月）

C. 1200 元/年（100 元/月）

D. 4800 元/年（400 元/月）

【解析】《财政部 税务总局 保监会关于将商业健康保险个人所得税试点政策推广到全国范围实施的通知》(财税〔2017〕39号) 第一条规定，自2017年7月1日起，将商业健康保险个人所得税试点政策推广到全国范围实施。对个人购买符合规定的商业健康保险产品的支出，允许在当年（月）计算应纳税所得额时予以税前扣除，扣除限额为2400元/年（200元/月）。

【答案】B

45. 下列各项所得中，属于劳务报酬所得的是（　　）。

A. 在报刊上发表论文取得的报酬

B. 转让商标权的使用权而取得的报酬

C. 将国外的作品翻译出版取得的报酬

D. 高校教师受出版社委托进行审稿取得的报酬

【解析】劳务报酬所得是指个人独立从事设计、装潢、审稿等劳务取得的报酬。

【答案】D

46. 以下关于个人转让上市公司限售股所得征收个人所得税的表述不正确的是（　　）。

A. 对个人转让限售股取得的所得，按照“财产转让所得”征收个人所得税

B. 个人持有限售股中存在部分限售股原值不明确，导致无法准确计算全部限售股成本原值的，其成本费用一律不得扣除

C. 限售股转让所得个人所得税，采取证券机构预扣预缴、纳税人自行申报清算和证券机构直接扣缴相结合的方式征收

D. 个人持有限售股中存在部分限售股原值不明确，导致无法准确计算全部限售股成本原值的，证券登记结算公司一律以实际转让收入的15%作为限售股成本原值和合理税费

【解析】如果纳税人未能提供完整、真实的限售股原值凭证的，不能准确计算限售股原值的，主管税务机关一律按限售股转让收入的15%核定限售股原值及合理税费。

【答案】B

47. 关于我国个人所得税法中规定的境外所得税收抵免制度，下列说法正确的是（　　）。

A. 只适用于居民个人

B. 可以适用于非居民个人

C. 计算抵免限额不区分所得项目

D. 抵免税款金额是全额抵免

【解析】根据《个人所得税法实施条例》第二十一条规定，居民个人来源于中国境外的所得，超过部分不得在本纳税年度的应纳税额中抵免，可以以后年度补扣，抵

免限额要分国不分项计算。

【答案】A

48. 下列个人收入中，应按“劳务报酬所得”缴纳个人所得税的是（　　）。

A. 在其他单位兼职取得的收入

B. 退休后再受雇取得的收入

C. 在任职单位取得董事费收入

D. 个人购买彩票取得的中奖收入

【解析】选项B，退休后再任职取得的收入，属于工资薪金所得；选项C，在任职单位取得的董事费收入，属于工资薪金所得，在非任职单位取得的董事费收入，属于劳务报酬所得；选项D，个人购买彩票取得的中奖收入属于偶然所得。

【答案】A

49. 一般来说，居民纳税人应就其来源于中国境内、境外的所得缴纳个人所得税，非居民纳税人仅就来源于中国境内的所得缴纳个人所得税。下列收入中属于中国境内所得的是（　　）。

A. 居民纳税人转让非专利技术在中国境外使用的所得

B. 中国公民在境外取得的提供各种劳务的劳务报酬所得

C. 将财产出租给承租人在中国境外使用而取得的所得

D. 转让中国境内的建筑物给外国人取得的所得

【解析】选项A，应该是转让的非专利技术在中国境内使用的所得；选项B，应该是因任职、受雇、履约等而在中国境内提供各种劳务取得的劳务报酬所得：选项C，应该是将财产出租给承租人在中国境内使用的所得。

【答案】D

50. 下列表述中，符合个人独资企业和合伙企业纳税规定的是（　　）。

A. 个人独资企业的投资者以全部生产经营所得和对外投资分回的利润作为企业的应纳税所得额

B. 个人以独资企业和合伙企业的形式开办两个或两个以上的企业，应分别按每个企业的应纳税所得额计算缴纳各自的所得税税额

C. 个人独资企业的投资者以企业资金为本人、家庭成员支付与企业生产经营无关的消费性支出，依照“利息、股息、红利所得”项目征税

D. 实行查账征税方式的个人独资企业和合伙企业改为核定征收以后，在原征税方式下认定的年度经营亏损未弥补完的部分，不得再继续弥补

【解析】选项A，个人独资企业对外投资分回的利润单独按照利息股息红利所得计税；选项B，个人从两处及以上取得经营所得应合并计税；选项C，按照《财政部 国家税务总局关于规范个人投资者个人所得税征收管理的通知》（财税〔2003〕158号）

规定，个人独资、合伙企业的个人投资者用企业资金为本人、家庭成员及其相关人员支付与企业生产经营无关的消费性支出，以及购买汽车、住房等财产性支出，应当看作是企业对个人投资者的利润分配，并入投资者个人生产经营所得，按照“个体工商户的生产、经营所得”项目计算缴纳个人所得税。

【答案】D

51. 居民个人李某2023年度工资收入13万元，稿酬收入2万元，个人缴纳三险一金2.6万元，10月通过市民政局向贫困山区捐款3万元，无其他所得和扣除项目。李某年度汇算时捐赠支出扣除限额为（　　）元。

A. 13200　　B. 16560

C. 30000　　D. 55200

【解析】扣除限额 =（130000 + 20000 × 80% × 70% − 60000 − 26000）× 30% = 16560（元）

【答案】B

52. 根据个人所得税的相关规定，下列收入中，按“劳务报酬所得”纳税的是（　　）。

A. 来源于非任职公司的董事费收入

B. 退休人员再任职取得的收入

C. 担任任职公司的关联企业的监事取得的监事费收入

D. 在任职公司担任监事的监事费收入

【解析】个人担任公司董事、监事，且不在公司任职、受雇的情形，取得的董事费按“劳务报酬所得”项目征税方法计算征收个人所得税；个人在公司（包括关联公司）任职、受雇，同时兼任董事、监事的，应将董事费、监事费与个人工资收入合并，统一按工资、薪金所得项目缴纳个人所得税。

【答案】A

53. 英国国籍的乔治先生为无住所个人，2023年1月1日来华工作，2023年4月，乔治先生取得股权激励所得20万元（其中归属于境内工作期间的所得为10万元）；2023年6月18日离境回国。2023年10月，取得股权激励所得30万元（其中归属于境内工作期间的所得为20万元）。不考虑税收协定因素，2023年10月乔治先生应缴个人所得税额是（　　）元。

A. 0　　B. 34040

C. 52000　　D. 63540

【解析】根据《财政部 税务总局关于非居民个人和无住所居民个人有关个人所得税政策的公告》（财政部 税务总局公告2019年第35号）规定，当月股权激励所得应纳税额 =［（本公历年度内股权激励所得合计额 ÷ 6）× 适用税率 − 速算扣除数］× 6 −

本公历年度内股权激励所得已纳税额。因此，4 月乔治股权激励所得应纳税款 =（100000 ÷6 ×20% －1410） ×6 =11540（元），10 月乔治股权激励所得应纳税款 =（300000 ÷6 ×30% －4410） ×6 －11540 =52000（元）。

【答案】C

54. 关于个人与其关联方之间的业务往来不符合独立交易原则而减少本人或者其关联方应纳税额，且无正当理由，税务机关有权按照合理方法进行纳税调整，需要补征税款的，下列正确的是（　　）。

A. 应当补征税款，并依法加收滞纳金

B. 可以处补征税款 50% 以上 5 倍以下的罚款

C. 应当补征税款，并依法加收利息

D. 纳入信用信息系统，并实施联合惩戒

【解析】税务机关作出纳税调整，需要补征税款的，应当补征税款，并依法加收利息。

【答案】C

55. 中国公民李某为远洋船员，2023 年度累计在船航行时间达 200 天，工资收入 24 万元，无其他收入；个人缴纳符合条件的“三险一金”4 万元，无专项附加扣除等事项。2023 年李某应缴纳个人所得税（　　）元。

A. 0　　B. 600

C. 1480　　D. 5740

【解析】一个纳税年度内在船航行时间累计满 183 天的远洋船员，其取得的工资薪金收入减按 50% 计入应纳税所得额，依法缴纳个人所得税，（24 ×50% －4 －6） ×3% =0. 06（万元）。

【答案】B

56. 网络直播在促进灵活就业、服务经济发展等方面发挥了重要作用。为推动行业健康发展，进一步规范税收管理，促进纳税遵从。下列正确的是（　　）。

A. 网络直播平台应当每年向主管税务机关报送存在网络直播营利行为的网络直播发布者相关信息

B. 网络直播平台应当要求网络直播发布者成立工作室或者个体工商户

C. 网络直播平台与网络直播发布者签订自行申报个人所得税协议，自行免责

D. 网络直播发布者开办的个人工作室，原则上按查账征收方式计征所得税

【解析】根据《国家互联网信息办公室 国家税务总局 国家市场监督管理总局关于〈进一步规范网络直播营利行为促进行业健康发展的意见〉的通知》（税总所得发〔2022〕25 号）规定，选项 D 正确。

【答案】D

57. 残疾人强某经营一家个体工商户，2023 年该个体工商户的应纳税所得额为 2500000 元，同时还可以享受残疾人政策减免税额 8000 元，强某可以享受减半征收个人所得税政策的减免税额为（　　）元。

A. 314050　　B. 314750

C. 317250　　D. 325250

【解析】减免税额 = [（2000000 × 35% − 65500） − 8000 × 2000000 ÷ 2500000] × 50% = 314050（元）。

【答案】A

58. 下列天使投资个人税收政策，表述正确的是（　　）。

A. 天使投资个人采取股权投资方式直接投资于初创科技型企业满 1 年的，可以按照投资额的 70% 抵扣转让该初创科技型企业股权取得的应纳税所得额

B. 天使投资个人投资多个初创科技型企业的，对其中办理注销清算的初创科技型企业，天使投资个人对其投资额的 70% 尚未抵扣完的，可自注销清算之日起 36 个月内抵扣天使投资个人转让其他初创科技型企业股权取得的应纳税所得额

C. 投资额，按照天使投资个人对初创科技型企业的认缴投资额确定

D. 享受税收政策的投资，包括通过向被投资初创科技型企业直接支付现金方式取得的股权投资，以及受让其他股东的存量股权

【解析】根据《财政部 税务总局关于创业投资企业和天使投资个人有关税收政策的通知》（财税〔2018〕55 号）规定，选项 B 正确。

【答案】B

59. 内地个人投资者通过基金互认从香港基金分配取得的收益，由该香港基金在内地的代理人代扣代缴个人所得税，扣缴的税率是（　　）。

A. 10%

B. 20%

C. 暂免征收个人所得税

D. 根据持有时间确定

【解析】根据《财政部 国家税务总局 证监会关于内地与香港基金互认有关税收政策的通知》（财税〔2015〕125 号）规定，选项 B 正确。

【答案】B

60. 公司股东王先生未在该公司任职，2022 年 4 月，公司给其报销了某商学院的学费 23 万元，并在公司教育经费列支。以下处理正确的是（　　）。

A. 公司正常费用支出，无须缴纳个人所得税

B. 公司应计入“其他应收款”，长期挂账则无须扣缴个人所得税

C. 公司应按偶然所得代扣个人所得税

D. 公司应按利息、股息、红利所得代扣个人所得税

【解析】根据《财政部、国家税务总局关于规范个人投资者个人所得税征收管理的通知》（财税〔2003〕158号）规定，选项D正确。

【答案】D

二、多项选择题

1. 近期，某市税务局稽查局根据实名检举线索，依法查处某技术有限公司涉嫌接受虚开增值税专用发票并违规适用研发费用加计扣除案件。经查，该公司在生产研发过程中，通过多列支成本费用违规享受研发费用加计扣除290余万元。如果在税务稽查案件办理过程中，发现被查对象存在下列情形，则被查对象的处理错误的有（　　）。

A. 企业在职全体研发人员的工资、奖金、津贴、补贴、社会保险费、住房公积金等人工费用以及外聘研发人员的劳务费用均可以加计扣除

B. 企业用于中间试验和产品试制的模具、工艺装备开发及制造费，样品、样机及一般测试手段购置费，试制产品的检验费等均可以加计扣除

C. 用于研发活动的仪器、设备、房屋等固定资产的租赁费，设备调整及检验费，以及相关固定资产的运行维护、维修等费用均可以加计扣除

D. 用于研究开发活动的仪器、设备和在用建筑物的折旧费。研发设施的改建、改装和装修及修理过程中发生的长期待摊费用均可以加计扣除

【解析】只有直接从事研发活动人员的工资薪金、基本养老保险费、基本医疗保险费、失业保险费、工伤保险费、生育保险费和住房公积金，以及外聘研发人员的劳务费用才可以加计扣除，选项A错误。只有用于中间试验和产品试制的模具、工艺装备开发及制造费，不构成固定资产的样品、样机及一般测试手段购置费，试制产品的检验费才可以加计扣除，选项B错误。用于研发活动的仪器、设备的运行维护、调整、检验、维修等费用，以及通过经营租赁方式租入的用于研发活动的仪器、设备租赁费可以加计扣除，房屋租赁费不属于加计扣除范围，选项C错误。用于研发活动的仪器、设备的折旧费可以加计扣除，房屋折旧费、研发设施的改建、改装、装修和修理过程中发生的长期待摊费用不计入加计扣除范围，选项D错误。

【答案】ABCD

2. 如果被查对象是境外中资企业，检查中查明其同时符合下列（　　）条件的，应判定其为实际管理机构在中国境内的居民企业。

A. 企业负责实施日常生产经营管理运作的高层管理人员及其高层管理部门履行职责的场所主要位于中国境内

B. 企业的财务决策（如借款、放款、融资、财务风险管理等）和人事决策（如任命、解聘和薪酬等）由位于中国境内的机构或人员决定，或需要得到位于中国境内的机构或人员批准

C. 企业的主要财产、会计账簿、公司印章、董事会和股东会议纪要档案等位于或存放于中国境内

D. 企业1/2（含1/2）以上有投票权的董事或高层管理人员经常居住于中国境内

【解析】境外中资企业同时符合以下条件的，根据《企业所得税法》第二条第二款和《企业所得税法实施条例》第四条的规定，应判定其为实际管理机构在中国境内的居民企业，并实施相应的税收管理，就其来源于中国境内、境外的所得征收企业所得税。①企业负责实施日常生产经营管理运作的高层管理人员及其高层管理部门履行职责的场所主要位于中国境内；②企业的财务决策（如借款、放款、融资、财务风险管理等）和人事决策（如任命、解聘和薪酬等）由位于中国境内的机构或人员决定，或需要得到位于中国境内的机构或人员批准；③企业的主要财产、会计账簿、公司印章、董事会和股东会议纪要档案等位于或存放于中国境内；④企业1/2（含1/2）以上有投票权的董事或高层管理人员经常居住于中国境内。

【答案】ABCD

3. 下列各项个人所得，免征个人所得税的有（　　）。

A. 省级人民政府、国务院部委和中国人民解放军军以上单位，以及外国组织、国际组织颁发的科学、教育、技术、文化、卫生、体育、环境保护等方面的奖金

B. 按照国家统一规定发给干部、职工的安家费、退职费、基本养老金或者退休费、离休费、离休生活补助费

C. 依照有关法律规定应予免税的各国驻华使馆、领事馆的外交代表、领事官员和其他人员的所得

D. 经国务院财政部门批准免税的所得

【解析】根据《个人所得税法》，选项D正确表述应为“国务院规定的其他免税所得”。

【答案】ABC

4. 在对某境外企业检查时，为了判定该企业是否符合非居民企业条件，对其是否在中国境内设立机构、场所进行了检查，下列情形属于在中国境内设立机构、场所的有（　　）。

A. 在中国境内有办事机构

B. 在中国境内有开采自然资源的场所

C. 在中国境内有提供劳务的场所

D. 在中国境内委托某个人经常代其储存、交付货物

【解析】略

【答案】ABCD

5. 下列情形，经批准可以减征个人所得税的有（　　）。

A. 残疾、孤老人员和烈属的所得

B. 因自然灾害造成重大损失的

C. 其他经国务院财政部门批准减税的

D. 以上全对

【解析】根据《个人所得税法》，选项 C 正确表述应为“国务院规定的其他免税所得”。

【答案】AB

6. 在检查时如何认定企业发生的工资、薪金支出是合理的工资、薪金支出，下列属于检查内容的有（　　）。

A. 企业是否制订了较为规范的员工工资、薪金制度

B. 企业所制定的工资、薪金制度是否符合行业及地区水平

C. 企业在一定时期所发放的工资、薪金是否是相对固定的，工资、薪金的调整是有序进行的

D. 企业对实际发放的工资、薪金，是否已依法履行了代扣代缴个人所得税义务

【解析】《企业所得税法实施条例》第三十四条所称的“合理工资、薪金”，是指企业按照股东大会、董事会、薪酬委员会或相关管理机构制订的工资、薪金制度规定实际发放给员工的工资、薪金。税务机关在对工资、薪金进行合理性确认时，可按以下原则掌握：①企业制订了较为规范的员工工资、薪金制度；②企业所制订的工资、薪金制度符合行业及地区水平；③企业在一定时期所发放的工资、薪金是相对固定的，工资、薪金的调整是有序进行的；④企业对实际发放的工资、薪金，已依法履行了代扣代缴个人所得税义务；⑤有关工资、薪金的安排，不以减少或逃避税款为目的。

【答案】ABCD

7. 下列说法正确的有（　　）。

A. 个人与其关联方之间的业务往来，不符合独立交易原则且无正当理由，税务机关有权按照合理方法进行纳税调整

B. 居民个人控制的，或者居民个人和居民企业共同控制的设立在实际税负明显偏低的国家（地区）的企业，无合理经营需要，对应当归属于居民个人的利润不作分配或者减少分配，税务机关有权按照合理方法进行纳税调整

C. 个人实施其他不具有合理商业目的的安排而获取不当税收利益，税务机关有

权按照合理方法进行纳税调整

D. 税务机关按规定作出纳税调整，需要补征税款的，应当补征税款，并依法加收利息

【解析】根据《个人所得税法》，以上选项均正确。

【答案】ABCD

8. 下列情形，纳税人应当依法办理纳税申报的有（　　）。

A. 取得应税所得没有扣缴义务人或扣缴义务人未扣缴税款

B. 取得境外所得

C. 常年居住在境外

D. 个人在中国境内从两处以上取得工资、薪金所得

【解析】根据《个人所得税法》，选项C、D不确定。正确的表述为，有下列情形之一的，纳税人应当依法办理纳税申报：①取得综合所得需要办理汇算清缴；②取得应税所得没有扣缴义务人；③取得应税所得，扣缴义务人未扣缴税款；④取得境外所得；⑤因移居境外注销中国户籍；⑥非居民个人在中国境内从两处以上取得工资、薪金所得；⑦国务院规定的其他情形。

【答案】AB

9. 稽查局在对某企业开展检查时，发现该企业的商品有多种销售方式，确认收入的方式也因销售方式的不同而有差异，企业下列处理正确的有（　　）。

A. 销售商品采用托收承付方式的，在发出商品时确认企业所得税收入

B. 销售商品采取预收款方式的，在对方确认收到商品时确认企业所得税收入

C. 销售商品需要安装和检验的，但安装程序比较简单，因此企业在发出商品时确认企业所得税收入

D. 销售商品采用支付手续费方式委托代销的，在收到代销清单时确认企业所得税收入

【解析】销售商品采用托收承付方式的，在办妥托收手续时确认收入，选项A错误。销售商品采取预收款方式的，在发出商品时确认收入，选项B错误。销售商品需要安装和检验的，在购买方接受商品以及安装和检验完毕时确认收入。如果安装程序比较简单，可在发出商品时确认企业所得税收入，选项C正确。销售商品采用支付手续费方式委托代销的，在收到代销清单时确认企业所得税收入，选项D正确。

【答案】CD

10. 下列情形属于个人所得税法所称的在中国境内有住所的有（　　）。

A. 因户籍在中国上海市而在上海习惯性居住

B. 因在江苏无锡结婚而在无锡习惯性居住

C. 因在霍尔果斯投资开办了一家企业而在霍尔果斯习惯性居住

D. 因孩子在北京上学，在北京买了一处学区房，而在北京习惯性居住

【解析】根据《个人所得税法实施条例》第二条规定，个人所得税法所称在中国境内有住所，是指因户籍、家庭、经济利益关系而在中国境内习惯性居住。

【答案】ABCD

11. 下列关于企业所得税收入确认的说法正确的有（　　）。

A. 采用售后回购方式销售商品的，收到的款项应确认为负债，回购价格大于原售价的，差额应在回购期间确认为利息费用

B. 采用售后回购方式销售商品的，销售的商品按售价确认收入，回购的商品作为购进商品处理

C. 销售商品以旧换新的，销售商品应当按照销售商品收入确认条件确认收入，回收的商品作为购进商品处理

D. 企业为促进商品销售而在商品价格上给予的价格扣除属于商业折扣，商品销售涉及商业折扣的，应当按照扣除商业折扣后的金额确定销售商品收入金额。企业因售出商品的质量不合格等原因而在售价上给的减让属于销售折让；企业因售出商品质量、品种不符合要求等原因而发生的退货属于销售退回。企业已经确认销售收入的售出商品发生销售折让和销售退回，应当在发生当期冲减当期销售商品收入

【解析】采用售后回购方式销售商品的，销售的商品按售价确认收入，回购的商品作为购进商品处理。有证据表明不符合销售收入确认条件的，如以销售商品方式进行融资，收到的款项应确认为负债，回购价格大于原售价的，差额应在回购期间确认为利息费用。

【答案】BCD

12. 自2019年1月1日起至2027年12月31日止，广东省、深圳市按内地与香港个人所得税税负差额，对在大湾区工作的部分人员给予的补贴免征个人所得税，这类人员包括（　　）。

A. 境外高端人才　　B. 境外紧缺人才

C. 内地高端人才　　D. 内地紧缺人才

【解析】根据《财政部 税务总局关于粤港澳大湾区个人所得税优惠政策的通知》（财税〔2019〕31号）规定，广东省、深圳市按内地与香港个人所得税税负差额，对在大湾区工作的境外（含港澳台）高端人才和紧缺人才给予补贴，该补贴免征个人所得税。该政策执行至2027年12月31日。

【答案】AB

13. 企业根据国家有关政策规定，为在本企业任职或者受雇的全体员工支付的补充养老保险费、补充医疗保险费，在计算企业所得税应纳税所得额时下列说法错误的有

（　　）。

A. 分别在不超过职工工资总额4%标准内的部分，在计算应纳税所得额时准予扣除；超过的部分，不予扣除

B. 补充养老保险费在不超过职工工资总额4%标准内的部分，在计算应纳税所得额时准予扣除；补充医疗保险费在不超过职工工资总额5%标准内的部分，在计算应纳税所得额时准予扣除；超过的部分，不予扣除

C. 分别在不超过职工工资总额5%标准内的部分，在计算应纳税所得额时准予扣除；超过的部分，不予扣除

D. 补充养老保险费在不超过职工工资总额5%标准内的部分，在计算应纳税所得额时准予扣除；补充医疗保险费在不超过职工工资总额4%标准内的部分，在计算应纳税所得额时准予扣除；超过的部分，不予扣除

【解析】企业根据国家有关政策规定，为在本企业任职或者受雇的全体员工支付的补充养老保险费、补充医疗保险费，分别在不超过职工工资总额5%标准内的部分，在计算应纳税所得额时准予扣除；超过的部分，不予扣除。

【答案】ABD

14. 创投企业选择按单一投资基金核算，计算创投企业个人合伙人的应纳税额时，下列说法正确的有（　　）。

A. 单个投资项目的股权转让所得，按年度股权转让收入扣除对应股权原值和转让环节合理费用后的余额计算

B. 发生的包括投资基金管理人的管理费和业绩报酬在内的其他支出，不得在核算时扣除

C. 单一投资基金的股息、红利所得，以其来源于所投资项目分配的股息、红利收入以及其他收益类证券等收入的全额计算

D. 以上全对

【解析】根据《财政部 税务总局 发展改革委 证监会关于创业投资企业个人合伙人所得税政策问题的通知》（财税〔2019〕8号）规定，在单一投资基金的股息、红利所得，以其来源于所投资项目分配的股息、红利收入以及其他固定收益类证券等收入的全额计算。

【答案】AB

15. 企业在生产经营活动中发生的下列利息支出，准予扣除的有（　　）。

A. 非金融企业向金融企业借款的利息支出

B. 金融企业的同业拆借利息支出

C. 企业经批准发行债券的利息支出

D. 非金融企业向非金融企业借款的利息支出，不超过按照金融企业同期同类

贷款利率计算的数额的部分

【解析】略

【答案】ABCD

16. 居民个人取得下列所得，符合规定的相关条件的，在 2027 年 12 月 31 日前，可以不并入当年综合所得，单独计算纳税的有（　　）。

A. 全年一次性奖金

B. 中央企业负责人年度绩效薪金延期兑现收入

C. 上市公司限制性股票

D. 上市公司股权奖励

【解析】选项 A、C、D 政策延期至 2027 年底，选项 B 政策延期至 2024 年底。

【答案】ACD

17. 企业向股东或其他与企业有关联关系的自然人以外的内部职工或其他人员借款的利息支出，其借款情况符合条件的，可以税前扣除的有（　　）。

A. 不超过按照金融企业同期同类贷款利率计算的数额的部分

B. 企业与个人之间签订了借款合同

C. 企业与个人之间的借贷是真实、合法、有效的

D. 企业与个人之间的借贷不具有非法集资目的或其他违反法律、法规的行为

【解析】企业向股东或其他与企业有关联关系的自然人借款的利息支出，应根据《企业所得税法》第四十六条及《财政部 国家税务总局关于企业关联方利息支出税前扣除标准有关税收政策问题的通知》（财税〔2008〕121 号）规定的条件，计算企业所得税扣除额。

企业向除上述通知第一条规定以外的内部职工或其他人员借款的利息支出，其借款情况同时符合以下条件的，其利息支出在不超过按照金融企业同期同类贷款利率计算的数额的部分，根据《企业所得税法》第八条和《企业所得税法实施条例》第二十七条规定，准予扣除：①企业与个人之间的借贷是真实、合法、有效的，并且不具有非法集资目的或其他违反法律、法规的行为；②企业与个人之间签订了借款合同。

【答案】ABCD

18. 下列情形，纳税人不可以进行住房租金专项附加扣除的有（　　）。

A. 纳税人在 A 市所辖某县有住房，在 A 市辖区工作，没有住房租房居住

B. 纳税人在 A 市工作，其配偶在 B 市工作，均在租房居住且工作城市没有住房

C. 纳税人在 A 市工作租房居住，且 A 市有其配偶在婚前购买的住房

D. 纳税人父母在 A 市有住房，在 A 市辖区工作，没有住房租房居住

【解析】纳税人在主要工作城市没有自有住房而发生的住房租金支出，可以按照标

准定额扣除租金专项附加扣除，纳税人的配偶在纳税人的主要工作城市有自有住房的，视同纳税人在主要工作城市有自有住房。

【答案】AC

19. 在计算企业应纳税所得额时，企业接受关联方债权性投资与其权益性投资比例能够税前扣除的有（　　）。

A. 金融企业，为2∶1

B. 金融企业，为5∶1

C. 其他企业，为2∶1

D. 其他企业，为5∶1

【解析】在计算应纳税所得额时，企业实际支付给关联方的利息支出，不超过以下规定比例和《企业所得税法》及其实施条例有关规定计算的部分，准予扣除，超过的部分不得在发生当期和以后年度扣除。企业实际支付给关联方的利息支出，其接受关联方债权性投资与其权益性投资比例为：①金融企业，为5∶1；②其他企业，为2∶1。

【答案】BC

20. 居民个人取得下列所得，选择不并入综合所得，应当适用月度综合所得税率表计算纳税的有（　　）。

A. 全年一次性奖金

B. 年度绩效薪金延期兑现收入

C. 股权激励所得

D. 个人达到国家规定的退休年龄，领取的企业年金、职业年金

【解析】居民个人取得全年一次性奖金，符合《国家税务总局关于调整个人取得全年一次性奖金等计算征收个人所得税方法问题的通知》（国税发〔2005〕9号）规定的，在2027年12月31日前，不并入当年综合所得，以全年一次性奖金收入除以12个月得到的数额，按照月度税率表，确定适用税率和速算扣除数，单独计算纳税。选项A正确。

中央企业负责人取得年度绩效薪金延期兑现收入和任期奖励，符合《国家税务总局关于中央企业负责人年度绩效薪金延期兑现收入和任期奖励征收个人所得税问题的通知》（国税发〔2007〕118号）规定的，在2024年12月31日前，参照居民个人取得全年一次性奖金个人所得税政策执行。选项B正确。

居民个人取得股票期权、股票增值权、限制性股票、股权奖励等股权激励，符合规定的相关条件的，在2027年12月31日前，不并入当年综合所得，全额单独适用综合所得税率表，此处的综合所得税率表应是年度税率表。选项C错误。

个人达到国家规定的退休年龄，领取的企业年金、职业年金，符合规定的，不并入综合所得，全额单独计算应纳税款。其中按月领取的，适用月度税率表计算纳税；

按季领取的，平均分摊计入各月，按每月领取额适用月度税率表计算纳税；按年领取的，适用综合所得税率表计算纳税。选项 D 不完全正确，所以不选。

【答案】AB

21. 市稽查局在对某企业检查时发现该企业在 2022 年度与部分员工解除了劳动关系，并支付了相应经济补偿金、生活补助费和其他补助费，其中工作时间较短的 10 名年轻员工每个人支付的一次性补偿收入，没有超过当地上年职工平均工资的 3 倍，工作时间较短的 5 名老员工每个人支付的一次性补偿收入，超过了当地上年职工平均工资 3 倍，企业对该部分支出税务处理正确的有（　　）。

A. 计入工资薪金支出在企业所得税税前扣除

B. 对于 10 名年轻员工没有扣缴个人所得税，但进行了全员全额申报

C. 对于向 5 名老员工每个人支付的一次性补偿收入，超过了当地上年职工平均工资 3 倍数额的部分，单独适用综合所得税率表，计算扣缴了个人所得税

D. 对于向 15 名员工支付的一次性补偿收入均没有申报扣缴个人所得税

【解析】个人与用人单位解除劳动关系取得一次性补偿收入（包括用人单位发放的经济补偿金、生活补助费和其他补助费），在当地上年职工平均工资 3 倍数额以内的部分，免征个人所得税；超过 3 倍数额的部分，不并入当年综合所得，单独适用综合所得税率表，计算纳税。选项 A、B、C 正确。用人单位如果给员工发放了解除劳动关系一次性补偿金，无论金额多少、是否需要缴纳个人所得税，都应进行个人所得税扣缴申报。

【答案】ABC

22. 高某因爱人罹患重症需人照顾，提前五年办理了退休手续，从单位取得一次性补贴收入，则下列说法正确的有（　　）。

A. 高某已退休，该笔收入属于退休收入，免纳个人所得税

B. 个人办理提前退休手续而取得的一次性补贴收入应按规定计算缴纳个人所得税

C. 个人办理提前退休手续而取得的一次性补贴收入，应按照办理提前退休手续至法定离退休年龄之间实际年度数平均分摊，确定适用税率和速算扣除数，单独适用月度综合所得税率表，计算纳税

D. 个人办理提前退休手续而取得的一次性补贴收入，应按照办理提前退休手续至法定离退休年龄之间实际年度数平均分摊，确定适用税率和速算扣除数，单独适用综合所得税率表，计算纳税

【解析】个人办理提前退休手续而取得的一次性补贴收入，应按照办理提前退休手续至法定离退休年龄之间实际年度数平均分摊，确定适用税率和速算扣除数，单独适

用综合所得税率表，计算纳税。计算公式为：

应纳税额＝｛［（一次性补贴收入÷办理提前退休手续至法定退休年龄的实际年度数）－费用扣除标准］×适用税率－速算扣除数｝×办理提前退休手续至法定退休年龄的实际年度数

【答案】BD

23. 徐某因身体原因无法胜任工作，2023 年 9 月申请从单位内部退养，个人在办理内部退养手续后从原任职单位取得一次性收入 30 万元，同时 2023 年 9 月还收到当月的工资、薪金收入 1 万元。关于徐某取得的收入是否应纳个人所得税，如何缴纳个人所得税，下列说法正确的有（　　）。

A. 实行内部退养的个人在其办理内部退养手续后至法定离退休年龄之间从原任职单位取得的工资、薪金，不属于离退休工资，应按“工资、薪金所得”项目计征个人所得税

B. 个人在办理内部退养手续后从原任职单位取得的一次性收入，应按办理内部退养手续后至法定离退休年龄之间的所属月份进行平均，并与领取当月的“工资、薪金所得”合并后减除当月费用扣除标准，以余额为基数确定适用税率，再将当月工资、薪金加上取得的一次性收入，减去费用扣除标准，按适用税率计征个人所得税

C. 个人在办理内部退养手续后从原任职单位取得的一次性收入，应按办理内部退养手续后至法定离退休年龄之间的所属年份进行平均，并与领取当月的“工资、薪金所得”合并后减除全年费用扣除标准，按综合所得税率表计征个人所得税

D. 个人在办理内部退养手续后至法定离退休年龄之间重新就业取得的“工资、薪金所得”，应另行单独申报缴纳个人所得税

【解析】实行内部退养的个人在其办理内部退养手续后至法定离退休年龄之间从原任职单位取得的工资、薪金，不属于离退休工资，应按“工资、薪金所得”项目计征个人所得税，选项 A 正确。个人在办理内部退养手续后从原任职单位取得的一次性收入，应按办理内部退养手续后至法定离退休年龄之间的所属月份进行平均，并与领取当月的“工资、薪金所得”合并后减除当月费用扣除标准，以余额为基数确定适用税率，再将当月工资、薪金加上取得的一次性收入，减去费用扣除标准，按适用税率计征个人所得税，选项 B 正确，选项 C 错误。个人在办理内部退养手续后至法定离退休年龄之间重新就业取得的“工资、薪金所得”，应与其从原任职单位取得的同一月份的“工资、薪金所得”合并，依法申报缴纳个人所得税，选项 D 错误。

【答案】AB

24. 个人股权转让收入应当按照公平交易原则确定。下列情形，主管税务机关可以

核定股权转让收入的有（　　）。

A. 申报的股权转让收入明显偏低的

B. 未按照规定期限办理纳税申报，经税务机关责令限期申报，逾期仍不申报的

C. 受让方无法提供股权转让成本的有关资料

D. 转让方拒不提供股权转让收入的有关资料

【解析】股权转让收入应当按照公平交易原则确定。符合下列情形之一的，主管税务机关可以核定股权转让收入：①申报的股权转让收入明显偏低且无正当理由的；②未按照规定期限办理纳税申报，经税务机关责令限期申报，逾期仍不申报的；③转让方无法提供或拒不提供股权转让收入的有关资料；④其他应核定股权转让收入的情形。

【答案】BD

25. 市稽查局对某从事污染防治的第三方企业 2023 年度纳税申报情况立案检查，下列关于该企业的处理错误的有（　　）。

A. 2019 年 1 月 1 日起至 2027 年 12 月 31 日，对符合条件的从事污染防治的第三方企业减按 15% 的税率征收企业所得税

B. 企业购置并实际使用规定的环境保护、节能节水、安全生产等专用设备的，该专用设备的投资额的 70% 可以从企业当年的应纳税所得额中抵免，当年不足抵免的，可以结转至以后年度抵免

C. 取得污染防治收入减按 90% 计入企业所得税应税收入

D. 取得污染防治收入免征增值税

【解析】2019 年 1 月 1 日起至 2027 年 12 月 31 日，对符合条件的从事污染防治的第三方企业减按 15% 的税率征收企业所得税，选项 A 正确。企业购置并实际使用规定的环境保护、节能节水、安全生产等专用设备的，该专用设备的投资额的 10% 可以从企业当年的应纳税额中抵免，选项 B 错误。并没有选项 C、D 相关优惠政策。

【答案】BCD

26. 下列关于小型微利企业 2019—2022 年度应享受的税收优惠和适用的条件说法错误的有（　　）。

A. 小型微利企业 2019 年度年应纳税所得额不超过 100 万元的部分，减按 25% 计入应纳税所得额，对年应纳税所得额超过 100 万元但不超过 300 万元的部分，减按 50% 计入应纳税所得额

B. 小型微利企业 2020 年度年应纳税所得额不超过 100 万元的部分，减按 12.5% 计入应纳税所得额，对年应纳税所得额超过 100 万元但不超过 300 万元的部分，减按 25% 计入应纳税所得额

C. 小型微利企业 2021 年度年应纳税所得额不超过 100 万元的部分，减按 25%

计入应纳税所得额，对年应纳税所得额超过 100 万元但不超过 300 万元的部分，减按 50% 计入应纳税所得额

D. 小型微利企业 2022 年度年应纳税所得额不超过 100 万元的部分，减按 25% 计入应纳税所得额，对年应纳税所得额超过 100 万元但不超过 300 万元的部分，减按 50% 计入应纳税所得额

【解析】小型微利企业应享受的税收优惠和适用的条件如下表所示，选项 A 正确，选项 B、C、D 错误。

小型微利企业税收优惠和适用条件

	年应纳税所得额不超过 100 万元的部分	对年应纳税所得额超过 100 万元但不超过 300 万元的部分
2019—2020 年度	减按 25% 计入应纳税所得额	减按 50% 计入应纳税所得额
2021 年度	减按 12. 5% 计入应纳税所得额	减按 50% 计入应纳税所得额
2022 年度	减按 12. 5% 计入应纳税所得额	减按 25% 计入应纳税所得额
2023—2027 年度	减按 25% 计入应纳税所得额	

【答案】BCD

27. 下列关于个人所得税的相关说法正确的有（　　）。

A. 个人依法从事办学、医疗、咨询以及其他有偿服务活动取得的所得应按经营所得征收个人所得税

B. 个人对企业、事业单位承包经营、承租经营以及转包、转租取得的所得应按经营所得征收个人所得税

C. 2023 年 1 月 1 日至 2027 年 12 月 31 日，对个体工商户年应纳税所得额不超过 300 万元的部分，减半征收个人所得税

D. 个人独资企业投资人、合伙企业的个人合伙人来源于境内注册的个人独资企业、合伙企业生产、经营的所得应按经营所得征收个人所得税

【解析】2023 年 1 月 1 日至 2027 年 12 月 31 日，对个体工商户年应纳税所得额不超过 200 万元的部分，减半征收个人所得税，选项 C 错误。其他选项均正确。

【答案】ABD

28. 个人取得的股权转让所得应按规定计征个人所得税，向个人购买股权，支付方应按规定代扣代缴个人所得税。下列行为属于个人转让股让行为应计征个人所得税的有（　　）。

A. 公司回购个人股权

B. 发行人首次公开发行新股时，个人老股东将其持有的股份以公开发行方式

一并向投资者发售

C. 个人以其持有的股权对外投资

D. 个人股权被司法机关强制过户

【解析】股权转让，是指个人将股权转让给其他个人或法人的行为，包括以下情形：①出售股权；②公司回购股权；③发行人首次公开发行新股时，被投资企业股东将其持有的股份以公开发行方式一并向投资者发售；④股权被司法或行政机关强制过户；⑤以股权对外投资或进行其他非货币性交易；⑥以股权抵偿债务；⑦其他股权转移行为。

【答案】ABCD

29. 某地曾曝光一起错误适用大湾区高端人才补贴免征个人所得税优惠政策的案例，下列城市能够适用该项优惠政策的有（　　）。

A. 广州市　　B. 惠州市

C. 江门市　　D. 肇庆市

【解析】根据《财政部 税务总局关于粤港澳大湾区个人所得税优惠政策的通知》（财税〔2019〕31 号）规定，广东省、深圳市按内地与香港个人所得税税负差额，对在大湾区工作的境外（含港澳台）高端人才和紧缺人才给予补贴，该补贴免征个人所得税。该项政策适用范围包括广东省广州市、深圳市、珠海市、佛山市、惠州市、东莞市、中山市、江门市和肇庆市等大湾区珠三角九市。

【答案】ABCD

30. 下列活动属于研发活动的有（　　）。

A. 原型的设计、制造和测试都属于研发活动

B. 为了进行批量生产而试生产的首批产品的制造活动

C. 软件开发活动

D. 作为研发项目必不可少组成部分的数据收集活动

【解析】根据《财政部 国家税务总局 科技部关于完善研究开发费用税前加计扣除政策的通知》（财税〔2015〕119 号）规定，研发活动是指企业为获得科学与技术新知识，创造性运用科学技术新知识，或实质性改进技术、产品（服务）、工艺而持续进行的具有明确目标的系统性活动。原型的设计、制造和测试都属于研发活动；但为了进行批量生产而试生产的首批产品不是原型，其制造不属于研发活动。在不以软件为最终产品的情况下，如果软件开发是研发项目整体组成的一部分，属于研发活动；否则，需要进一步判断。作为研发项目必不可少组成部分的数据收集属于研发活动；否则，不属于研发活动。

【答案】AD

31. 关于企业所得税优惠事项办理，下列说法正确的有（　　）。

A. 企业享受优惠事项采取“自行判别、申报享受、留存备查”的办理方式

B. 企业自行判断是否符合优惠事项规定的条件，符合条件的通过填报企业所得税优惠备案表享受税收优惠

C. 企业应当不迟于年度汇算清缴纳税申报时备案

D. 企业同时享受多项优惠事项或者享受的优惠事项按照规定分项目进行核算的，应当按照优惠事项或者项目分别归集留存备查资料

E. 企业享受优惠事项后发现其不符合优惠事项规定条件的，应当依法及时自行调整并补缴税款及滞纳金

【解析】《企业所得税优惠政策事项办理办法》（国家税务总局公告 2018 年第 23 号）规定，企业享受优惠事项采取“自行判别、申报享受、相关资料留存备查”的办理方式，企业应当根据经营情况以及相关税收规定自行判断是否符合优惠事项规定的条件，符合条件的可以按照《企业所得税优惠事项管理目录（2017 年版）》列示的时间自行计算减免税额，并通过填报企业所得税纳税申报表享受税收优惠，同时，按照办法的规定归集和留存相关资料备查。企业享受优惠事项后发现其不符合优惠事项规定条件的，应当依法及时自行调整并补缴税款及滞纳金。

【答案】ADE

32. 下列各项费用支出，属于可加计税前扣除的研发费用范围的有（　　）。

A. 直接从事研发活动人员的基本养老保险费

B. 外聘研发人员的劳务费用

C. 与研发活动相关人员的补充养老保险费

D. 不超过可加计扣除研发费用总额的 20% 的其他费用

E. 直接从事研发活动人员的住房公积金

【解析】与研发活动直接相关的其他费用，此项费用总额不得超过可加计扣除研发费用总额的 10%。

【答案】ABCE

33. 下列关于企业在 2023 年纳税年度内新购进设备、器具一次性税前列支的说法中，正确的有（　　）。

A. 单位价值不超过 500 万元的，允许一次性计入当期成本费用在计算应纳税所得额时扣除

B. 设备、器具是指除房屋、建筑物以外的固定资产

C. 购进包括以货币形式购进或自行建造，其中以货币形式购进的固定资产包括购进使用过的固定资产

D. 固定资产在投入使用月份的次月所属年度一次性税前扣除

E. 企业未选择享受一次性税前扣除政策的，以后年度可以变更

【解析】选项A，企业在2018年1月1日至2027年12月31日期间新购进的设备、器具，单位价值不超过500万元的，允许一次性计入当期成本费用在计算应纳税所得额时扣除，不再分年度计算折旧。选项C，购进包括以货币形式购进或自行建造，其中以货币形式购进的固定资产包括购进的使用过的固定资产；以货币形式购进的固定资产，以购买价款和支付的相关税费以及直接归属于使该资产达到预定用途发生的其他支出确定单位价值，自行建造的固定资产，以竣工结算前发生的支出确定单位价值。选项E，企业根据自身生产经营核算需要，可自行选择享受一次性税前扣除政策，未选择享受一次性税前扣除政策的，以后年度不得再变更。

【答案】ABCD

34. 下列活动中，适用研发费用税前加计扣除政策的是（　　）。

A. 通过经营租赁方式租入的用于研发活动的仪器、设备租赁费

B. 企业在商品化后为顾客提供的技术支持活动

C. 市场调查研究、效率调查或管理研究

D. 用于研发活动的仪器、设备的运行维修维护

E. 企业产品（服务）的常规性升级

【解析】根据《财政部 国家税务总局 科技部关于完善研究开发费用税前加计扣除政策的通知》（财税〔2015〕119号）规定，允许加计扣除的研发费用包括：①人员人工费用；②直接投入费用（包括，研发活动直接消耗的材料、燃料和动力费用、用于中间试验和产品试制的模具工艺装备开发及制造费、不构成固定资产的样品样机及一般测试手段购置费、试制产品的检验费）；③用于研发活动的仪器、设备的运行维护、调整、检验、维修等费用，以及通过经营租赁方式租入的用于研发活动的仪器、设备租赁费；④折旧费用；⑤无形资产摊销；⑥新产品设计费、新工艺规程制定费、新药研制的临床试验费、勘探开发技术的现场试验费；⑦其他相关费用；⑧财政部和国家税务总局规定的其他费用。下列活动不适用税前加计扣除政策：①企业产品（服务）的常规性升级；②对某项科研成果的直接应用，如直接采用公开的新工艺、材料、装置、产品、服务或知识等；③企业在商品化后为顾客提供的技术支持活动；④对现存产品、服务、技术、材料或工艺流程进行的重复或简单改变；⑤市场调查研究、效率调查或管理研究；⑥作为工业（服务）流程环节或常规的质量控制、测试分析、维修维护；⑦社会科学、艺术或人文学方面的研究。可加计扣除的研发费用范围包括用于研发活动的仪器、设备的运行维护、调整、检验、维修等费用，以及通过经营租赁方式租入的用于研发活动的仪器、设备租赁费。

【答案】AD

35. 企业发生下列事项，不需要清算的有（　　）。

A. 某有限责任公司变更为合伙企业

B. 某有限责任公司被吸收合并，适用一般性税务处理

C. 某有限责任公司依法破产

D. 某有限责任公司被吸收合并，适用特殊性税务处理

E. 某有限责任公司变更为一名个人投资的有限责任公司

【解析】《财政部 国家税务总局关于企业清算业务企业所得税处理若干问题的通知》（财税〔2009〕60 号）规定，下列企业应进行清算的所得税处理：①按《公司法》《企业破产法》等规定需要进行清算的企业；②企业重组中需要按清算处理的企业。

【答案】DE

36. 对于从事股权投资业务的集团公司总部，其业务招待费扣除限额基数包括（　　）。

A. 从被投资企业所分配的股息、红利

B. 股权转让净收益

C. 视同销售收入

D. 固定资产处置收入

E. 营业收入

【解析】对从事股权投资业务的企业（包括集团公司总部、创业投资企业等），其从被投资企业所分配的股息、红利以及股权转让收入，可以按规定的比例计算业务招待费扣除限额。该企业不是房开企业，固定资产处置收入计入营业外收入，不能计入扣除限额基数。

【答案】ACE

37. 下列关于佣金、手续费的处理，说法正确的有（　　）。

A. 企业以现金等非转账方式支付的手续费及佣金不得在税前扣除

B. 企业为发行权益性证券支付给有关证券承销机构的手续费及佣金不得在税前扣除

C. 电信企业在发展客户过程中委托销售电话入网卡支付的实际发生的手续费及佣金，不超过企业当年收入总额 5% 的部分，准予在企业所得税前扣除

D. 保险企业发生与其经营活动有关的手续费及佣金支出，不超过当年全部保费收入的 18% 的部分，在计算应纳税所得额时准予扣除；超过部分，允许结转以后年度扣除

E. 房地产开发企业委托境外机构销售开发产品的，其支付境外机构的佣金及手续费不超过委托销售收入 10% 的部分，准予据实扣除；超过部分，允许结转以后年度扣除

【解析】除委托个人代理外，企业以现金等非转账方式支付的手续费及佣金不得在税前扣除。保险企业的手续费及佣金支出限额计算基数为全部保费收入扣除退保金等

后余额。房开企业支付境外机构的佣金及手续费超过委托销售收入10%的部分，不得扣除。

【答案】BC

38. 位于东部某省会城市的房地产开发企业，下列税务处理错误的有（　　）。

A. 销售未完工开发产品的计税毛利率按照10%计算

B. 企业开发产品转为自用的，其实际使用时间累计未超过12个月又销售的，已计提的折旧可税前扣除

C. 计税成本对象的确定原则分为可否销售原则、定价差异原则、权益区分原则、成本差异原则和功能区分原则

D. 企业以换取开发产品为目的，将土地使用权投资其他企业房地产开发项目，在首次取得开发产品时，应将其分解为转让土地使用权和购入开发产品两项经济业务进行所得税处理

E. 企业采取银行按揭方式销售开发产品的，凡约定企业为购买方的按揭贷款提供担保的，其销售开发产品时向银行提供的保证金（担保金）可以从销售收入中减除

【解析】《房地产开发经营业务企业所得税处理办法》对房地产开发企业税务处理进行了明确，选项D是政策原文。选项A，低于15%不符合政策规定。选项B因为未超过12个月，不能在税前扣除折旧费用。选项C少了分类归集原则。选项E凡约定企业为购买方的按揭贷款提供担保的，其销售开发产品时向银行提供的保证金（担保金）不可以从销售收入中减除。

【答案】ABCE

39. 下列有关企业所得税收入的确认时间，说法正确的有（　　）。

A. 接受捐赠的，按照实际收到捐赠资产的日期确认收入

B. 居民企业提前一次性收取三年房屋租金的，出租人在租赁期内，对收取的租金可分期均匀计入相关年度收入

C. 销售商品采用托收承付方式的，在发出商品时确认收入

D. 特许他人使用专利使用权的，按合同约定的应付特许权使用费的日期确认收入

E. 销售商品采用支付手续费方式委托代销的，在收到代销清单时确认收入

【解析】销售商品采用托收承付方式的，在办妥托收手续时确认销售收入。

【答案】ABDE

40. 未在中国境内设立机构、场所的非居民企业取得的下列利息所得，免征企业所得税的有（　　）。

A. 外国政府向中国居民企业提供贷款取得的利息所得

B. 国际金融组织向中国居民企业提供优惠贷款取得的利息所得

C. 境外跨国公司向中国居民企业提供优惠贷款取得的利息所得

D. 外国政府向中国政府提供贷款取得的利息所得

E. 国际金融组织向中国政府提供优惠贷款取得的利息所得

【解析】在中国境内未设立机构、场所的非居民企业，取得下列所得免征企业所得税：外国政府向中国政府提供贷款取得的利息所得；国际金融组织向中国政府和居民企业提供优惠贷款取得的利息所得；经国务院批准的其他所得。故选项 A、C 错误。

【答案】BDE

41. 关于企业所得税项目所得减免，下列说法正确的有（　　）。

A. 企业购买农产品后直接进行销售产生的所得，可以享受项目所得减免

B. 对符合条件的远洋渔业企业，从事远洋捕捞业务取得的所得免征企业所得税

C. 企业对外购茶叶进行筛选、分装、包装后进行销售的所得，不享受农产品初加工的优惠政策

D. 企业根据委托合同，受托对所有农产品进行初加工服务收取的加工费，可以按照农产品初加工的免税项目处理

E. 企业种植茶的所得，免征企业所得税

【解析】根据《国家税务总局关于实施农 林 牧 渔业项目企业所得税优惠问题的公告》（国家税务总局公告 2011 年第 48 号）规定，选项 A，企业购买农产品后直接进行销售的贸易活动产生的所得，不能享受农、林、牧、渔业项目的税收优惠。选项 D，企业根据委托合同，受托对符合《财政部 国家税务总局关于发布享受企业所得税优惠政策的农产品初加工范围（试行）的通知》（财税〔2008〕149 号）和《财政部 国家税务总局关于享受企业所得税优惠的农产品初加工有关范围的补充通知》（财税〔2011〕26 号）规定的农产品进行初加工服务，其所收取的加工费，可以按照农产品初加工的免税项目处理。选项 E，企业种植茶的所得，减半征收企业所得税。

【答案】BC

42. 正大公司持有利民公司股权，共计 1000 万股；2022 年 8 月金科公司决定收购正大公司所持有的利民公司 80% 股权；该股每股资产的计税基础为 7 元，收购日每股的公允价值为 9 元；在收购中金科公司以公允价值为 6480 万元的股权以及 720 万元银行存款作为支付对价。假定该收购行为符合且企业选择特殊性税务处理，下列对于此项业务企业所得税税务处理的表述中，正确的有（　　）。

A. 非股权支付额对应的资产转让所得为 160 万元

B. 非股权支付额对应的资产转让所得为 72 万元

C. 正大公司取得金科公司股权的计税基础为 5040 万元

D. 金科公司取得利民公司股权的计税基础为5760万元

E. 此项业务暂不确认股权转让所得

【解析】该股权收购中乙公司股权支付金额占交易支付总额的比例（股权支付比例）为：6480÷（6480+720）×100%=90%，非股权支付比例=100%-90%=10%。非股权支付对应的资产转让所得=（被转让资产的公允价值-被转让资产的计税基础）×（非股权支付金额÷被转让资产的公允价值）=1000×80%×（9-7）×10%=160（万元）。正大公司取得金科公司股权的计税基础=1000×80%×90%×7=5040（万元）。金科公司取得利民公司股权的计税基础=720+1000×80%×90%×7=5760（万元）。

【答案】ACD

43. 下列企业中，发生的广告费和业务宣传费支出，不超过当年销售（营业）收入30%的部分，准予在企业所得税税前扣除的有（　　）。

A. 化妆品制造企业

B. 烟草生产企业

C. 医药制造企业

D. 苹果汁饮料制造企业

E. 葡萄酒制造企业

【解析】根据《财政部 国家税务总局关于广告费和业务宣传费支出税前扣除有关事项的公告》（财政部 国家税务总局公告2020年第43号）的规定，自2021年1月1日起至2025年12月31日，对化妆品制造或销售、医药制造和饮料制造（不含酒精类制造）企业发生的广告费和业务宣传费支出，不超过当年销售（营业）收入30%部分，准予扣除；超过部分，准予在以后纳税年度结转扣除。

【答案】ACD

44. 根据企业所得税法的规定，下列关于所得来源地的说法，正确的有（　　）。

A. 销售货物所得，按照交易活动发生地确定

B. 销售货物所得，按照转让货物的企业所在地确定

C. 不动产转让所得按照不动产所在地确定

D. 不动产转让所得按照转让不动产的企业所在地确定

E. 股息等权益性投资所得，按照投资企业所在地确定

【解析】根据《企业所得税法实施条例》第七条规定，《企业所得税法》第三条所称来源于中国境内、境外的所得，按照以下原则确定：①销售货物所得，按照交易活动发生地确定；②提供劳务所得，按照劳务发生地确定；③转让财产所得，不动产转让所得按照不动产所在地确定，动产转让所得按照转让动产的企业或者机构、场所所在地确定，权益性投资资产转让所得按照被投资企业所在地确定；④股息、红利等权

益性投资所得，按照分配所得的企业所在地确定；⑤利息所得、租金所得、特许权使用费所得，按照负担、支付所得的企业或者机构、场所所在地确定，或者按照负担、支付所得的个人的住所地确定；⑥其他所得，由国务院财政、税务主管部门确定。

【答案】AC

45. 下列关于企业发行永续债的税务处理，说法正确的有（　　）。

A. 企业发行符合规定条件的永续债，可以按照债券利息适用企业所得税政策，也可以适用股息、红利企业所得税政策

B. 企业发行符合规定条件的永续债，按照债券利息适用企业所得税政策，发行方支付的永续债利息支出不得在其企业所得税税前扣除

C. 发行方和投资方均为居民企业的，永续债利息收入可以适用企业所得税法规定的居民企业之间的股息、红利等权益性投资收益免征企业所得税规定

D. 企业发行永续债，应当将其适用的税收处理方法在证券交易所、银行间债券市场等发行市场的发行文件中向投资方予以披露

E. 发行永续债的企业对永续债的税收处理方法一经确定，不得变更

【解析】企业发行符合规定条件的永续债，按照债券利息适用企业所得税政策，发行方支付的永续债利息支出准予在其企业所得税税前扣除；发行永续债的企业对每一永续债产品的税收处理方法一经确定，不得变更。

【答案】ACD

46. 检查人员在对甲医疗器械经销公司进行税务检查时发现，该公司在销售费用中列支张三代开服务费普通发票 200 万元（价税合计），且附代开机关出具的个人所得税完税凭证 6000 元，检查人员询问业务内容，甲公司称张三为该公司提供推销业务，甲公司按销量支付费用，上述业务甲公司可能存在的涉税问题有（　　）。

A. 取得虚开发票，虚列支出

B. 取得虚开发票，少缴增值税

C. 少扣缴个人所得税

D. 佣金超标准列支

E. 少缴个人所得税

【解析】选项 B，取得的是普通发票，不能抵扣增值税进项税额。选项 E，甲公司不是个人所得税纳税人，只是代扣代缴个人所得税。

【答案】ACD

47. 关于支持居民换购住房有关个人所得税的税收优惠政策规定，对出售自有住房并在现住房出售后 1 年内在市场重新购买住房的纳税人，对其出售现住房已缴纳的个人所得税予以退税优惠。下列说法正确的是（　　）。

A. 出售现住房的时间，以不动产权证载明的登记时间为准

B. 纳税人因新购住房的房屋交易合同解除、撤销或无效等原因导致不再符合退税政策享受条件的，应当在合同解除、撤销或无效等情形发生的次月 7 日内向主管税务机关主动缴回已退税款

C. 现住房转让金额为该房屋转让的市场成交价格

D. 新购住房为新房的，购房金额为纳税人在住房城乡建设部门网签备案的购房合同中注明的成交价格

E. 新购住房为二手房的，购房金额为房屋的成交价格

【解析】根据《财政部 税务总局关于支持居民换购住房有关个人所得税政策的公告》（财政部 税务总局公告 2022 年第 30 号）规定，现住房转让金额为该房屋转让的市场成交价格。新购住房为新房的，购房金额为纳税人在住房城乡建设部门网签备案的购房合同中注明的成交价格；新购住房为二手房的，购房金额为房屋的成交价格。根据《国家税务总局关于支持居民换购住房个人所得税政策有关征管事项的公告》（国家税务总局公告 2022 年第 21 号）规定，出售现住房的时间，以纳税人出售住房时个人所得税完税时间为准。纳税人因新购住房的房屋交易合同解除、撤销或无效等原因导致不再符合退税政策享受条件的，应当在合同解除、撤销或无效等情形发生的次月 15 日内向主管税务机关主动缴回已退税款。

【答案】CDE

48. 2023 年度居民纳税人张某取得的下列利息收入中，属于免征个人所得税的选项包括（　　）。

A. 个人股票账户证券交易结算资金孳生的利息收入

B. 国债利息收入

C. 国家金融债券利息收入

D. 教育储蓄存款利息收入

E. 企业债券利息收入

【解析】证券市场个人投资者的证券交易结算资金在 2008 年 10 月 9 日后（含 10 月 9 日）孳生的利息所得，暂免征收个人所得税，选项 A 正确；国债和国家发行的金融债券利息免征个人所得税，选项 B、C 正确；对个人取得的教育储蓄存款利息所得以及国务院财政部门确定的其他专项储蓄存款或储蓄型专项基金存款的利息所得，免征个人所得税，选项 D 正确。

【答案】ABCD

49. 居民纳税人王某在 2023 年个人所得税综合所得汇算清缴时，认为下列事项中，应当属于居民个人综合所得项目专项附加扣除的选项有（　　）。

A. 子女教育支出

B. 失业保险

C. 住房贷款利息或者住房租金支出

D. 赡养老人支出

E. 继续教育支出

【解析】《个人所得税专项附加扣除操作办法（试行）》（国家税务总局公告2022年第7号）规定，专项附加扣除包括子女教育、继续教育、大病医疗、住房贷款利息或者住房租金。

【答案】ACDE

50. 张某2024年退休时个人养老金资金账户的资金为30000元，下列有关个人所得税的说法正确的有（　　）。

A. 领取个人养老金资金账户里的资金30000元不并入综合所得，应单独按照3%的税率计算缴纳个人所得税

B. 领取个人养老金资金账户里的资金30000元并入综合所得，计算缴纳个人所得税

C. 领取个人养老金缴纳的个人所得税税款计入“工资、薪金所得”项目

D. 领取个人养老金缴纳的个人所得税税款计入“利息、股息、红利所得”项目

E. 计入个人养老金资金账户的投资收益暂不征收个人所得税

【解析】《财政部 税务总局关于个人养老金有关个人所得税政策的公告》（财政部 税务总局公告2022年第34号）第一条规定，自2022年1月1日起，对个人养老金实施递延纳税优惠政策。在缴费环节，个人向个人养老金资金账户的缴费，按照12000元/年的限额标准，在综合所得或经营所得中据实扣除；在投资环节，计入个人养老金资金账户的投资收益暂不征收个人所得税；在领取环节，个人领取的个人养老金，不并入综合所得，单独按照3%的税率计算缴纳个人所得税，其缴纳的税款计入“工资、薪金所得”项目。

【答案】ACE

51. 以下关于个人转让上市公司限售股所得征收个人所得税的表述正确的有（　　）。

A. 对个人转让限售股取得的所得，按照“财产转让所得”征收个人所得税

B. 个人转让限售股，以每次转让的全部收入为应纳税所得额，不扣除任何费用

C. 个人持有限售股中存在部分限售股原值不明确，导致无法准确计算全部限售股成本原值的，其成本费用一律不得扣除

D. 限售股转让所得个人所得税，采取证券机构预扣预缴、纳税人自行申报清算和证券机构直接扣缴相结合的方式征收

E. 个人转让境内上市公司公开发行的股票所得，免征个人所得税

【解析】选项B，个人转让限售股，以每次限售股转让收入，减除股票原值和合理税费后的余额，为应纳税所得额；选项C，个人持有限售股中存在部分限售股原值不明确，导致无法准确计算全部限售股成本原值的，证券登记结算公司一律以实际转让收入的15%作为限售股成本原值和合理税费。

【答案】ADE

52. 个人取得的下列所得中，暂免或免征个人所得税的有（　　）。

A. 国债利息收入

B. 军人的转业费

C. 个人转让自用3年且是家庭唯一住房取得的所得

D. 个人购买体育彩票的中奖所得1600元

E. 储蓄存款利息收入

【解析】选项C，个人转让自用达5年以上并且是唯一的家庭生活用房取得的所得，免征个人所得税。

【答案】ABDE

53. 下列关于个人取得拍卖收入，表述正确的有（　　）。

A. 作者将自己的文字作品手稿原件或复印件拍卖取得的所得，按"财产转让所得"征税

B. 对个人财产拍卖所得征收个人所得税时，以该项财产最终拍卖成交价格为其转让收入额

C. 纳税人按照规定实际支付的拍卖费（佣金）、鉴定费、评估费、图录费、证书费可在税前扣除

D. 纳税人如不能提供合法、完整、准确的财产原值凭证，不能正确计算财产原值的，按转让收入额的5%征收率计算缴纳个人所得税

E. 个人财产拍卖所得应纳的个人所得税税款，由拍卖单位负责代扣代缴

【解析】选项A，作者将自己的文字作品手稿原件或复印件拍卖取得的所得，按照"特许权使用费"项目缴纳个人所得税；选项D，纳税人如不能提供合法、完整、准确的财产原值凭证，不能正确计算财产原值的，按转让收入额的3%征收率计算缴纳个人所得税。

【答案】BCE

54. 下列情形中，应按照"特许权使用费"项目征收个人所得税的有（　　）。

A. 某电视剧编剧从任职的电视剧制作中心获得的剧本使用费

B. 出租土地使用权取得的收入

C. 作者将自己的文学作品手稿拍卖取得的收入

D. 转让土地使用权取得的收入

E. 取得侵犯专利权的经济赔偿收入

【解析】选项 B，按照“财产租赁所得”税目征收个人所得税；选项 D，按照“财产转让所得”税目征收个人所得税。

【答案】ACE

55. 下列所得中，应按“偶然所得”项目征收个人所得税的有（　　）。

A. 个人购买福利彩票中奖 10 万元

B. 个人因发表文章取得的收入

C. 个人参加有奖竞猜活动取得的奖金

D. 个人在任职受雇单位获得的奖金

E. 个人因购物达到一定数量而获得抽奖机会的中奖所得

【解析】选项 B 属于稿酬所得，选项 D 属于工资、薪金所得。

【答案】ACE

56. 现阶段个人取得的股票转让所得，可暂免征收个人所得税的有（　　）。

A. 内地个人投资者转让境内上市公司流通股取得的所得

B. 个人转让境内上市公司限售股取得的所得

C. 香港市场投资者通过沪港通投资上交所上市 A 股取得的转让差价所得

D. 个人转让“新三板”挂牌公司原始股取得的所得

E. 内地个人投资者通过沪港通投资香港联交所上市股票取得的转让差价所得

【解析】选项 B、D 按照“财产转让所得”项目征收个人所得税。

【答案】ACE

57. 下列情形符合个人所得税相关规定的有（　　）。

A. 非亲属个人之间赠予房产的，纳税义务人是受赠方

B. 非亲属个人之间赠予股权的，纳税义务人是赠予方

C. 非亲属个人之间赠予汽车的，纳税义务人是赠予方

D. 非亲属个人之间赠予红包的，纳税义务人是受赠方

E. 出租房屋产权所有人死亡，继承手续未办期间由主管税务机关确定纳税义务人

【解析】根据《财政部 税务总局关于个人取得有关收入适用个人所得税应税所得项目的公告》（财政部 税务总局公告 2019 年第 74 号）、《股权转让所得个人所得税管理办法（试行）》（国家税务总局 2014 年第 67 号发布）、《国家税务总局关于印发〈征收个人所得税若干问题的规定〉的通知》（国税发〔1994〕89 号）规定，选项 A、B 正确。

【答案】AB

58. 李女士为未上市的某中小高新技术企业股东，持有该公司股份50万股，2023年7月，公司经股东大会决定以未分配利润转增股本，李女士获得转增的股本20万元，下列关于李女士个人所得税处理正确的有（　　）。

A. 中小高新技术企业未分配利润转赠股本暂不缴纳个人所得税

B. 李女士获得转增的股本，应按照“利息、股息、红利所得”项目征税

C. 李女士应缴纳个人所得税20000元

D. 李女士应缴纳的个人所得税可递延至转让股权时缴纳

E. 李女士纳税确有困难经向税务机关备案，可在2027年12月31日前分期缴纳税款

【解析】根据《财政部 国家税务总局关于将国家自主创新示范区有关税收试点政策推广到全国范围实施的通知》（财税〔2015〕116号）规定，选项B、E正确。

【答案】BE

59. 依据个人所得税的相关政策规定，以下免征个人所得税有（　　）。

A. 个人投资者申购和赎回交易型开放式基金（ETF）取得的差价收入

B. 个人转让在新三板挂牌公司挂牌前取得的股票的所得

C. 内地个人投资者通过深港通投资香港联交所上市股票转让差价所得

D. 内地个人投资者通过沪港通投资香港联交所上市股票取得的股息所得

E. 个人投资者从中国证券投资者保护基金公司取得的行政和解金

【解析】根据《财政部 国家税务总局关于个人转让股票所得继续暂免征收个人所得税的通知》（财税字〔1998〕61号）、《财政部 税务总局 中国证监会关于延续实施沪港 深港股票市场交易互联互通机制和内地与香港基金互认有关个人所得税政策的公告》（财政部 税务总局 中国证监会公告2023年第23号）、《财政部、国家税务总局关于行政和解金有关税收政策问题的通知》（财税〔2016〕100号）规定，选项A、C、E正确。

【答案】ACE

60. 下列关于专项附加扣除表述中，正确的有（　　）。

A. 夫妻双方有两个孩子符合子女教育扣除条件，可以选择其中一个孩子由夫妻一方100%扣除，另一个孩子由双方各按50%扣除

B. 王某2023年度同时取得注册会计师和税务师证书，当年可享受的职业资格继续教育扣除金额为7200元

C. 张某夫妻两人2023年度各发生医保目录范围内自付医疗费用10万元，选择全部由张某扣除，张某可扣除金额为16万元

D. 夫妻双方主要工作城市不同，且均无住房，可以分别享受住房租金扣除

E. 同一年度内，如符合条件，可以选择丈夫享受住房贷款利息扣除，妻子享

受住房租金扣除

【解析】有多子女的父母，可以对不同的子女选择不同的扣除方式；纳税人只能同时享受一个学历（学位）继续教育和一个职业资格继续教育；夫妻两人同时有符合条件的大病医疗支出，可以选择都在男方扣除，扣除限额分别计算，每人最高扣除限额为 8 万元，合计最高扣除限额为 16 万元；夫妻双方主要工作城市不同，且都无住房，可以分别扣除；纳税人及其配偶在一个纳税年度内不能同时分别享受住房贷款利息和住房租金专项附加扣除。

【答案】ACD

61. 关于资源回收企业向自然人报废产品出售者“反向开票”，下列正确的有（　　）。

A. 出售者通过“反向开票”销售报废产品，按照销售额的 0.5% 预缴个人所得税

B. 出售者通过“反向开票”销售报废产品，按照销售额的 1% 预缴个人所得税

C. 出售者在“反向开票”的次年 6 月 30 日前，应当自行向主管税务机关办理综合所得汇算清缴

D. 出售者在“反向开票”的次年 3 月 31 日前，应当自行向主管税务机关办理经营所得汇算清缴

E. 资源回收企业应当向出售者提供“反向开票”和已缴税款等信息

【解析】《国家税务总局关于资源回收企业向自然人报废产品出售者“反向开票”有关事项的公告》（国家税务总局公告 2024 年第 5 号）第十四条规定，出售者通过“反向开票”销售报废产品，按照销售额的 0.5% 预缴经营所得个人所得税。出售者在“反向开票”的次年 3 月 31 日前，应当自行向经营管理所在地主管税务机关办理经营所得汇算清缴，资源回收企业应当向出售者提供“反向开票”和已缴税款等信息。

【答案】ADE

62. 下列关于个人独资企业和合伙企业投资者经营所得的表述，错误的有（　　）。

A. 持有权益性投资的个人独资企业、合伙企业，自 2022 年 1 月 1 日起，一律适用查账征收方式计征个人所得税

B. 律师事务所、会计师事务所、税务师事务所，可以实行核定征收个人所得税

C. 个人独资企业和合伙企业从事股权（票）、期货、基金等投资品交易取得的所得，可自行选择按照生产经营所得或者财产转让所得申报缴纳个人所得税

D. 同一投资者兴办两个或两个以上企业的（包括参与兴办），企业的年度经营亏损可以跨企业弥补

E. 企业纳税年度发生的亏损，准予向以后年度结转，用以后年度的生产经营所得弥补，但结转年限最长不得超过5年

【解析】根据《国家税务总局关于进一步加强高收入者个人所得税征收管理的通知》（国税发〔2010〕54号）和《国家税务总局关于切实加强高收入者个人所得税征管的通知》（国税发〔2011〕50号）规定，律师事务所、会计师事务所、税务师事务所、资产评估和房地产估价等鉴证类中介机构，不得实行核定征收个人所得税，选项B错误。对个人独资企业和合伙企业从事股权（票）、期货、基金、债券、外汇、贵重金属、资源开采权及其他投资品交易取得的所得，应全部纳入生产经营所得，依法征收个人所得税，选项C错误。《财政部 国家税务总局关于印发〈关于个人独资企业和合伙企业投资者征收个人所得税的规定〉的通知》（财税〔2000〕91号）规定，企业的年度经营亏损不能跨企业弥补，选项D错误。

【答案】BCD

三、判断题

1. 纳税义务人从中国境外取得的所得，准予其在应纳税额中扣除已在境外缴纳的个人所得税税额，但扣除额不得超过该纳税义务人境外所得依照《个人所得税法》规定计算的应纳税额。（　）

【解析】根据《个人所得税法》，居民个人从中国境外取得的所得，可以从其应纳税额中抵免已在境外缴纳的个人所得税税额，但抵免额不得超过该纳税义务人境外所得依照《个人所得税法》规定计算的应纳税额。

【答案】错误

2. 扣缴义务人扣缴税款时，纳税人应当向扣缴义务人提供纳税人识别号。纳税人有中国公民身份号码的，以中国公民身份号码为纳税人识别号；纳税人没有中国公民身份号码的，由税务机关赋予其纳税人识别号。（　）

【解析】略

【答案】正确

3. 非居民个人取得工资、薪金所得，劳务报酬所得，稿酬所得和特许权使用费所得，有扣缴义务人的，由扣缴义务人按月或者按次代扣代缴税款，不办理汇算清缴。（　）

【解析】略

【答案】正确

4. 各项所得的计算，以人民币为单位。所得为外国货币的，按照人民币汇率中间

价折合成人民币缴纳税款。（　　）

【解析】根据《个人所得税法》，各项所得的计算，以人民币为单位。所得为人民币以外的货币的，按照人民币汇率中间价折合成人民币缴纳税款。

【答案】错误

5. 2022 年度纳税人照护 3 岁以下婴幼儿子女的相关支出，按照每个婴幼儿每月 1000 元的标准定额扣除。（　　）

【解析】2023 年度提高至每个婴幼儿每月 2000 元，但 2022 年度仍是每个婴幼儿每月 1000 元。

【答案】正确

6. 个人许可各种特许权在中国境内使用而取得的所得，不论支付地点是否在中国境内，均为来源于中国境内的所得。（　　）

【解析】根据《个人所得税法》，许可各种特许权在中国境内使用而取得的所得，除国务院财政、税务主管部门另有规定外，不论支付地点是否在中国境内，均为来源于中国境内的所得。

【答案】错误

7. 外国驻中国使馆的使馆人员的私人服务员如果不是中国公民并且不是在中国永久居留的，其受雇所得的报酬免纳个人所得税。（　　）

【解析】略

【答案】正确

8. 企业在年会中向本单位的个人赠送礼品，个人取得的礼品收入，按照“偶然所得”项目计算缴纳个人所得税，但企业赠送的具有价格折扣或折让性质的消费券、代金券、抵用券、优惠券等礼品除外。（　　）

【解析】根据《财政部 税务总局关于个人取得有关收入适用个人所得税应税所得项目的公告》（财政部 税务总局公告 2019 年第 74 号）规定，企业在业务宣传、广告等活动中，随机向本单位以外的个人赠送礼品（包括网络红包，下同），以及企业在年会、座谈会、庆典以及其他活动中向本单位以外的个人赠送礼品，个人取得的礼品收入，按照“偶然所得”项目计算缴纳个人所得税，但企业赠送的具有价格折扣或折让性质的消费券、代金券、抵用券、优惠券等礼品除外。

【答案】错误

9. 购房个人因房地产公司未协调好与按揭银行的合作关系，造成购房人不能按合同约定办妥按揭贷款手续，从而无法缴纳后续房屋价款，致使房屋买卖合同难以继续履行的原因，从房地产公司取得的违约金收入应按“偶然所得”项目计征个人所得税。

（　　）

【解析】根据《财政部 税务总局关于个人取得有关收入适用个人所得税应税所得

项目的公告》（财政部 税务总局公告2019年第74号）规定，该规定作废，不再征收个人所得税。

【答案】错误

10. 企业或个人以技术成果投资入股到境内居民企业，被投资企业支付的对价全部为股票（权）的，企业或个人可选择继续按现行有关税收政策执行，也可选择适用延期纳税优惠政策。（　）

【解析】根据《财政部 国家税务总局关于完善股权激励和技术入股有关所得税政策的通知》（财税〔2016〕101号）规定，企业或个人以技术成果投资入股到境内居民企业，被投资企业支付的对价全部为股票（权）的，企业或个人可选择继续按现行有关税收政策执行，也可选择适用递延纳税优惠政策。

【答案】错误

11. 企业在货物销售中，为鼓励购货方及早偿还货款，按付款时间给预购货方一定比例的货款折扣，按照税法规定可从货物销售额中减除。（　）

【解析】债权人为鼓励债务人在规定的期限内付款而向债务人提供的债务扣除属于现金折扣，销售商品涉及现金折扣的，应当按扣除现金折扣前的金额确定销售商品收入金额，现金折扣在实际发生时作为财务费用扣除。

【答案】错误

12. 企业已经作为损失处理的资产，在以后纳税年度又全部收回或者部分收回时，应当计入当期收入。（　）

【解析】略

【答案】正确

13. 《企业所得税法》所称接受捐赠收入，是指企业接受的来自其他企业、组织或者个人无偿给予的货币性资产、非货币性资产。接受捐赠收入，按捐赠资产的实际入账日期确认收入的实现。（　）

【解析】接受捐赠收入，按照实际收到捐赠资产的日期确认收入的实现。

【答案】错误

14. 企业发生的公益性捐赠支出，在年度利润总额12%以内的部分，准予在计算应纳税所得额时扣除，超过部分，不得扣除。（　）

【解析】企业通过公益性社会组织或者县级（含县级）以上人民政府及其组成部门和直属机构，用于慈善活动、公益事业的捐赠支出，在年度利润总额12%以内的部分，准予在计算应纳税所得额时扣除；超过年度利润总额12%的部分，准予结转以后三年内在计算应纳税所得额时扣除。

【答案】错误

15. 企业发生的合理的工资、薪金支出，准予扣除。所称工资、薪金，是指企业每一纳税年度支付给在本企业任职或者受雇的员工的所有现金形式或者非现金形式的劳动报酬，包括基本工资、奖金、津贴、补贴、年终加薪、加班工资，以及与员工任职或者受雇有关的其他支出。（ ）

【解析】略

【答案】正确

16. 企业发生的符合条件的广告费和业务宣传费支出，除国务院财政、税务主管部门另有规定外，不超过当年销售（营业）收入15%的部分，准予扣除；超过部分，应当作为永久性差异，调整应纳税所得额。（ ）

【解析】超过部分可以结转以后年度扣除。

【答案】错误

17. 固定资产按直线法计算的折旧，准予扣除。一般而言，如果企业将固定资产在当月1日投入使用，则应当自投入使用月份的当月起计算折旧；停止使用的固定资产，应当自停止使用月份的次月起停止计算折旧。（ ）

【解析】企业应当自固定资产投入使用月份的次月起计算折旧，即使是从当月1日就开始投入使用。

【答案】错误

18. 企业在汇总计算缴纳企业所得税时，其境外营业机构的亏损可以抵减境内营业机构的盈利。（ ）

【解析】其境外营业机构的亏损不可以抵减境内营业机构的盈利。

【答案】错误

19. 企业纳税年度发生的亏损，准予向以后年度结转，用以后年度的所得弥补，但结转年限最长不得超过5年。（ ）

【解析】2018年1月1日起，当年具备高新技术企业或科技型中小企业资格（以下统称资格）的企业，其具备资格年度之前5个年度发生的尚未弥补完的亏损，准予结转以后年度弥补，最长结转年限由5年延长至10年。

【答案】错误

20. 对非居民企业在中国境内取得工程作业和劳务所得应缴纳的所得税，税务机关可以指定工程价款或者劳务费的支付人为扣缴义务人。（ ）

【解析】略

【答案】正确

21. 根据相关规定，上市公司实行股权激励计划，如该计划需待一定服务年限或者达到规定业绩条件方可行权的，上市公司等待期内会计上计算确认的相关成本费用，可以在对应年度作为工资薪金支出在企业所得税税前扣除。（ ）

【解析】根据《国家税务总局关于我国居民企业实行股权激励计划有关企业所得税

处理问题的公告》（国家税务总局公告2012年第18号）规定，对股权激励计划实行后，需待一定服务年限或者达到规定业绩条件方可行权的，上市公司等待期内会计上计算确认的相关成本费用，不得在对应年度计算缴纳企业所得税时扣除。

【答案】错误

22. 居民个人办理年度综合所得汇算清缴时，如果年度综合所得收入不超过12万元，即使扣缴义务人未依法预扣预缴税款，居民个人可免于办理个人所得税综合所得汇算清缴。（ ）

【解析】居民个人办理年度综合所得汇算清缴时，应当依法计算劳务报酬所得、稿酬所得、特许权使用费所得的收入额，并入年度综合所得计算应纳税款，税款多退少补。2019年1月1日至2027年12月31日居民个人取得的综合所得，年度综合所得收入不超过12万元且需要汇算清缴补税的，或者年度汇算清缴补税金额不超过400元的，居民个人可免于办理个人所得税综合所得汇算清缴。居民个人取得综合所得时存在扣缴义务人未依法预扣预缴税款的情形除外。

【答案】错误

23. 需要办理汇算清缴的纳税人，应当在取得所得的次年3月1日至6月30日内，向任职、受雇单位所在地主管税务机关办理纳税申报。纳税人没有任职、受雇单位的，可就近选择一处主管税务机关办理纳税申报。（ ）

【解析】需要办理汇算清缴的纳税人，应当在取得所得的次年3月1日至6月30日内，向任职、受雇单位所在地主管税务机关办理纳税申报，并报送《个人所得税年度自行纳税申报表》。纳税人有两处以上任职、受雇单位的，选择向其中一处任职、受雇单位所在地主管税务机关办理纳税申报；纳税人没有任职、受雇单位的，向户籍所在地或经常居住地主管税务机关办理纳税申报。

【答案】错误

24. 个人纳税人取得应税所得没有扣缴义务人的，应当在取得所得的次年3个月内向税务机关报送纳税申报表，并缴纳税款。（ ）

【解析】个人纳税人取得应税所得没有扣缴义务人的，应当在取得所得的次月15日内向税务机关报送纳税申报表，并缴纳税款。

【答案】错误

25. 纳税人因移居境外注销中国户籍的，应当在申请注销中国户籍前，向户籍所在地主管税务机关办理纳税申报，进行税款清算。纳税人在注销户籍年度取得综合所得的，应当在注销户籍前，办理当年综合所得的汇算清缴。尚未办理上一年度综合所得汇算清缴的，应当在办理注销户籍纳税申报时一并办理。（ ）

【解析】纳税人因移居境外注销中国户籍的，应当在申请注销中国户籍前，向户籍所在地主管税务机关办理纳税申报，进行税款清算。纳税人在注销户籍年度取得综合所得的，应当在注销户籍前，办理当年综合所得的汇算清缴。尚未办理上一年度综合所得汇算清缴的，应当在办理注销户籍纳税申报时一并办理。

【答案】正确

26. 预扣预缴特许权使用费所得个人所得税时，减除费用按收入的20%计算。

（　　）

【解析】预扣预缴税款时减除费用，劳务报酬所得、稿酬所得、特许权使用费所得每次收入不超过4000元的，减除费用按800元计算；每次收入4000元以上的，减除费用按收入的20%计算。

【答案】错误

27. 2027年12月31日前，外籍个人符合居民个人条件的，可以选择享受个人所得税专项附加扣除，也可以选择享受住房补贴、语言训练费、子女教育费等津补贴免税优惠政策，但不得同时享受。外籍个人一经选择，在一个纳税年度内不得变更。

（　　）

【解析】2027年12月31日前，外籍个人符合居民个人条件的，可以选择享受个人所得税专项附加扣除，也可以选择按照《财政部 国家税务总局关于个人所得税若干政策问题的通知》（财税字〔1994〕20号）、《国家税务总局关于外籍个人取得有关补贴征免个人所得税执行问题的通知》（国税发〔1997〕54号）和《财政部 国家税务总局关于外籍个人取得港澳地区住房等补贴征免个人所得税的通知》（财税〔2004〕29号）规定，享受住房补贴、语言训练费、子女教育费等津补贴免税优惠政策，但不得同时享受。外籍个人一经选择，在一个纳税年度内不得变更。

【答案】正确

28. 单位按低于购置或建造成本价格出售住房给职工，职工因此而少支出的差价部分，符合《财政部 国家税务总局关于单位低价向职工售房有关个人所得税问题的通知》（财税〔2007〕13号）第二条规定的，不并入当年综合所得，以差价收入除以12得到的数额，按照综合所得税率表确定适用税率和速算扣除数，单独计算纳税。

（　　）

【解析】单位按低于购置或建造成本价格出售住房给职工，职工因此而少支出的差价部分，符合《财政部 国家税务总局关于单位低价向职工售房有关个人所得税问题的通知》（财税〔2007〕13号）第二条规定的，不并入当年综合所得，以差价收入除以12个月得到的数额，按照月度税率表确定适用税率和速算扣除数，单独计算纳税。计算公式为：

应纳税额＝职工实际支付的购房价款低于该房屋的购置或建造成本价格的差额×适用税率－速算扣除数

【答案】错误

29. 企业应当在办理注销登记前，就其清算所得向税务机关申报并依法缴纳企业所得税。投资方企业从被清算企业分得的剩余资产，超过或者低于投资成本的部分，应当确认为投资资产转让所得或者损失。（ ）

【解析】企业应当在办理注销登记前，就其清算所得向税务机关申报并依法缴纳企业所得税。清算所得，是指企业的全部资产可变现价值或者交易价格减除资产净值、清算费用以及相关税费等后的余额。投资方企业从被清算企业分得的剩余资产，其中相当于从被清算企业累计未分配利润和累计盈余公积中应当分得的部分，应当确认为股息所得；剩余资产减除上述股息所得后的余额，超过或者低于投资成本的部分，应当确认为投资资产转让所得或者损失。

【答案】错误

30. 自2022年1月1日起，持有股权、股票、合伙企业财产份额等权益性投资的个人独资企业、合伙企业，一律适用查账征收方式计征个人所得税。（ ）

【解析】依据为《财政部 税务总局关于权益性投资经营所得个人所得税征收管理的公告》（财政部 税务总局公告2021年第41号）。

【答案】正确

31. 在一个纳税年度内，居民企业取得符合条件的技术转让所得不超过500万元的部分，免征企业所得税；超过500万元的部分，减半征收企业所得税。（ ）

【解析】《企业所得税法实施条例》第九十条规定，《企业所得税法》第二十七条第（四）项所称符合条件的技术转让所得免征、减征企业所得税，是指一个纳税年度内，居民企业技术转让所得不超过500万元的部分，免征企业所得税；超过500万元的部分，减半征收企业所得税。

【答案】正确

32. 小型微利企业无论按查账征收方式或核定征收方式缴纳企业所得税，均可享受小型微利企业所得税优惠政策。（ ）

【解析】根据《财政部 税务总局关于小微企业和个体工商户所得税优惠政策的公告》（财政部 税务总局公告2023年第6号）规定，小型微利企业无论按查账征收方式或核定征收方式缴纳企业所得税，均可享受小型微利企业所得税优惠政策。

【答案】正确

33. 企业留存备查资料应从企业享受优惠事项当年的企业所得税汇算清缴期结束次日起保留8年。（ ）

【解析】根据《企业所得税优惠政策事项办理办法》（国家税务总局公告2018年第23号）第十条规定，企业留存备查资料应从企业享受优惠事项当年的企业所得税汇算清缴期结束次日起保留10年。

【答案】错误

34. 企业在境内发生的支出项目虽不属于应税项目，但按税务总局规定可以开具发票的，可以发票作为税前扣除凭证。（　　）

【解析】依据为《企业所得税税前扣除凭证管理办法》。

【答案】正确

35. 企业设立不具有法人资格分支机构的，应当汇总计算总机构及其各分支机构的从业人数、资产总额、年度应纳税所得额，依据合计数判断是否符合小型微利企业条件。（　　）

【解析】依据为《财政部 税务总局关于小微企业和个体工商户所得税优惠政策的公告》（财政部 税务总局公告2023年第6号）。

【答案】正确

36. 企业享受优惠事项的，应当在完成年度汇算清缴后，将留存备查资料归集齐全并整理完成，以备税务机关核查。（　　）

【解析】依据为《企业所得税优惠政策事项办理办法》（国家税务总局公告2018年第23号）第六条。

【答案】正确

37. 根据《企业所得税法》的规定，国债利息收入是免税收入。（　　）

【解析】略

【答案】正确

38. 企业的不征税收入用于支出所形成的费用，可以在计算应纳税所得额时扣除。（　　）

【解析】根据《财政部 国家税务总局关于财政性资金 行政事业性收费 政府性基金有关企业所得税政策问题的通知》（财税〔2008〕151号）文件第三条规定，企业的不征税收入用于支出所形成的费用，不得在计算应纳税所得额时扣除。

【答案】错误

39. 符合条件的小型微利企业只有在年度汇算清缴时，才可享受小型微利企业所得税优惠政策。（　　）

【解析】根据《国家税务总局关于落实小型微利企业所得税优惠政策征管问题的公告》（国家税务总局公告2023年第6号）规定，小型微利企业在预缴和汇算清缴企业所得税时，通过填写纳税申报表相关栏次，即可享受小型微利企业所得税优惠政策。

【答案】错误

40. 以非货币性资产对外投资确认的资产转让所得，可自纳税义务年度发生起连续3个纳税年度内，分期均匀计入相应年度的应纳税所得额，按规定计算缴纳企业所得税。（　　）

【解析】以非货币性资产对外投资确认的非货币性资产转让所得，可自确认非货币性资产转让收入年度起不超过连续5个纳税年度的期间内，分期均匀计入相应年度的应纳税所得额，按规定计算缴纳企业所得税。

【答案】错误

41. 企业将资产出售给经批准从事融资租赁业务的企业，又将该项资产从融资租赁企业租回的，承租人出售资产的行为，不确认为销售收入。 （ ）

【解析】企业将资产出售给经批准从事融资租赁业务的企业，又将该项资产从融资租赁企业租回的，资产的控制权没有发生转移，不符合收入确认条件，属于融资行为。承租人出售资产的行为，不确认为销售收入。

【答案】正确

42. 房地产开发企业在正式签订《房地产销售合同》或《房地产预售合同》之前收取的定金，应在收取当期确认为销售收入的实现。 （ ）

【解析】房地产开发企业在正式签订《房地产销售合同》或《房地产预售合同》之前收取的定金，不符合销售收入确认条件，不应在收取当期确认为销售收入的实现。

【答案】错误

43. 对人民币合格境外机构投资者（RQFII）转让创新企业CDR取得的差价所得和持有创新企业CDR取得的股息红利所得，视同转让或持有据以发行创新企业CDR的基础股票取得的权益性资产转让所得和股息红利所得征免企业所得税。 （ ）

【解析】略

【答案】正确

44. 按照方便就近原则，纳税人自行办理或受托人为纳税人代为办理年度汇算的，向纳税人任职受雇单位的主管税务机关申报；有两处及以上任职受雇单位的，可自主选择向其中一处申报。 （ ）

【解析】略

【答案】正确

45. 个人将土地使用权对外出租取得的所得，应按“财产租赁所得”征收个人所得税。 （ ）

【解析】依据为《个人所得税法实施条例》第六条第七款。

【答案】正确

46. 纳税人因移居境外注销中国户籍的，应当在注销中国户籍前办理税款清算。 （ ）

【解析】依据为《个人所得税法实施条例》第十三条。

【答案】正确

47. 所有的津贴、补贴都应该按“工资、薪金所得”项目课税。 （ ）

【解析】根据我国目前个人收入的构成情况，规定对于一些不属于工资、薪金性质的补贴、津贴或者不属于纳税人本人工资、薪金所得项目的收入，如独生子女补贴，不予征税。

【答案】错误

48. 个人直接向教育、扶贫、济困等公益慈善事业的捐赠，发生的公益捐赠支出，可以按照个人所得税法有关规定在计算应纳税所得额时扣除。（ ）

【解析】个人通过中华人民共和国境内公益性社会组织、县级以上人民政府及其部门等国家机关，向教育、扶贫、济困等公益慈善事业的捐赠，发生的公益捐赠支出，可以按照个人所得税法有关规定在计算应纳税所得额时扣除。

【答案】错误

49. “稿酬所得”项目里的作品，包括文学作品、书画作品，但不包括摄影作品。（ ）

【解析】“稿酬所得”项目里的作品，包括文学作品、书画作品、摄影作品以及其他作品。

【答案】错误

50. 周某的女儿在 2023 年 1 月出生，但周某在 2023 年 9 月才填报专项附加扣除信息，那么 2023 年度周某只能享受 4 个月的 3 岁以下婴幼儿照护专项附加扣除。（ ）

【解析】一个纳税年度内，纳税人在扣缴义务人预扣预缴税款环节未享受或未足额享受专项附加扣除的，可以在当年内向支付工资、薪金的扣缴义务人申请在剩余月份发放工资、薪金时补充扣除，也可以在次年 3 月 1 日至 6 月 30 日内，向汇缴地主管税务机关办理汇算清缴时申报扣除。

【答案】错误

51. 纳税人王某同时经营个体工商户 A 和个体工商户 B，2023 年度应纳税所得额分别为 60 万元和 50 万元，那么王某在年度汇总纳税申报时，可以享受减半征收个人所得税政策的应纳税所得额是 110 万元。（ ）

【解析】《国家税务总局关于落实支持个体工商户发展个人所得税优惠政策有关事项的公告》（国家税务总局公告 2023 年第 5 号）第二条规定，若个体工商户从两处以上取得经营所得，需在办理年度汇总纳税申报时，合并个体工商户经营所得年应纳税所得额，重新计算减免税额，多退少补。本题中纳税人王某可以享受减半征收个人所得税政策的应纳税所得额是 100 万元。

【答案】错误

52. 同一重点群体人员或自主就业退役士兵开办多家个体工商户，可同时享受创业就业优惠政策，但总额不得超过规定限额。（ ）

【解析】同一重点群体人员或自主就业退役士兵开办多家个体工商户的，应当选择其中一户作为政策享受主体。除该个体工商户依法办理注销登记、变更经营者或转型为企业外，不得调整政策享受主体。

【答案】错误

53. 周先生同时取得综合所得和经营所得，可在综合所得中申报子女教育专项附加扣除，在经营所得中申报赡养老人专项附加扣除。（　）

【解析】同时取得综合所得和经营所得的纳税人，可在综合所得或经营所得中申报减除费用6万元、专项扣除、专项附加扣除以及依法确定的其他扣除，但不得重复申报减除。专项附加扣除项目不得拆分扣除。

【答案】错误

54. 李某未经政府有关部门批准，未取得执照，自行连续从事医疗服务活动，其取得与医疗服务活动相关的所得，按照“劳务报酬所得”项目缴纳个人所得税。（　）

【解析】个人未经政府有关部门批准，自行连续从事医疗服务活动，不管是否有经营场所，其取得与医疗服务活动相关的所得，按照“经营所得”项目缴纳个人所得税。

【答案】错误

55. 个人独资企业和合伙企业清算所得，是指企业清算时的全部资产或者财产的公允价值扣除各项清算费用、损失、负债、以前年度留存的利润后，超过实缴资本的部分。（　）

【解析】略

【答案】正确

56. 自然人股东陈女士转让甲企业股权，甲企业以投资初始创业企业为主营业务，陈女士以其股权对应的甲企业净资产份额申报转让股权收入，税务机关无须核定转让股权收入。

【解析】根据《股权转让所得个人所得税管理办法（试行）》（国家税务总局2014年第67号）规定，申报的股权转让收入低于股权对应的净资产公允价值份额的，视为股权转让收入明显偏低。

【答案】错误

57. 2023年2月，李先生购买在上交所上市流通的A股股票20000股，2024年4月15日，取得该上市公司分配的2023年股息、红利18000元，该上市公司在支付股息时，应当扣缴其个人所得税1800元。（　）

【解析】根据《财政部 国家税务总局 证监会关于上市公司股息红利差别化个人所得税政策有关问题的通知》（财税〔2015〕101号）规定，上市公司派发股息红利时，对个人持股1年以内（含1年）的，上市公司暂不扣缴个人所得税。所以表述错误。

【答案】错误

58. 张某取得经营所得，没有取得综合所得的，可在按月或按季办理经营所得个人所得税税款预缴时，允许扣除专项附加扣除。（　）

【解析】《个人所得税实施条例》规定，取得经营所得的个人，没有综合所得的，计算其每一纳税年度的应纳税所得额时，应当减除费用6万元、专项扣除、专项附加扣除以及依法确定的其他扣除。专项附加扣除在办理汇算清缴时减除。

【答案】错误

59. 年度汇算的“年度”即为纳税年度，也就是公历1月1日起至12月31日。年度汇算时的收入、扣除，均为该时间区间内实际取得的收入和实际发生的符合条件或规定标准的费用或支出。（　　）

【解析】略

【答案】正确

四、简答题

1. 请简单说明自2023年起，企业开展研发活动在企业所得税上能够享受的研发费加计扣除政策。

【答案】（1）一般企业研发费用加计扣除。

2023年1月1日起，企业开展研发活动中实际发生的研发费用，未形成无形资产计入当期损益的，在按规定据实扣除的基础上，2023年1月1日起，再按照实际发生额的100%在税前加计扣除；形成无形资产的，2023年1月1日起，按照无形资产成本的200%在税前摊销。

（2）集成电路和工业母机企业研发费用加计扣除。

集成电路企业和工业母机企业开展研发活动中实际发生的研发费用，未形成无形资产计入当期损益的，在按规定据实扣除的基础上，在2023年1月1日至2027年12月31日期间，再按照实际发生额的120%在税前扣除；形成无形资产的，在上述期间按照无形资产成本的220%在税前摊销。所称集成电路企业是指国家鼓励的集成电路生产、设计、装备、材料、封装、测试企业。

2. 如果被查对象是高收入个人，其取得多笔大额股权转让收入，在计算股权转让所得个人所得税时，可以扣除的股权原值应当如何确认？

【答案】个人转让股权的原值依照以下方法确认：①以现金出资方式取得的股权，按照实际支付的价款与取得股权直接相关的合理税费之和确认股权原值；②以非货币性资产出资方式取得的股权，按照税务机关认可或核定的投资入股时非货币性资产价格与取得股权直接相关的合理税费之和确认股权原值；③通过无偿让渡方式取得股权，具备《股权转让所得个人所得税管理办法（试行）》所列视为正当理由情形的，按取得股权发生的合理税费与原持有人的股权原值之和确认股权原值；④被投资企业以资本公积、盈余公积、未分配利润转增股本，个人股东已依法缴纳个人所得税的，以转增额和相关税费之和确认其新转增股本的股权原值；⑤除以上情形外，按照避免重复征收个人所得税的原则合理确认股权原值。

3. 如果被查对象取得综合所得，请列举出该对象应当依法办理汇算清缴的情形。

【答案】（1）从两处以上取得综合所得，且综合所得年收入额减除专项扣除后的余额超过6万元；

（2）取得劳务报酬所得、稿酬所得、特许权使用费所得中一项或者多项所得，且综合所得年收入额减除专项扣除的余额超过6万元；

（3）纳税年度内预缴税额低于应纳税额；

（4）纳税人申请退税。

4. 如果被查对象是创投企业的个人合伙人，请列举出该个人合伙人可能适用的税种、税目和税率。

【答案】（1）创投企业可以选择按单一投资基金核算或者按创投企业年度所得整体核算两种方式之一，对其个人合伙人来源于创投企业的所得计算个人所得税应纳税额。

（2）创投企业选择按单一投资基金核算的，其个人合伙人从该基金应分得的股权转让所得和股息、红利所得，按照20%的税率计算缴纳个人所得税。

创投企业选择按年度所得整体核算的，其个人合伙人应从创投企业取得的所得，按照“经营所得”项目、5%～35%的超额累进税率计算缴纳个人所得税。

（3）单一投资基金核算如下：

股权转让所得：个人合伙人按照其应从基金年度股权转让所得中分得的份额计算其应纳税额，并由创投企业在次年3月31日前代扣代缴个人所得税。如符合规定条件的，创投企业个人合伙人可以按照被转让项目对应投资额的70%抵扣其应从基金年度股权转让所得中分得的份额后再计算其应纳税额，当期不足抵扣的，不得向以后年度结转。

股息红利所得：个人合伙人按照其应从基金股息、红利所得中分得的份额计算其应纳税额，并由创投企业按次代扣代缴个人所得税。

（4）创投企业年度所得整体核算如下：

创投企业个人合伙人可以按照被转让项目对应投资额的70%抵扣其可以从创投企业应分得的经营所得后再计算其应纳税额。年度核算亏损的，准予按有关规定向以后年度结转。

按照“经营所得”项目计税的个人合伙人，没有综合所得的，可依法减除基本减除费用、专项扣除、专项附加扣除以及国务院确定的其他扣除。从多处取得经营所得的，应汇总计算个人所得税，只减除一次上述费用和扣除。

5. 请列举出《关于进一步全面深化改革推进中国式现代化的决定》中“深化财税体制改革”的主要内容。

【答案】(1) 健全有利于高质量发展、社会公平、市场统一的税收制度，优化税制结构。

研究同新业态相适应的税收制度。全面落实税收法定原则，规范税收优惠政策，完善对重点领域和关键环节支持机制。健全直接税体系，完善综合和分类相结合的个人所得税制度，规范经营所得、资本所得、财产所得税收政策，实行劳动性所得统一征税。深化税收征管改革。

(2) 建立权责清晰、财力协调、区域均衡的中央和地方财政关系。

增加地方自主财力，拓展地方税源，适当扩大地方税收管理权限。完善财政转移支付体系，清理规范专项转移支付，增加一般性转移支付，提升市县财力同事权相匹配程度。建立促进高质量发展转移支付激励约束机制。推进消费税征收环节后移并稳步下划地方，完善增值税留抵退税政策和抵扣链条，优化共享税分享比例。研究把城市维护建设税、教育费附加、地方教育附加合并为地方附加税，授权地方在一定幅度内确定具体适用税率。规范非税收入管理，适当下沉部分非税收入管理权限，由地方结合实际差别化管理。

五、案例分析题

(一) 中国居民陈先生为某市 A 公司总经理，也是独生子，家有一个读初中的女儿，父母健全，一人为 59 岁，一人为 61 岁。

A 公司 2022 年账务处理情况如下：“应付职工薪酬”科目记载每月支付陈先生工资、薪金收入 16000 元，每月缴纳“三险一金”2500 元；12 月 31 日支付当年全年一次性奖金 120000 元。

陈先生 2022 年 6 月为 B 公司提供经纪咨询服务，取得 B 公司给付的报酬收入 30000 元。

因持有两年前购买的 C 上市公司股票 10000 股，取得 C 公司年中股票分红所得 2000 元，随后将该股票卖出，获得股票转让所得 50000 元。

以上收入均为个人所得税税前收入，年终奖选择单独计算纳税，纳税人向 A 公司提供了专项附加扣除的相关信息。

要求：根据上述资料，回答下列问题：

1. 6 月 B 公司支付给陈先生报酬时应预扣预缴的个人所得税？扣缴义务人发现纳税人提供的信息与实际情况不符时，应如何处理？

2. 陈先生取得年终一次性奖金应缴纳的个人所得税？

3. 陈先生 2023 年申报 2022 年综合所得应缴纳的个人所得税？

4. 陈先生2022年股票分红所得和股票转让所得应缴纳的个人所得税？

综合所得个人所得税年税率表

级数	年应纳税所得额	税率（%）	速算扣除数
1	不超过36000元	3	0
2	超过36000元至144000元的部分	10	2520
3	超过144000元至300000元的部分	20	16920
4	超过300000元至420000元的部分	25	31920
5	超过420000元至660000元的部分	30	52920
6	超过660000元至960000元的部分	35	85920
7	超过960000元的部分	45	181920

非居民个人四项所得个人所得税月（次）税率表

级数	月应纳税所得额	税率（%）	速算扣除数
1	不超过3000元的	3	0
2	超过3000元至12000元的部分	10	210
3	超过12000元至25000元的部分	20	1410
4	超过25000元至35000元的部分	25	2660
5	超过35000元至55000元的部分	30	4410
6	超过55000元至80000元的部分	35	7160
7	超过80000元的部分	45	15160

个人所得税预扣率表

（居民个人劳务报酬所得预扣预缴适用）

级数	预扣预缴应纳税所得额	预扣率（%）	速算扣除数
1	不超过20000元	20	0
2	超过20000元至50000元的部分	30	2000
3	超过50000元的部分	40	7000

【答案】

1. 6月B公司支付给陈先生劳务报酬时，预扣预缴个人所得税＝［30000×（1－20%）］×30%－2000＝5200（元）。

扣缴义务人发现纳税人提供的信息与实际情况不符的可以要求纳税人修改，纳税人拒绝修改的，扣缴义务人应当报告税务机关，税务机关应当及时处理。

2. 年终一次性奖金按月换算后的综合所得 = 120000 ÷ 12 = 10000（元），适用 10% 的税率，速算扣除数 210 元。

应纳税额 = 全年一次性奖金收入 × 适用税率 − 速算扣除数 = 120000 × 10% − 210 = 11790（元）

3. 综合所得年收入额 = 16000 × 12 + 30000 ×（1 − 20%）= 216000（元）

综合所得应纳税所得额 = 综合所得年收入额 − 减除费用 − 专项扣除 − 专项附加扣除 − 依法确定的其他扣除 = 216000 − 60000 −（2500 × 12）−（1000 × 12）−（2000 × 12）= 90000（元）

应纳税额 = 应纳税所得额 × 税率 − 速算扣除数 = 90000 × 10% − 2520 = 6480（元）

4. 不需要缴纳个人所得税。根据规定，个人转让境内上市公司的股票所得，暂免征收个人所得税。个人从公开发行和转让市场取得的上市公司股票，持股期限超过 1 年的，股息、红利所得暂免征收个人所得税。

（二）某非上市居民企业 M 公司为增值税一般纳税人（非化妆品制造或销售、医药制造和饮料制造企业），位于市区，注册资本金 5000 万元，其中外资持股 25%，2023 年会计利润 1500 万元，公司发生以下经济业务（除另有说明外，均为 2023 年业务）：

1. M 公司全年共实现商品销售收入 8650 万元，其中发生现金折扣 100 万元，已冲减前述销售收入，取得乙居民企业的股息收益 20 万元。出租 2016 年 5 月 16 日取得的土地使用权，取得 2023 年租金含税价款 218 万元，会计计入“预收账款”，未入收入核算。公司当年实际发生业务招待费 80 万元，广告费 240 万元，业务宣传费 80 万元。

2. 财务费用 418 万元，其中银行手续费支出 8 万元，但是无法出示相关票据；50 万元为建造固定资产向银行贷款支付的利息，该固定资产当年未达到使用状态；2023 年 1 月 1 日向关联企业丙公司经营性借款 3000 万元，借款期限 12 个月，当年支付利息 360 万元，金融机构同期同类贷款年利率为 6%，丙公司对 M 公司权益性投资为 1000 万元，2023 年度关联债资比例无变化。

3. M 公司接受某单位捐赠的原材料一批，取得增值税专用发票注明金额 10 万元、进项税额 1.3 万元，直接计入“资本公积”账户核算。

4. M 公司向持股 98% 的境内子公司转让一项账面余额（计税基础）为 300 万元的专利技术，取得转让不含税收入 900 万元，该项转让已经省科技部门认定登记。

5. M 公司来自境外 A、B 两国分公司的所得 80 万元，在 A 国分公司的应纳税所得额为 50 万元，A 国适用税率为 10%；在 B 国分公司的应纳税所得额为 30 万元，B 国适用税率 30%。两个分公司在 A、B 两国分别缴纳了 5 万元和 9 万元的企业所得税，不考虑预提所得税影响。

6. 高端管理人才钱某以其持有的厂房作价1500万元投资入股到M公司，税务机关代开增值税专用发票。该房地产位于市区，2016年4月购置取得时价款为1000万元，需考虑增值税、教育费附加（不考虑地方教育附加）、印花税的影响。

7. 2020年该公司对技术骨干进行股权激励，对研发部门主任李某进行限制性股票激励，当年授予李某股票一万股，李某支付价款1万元。授予时市场价格为5元/每股，约定李某持有满一年后可以进行转让，解禁日市场价格10元/每股，李某2023年末将其转让，价格15元/每股，不考虑其他税费。

要求：根据上述资料，回答下列问题（四舍五入小数点保留两位数，不考虑其他税收优惠政策的影响）。

1.（多项选择题）关于业务1，以下说法正确的有（　　）。

A. M公司应确认的销售商品收入为8750万元

B. 土地使用权租金应增加其他业务收入207.62万元

C. 业务招待费当年应调增35.25万元

D. 广告费和业务宣传费无须做纳税调整

【解析】①销售商品涉及现金折扣，应按照扣除现金折扣前的金额确定销售收入，应确认销售收入 =8650 +100 =8750（万元）。

②土地使用权租金收入影响会计利润，增加其他业务收入 =218 ÷（1 +9%）= 200（万元）。

③可扣除业务招待费：M公司营业收入 =8750 +200 =8950（万元），业务招待费扣除限额：89500 ×0.5% =44.75（万元）<80 ×60% =48（万元），可扣除业务招待费44.75万元，业务招待费纳税调增：80 −44.75 =35.25（万元）。

④可扣除广告费及业务宣传费：8950 ×15% =1342.5（万元）>320万元（240 + 80），可扣除广告费和业务宣传费320万元。

【答案】ACD

2.（单项选择题）关于业务2，利息支出需要调增应纳税所得额（　　）万元。

A. 50　　B. 58

C. 290　　D. 298

【解析】①银行手续费8万元无法出示票据需要纳税调增8万元。

②50万元的资本化利息支出在当年企业所得税前不得扣除，应调增应纳税所得50万元。

③向关联企业经营性借款的合理的借款总额 =1000 ×2 =2000（万元），合理利率水平的利息费用 =2000 ×6% =120（万元）。

利息超过规定标准：360 −120 =240（万元），需要进行纳税调整，关联企业借款利息调增应纳税所得额240万元。合计调增 =8 +50 +240 =298（万元）。

【答案】D

3.（单项选择题）关于业务3，接受捐赠的税务处理，以下说法正确的是（　　）。

A. 增加应纳税所得额11.3万元，进项税额1.3万元符合条件可以进行增值税抵扣

B. 增加应纳税所得额10万元，进项税额1.3万元符合条件可以进行增值税抵扣

C. 增加应纳税所得额11.3万元，进项税额不可以进行增值税抵扣

D. 增加应纳税所得额10万元，进项税额1.3万元可以进行增值税抵扣

【解析】接受捐赠物资应该计入营业外收入，而不是资本公积。营业外收入 = 10 + 1.3 = 11.3（万元），应调增会计利润11.3万元。调整应纳税所得额。会计分录如下：

借：原材料	10
应交税费——应交增值税（进项税额）	1.3
贷：营业外收入	11.3

【答案】A

4.（单项选择题）关于业务4，企业所得税优惠的说法正确的是（　　）。

A. 向关联方转让不可以享受技术成果转让优惠

B. 向关联方转让可以享受技术成果转让优惠，做纳税调减600万元

C. 向关联方转让可以享受技术成果转让优惠，做纳税调减550万元

D. 向关联方转让可以享受技术成果转让优惠，做纳税调减500万元

【解析】技术转让所得 = 900 − 300 = 600（万元）；应作纳税调减：500 +（600 − 500）×50% = 550（万元）。

居民从直接或间接持有股权之和达到100%的关联方取得的技术转让所得，不享受技术转让减免企业所得税的优惠政策。本题中的持股比例为98%，可以享受技术转让所得税收优惠。

【答案】C

5.（多项选择题）关于业务5，境外分公司所得在我国实际抵免的所得税额，以下说法正确的有（　　）。

A. 如选择分国不分项，当年可抵免12.5万元

B. 如选择分国不分项，当年可抵免14万元

C. 如选择不分国不分项，当年可抵免14万元

D. 如选择不分国不分项，当年可抵免12.5万元

【解析】企业选择分国不分项计算：

①A国扣除限额：50 × 25% = 12.5（万元），在A国缴纳的所得税为5万元，低于

扣除12.5万元，当年可抵免5万元。②B国扣除限额：30×25%=7.5（万元），在B国缴纳的所得税为9万元，高于扣除限额7.5万元，其超过扣除限额的部分1.5万元当年不能扣除，当年可抵免7.5万元。③M公司可实际抵免的境外所得税额：5+7.5=12.5（万元）。

企业选择不分国不分项计算：

扣除限额：（50+30）×25%=20（万元），已缴纳：5+9=14（万元），可全额抵免。

【答案】AC

6. 关于业务6，高管钱某投资入股的个人所得税，以下说法正确的是（　　）。

A. 符合条件的情况下，钱某可以享受个人所得税优惠，在不超过5年内分期纳税

B. 符合条件的情况下，钱某可以享受个人所得税优惠，递延到股权转让时缴税

C. 钱某不可以享受个人所得税优惠

D. 符合条件的情况下，钱某可以享受个人所得税优惠，在不超过5年内均匀分期纳税

【解析】略

【答案】A

7.（单项选择题）关于业务6，不考虑“六税两费”减免优惠，假设合同未单独列明增值税，高管钱某应缴纳个人所得税合计（　　）万元。

A. 94.61　　B. 99.37

C. 95.24　　D. 100.00

【解析】应缴增值税=（1500-1000）÷（1+5%）×5%=23.81（万元），应缴城市维护建设税=23.81×7%=1.67（万元），应缴教育费附加=23.81×3%=0.71（万元），应缴印花税=1500×0.5‰=0.75（万元），应缴个人所得税=（1500-23.81-1000-1.67-0.71-0.75）×20%=94.61（万元）。

【答案】A

8.（单项选择题）关于业务6，M公司取得钱某投入的厂房，企业所得税的计税基础说法正确的是（　　）。

A. 计税基础1500万元

B. 计税基础1428.57万元

C. 计税基础1000万元

D. 计税基础952.38万元

【解析】钱某转让厂房代开了专用发票，因此企业应进行价税分离，而且不动产按5%简易差额征税，但取得发票的一方可以全额抵扣，故M公司取得钱某投入的厂房，

企业所得税的计税基础 = 1500 ÷ （1 + 5%） = 1428.57（万元）。

【答案】B

9.（单项选择题）关于业务 7，对李某的股权激励企业所得税的处理正确的是（　　）。

A. 在 2020 年企业所得税税前扣除 4 万元

B. 在 2021 年企业所得税税前扣除 9 万元

C. 在 2023 年企业所得税税前扣除 14 万元

D. 在 2023 年企业所得税税前扣除 4 万元

【解析】对股权激励计划实行后，需待一定服务年限或者达到规定业绩条件方可行权的。上市公司等待期内会计上计算确认的相关成本费用，不得在对应年度计算缴纳企业所得税时扣除。在股权激励计划可行权后，上市公司方可根据该股票实际行权时的公允价格与当年激励对象实际行权支付价格的差额及数量，计算确定作为当年上市公司工资薪金支出，依照税法规定进行税前扣除。在我国境外上市的居民企业和非上市公司，凡比照《上市公司股权激励管理办法（试行）》的规定建立职工股权激励计划，且在企业会计处理上，也按我国会计准则的有关规定处理的，其股权激励计划有关企业所得税处理问题，可以按照上述规定执行。

【答案】B

10.（单项选择题）关于业务 7，对李某的股权激励个人所得税的处理正确的是（　　）。

A. 李某取得的股权激励应纳税所得额为 6.5 万元，不计入综合所得，适用综合所得税率表单独计税，可在 12 个月内纳税

B. 李某取得的股权激励应纳税所得额为 6.5 万元，不计入综合所得，适用综合所得税率表单独计税，不可以延期纳税

C. 符合条件的情况下，递延至股权转让时单独按综合所得纳税，李某该业务应纳税所得额为 14 万元

D. 符合条件的情况下，递延至股权转让时按“财产转让所得”纳税，李某该业务应纳税所得额为 14 万元

【解析】非上市公司授予本公司员工的股票期权、股权期权、限制性股票和股权奖励，符合规定条件的，经向主管税务机关备案，可实行递延纳税政策，即员工在取得股权激励时可暂不纳税，递延至转让该股权时纳税；股权转让时，按照股权转让收入减除股权取得成本以及合理税费后的差额，适用“财产转让所得”项目，按照 20% 的税率计算缴纳个人所得税。

【答案】D

（三）自然人张某为S市（设区的城市）居民，2023年发生如下涉税业务：

1. 2023年1月，张某依法与任职公司甲公司解除劳动关系，取得一次性补偿收入38万元，S市上年度职工年平均工资为8.2万元。当月无工资薪金收入。

2. 2023年2月，张某创作的文学作品被拍成电影取得剧本使用费38万元，某文化公司在广告设计过程中使用张某名义、形象进行宣传，支付报酬18.8万元。

3. 2023年3月，张某以300万元拍得一项"打包"债权：对甲公司的应收账款500万元，对乙公司的应收账款125万元。2023年10月追得甲公司评估价值为400万元的不动产，发生审计评估费5万元，诉讼费4万元，缴纳相关税金20万元。2023年12月，将乙公司债权以75万元现金转让，发生手续费1.5万元。

4. 2023年3月，张某在S市成立W工作室，注册类型为个体工商户。全年销售收入600万元，发生经营成本、费用450万元，缴纳相关税费10万元。自行计算利润总额140万元。成本费用中存在如下情形：

（1）发生业务招待费10万元、广告费100万元。

（2）2023年7月1日向个人借款10万元，期限6个月，支付借款利息1万元，同期银行贷款年利率为6%。

（3）为张某本人缴纳补充养老保险费、补充医疗保险费各2.4万元。

已知：张某为非独生子女，父母健在，2023年1月均已年满60周岁。张某与配偶王某育有1子在读小学。张某及儿子2人在2023年均发生了符合规定的医疗费用，扣除医保报销后个人负担金额分别为12万元、10万元。张某按最高标准享受专项附加扣除。张某选择个人减除费用在综合所得中扣除，专项附加扣除在经营所得中扣除。不考虑未提及事项。

要求：根据上述资料，回答下列问题。

1.（单项选择题）张某2023年解除劳动合同所得应缴纳的个人所得税税额为（　　）万元。

A. 0　　　　B. 0.488

C. 1.088　　　　D. 1.319

【解析】《财政部 税务总局关于个人所得税法修改后有关优惠政策衔接问题的通知》（财税〔2018〕164号）第五条规定，个人与用人单位解除劳动关系取得一次性补偿收入（包括用人单位发放的经济补偿金、生活补助费和其他补助费），在当地上年职工平均工资3倍数额以内的部分，免征个人所得税；超过3倍数额的部分，不并入当年综合所得，单独适用综合所得税率表，计算纳税。

（1）在当地上年职工平均工资3倍数额以内的部分，免征个人所得税。免征个人所得税部分 $=8.2\times3=24.6$（万元）。

（2）$38-24.6=13.4$（万元），适用10%税率，速算扣除数为2520元。

应缴个人所得税 $= 13.4 \times 10000 \times 10\% - 2520 = 10880$（元）

【答案】C

2.（单项选择题）张某取得剧本使用费和形象使用报酬应预扣预缴的个人所得税税额分别为（　　）。

A. 60800 元；53160 元　　B. 60800 元；30080 元

C. 42560 元；30080 元　　D. 42560 元；53160 元

【解析】《国家税务总局关于剧本使用费征收个人所得税问题的通知》（国税发〔2002〕52 号）规定，对于剧本作者从电影、电视剧的制作单位取得的剧本使用费，不再区分剧本的使用方是否为其任职单位，统一按特许权使用费所得项目计征个人所得税。《国家税务总局关于印发〈广告市场个人所得税征收管理暂行办法〉的通知》（国税发〔1996〕148 号）第五条规定，纳税人在广告设计、制作、发布过程中提供名义、形象而取得的所得，应按劳务报酬所得项目计算纳税。

（1）剧本使用费按特许权使用费所得预扣预缴个人所得税。

应预扣预缴个人所得税 $= 38 \times (1 - 20\%) \times 10000 \times 20\% = 60800$（元）

（2）名义形象使用费按劳务报酬所得预扣预缴个人所得税。

收入 18.8 万元，预扣预缴适用 40% 预扣率，速算扣除数为 7000。应预扣预缴个人所得税 $= 18.8 \times (1 - 20\%) \times 10000 \times 40\% - 7000 = 53160$（元）。

【答案】A

3.（多项选择题）两次转让打包债权应缴纳的个人所得税税额分别为（　　）万元。

A. 26.2　　B. 24.2

C. 14.7　　D. 2.7

【解析】《国家税务总局关于个人因购买和处置债权取得所得征收个人所得税问题的批复》（国税函〔2005〕655 号）第一条规定，根据《个人所得税法》及有关规定，个人通过招标、竞拍或其他方式购置债权以后，通过相关司法或行政程序主张债权而取得的所得，应按照“财产转让所得”项目缴纳个人所得税。第二条规定，个人通过上述方式取得“打包”债权，只处置部分债权的，其应纳税所得额按以下方式确定。①以每次处置部分债权的所得，作为一次财产转让所得征税。②其应税收入按照个人取得的货币资产和非货币资产的评估价值或市场价值的合计数确定。③所处置债权成本费用（即财产原值），按下列公式计算：当次处置债权成本费用 = 个人购置“打包”债权实际支出 × 当次处置债权账面价值（或拍卖机构公布价值）÷“打包”债权账面价值（或拍卖机构公布价值）。④个人购买和处置债权过程中发生的拍卖招标手续费、诉讼费、审计评估费以及缴纳的税金等合理税费，在计算个人所得税时允许扣除。

（1）2023 年 10 月处置甲公司债权，成本 $= 300 \times 500 \div (500 + 125) = 240$（万

元）。允许扣除的费用 =5 +4 +20 =29（万元）。应纳个人所得税 =（400 −240 −29）×20% =26.2（万元）。

（2）2023 年 12 月处置乙公司债权，成本 =300 ×125 ÷（500 +125）=60（万元）。允许扣除的费用 1.5 万元。应纳个人所得税 =（75 −60 −1.5）×20% =2.7（万元）。

【答案】AD

4.（单项选择题）2023 年度 W 工作室经营所得纳税调整后所得为（　　）万元。

A. 156.46　　B. 160.04

C. 161.68　　D. 162.50

【解析】《个体工商户个人所得税计税办法》第二十二条第三款规定，个体工商户业主本人缴纳的补充养老保险费、补充医疗保险费，以当地（地级市）上年度社会平均工资的 3 倍为计算基数，分别在不超过该计算基数 5% 标准内的部分据实扣除；超过部分，不得扣除。扣除限额 =8.2 ×3 ×5% =1.23（万元）。应调增金额 =（2.4 −1.23）×2 =2.34（万元）。

第二十五条规定，个体工商户在生产经营活动中发生的向非金融企业和个人借款的利息支出，不超过按照金融企业同期同类贷款利率计算的数额的部分准予扣除。借款利息应调增 =1 −10 ×6% ÷2 =0.7（万元）。

第二十八条规定，个体工商户发生的与生产经营活动有关的业务招待费，按照实际发生额的 60% 扣除，但最高不得超过当年销售（营业）收入的 5‰。600 ×5‰ =3（万元）；实际发生额 60% =10 ×60% =6（万元），允许扣除 3 万元。业务招待费调增金额 =10 −3 =7（万元）。

第二十九条规定，个体工商户每一纳税年度发生的与其生产经营活动直接相关的广告费和业务宣传费不超过当年销售（营业）收入 15% 的部分，可以据实扣除；超过部分，准予在以后纳税年度结转扣除。扣除限额 =600 ×15% =90（万元）。广告费调增金额 =100 −90 =10（万元）。合计调增金额 =2.34 +0.7 +7 +10 =20.04（万元）。纳税调整后所得 =140 +20.04 =160.04（万元）。

【答案】B

5.（单项选择题）张某 2023 年度 W 工作室应缴纳的经营所得税个人所得税税额为（　　）万元。

A. 21.20　　B. 21.547

C. 39.244　　D. 42.40

【解析】《国务院关于印发个人所得税专项附加扣除暂行办法的通知》（国发〔2018〕41 号）第十一条规定，在一个纳税年度内，纳税人发生的与基本医保相关的医药费用支出，扣除医保报销后个人负担（指医保目录范围内的自付部分）累计超过

15000元的部分，由纳税人在办理年度汇算清缴时，在80000元限额内据实扣除。第十二条规定，未成年子女发生的医药费用支出可以选择由其父母一方扣除。纳税人及其配偶、未成年子女发生的医药费用支出，按第十一条规定分别计算扣除额。

张某及其儿子的医疗费用均可由张某扣除，最高扣除限额 = 8 × 2 = 16（万元）。超过1.5万元的部分 = 12 + 10 − 1.5 − 1.5 = 19（万元），应按16万元扣除。

《国家税务总局关于贯彻执行提高个人所得税有关专项附加扣除标准政策的公告》（国家税务总局公告2023年第14号）第一条规定，3岁以下婴幼儿照护、子女教育专项附加扣除标准，由每个婴幼儿（子女）每月1000元提高到2000元。父母可以选择由其中一方按扣除标准的100%扣除，也可以选择由双方分别按50%扣除。第二条规定，赡养老人专项附加扣除标准，由每月2000元提高到3000元，其中，独生子女每月扣除3000元；非独生子女与兄弟姐妹分摊每月3000元的扣除额度，每人不超过1500元。

张某可扣除专项附加扣除金额 = （2000 + 1500） × 12 ÷ 10000 + 16 = 20.2（万元）

应缴纳经营所得个人所得税 = ［（160.04 − 20.2） × 35% − 6.55］ × 50% = 21.20（万元）

【答案】A

错题、要点整理页

第六章　其他税种稽查

>> 本章知识框架

节	知识点	学习进度
城镇土地使用税的检查方法	【知识点 1】城镇土地使用税纳税义务人的基本政策	
	【知识点 2】城镇土地使用税计税依据的基本政策	
	【知识点 3】城镇土地使用税纳税义务发生时间和终止时间的基本政策	
	【知识点 4】城镇土地使用税税收优惠的基本政策	
	【知识点 5】城镇土地使用税的检查要点	
城市维护建设税及教育费附加的检查方法	【知识点 1】城市维护建设税及教育费附加的纳税义务人、缴费人的基本政策	
	【知识点 2】城市维护建设税及教育费附加的计税（征）依据的基本政策	
	【知识点 3】城市维护建设税及教育费附加的税率（征收率）的基本政策	
	【知识点 4】城市维护建设税的纳税义务发生时间	
	【知识点 5】城市维护建设税的退税	
	【知识点 6】城市维护建设税的税收优惠	
	【知识点 7】城市维护建设税及教育费附加的检查要点	
耕地占用税的检查方法	【知识点 1】耕地占用税征收范围的基本政策	
	【知识点 2】耕地占用税纳税义务发生时间的基本政策	

续表

节	知识点	学习进度
耕地占用税的检查方法	【知识点3】耕地占用税计税依据的基本政策	
	【知识点4】耕地占用税税率的基本政策	
	【知识点5】耕地占用税税收优惠的基本政策	
	【知识点6】耕地占用税的检查要点	
土地增值税的检查方法	【知识点1】土地增值税征税范围和纳税人的基本政策	
	【知识点2】土地增值税收入总额的基本政策	
	【知识点3】土地增值税税率的基本政策	
	【知识点4】土地增值税扣除项目的基本政策	
	【知识点5】土地增值税税收优惠的基本政策	
	【知识点6】土地增值税改制重组业务的基本政策	
	【知识点7】土地增值税的检查要点	
房产税的检查方法	【知识点1】房产税征税范围的基本政策	
	【知识点2】房产税纳税人的基本政策	
	【知识点3】房产税适用税率的基本政策	
	【知识点4】房产税计税依据及应纳税额的基本政策	
	【知识点5】房产税纳税时间和纳税地点的基本政策	
	【知识点6】房产税税收优惠的基本政策	
	【知识点7】房产税的检查要点	
印花税的检查方法	【知识点1】印花税纳税人、扣缴义务人的基本政策	
	【知识点2】印花税征税范围的基本政策	
	【知识点3】印花税税目税率的基本政策	
	【知识点4】印花税计税依据的基本政策	
	【知识点5】印花税应纳税额计算的基本政策	
	【知识点6】印花税征收管理的基本政策	
	【知识点7】印花税优惠政策	
	【知识点8】印花税征收管理的基本政策	
	【知识点9】印花税的检查要点	

续表

节	知识点	学习进度
契税的检查方法	【知识点1】契税纳税人和征收范围的基本政策依据	
	【知识点2】契税税率	
	【知识点3】契税计税依据	
	【知识点4】契税应纳税额计算	
	【知识点5】契税税收优惠	
	【知识点6】契税纳税义务发生时间和申报期限	
	【知识点7】契税的检查要点	
资源税的检查方法	【知识点1】资源税纳税人和征税范围的基本政策	
	【知识点2】资源税税目与适用税率的基本政策	
	【知识点3】资源税计税依据及应纳税额的基本政策	
	【知识点4】扩大水资源税改革试点的基本政策	
	【知识点5】资源税税收优惠的基本政策	
	【知识点6】资源税纳税义务发生时间、纳税地点的基本政策	
	【知识点7】资源税的检查要点	
环境保护税的检查方法	【知识点1】环境保护税纳税人和征税范围的基本政策	
	【知识点2】环境保护税适用税目与税率的基本政策	
	【知识点3】环境保护税计税依据和应纳税额的基本政策	
	【知识点4】环境保护税税收优惠的基本政策	
	【知识点5】环境保护税纳税义务时间、地点的基本政策	
	【知识点6】环境保护税的检查要点	
车船税的检查方法	【知识点1】车船税纳税人和扣缴义务人的基本政策	
	【知识点2】车船税征税范围的基本政策	
	【知识点3】车船税计税依据和税率的基本政策	
	【知识点4】车船税应纳税额计算的基本政策	
	【知识点5】车船税税收优惠的基本政策	
	【知识点6】车船税的检查要点	

续表

节	知识点	学习进度
车辆购置税的检查方法	【知识点 1】车辆购置税纳税人的基本政策	
	【知识点 2】车辆购置税征收方式和应纳税额计算的基本政策	
	【知识点 3】车辆购置税计税价格的基本政策	
	【知识点 4】车辆购置税税收优惠的基本政策	
	【知识点 5】车辆购置税纳税义务时间、地点的基本政策	
	【知识点 6】车辆购置税的检查要点	
烟叶税的检查方法	【知识点 1】烟叶税纳税人的基本政策	
	【知识点 2】烟叶税征税范围的基本政策	
	【知识点 3】烟叶税计税依据和应纳税额的基本政策	
	【知识点 4】烟叶税纳税义务时间、地点的基本政策	
	【知识点 5】烟叶税的检查要点	

>> 习题演练

一、单项选择题

1. 下列关于证券交易印花税说法错误的是（　　）。

A. 证券交易，是指转让在依法设立的证券交易所、国务院批准的其他全国性证券交易场所交易的股票和以股票为基础的存托凭证

B. 证券交易印花税对证券交易的出让方征收，不对受让方征收。税率为成交金额的千分之一

C. 2023 年 1 月 1 日至 2027 年 12 月 31 日，对增值税小规模纳税人、小型微利企业和个体工商户减半征收印花税，但不含证券交易印花税

D. 2023 年 1 月 1 日至 2027 年 12 月 31 日，证券交易印花税实施减半征收

【解析】自 2023 年 8 月 28 日起，证券交易印花税实施减半征收。

【答案】D

2. 下列关于城镇土地使用税的说法不正确的是（　　）。

A. 城镇土地使用税由拥有土地使用权的单位或者个人缴纳

B. 土地使用权未确定或者权属纠纷未解决的，由实际使用人缴纳

C. 土地使用权共有的，由共有各方分别缴纳

D. 承租集体所有建设用地的，由拥有土地使用权的单位或者个人缴纳

【解析】承租集体所有建设用地的，由直接从集体经济组织承租土地的单位和个人，缴纳城镇土地使用税。

【答案】D

3. 下列关于城镇土地使用税的说法正确的是（　　）。

A. 间接用于农、林、牧、渔业的生产用地免缴城镇土地使用税

B. 经批准开山填海整治的土地和改造的废弃土地，从使用的月份起免缴城镇土地使用税 3 年至 5 年

C. 经批准开山填海整治的土地和改造的废弃土地，从使用的月份起免缴城镇土地使用税 5 年至 7 年

D. 经批准开山填海整治的土地和改造的废弃土地，从使用的月份起免缴城镇土地使用税 5 年至 10 年

【解析】直接用于农、林、牧、渔业的生产用地免缴城镇土地使用税，选项 A 错误。经批准开山填海整治的土地和改造的废弃土地，从使用的月份起免缴城镇土地使用税 5 年至 10 年。所以选项 B、C 错误，选项 D 正确。

【答案】D

4. 2023 年 1 月 1 日至 2027 年 12 月 31 日，自主就业退役士兵从事个体经营的，自办理个体工商户登记当月起，在（　　）内按每户每年（　　）为限额依次扣减其当年实际应缴纳的增值税、城市维护建设税、教育费附加、地方教育附加和个人所得税。限额标准最高可上浮（　　），各省、自治区、直辖市人民政府可根据本地区实际情况在此幅度内确定具体限额标准。

A. 1 年（12 个月）；12000 元；20%

B. 2 年（24 个月）；12000 元；20%

C. 3 年（36 个月）；12000 元；20%

D. 3 年（36 个月）；20000 元；20%

【解析】2023 年 1 月 1 日至 2027 年 12 月 31 日，自主就业退役士兵从事个体经营的，自办理个体工商户登记当月起，在 3 年（36 个月，下同）内按每户每年 20000 元为限额依次扣减其当年实际应缴纳的增值税、城市维护建设税、教育费附加、地方教育附加和个人所得税。限额标准最高可上浮 20%，各省、自治区、直辖市人民政府可根据本地区实际情况在此幅度内确定具体限额标准。

【答案】D

5. 下列关于对向居民供热收取采暖费的供热企业，所使用的厂房及土地征免房产

税、城镇土地使用税的说法错误的是（　　）。

A. 为居民供热所使用的厂房及土地免征房产税、城镇土地使用税；对供热企业其他厂房及土地，应当按照规定征收房产税、城镇土地使用税

B. 对专业供热企业，按其向居民供热取得的采暖费收入占全部采暖费收入的比例，计算免征的房产税、城镇土地使用税

C. 对兼营供热企业，对其供热所使用厂房及土地，按向居民供热取得的采暖费收入占全部采暖费收入的比例，计算免征的房产税、城镇土地使用税

D. 对自供热单位，按向居民供热建筑面积占总供热建筑面积的比例，计算免征供热所使用的厂房及土地的房产税、城镇土地使用税

【解析】对兼营供热企业，视其供热所使用的厂房及土地与其他生产经营活动所使用的厂房及土地是否可以区分，按照不同方法计算免征的房产税、城镇土地使用税。可以区分的，对其供热所使用厂房及土地，按向居民供热取得的采暖费收入占全部采暖费收入的比例，计算免征的房产税、城镇土地使用税。难以区分的，对其全部厂房及土地，按向居民供热取得的采暖费收入占其营业收入的比例，计算免征的房产税、城镇土地使用税。

【答案】C

6. 2023 年 1 月 1 日至 2027 年 12 月 31 日，企业招用自主就业退役士兵，与其签订（　　）期限劳动合同并依法缴纳社会保险费的，自签订劳动合同并缴纳社会保险当月起，在（　　）按实际招用人数予以定额依次扣减增值税、城市维护建设税、教育费附加、地方教育附加和企业所得税优惠。

A. 1 年以上；1 年内　　B. 1 年以上；3 年内

C. 3 年以上；1 年内　　D. 3 年以上；3 年内

【解析】2023 年 1 月 1 日至 2027 年 12 月 31 日，企业招用自主就业退役士兵，与其签订 1 年以上期限劳动合同并依法缴纳社会保险费的，自签订劳动合同并缴纳社会保险当月起，在 3 年内按实际招用人数予以定额依次扣减增值税、城市维护建设税、教育费附加、地方教育附加和企业所得税优惠。

【答案】B

7. 2023 年 1 月 1 日至 2027 年 12 月 31 日，企业招用自主就业退役士兵，可以享受定额依次扣减增值税、城市维护建设税、教育费附加、地方教育附加和企业所得税的优惠。定额标准为每人每年（　　），最高可上浮（　　），各省、自治区、直辖市人民政府可根据本地区实际情况在此幅度内确定具体定额标准。

A. 3000 元；20%　　B. 5000 元；30%

C. 6000 元；30%　　D. 6000 元；50%

【解析】2023 年 1 月 1 日至 2027 年 12 月 31 日，企业招用自主就业退役士兵，与

其签订1年以上期限劳动合同并依法缴纳社会保险费的，自签订劳动合同并缴纳社会保险费当月起，在3年内按实际招用人数予以定额依次扣减增值税、城市维护建设税、教育费附加、地方教育附加和企业所得税优惠。定额标准为每人每年6000元，最高可上浮50%，各省、自治区、直辖市人民政府可根据本地区实际情况在此幅度内确定具体定额标准。

【答案】D

8. 2023年1月1日至2027年12月31日，脱贫人口、持《就业创业证》或《就业失业登记证》的人员，从事个体经营的，自办理个体工商户登记当月起，在（　　）内按每户每年（　　）为限额依次扣减其当年实际应缴纳的增值税、城市维护建设税、教育费附加、地方教育附加和个人所得税。限额标准最高可上浮（　　）。

A. 2年（24个月）；12000元；20%

B. 2年（24个月）；16000元；20%

C. 3年（36个月）；20000元；20%

D. 3年（36个月）；24000元；20%

【解析】2023年1月1日至2027年12月31日，脱贫人口（含防止返贫监测对象）、持《就业创业证》（注明“自主创业税收政策”或“毕业年度内自主创业税收政策”）或《就业失业登记证》（注明“自主创业税收政策”）的人员，从事个体经营的，自办理个体工商户登记当月起，在3年（36个月，下同）内按每户每年20000元为限额依次扣减其当年实际应缴纳的增值税、城市维护建设税、教育费附加、地方教育附加和个人所得税。限额标准最高可上浮20%，各省、自治区、直辖市人民政府可根据本地区实际情况在此幅度内确定具体限额标准。

【答案】C

9. 2023年1月1日至2027年12月31日，企业招用脱贫人口，以及在人力资源社会保障部门公共就业服务机构登记失业半年以上且持《就业创业证》或《就业失业登记证》的人员，符合规定条件，可以按实际招用人数予以定额依次扣减增值税、城市维护建设税、教育费附加、地方教育附加和企业所得税优惠。定额标准为每人每年（　　），最高可上浮（　　）。

A. 3000元；20%　　B. 5000元；30%

C. 6000元；30%　　D. 6000元；50%

【解析】2023年1月1日至2027年12月31日，企业招用脱贫人口（含防止返贫监测对象），以及在人力资源社会保障部门公共就业服务机构登记失业半年以上且持《就业创业证》或《就业失业登记证》（注明“企业吸纳税收政策”）的人员，与其签订1年以上期限劳动合同并依法缴纳社会保险费的，自签订劳动合同并缴纳社会保险费当月起，在3年内按实际招用人数予以定额依次扣减增值税、城市维护建设税、教育费附加、地方教育附加和企业所得税优惠。定额标准为每人每年6000元，最高可上浮30%，各省、自治区、直辖市人民政府可根据本地区实际情况在此幅度内确定具体定额标准。

【答案】C

10. 纳税人改变原占地用途，不再属于免征或减征情形的，应自改变用途之日起（　　）申报补缴税款，补缴税款按改变用途的实际占用耕地面积和改变用途时当地适用税额计算。

A. 10日内　　B. 30日内

C. 60日内　　D. 3个月内

【解析】免征或者减征耕地占用税后，纳税人改变原占地用途，不再属于免征或减征情形的，应自改变用途之日起30日内申报补缴税款，补缴税款按改变用途的实际占用耕地面积和改变用途时当地适用税额计算。

【答案】B

11. 关于印花税政策的说法，下列说法正确的是（　　）。

A. 建筑安装工程承包合同中，对总包合同贴花后，分包合同无须贴花

B. 货物运输合同的计税依据为取得的运费收入，包括所运货物的金额、装卸费和保险费

C. 个人出租住房签订的租赁合同，应按租赁金额的2‰贴花

D. 对与高校学生签订的高校学生公寓租赁合同，免征印花税

【解析】建筑安装工程承包合同中，对总包合同贴花后，分包合同也需贴花；货物运输合同的计税依据为取得的运费收入，不包括所运货物的金额、装卸费和保险费；个人出租住房签订的租赁合同，应按租赁金额的1‰贴花。

【答案】D

12. 对从事房地产开发的纳税人，可按取得土地使用权所支付的金额和房地产开发成本金额之和，加计20%扣除土地增值税增值额的扣除项目。下列不可以作为加计扣除基数的是（　　）。

A. 规划、设计、项目可行性研究

B. 水文、地质、勘察、测绘

C. “三通一平”等支出

D. 利息支出

【解析】前期工程费，包括规划、设计、项目可行性研究和水文、地质、勘察、测绘、“三通一平”等支出。利息支出不可以作为加计扣除基数。

【答案】D

13. 下列关于印花税计税依据说法正确的是（　　）。

A. 应税合同的计税依据，为合同所列的金额，如合同列明适用的增值税税率为9%，可以扣除按增值税税率计算的增值税税款

B. 同一应税合同、应税产权转移书据中涉及两方以上纳税人，以纳税人平均分摊的应税凭证所列金额确定计税依据

C. 应税合同、应税产权转移书据所列的金额与实际结算金额不一致，以应税合同、应税产权转移书据所列金额为计税依据

D. 纳税人转让股权的印花税计税依据，按照产权转移书据所列的金额（不包括列明的认缴后尚未实际出资权益部分）确定

【解析】应税合同的计税依据，为合同所列的金额，不包括列明的增值税税款。选项A错误。同一应税合同、应税产权转移书据中涉及两方以上纳税人，且未列明纳税人各自涉及金额的，以纳税人平均分摊的应税凭证所列金额（不包括列明的增值税税款）确定计税依据。选项B错误。应税合同、应税产权转移书据所列的金额与实际结算金额不一致，不变更应税凭证所列金额的，以所列金额为计税依据；变更应税凭证所列金额的，以变更后的所列金额为计税依据。已缴纳印花税的应税凭证，变更后所列金额增加的，纳税人应当就增加部分的金额补缴印花税；变更后所列金额减少的，纳税人可以就减少部分的金额向税务机关申请退还或者抵缴印花税。选项C错误。纳税人转让股权的印花税计税依据，按照产权转移书据所列的金额（不包括列明的认缴后尚未实际出资权益部分）确定。选项D正确。

【答案】D

14. 下列说法错误的是（　　）。

A. 在商品住房等开发项目中配套建设安置住房的，按安置住房建筑面积占总建筑面积的比例，计算应予免征的安置住房用地相关的契税、城镇土地使用税，以及项目实施主体、项目单位相关的印花税

B. 对项目实施主体购买商品住房或者回购保障性住房作为安置住房房源的，免征契税、印花税

C. 经国务院批准实施债权转股权的企业，对债权转股权后新设立的公司承受原企业的土地、房屋权属，免征契税

D. 以出让方式或国家作价出资（入股）方式承受原改制重组企业、事业单位划拨用地的，免征契税

【解析】根据《财政部 税务总局关于继续支持企业事业单位改制重组有关契税政策的通知》（财税〔2018〕17号）规定，以出让方式或国家作价出资（入股）方式承受原改制重组企业、事业单位划拨用地的，不属规定的免税范围，对承受方应按规定征收契税。

【答案】D

15. 事业单位按照国家有关规定改制为企业，原投资主体存续并在改制后企业中出资（股权、股份）比例超过（　　）的，对改制后企业承受原事业单位土地、房屋权属，免征契税。

A. 50%　　B. 75%

C. 85%　　D. 90%

【解析】根据《财政部 税务总局关于继续支持企业事业单位改制重组有关契税政策的通知》（财税〔2018〕17 号）规定，事业单位按照国家有关规定改制为企业，原投资主体存续并在改制后企业中出资（股权、股份）比例超过 50% 的，对改制后企业承受原事业单位土地、房屋权属，免征契税。

【答案】A

16. 从低丰度油气田开采的原油、天然气，资源税的征收政策是（　　）。

A. 免税　　B. 减征 20%

C. 减征 30%　　D. 减征 50%

【解析】从低丰度油气田开采的原油、天然气，减征 20% 资源税。

【答案】B

17. 2023 年 9 月 1 日至 2027 年 12 月 31 日，对充填开采置换出来的煤炭，资源税的征收政策是（　　）。

A. 免税　　B. 减征 20%

C. 减征 30%　　D. 减征 50%

【解析】2023 年 9 月 1 日至 2027 年 12 月 31 日，对充填开采置换出来的煤炭，资源税减征 50%。

【答案】D

18. 下列开采的资源可以减征 40% 资源税的是（　　）。

A. 高含硫天然气

B. 三次采油

C. 从深水油气田开采的原油、天然气

D. 稠油

【解析】稠油、高凝油减征 40% 资源税。

【答案】D

19. 某企业是小型微利企业，按季申报缴纳印花税，2023 年第三季度书立买卖合同 5 份，合同所列价款（不包括列明的增值税税款）共计 100 万元；书立承揽合同 1 份，合同所列价款（不包括列明的增值税税款）共计 1000 万元；书立房产产权转移书据 1 份，合同所列价款（不包括列明的增值税税款）共计 500 万元。在 2023 年 10 月纳税申报期，该企业应缴纳印花税（　　）元。

A. 2800　　　　B. 5600

C. 2900　　　　D. 5800

【解析】买卖合同的税率为 0.3‰，承揽合同的税率为 0.3‰，不动产产权转移书据的税率为 0.5‰，纳税人甲 2022 年 10 月纳税申报期应缴纳印花税 = 100 × 0.3‰ + 1000 × 0.3‰ + 500 × 0.5‰ = 0.58（万元）。但因为 2023 年 1 月 1 日至 2027 年 12 月 31 日，对增值税小规模纳税人、小型微利企业和个体工商户减半征收资源税（不含水资源税）、城市维护建设税、房产税、城镇土地使用税、印花税（不含证券交易印花税）、耕地占用税和教育费附加、地方教育附加。所以应纳印花税为 0.29 万元，即 2900 元。选项 C 正确。

【答案】C

20. 下列说法错误的是（　　）。

A. 在中华人民共和国境内规定的车辆、船舶的所有人或者管理人，为车船税的纳税人

B. 从事机动车第三者责任强制保险业务的保险机构为机动车车船税的扣缴义务人，应当在收取保险费时依法代收车船税，并出具代收税款凭证

C. 所有的轮式专用机械车应征收车船税。轮式专用机械车是指有特殊结构和专门功能，装有橡胶车轮可以自行行驶，最高设计车速大于每小时 20 公里的轮式工程机械车

D.《车船税法》及其实施条例所涉及的排气量、整备质量、核定载客人数、净吨位、千瓦、艇身长度，以车船登记管理部门核发的车船登记证书或者行驶证所载数据为准

【解析】应征税的轮式专用机械车，是指有特殊结构和专门功能，装有橡胶车轮可以自行行驶，最高设计车速大于每小时20 公里的轮式工程机械车，如果不超过20 公里不用纳税。

上述机动车辆包括乘用车、商用车（包括客车、货车）、挂车、专用作业车、轮式专用机械车、摩托车。拖拉机不需要缴纳车船税。

【答案】C

21. 关于城市维护建设税，下列表述错误的是（　　）。

A. 城市维护建设税可以单独加收滞纳金

B. 减免增值税、消费税而发生的退税，同时退还已缴纳的城市维护建设税

C. 退还出口产品增值税时不同时退还已缴纳的城市维护建设税

D. 纳税人跨地区出租不动产，按其机构所在地适用税率缴纳城市维护建设税

【解析】纳税人跨地区出租不动产的，在不动产所在地预缴增值税，以预缴增值税税额为计税依据，按预缴增值税所在地的城市维护建设税适用税率计算缴纳城市维护

建设税。

【答案】D

22. 根据现行政策规定，下列关于城市维护建设税的表述错误的是（　　）。

A. 某企业出口服装已退增值税，不退还城市维护建设税

B. 某企业享受增值税先征后返的税收优惠政策，除另有规定外，城市维护建设税不予退还

C. 某企业进口小汽车，海关征收了增值税和消费税，应同时征收城市维护建设税

D. 某企业少缴纳增值税，也要补缴城市维护建设税

【解析】对进口货物或者境外单位和个人向境内销售劳务、服务、无形资产缴纳的增值税和消费税，不征收城市维护建设税。

【答案】C

23. 位于某市市区的一般纳税人甲企业，2023 年 9 月收到增值税留抵退税 200 万元。2023 年 10 月申报期，申报缴纳增值税 120 万元（其中按照一般计税方法 100 万元，按照简易计税方法 20 万元），2023 年 11 月申报期，该企业申报缴纳增值税 200 万元，均为按照一般计税方法产生的，该企业 11 月应申报缴纳的城市维护建设税为（　　）万元。

A. 14　　　　B. 7

C. 8. 4　　　　D. 0

【解析】纳税人自收到留抵退税额之日起，应当在以后纳税申报期从城市维护建设税计税依据中扣除。留抵退税额仅允许在按照增值税一般计税方法确定的城市维护建设税计税依据中扣除。当期未扣除完的余额，在以后纳税申报期按规定继续扣除。11 月应申报缴纳的城市维护建设税 = ［200 －（200 － 100）］×7% = 7（万元）。

【答案】B

24. 位于某市市区的一般纳税人甲企业，2021 年 10 月申报期，享受直接减免增值税优惠（不包含先征后退、即征即退，下同）后申报缴纳增值税 60 万元，9 月已核准增值税免抵税额 10 万元（其中涉及出口货物 6 万元，涉及增值税零税率应税服务 4 万元），9 月收到增值税留抵退税额 6 万元，该企业 10 月应申报缴纳的城市维护建设税为（　　）万元。

A. 5. 32　　　　B. 4. 48

C. 3. 92　　　　D. 3. 08

【解析】城市维护建设税计税依据 = 依法实际缴纳的增值税税额 + 依法实际缴纳的消费税税额。其中，依法实际缴纳的增值税税额 = 纳税人依照增值税相关法律法规和税收政策规定计算应当缴纳的增值税税额 + 增值税免抵税额 － 直接减免的增值税税

额－留抵退税额，依法实际缴纳的消费税税额＝纳税人依照消费税相关法律法规和税收政策规定计算应当缴纳的消费税税额－直接减免的消费税税额。故，该企业10月应申报缴纳的城市维护建设税＝（60＋6＋4－6）×7%＝4.48（万元）。

【答案】B

25. 下列各项业务中，应征收契税的是（　　）。

A. 全资子公司接受母公司以土地、房屋权属方式增资

B. 合伙企业的合伙人将其名下的房屋、土地权属转移至合伙企业名下

C. 个人购买经济适用住房

D. 金融租赁公司开展售后回租业务承受承租人房屋权属

【解析】对个人购买经济适用住房，在法定税率基础上减半征收契税。

【答案】C

26. 先以划拨方式取得土地使用权，后经批准转让房地产，划拨土地性质未发生改变的，承受方缴纳契税的计税依据为（　　）。

A. 补缴的土地出让价款

B. 补缴的土地出让价款和房地产权属转移合同确定的成交价格

C. 房地产权属转移合同确定的成交价格

D. 土地出让价款

【解析】《财政部 税务总局关于贯彻实施契税法若干事项执行口径的公告》（财政部 税务总局公告2021年第23号）规定，先以划拨方式取得土地使用权，后经批准转让房地产，划拨土地性质未发生改变的，承受方应以房地产权属转移合同确定的成交价格为计税依据缴纳契税。

【答案】C

27. 下列情形，需征收契税的是（　　）。

A. 国有土地使用权授权经营

B. 国有土地使用权租赁

C. 土地承包经营权和土地经营权转移

D. 以作价投资（入股）方式转移土地权属

【解析】《契税法》第二条规定，以作价投资（入股）方式转移土地、房屋权属的，应按照规定征收契税。

【答案】D

28. 根据资源税的相关规定，下列说法中正确的是（　　）。

A. 油田范围内运输原油过程中用于加热的原油，减半征收资源税

B. 高含硫天然气资源税减征40%

C. 纳税人开采应税产品过程中，因自然灾害遭受重大损失的，免征资源税

D. 从低丰度油气田开采的原油，减征20%资源税

【解析】选项A，开采原油以及油田范围内运输原油过程中用于加热的原油、天然气，免征资源税；选项B，高含硫天然气资源税减征30%；选项C，纳税人开采或者生产应税产品过程中，因意外事故或者自然灾害等原因遭受重大损失的由省、自治区、直辖市决定减税或免税，而非直接免税。

【答案】D

29. 某煤矿生产企业2023年12月份开采原煤600吨，当月向某供热公司销售原煤300吨，收取不含税的销售额为90万元；销售外购已税原煤生产的洗选煤400吨，取得不含税的销售额为120万元。已知原煤适用的资源税税率为6%，洗选煤适用的资源税税率为5%。该煤矿生产企业当月应缴纳的资源税为（　　）万元。

A. 5.4　　B. 11.4

C. 12.6　　D. 10.5

【解析】销售外购已税原煤生产的洗选煤不需再缴纳资源税。该煤矿生产企业当月应缴纳资源税 = 90 × 6% = 5.4（万元）。

【答案】A

30. 下列排放的应税污染物中，免征环境保护税的是（　　）。

A. 船舶排放的应税污染物

B. 化工厂排放的大气污染物

C. 规模化养殖企业排放的应税污染物

D. 污水处理厂超标排放的污水

【解析】下列情形暂予免征环境保护税：①农业生产（不包括规模化养殖）排放应税污染物的；②机动车、铁路机车、非道路移动机械、船舶和航空器等流动污染源排放应税污染物的；③依法设立的城乡污水集中处理、生活垃圾集中处理场所排放相应应税污染物，不超过国家和地方规定的排放标准的；④纳税人综合利用的固体废物，符合国家和地方环境保护标准的；⑤国务院批准免税的其他情形。

【答案】A

31. 每一排放口的应税水污染物，按照《应税污染物和当量值表》，区分第一类水污染物和其他类水污染物，按照污染当量数从大到小排序，对第一类水污染物按照前（　　）项征收环境保护税，对其他类水污染物按照前（　　）项征收环境保护税。

A. 3；3　　B. 5；3

C. 5；5　　D. 3；5

【解析】每一排放口的应税水污染物，按照《应税污染物和当量值表》，区分第一类水污染物和其他类水污染物，按照污染当量数从大到小排序，对第一类水污染物按照前5项征收环境保护税，对其他类水污染物按照前3项征收环境保护。

【答案】B

32. 甲企业2022年下属非独立核算物流公司大宗商品仓储设施用地2000平方米，未申报纳税。甲企业的物流公司所处地段适用年税额为2元/平方米。该企业2022年应缴纳的城镇土地使用税为（　　）元。

A. 2000　　B. 3000

C. 4000　　D. 5000

【解析】自2020年1月1日至2027年12月31日，对物流企业自用（包括自用和出租）大宗商品仓储设施用地，减按所属土地等级适用税额标准的50%计征城镇土地使用税。该企业应缴纳的城镇土地使用税 =2000×2×50% =2000（元）。

【答案】A

33. 下列关于城镇土地使用税的纳税义务发生时间的表述中，不符合税法规定的是（　　）。

A. 纳税人购置新建商品房，自房屋交付使用次月纳税

B. 纳税人出借的房产，自出借房产次月起纳税

C. 纳税人新征用的耕地，自批准征用次月起纳税

D. 纳税人新征用的非耕地，自批准征用次月起纳税

【解析】纳税人新征用的耕地，自批准征用之月起满1年时开始缴纳城镇土地使用税。

【答案】C

34. 甲公司2022年12月转让一处写字楼取得含税收入3300万元，无法取得评估价格，该写字楼于2016年1月购进，购进时取得购房发票注明的金额1000万元，契税完税凭证注明契税30万元。该公司计算土地增值税时允许扣除项目金额是（　　）万元。（该公司选择按照简易计税方法计算增值税，地方教育附加2%，不考虑印花税。）

A. 1362.97　　B. 1393.14

C. 1398.86　　D. 1727.14

【解析】允许扣除项目金额 = 发票所载金额 ×［1 +（转让年度一购买年度）× 5%］+与房地产转让有关税金 +与房地产转让有关费用 =1000 ×（1 +7 ×5%）+（3300 −1000）÷（1 +5%）×5% ×（7% +3% +2%）+30 =1393.14（万元）。

【答案】B

35. 甲县某个体工商户销售一幢1997年建造的厂房取得不含增值税的收入500万元，缴纳增值税25万元，签订的合同单独注明了不含税价和税金。1997年建造时建造成本200万元，取得土地使用权支付的金额50万元，缴纳契税1.5万元，出售时已经计提折旧210万元。现在的重置成本为400万元，成新度折扣率为六成新。支付评估费2万元。考虑各税费的影响，该个体工商户计算土地增值税时，扣除项目总额为

（　　）万元。

A. 294.88　　B. 295.38

C. 296.25　　D. 297.26

【解析】扣除项目=取得土地使用权支付的金额+评估价+与转让房地产有关的税金+评估费=51.5+400×60%+［25×（5%+3%+2%）+500×0.05%］×50%+2=294.88（万元）。

【答案】A

36. 2024年5月，张某转让其2020年购买的住房。下列有关该业务的土地增值税处理正确的是（　　）。

A. 免征土地增值税

B. 增值率不超过20%时，才能免征土地增值税

C. 根据“六税两费”的优惠政策，张某可以减半缴纳土地增值税

D. 张某如果不能提供购房发票，则应核定征收土地增值税

【解析】个人转让住房免征土地增值税。

【答案】A

37. 下列情形中，纳税人应当办理土地增值税清算的是（　　）。

A. 取得销售许可证满3年仍未销售完毕

B. 已竣工决算房地产开发项目销售了85%

C. 直接转让土地使用权

D. 房地产开发项目尚未竣工但已全部预售完毕

【解析】纳税人应当进行土地增值税的清算情形：①房地产开发项目全部竣工、完成销售的；②整体转让未竣工决算房地产开发项目的；③直接转让土地使用权的。选项A、B是税务机关可以通知纳税人办理土地增值税清算的事项。

【答案】C

38. 甲公司为增值税小规模纳税人，2023年6月该公司与某高校签订一项技术服务合同，委托学校研究开发一套管理系统，合同金额160万元，其中甲公司先支付给学校研究开发经费100万元，系统软件开发完成后，甲公司再支付技术服务费60万元。该公司就此项合同应缴纳的印花税是（　　）元。

A. 90　　B. 150

C. 180　　D. 240

【解析】研究开发经费不作为印花税计税依据，因此，只能就技术服务费计税。应纳印花税=60×0.3‰×50%=90（元）。

【答案】A

39. 为了鼓励煤炭资源集约开采利用，对充填开采置换出来的煤炭，资源税减征

（　　）。

A. 20%　　　　B. 30%

C. 40%　　　　D. 50%

【解析】《财政部 税务总局关于延续对充填开采置换出来的煤炭减征资源税优惠政策的公告》（财政部 税务总局公告2023年第36号）规定，自2023年9月1日至2027年12月31日，对充填开采置换出来的煤炭，资源税减征50%。

【答案】D

40. 下列关于土地增值税的表述，错误的是（　　）。

A. 土地增值税采用超额累进税率

B. 国有土地使用权的出让不是土地增值税的征税范围

C. 土地增值税的纳税义务人包括内外资企业、行政事业单位、中外籍个人等

D. 以房屋产权清偿债务的，应征收土地增值税

【解析】选项A，土地增值税采用超率累进税率。选项B，土地增值税的征税范围有：转让国有土地使用权、地上建筑物其附着物连同国有土地使用权一并转让、存量房地产买卖。选项C，土地增值税的纳税义务人是指转让国有土地使用权、地上建筑物及其附着物并取得收入的单位和个人，包括内外资企业、行政事业单位、中外籍个人等。选项D，以房屋产权清偿债务的，应征收土地增值税。

【答案】A

41. 以房产投资联营参与投资利润分红并共担风险的，下列关于房产税表述正确的是（　　）。

A. 由被投资方房产评估价值作为计税依据计征房产税

B. 由投资方按房产净值作为计税依据计征房产税

C. 由投资方按投资分红金额作为计税依据计征房产税

D. 由被投资方按房产余值作为计税依据计征房产税

【解析】以房产投资联营参与投资利润分红并共担风险的，由被投资方按房产余值作为计税依据计征房产税。

【答案】D

42. 下列关于房产税纳税人的表述，错误的是（　　）。

A. 产权属于全民所有的，由经营管理单位缴纳房产税

B. 纳税单位无租使用纳税单位的房产的，由使用人代为缴纳房产税

C. 产权出典的，由出典人缴纳房产税

D. 产权未确定及租典纠纷未解决的，由房产代管人或者使用人缴纳房产税

【解析】产权出典的，由承典人缴纳房产税。

【答案】C

43. 下列关于城镇土地使用税的表述，符合税法规定的是（　　）。

A. 拥有土地使用权的单位和个人不在土地所在地的，土地的实际使用人或代管人为纳税人

B. 城镇土地使用税采用定额税率和比例税率相结合

C. 土地使用权权属纠纷未解决的，纠纷的各方为纳税人

D. 土地使用权共有的，应当选择其中一人作为城镇土地使用税纳税人

【解析】选项 B，城镇土地使用税采用定额税率。选项 C，土地使用权权属纠纷未解决的，实际使用人为纳税人。选项 D，土地使用权共有的，共有各方都是城镇土地使用税纳税人，由共有各方分别纳税。

【答案】A

44. 甲公司实际占地面积共计 30000m^2，其中企业创办的医院占地 1500m^2，出租给某企业 800m^2 用于经营，无偿出借 1000m^2 给当地公办小学作办公场地。所处地段适用年税额为 12 元/m^2。甲公司全年应缴纳城镇土地使用税税额为（　　）万元。

A. 32.04　　B. 33

C. 34.2　　D. 36

【解析】企业举办的学校和医院占地可以免征城镇土地使用税。免税单位无偿使用纳税单位的土地，免征城镇土地使用税。应缴纳的城镇土地使用税 =（30000 - 1500 - 1000）×12 = 33（万元）。

【答案】B

45. 2023 年 10 月 8 日，甲烟草公司收购烟叶支付价款 78 万元，另向烟农支付了价外补贴 10 万元。此项收购业务中，甲烟草公司应缴纳的烟叶税税额是（　　）万元。

A. 17.6　　B. 18.72

C. 15.6　　D. 17.16

【解析】《烟叶税法》第三条规定，烟叶税的计税依据为纳税人收购烟叶实际支付的价款总额；第四条规定，烟叶税的税率为 20%；第五条规定，烟叶税的应纳税额按照纳税人收购烟叶实际支付的价款总额乘以税率计算。《财政部 税务总局关于明确烟叶税计税依据的通知》（财税〔2018〕75 号）规定，纳税人收购烟叶实际支付的价款总额包括纳税人支付给烟叶生产销售单位和个人的烟叶收购价款和价外补贴。其中，价外补贴统一按烟叶收购价款的 10% 计算。应纳烟叶税 = 78 ×（1 + 10%）×20% = 17.16（万元）。

【答案】D

46. 下列合同或凭证中，应缴纳印花税的是（　　）。

A. 电网与用户之间签订的供用电合同

B. 军事物资运输凭证

C. 人寿保险合同

D. 未履行的应税合同

【解析】《财政部 税务总局关于印花税若干事项政策执行口径的公告》（财政部 税务总局公告2022年第22号）规定，未履行的应税合同、产权转移书据，已缴纳的印花税不予退还及抵缴税款。

【答案】D

47. 甲公司与乙公司分别订立了两份合同：一是以货换货合同，甲公司货品价值200万元，乙公司货品价值150万元；二是采购合同，甲公司购买乙公司50万元货品，但因故合同未能兑现，甲公司应缴纳印花税（　　）元。

A. 50　　B. 600

C. 1050　　D. 1200

【解析】对在商品购销活动中，采用以货易货方式进行商品交易签订的合同，是反映既购又销双重经济行为的合同。对此，应按合同所载的购、销金融合计数计税贴花。未按期兑现的合同亦应贴花。应缴纳印花税 =（200 + 150 + 50）×0.0003 = 0.12（万元）。

【答案】D

48. 下列关于车船税的表述错误的是（　　）。

A. 临时入境的外国车船和港、澳、台地区的车船，不征收车船税

B. 从事机动车第三者责任强制保险业务的保险机构为机动车车船税的扣缴义务人

C. 车船税的纳税地点为车船的登记地或者车船税扣缴义务人所在地

D. 车船税纳税义务发生时间为取得车船所有权或者管理权的次月

【解析】《车船税法》第六条规定，从事机动车第三者责任强制保险业务的保险机构为机动车车船税的扣缴义务人，应当在收取保险费时依法代收车船税，并出具代收税款凭证。第七条规定，车船税的纳税地点为车船的登记地或者车船税扣缴义务人所在地。依法不需要办理登记的车船，车船税的纳税地点为车船的所有人或者管理人所在地。第八条规定，车船税纳税义务发生时间为取得车船所有权或者管理权的当月。《车船税法实施条例》第二十四条规定，临时入境的外国车船和香港特别行政区、澳门特别行政区、台湾地区的车船，不征收车船税。

【答案】D

49. 下列关于车船税计算依据及税额的表述中，错误的是（　　）。

A. 拖船按照发动机功率每1千瓦折合净吨位0.67吨计算

B. 非机动驳船以机动船舶税额的50%计算

C. 挂车按照货车税额的50%计算

D. 船舶净吨位尾数在半吨以下的按半吨计算

【解析】有尾数的一律按照含尾数的计税单位据实计算车船税应纳税额。

【答案】D

50. 下列关于适用“六税两费”税费优惠政策的表述中，正确的是（　　）。

A. 增值税小规模纳税人按规定登记为一般纳税人的，自一般纳税人生效之日的次月起不再按照增值税小规模纳税人适用“六税两费”减免政策

B. 登记为增值税一般纳税人的新设立企业，申报期上月末同时符合小型微利企业条件的，按规定办理首次汇算清缴申报前，不得按照小型微利企业申报享受“六税两费”减免优惠

C. 2024 年办理 2023 年度汇算清缴后确定为小型微利企业的，纳税人申报享受“六税两费”减免优惠的日期截至 2023 年 12 月 31 日

D. 纳税人符合条件但未及时申报享受“六税两费”减免优惠的，可依法申请抵减以后纳税期的应纳税费款或申请退还

【解析】增值税小规模纳税人按规定登记为一般纳税人的，自一般纳税人生效之日起不再按照增值税小规模纳税人适用“六税两费”减免政策，选项 A 说法错误；登记为增值税一般纳税人的新设立企业，从事国家非限制和禁止行业，且同时符合申报期上月末从业人数不超过 300 人、资产总额不超过 5000 万元两项条件的，按规定办理首次汇算清缴申报前，可按照小型微利企业申报享受“六税两费”减免优惠，选项 B 说法错误；2024 年办理 2023 年度汇算清缴后确定是小型微利企业的，纳税人申报享受“六税两费”减免优惠的日期截至 2024 年 12 月 31 日，选项 C 说法错误；纳税人符合条件但未及时申报享受“六税两费”减免优惠的，可依法申请抵减以后纳税期的应纳税费款或者申请退还，选项 D 说法正确。

【答案】D

二、多项选择题

1. 下列关于新能源汽车车辆购置税的税收优惠，说法错误的有（　　）。

A. 对购置日期在 2023 年 1 月 1 日至 2023 年 12 月 31 日期间内的新能源汽车，免征车辆购置税

B. 对购置日期在 2024 年 1 月 1 日至 2025 年 12 月 31 日期间的新能源汽车免征车辆购置税，但每辆新能源汽车最高免税额不超过 3 万元

C. 对购置日期在 2026 年 1 月 1 日至 2027 年 12 月 31 日期间的新能源汽车减半征收车辆购置税，但每辆新能源汽车最高减税额不超过 1.5 万元

D. 销售方销售“换电模式”新能源汽车时，不含动力电池的新能源汽车与动力电池分别核算销售额并分别开具发票的，应当合并新能源汽车与动力电池总

不含税价作为车辆购置税计税价格

【解析】对购置日期在2023年1月1日至2023年12月31日期间内的新能源汽车，免征车辆购置税。选项A正确。

对购置日期在2024年1月1日至2025年12月31日期间的新能源汽车免征车辆购置税，其中，每辆新能源乘用车免税额不超过3万元；对购置日期在2026年1月1日至2027年12月31日期间的新能源汽车减半征收车辆购置税，其中，每辆新能源乘用车减税额不超过1.5万元。选项B、C错误。

销售方销售“换电模式”新能源汽车时，不含动力电池的新能源汽车与动力电池分别核算销售额并分别开具发票的，根据购车人购置不含动力电池的新能源汽车取得的机动车销售统一发票载明的不含税价作为车辆购置税计税价格。选项D错误。

【答案】BCD

2. 关于城镇土地使用税政策的说法，不正确的有（　　）。

A. 土地使用权属纠纷，暂不缴纳城镇土地使用税

B. 公园内的饮食部使用的土地免征城镇土地使用税

C. 城镇土地使用税按年计算，分期缴纳

D. 以转让方式有偿取得土地使用权的，合同未约定交付土地时间，由受让人于土地实际交付的次月缴纳城镇土地使用税

【解析】土地使用权未确定或者权属纠纷未解决的，由实际使用人缴纳。免税的公园、名胜古迹自用的房产，是指供公共参观游览的房屋及其管理单位的办公用房屋，上述免税单位出租的房产以及非本身业务用的生产、营业用房产不属于免税范围，应征收房产税。以出让或转让方式有偿取得土地使用权的，应由受让方从合同约定交付土地时间的次月起缴纳城镇土地使用税，合同未约定交付土地使用时间的，由受让方从合同签订的次月起缴纳城镇土地使用税。

【答案】ABD

3. 下列土地免缴城镇土地使用税的有（　　）。

A. 国家机关、人民团体、军队自用的土地

B. 由国家财政部门拨付事业经费的单位自用的土地

C. 宗教寺庙、公园、名胜古迹自用的土地

D. 市政街道、广场、绿化地带等公共用地

【解析】略

【答案】ABCD

4. 根据最新政策规定，下列属于资源税征税范围的有（　　）。

A. 能源矿产　　B. 金属矿产

C. 矿泉水　　D. 氦气

【解析】根据《资源税法》规定，资源税的征税范围包括：①能源矿产；②金属矿产：黑色金属类、有色金属类；③非金属矿产：矿物类、岩石类、宝玉石类；④水气矿产：矿泉水、二氧化碳气、硫化氢气、氦气；⑤盐。

【答案】ABCD

5. 下列关于城市维护建设税及教育费附加、地方教育附加的说法正确的有（　　）。

A. 城市维护建设税，以纳税人依法实际缴纳的增值税、消费税税额为计税依据

B. 对增值税、消费税实行先征后返、先征后退、即征即退办法的，对随增值税、消费税附征的城市维护建设税和教育费附加，经审批后应予退（返）还

C. 教育费附加、地方教育附加计征依据与城市维护建设税计税依据一致

D. 对实行增值税期末留抵退税的纳税人，其退还的增值税期末留抵退税不得在计税依据中扣除

【解析】依法实际缴纳的增值税税额，是指纳税人依照增值税相关法律法规和税收政策规定计算应当缴纳的增值税税额，加上增值税免抵税额，扣除直接减免的增值税税额和期末留抵退税退还的增值税税额后的金额。直接减免的两税税额，是指依照增值税、消费税相关法律法规和税收政策规定，直接减征或免征的两税税额，不包括实行先征后返、先征后退、即征即退办法退还的两税税额。

【答案】AC

6. 征收环境保护税时，下列关于应税污染物计税依据的确定方法正确的有（　　）。

A. 应税大气污染物按照污染物排放量折合的污染当量数确定

B. 应税水污染物按照污染物排放量折合的污染当量数确定

C. 应税固体废物按照固体废物的排放量确定

D. 应税噪声按照超过国家规定标准的分贝数确定

【解析】应税污染物的计税依据，按照下列方法确定：①应税大气污染物按照污染物排放量折合的污染当量数确定；②应税水污染物按照污染物排放量折合的污染当量数确定；③应税固体废物按照固体废物的排放量确定；④应税噪声按照超过国家规定标准的分贝数确定。

【答案】ABCD

7. 下列车船应当缴纳车船税的有（　　）。

A. 在车船登记管理部门登记的机动车辆

B. 在车船登记管理部门登记的机动船舶

C. 未在车船登记管理部门登记的在单位内部场所行驶或者作业的机动车辆

D. 未在车船登记管理部门登记的在单位内部场所行驶或者作业的机动船舶

【解析】《车船税法》第一条所称车辆、船舶，是指：①依法应当在车船登记管理部门登记的机动车辆和船舶；②依法不需要在车船登记管理部门登记的在单位内部场所行驶或者作业的机动车辆和船舶。

【答案】ABCD

8. 下列不属于土地增值税征税范围的有（　　）。

A. 出让国有土地使用权

B. 某房地产开发企业以不动产对外投资

C. 某钢铁集团进行企业重组，将下属两家全资子公司甲与乙合并所涉及的不动产转让

D. 陈某将房产赠与子女

【解析】国有土地使用权出让不属于土地增值税征税范围。选项 A 不属于土地增值税征税范围。不动产对外投资属于土地增值税征税范围。选项 B 应当征收土地增值税。根据《财政部 税务总局关于继续实施企业改制重组有关土地增值税政策的公告》（财政部 税务总局公告 2021 年第 21 号）的规定，选项 C 不属于土地增值税征税范围。房产所有人将房屋产权、土地使用权赠与直系亲属或承担直接赡养义务人的不征土地增值税。选项 D 不属于土地增值税征税范围。

【答案】ACD

9. 下列关于耕地占用税税收优惠的说法正确的有（　　）。

A. 军事设施、学校、幼儿园、社会福利机构、医疗机构占用耕地，免征耕地占用税

B. 铁路线路、公路线路、飞机场跑道、停机坪、港口、航道、水利工程占用耕地，免征耕地占用税

C. 农村居民经批准搬迁，新建自用住宅占用耕地不超过原宅基地面积的部分，免征耕地占用税

D. 农村烈士遗属、因公牺牲军人遗属、残疾军人以及符合农村最低生活保障条件的农村居民，在规定用地标准以内新建自用住宅，免征耕地占用税

【解析】铁路线路、公路线路、飞机场跑道、停机坪、港口、航道、水利工程占用耕地，减按每平方米 2 元的税额征收耕地占用税。

【答案】ACD

10. 对从事房地产开发的纳税人可按取得土地使用权所支付的金额，房地产开发成本规定计算的金额之和，加计 20% 的扣除。下列可以作为加计扣除基数的有（　　）。

A. 土地征用费

B. 耕地占用税

C. 劳动力安置费

D. 安置动迁用房支出

【解析】土地征用及拆迁补偿费，包括土地征用费、耕地占用税、劳动力安置费及有关地上、地下附着物拆迁补偿的净支出、安置动迁用房支出等。

【答案】ABCD

11. 凡在房产税征收范围内的具备房屋功能的地下建筑，包括与地上房屋相连的地下建筑以及完全建在地面以下的建筑、地下人防设施等，均应当依照有关规定征收房产税。上述具备房屋功能的地下建筑是指有屋面和维护结构，能够遮风避雨，可供人们在其中生产、经营、工作、学习、娱乐、居住或储藏物资的场所。自用的单独的地下建筑，计税方式有（　　）。

A. 工业用途房产，以房屋原价的50%～60%作为应税房产原值

B. 工业用途房产，以房屋原价的70%～80%作为应税房产原值

C. 商业和其他用途房产，以房屋原价的50%～60%作为应税房产原值

D. 商业和其他用途房产，以房屋原价的70%～80%作为应税房产原值

【解析】工业用途房产，以房屋原价的50%～60%作为应税房产原值。商业和其他用途房产，以房屋原价的70%～80%作为应税房产原值。

【答案】AD

12. 下列关于契税的税收优惠的说法正确的有（　　）。

A. 国家机关、事业单位、社会团体、军事单位承受土地、房屋用于办公、教学、医疗、科研和军事设施的，免征契税

B. 城镇职工按规定第一次购买公有住房的，免征契税

C. 因不可抗力灭失住房而重新购买住房的，免征契税

D. 土地、房屋被县级以上人民政府征用（占用）后，重新承受土地、房屋权属，免征契税

【解析】选项C、D属于由省、自治区、直辖市可以决定免征或减征契税的情形。

【答案】AB

13. 下列关于易地扶贫搬迁贫困人口税收政策说法正确的有（　　）。

A. 对易地扶贫搬迁贫困人口按规定取得的安置住房，免征契税

B. 对易地扶贫搬迁项目实施主体取得用于建设安置住房的土地，免征契税、印花税

C. 对安置住房建设和分配过程中应由项目实施主体、项目单位缴纳的印花税，予以免征

D. 对安置住房用地，免征城镇土地使用税

【解析】略

【答案】ABCD

14. 下列关于改制税收政策说法错误的有（　　）。

A. 非公司制企业改制为有限责任公司，原企业投资主体存续并在改制（变更）后的公司中所持股权（股份）比例超过50%，且改制（变更）后公司承继原企业权利、义务的，对改制（变更）后公司承受原企业土地、房屋权属，免征契税

B. 非公司制企业改制为股份有限公司，原企业投资主体存续并在改制（变更）后的公司中所持股权（股份）比例超过50%，且改制（变更）后公司承继原企业权利、义务的，对改制（变更）后公司承受原企业土地、房屋权属，免征契税

C. 有限责任公司变更为股份有限公司，原企业投资主体存续并在改制（变更）后的公司中所持股权（股份）比例超过75%，且改制（变更）后公司承继原企业权利、义务的，对改制（变更）后公司承受原企业土地、房屋权属，免征契税

D. 股份有限公司变更为有限责任公司，原企业投资主体存续并在改制（变更）后的公司中所持股权（股份）比例超过75%，且改制（变更）后公司承继原企业权利、义务的，对改制（变更）后公司承受原企业土地、房屋权属，免征契税

【解析】企业按照《中华人民共和国公司法》有关规定整体改制，包括非公司制企业改制为有限责任公司或股份有限公司，有限责任公司变更为股份有限公司，股份有限公司变更为有限责任公司，原企业投资主体存续并在改制（变更）后的公司中所持股权（股份）比例超过75%，且改制（变更）后公司承继原企业权利、义务的，对改制（变更）后公司承受原企业土地、房屋权属，免征契税。

【答案】AB

15. 下列关于公共租赁住房税收优惠政策说法正确的有（　　）。

A. 对公租房建设期间用地及公租房建成后占地，免征城镇土地使用税。在其他住房项目中配套建设公租房，不免征城镇土地使用税

B. 对公租房经营管理单位免征建设、管理公租房涉及的印花税。在其他住房项目中配套建设公租房，不免征印花税

C. 对公租房经营管理单位购买住房作为公租房，免征契税、印花税

D. 对公租房租赁双方免征签订租赁协议涉及的印花税

【解析】对公租房建设期间用地及公租房建成后占地，免征城镇土地使用税。在其他住房项目中配套建设公租房，按公租房建筑面积占总建筑面积的比例免征建设、管理公租房涉及的城镇土地使用税。选项A错误。

对公租房经营管理单位免征建设、管理公租房涉及的印花税。在其他住房项目中

配套建设公租房，按公租房建筑面积占总建筑面积的比例免征建设、管理公租房涉及的印花税。选项 B 错误。

对公租房经营管理单位购买住房作为公租房，免征契税、印花税；对公租房租赁双方免征签订租赁协议涉及的印花税。选项 C、D 正确。

【答案】CD

16. 下列情形，省、自治区、直辖市可以决定免征或者减征的资源税的有（　　）。

A. 纳税人开采或者生产应税产品过程中，因意外事故或者自然灾害等原因遭受重大损失

B. 纳税人开采共伴生矿、低品位矿、尾矿

C. 高凝油

D. 对有利于促进资源节约集约利用、保护环境的其他情形

【解析】根据资源税法规定，省、自治区、直辖市可以决定免征或者减征资源税包括：①纳税人开采或者生产应税产品过程中，因意外事故或者自然灾害等原因遭受重大损失；②纳税人开采共伴生矿、低品位矿、尾矿。选项 A、B 正确。

【答案】AB

17. 下列车船免征车船税的有（　　）。

A. 捕捞、养殖渔船

B. 军队、武装警察部队专用的车船

C. 警用车船

D. 依照法律规定应当予以免税的外国驻华使领馆、国际组织驻华代表机构及其有关人员的车船

【解析】略

【答案】ABCD

18. 下列取用水，从高确定税额的有（　　）。

A. 洗车取用水

B. 洗浴取用水

C. 高尔夫球场取用水

D. 滑雪场取用水

【解析】略

【答案】ABCD

19. 下列关于印花税纳税人说法正确的有（　　）。

A. 采用委托贷款方式书立的借款合同纳税人，为委托人和借款人

B. 按产权转移书据税目缴纳印花税的拍卖成交确认书纳税人，为拍卖标的的

产权人和买受人，不包括拍卖人

C. 在中华人民共和国境内书立购销合同的买方和卖方

D. 在中华人民共和国境内进行证券交易的出让方和受让方

【解析】书立应税凭证的纳税人，为对应税凭证有直接权利义务关系的单位和个人。采用委托贷款方式书立的借款合同纳税人，为受托人和借款人，不包括委托人，所以选项 A 错误。按买卖合同或者产权转移书据税目缴纳印花税的拍卖成交确认书纳税人，为拍卖标的的产权人和买受人，不包括拍卖人，所以选项 B 正确。在中华人民共和国境内书立应税凭证、进行证券交易的单位和个人，为印花税的纳税人，应当依法缴纳印花税。在中华人民共和国境外书立在境内使用的应税凭证的单位和个人，应当依法缴纳印花税。证券交易印花税对证券交易的出让方征收，不对受让方征收。所以选项 C 正确，选项 D 错误。

【答案】BC

20. 纳税人排放应税大气污染物或者水污染物的浓度值低于国家和地方规定的污染物排放标准（　　）的，减按（　　）征收环境保护税。

A. 20%，80%　　B. 25%，75%

C. 30%，75%　　D. 50%，50%

【解析】纳税人排放应税大气污染物或者水污染物的浓度值低于国家和地方规定的污染物排放标准 30% 的，减按 75% 征收环境保护税。纳税人排放应税大气污染物或者水污染物的浓度值低于国家和地方规定的污染物排放标准 50% 的，减按 50% 征收环境保护税。

【答案】CD

21. 根据车船税相关规定，免征车船税的有（　　）。

A. 警用车辆

B. 插电式（含增程式）混合动力汽车

C. 洒水车

D. 捕捞、养殖渔船

E. 行政单位的办公用车

【解析】洒水车和行政单位的办公用车不属于车船税免税范围。

【答案】ABD

22. 根据现行车船税法的相关规定，法定授权省、自治区、直辖市人民政府规定的减免税项目包括（　　）。

A. 农村居民在城里跑运输的三轮汽车

B. 公共交通车船

C. 对受地震、洪涝等严重自然灾害影响纳税困难的车船

D. 农村居民购买的新能源汽车

【解析】《车船税法》第五条规定，省、自治区、直辖市人民政府根据当地实际情况，可以对公共交通车船，农村居民拥有并主要在农村地区使用的摩托车、三轮汽车和低速载货汽车定期减征或者免征车船税。选项 B 正确。《车船税法实施条例》第十条规定，报国务院批准。对受地震、洪涝等严重自然灾害影响纳税困难以及其他特殊原因确需减免税的车船，可以在一定期限内减征或者免征车船税。具体减免期限和数额由省、自治区、直辖市人民政府确定，报国务院备案。选项 C 正确。

【答案】BC

23. 关于营业账簿的印花税，下列表述不正确的有（　　）。

A. 企业债权转股权新增加的资金应按规定贴花

B. 以合并方式成立的新企业，新启用的资金账簿记载的资金，原来的部分可不再贴花，以后新增加的资金应按规定贴花

C. 企业改制中经评估增加的资金无须贴花

D. 实行公司制改造的企业改制过程中成立的新企业，因企业建立资本纽带关系而增加的资金无须贴花，以后新增加的资金应按规定贴花

E. 企业其他会计科目记载的资金转为资本公积的资金应按规定贴花

【解析】根据《财政部 国家税务总局关于企业改制过程中有关印花税政策的通知》（财税〔2003〕183 号）第一条规定，实行公司制改造的企业在改制过程中成立的新企业（重新办理法人登记的），其新启用的资金账簿记载的资金或因企业建立资本纽带关系而增加的资金，凡原已贴花的部分可不再贴花，未贴花的部分和以后新增加的资金按规定贴花；以合并或分立方式成立的新企业，其新启用的资金账簿记载的资金，凡原已贴花的部分可不再贴花，未贴花的部分和以后新增加的资金按规定贴花；企业债权转股权新增加的资金按规定贴花；企业改制中经评估增加的资金按规定贴花；企业其他会计科目记载的资金转为实收资本或资本公积的资金按规定贴花。

【答案】BCD

24. 根据现行政策，下列印花税纳税地点正确的有（　　）。

A. 甲省纳税人 M 公司在乙省签订不动产转让合同，纳税地点为乙省

B. 甲省纳税人 M 公司在乙省签订建设工程合同，纳税地点为乙省

C. 甲省自然人王某在乙省签订不动产转让合同，可自选纳税地点

D. 甲省自然人张某在乙省签订租赁合同，可在乙省纳税

E. 甲省自然人李某在乙省签订保管合同，可在甲省纳税

【解析】《印花税法》第十三条的规定，纳税人为单位的，应当向其机构所在地的主管税务机关申报缴纳印花税，选项 B 错误；纳税人为个人的，应当向应税凭证书立地或者纳税人居住地的主管税务机关申报缴纳印花税，选项 D、E 正确；不动产产权发

生转移的，纳税人应当向不动产所在地的主管税务机关申报缴纳印花税，选项 A 正确，选项 C 错误。

【答案】ADE

25. 2024 年 6 月甲企业转让一宗土地使用权给乙企业。甲企业未对该土地进行开发。甲企业缴纳土地增值税时，扣除项目总额包括（　　）。

A. 取得土地使用权支付的金额

B. 取得土地使用权缴纳的印花税

C. 取得土地使用权支付的金额再加计 20%

D. 转让土地使用权缴纳的印花税

E. 土地使用权的评估费

【解析】转让土地使用权土地增值税扣除项目只包括取得土地使用权支付的金额，取得土地使用权缴纳的契税、与转让房地产有关的税金（含印花税）。

【答案】AD

26. 下列表述，符合土地增值税清算对扣除项目审核要求的有（　　）。

A. 计算扣除项目金额时，其实际发生的支出应当取得但未取得合法凭据的不得扣除

B. 扣除项目金额中所归集的各项成本和费用，必须是实际发生的

C. 扣除项目金额应当准确地在各扣除项目中分别归集，不得混淆

D. 扣除项目金额中所归集的各项成本和费用必须是在清算项目开发中直接发生的或应当分摊的

E. 公共配套设施支出预提的，应提供相关的预提依据及账务处理相关资料

【解析】扣除项目审核要求：①在土地增值税清算中，计算扣除项目金额时，其实际发生的支出应当取得但未取得合法凭据的不得扣除；②扣除项目金额中所归集的各项成本和费用，必须是实际发生的；③扣除项目金额应当准确地在各扣除项目中分别归集，不得混淆；④扣除项目金额中所归集的各项成本和费用必须是在清算项目开发中直接发生的或应当分摊的。

【答案】ABCD

27. 下列业务中，免征土地增值税的有（　　）。

A. 转让土地使用权，增值率未超过 20% 的

B. 因国家建设需要依法征用、收回房地产的

C. 因城市实施规划、国家建设的需要而搬迁，由纳税人自行转让原房地产的

D. 房地产开发企业以房地产进行投资的

E. 房地产开发企业将房地产直接捐赠给非营利性敬老院的

【解析】转让土地使用权，不得享受增值率未超过 20% 免征土地增值税的优惠。因

国家建设需要依法征用、收回的房地产，免征土地增值税。因城市实施规划、国家建设的需要而搬迁，由纳税人自行转让原房地产的，比照本规定免征土地增值税。房地产开发企业以房地产进行投资的，应缴纳土地增值税。房地产开发企业将房地产直接捐赠给敬老院应缴纳土地增值税。

【答案】BC

28. 转让旧房的，以可作为土地增值税扣除项目金额的有（　　）。

A. 房屋及建筑物的评估价格

B. 取得土地使用权支付的地价款和按国家规定缴纳的有关费用

C. 房地产开发成本

D. 旧房在转让环节缴纳的税金

【解析】《财政部 国家税务总局关于土地增值税一些具体问题规定的通知》（财税字〔1995〕48 号）第十条规定，转让旧房的，应按房屋及建筑物的评估价格、取得土地使用权所支付的地价款和按国家统一规定交纳的有关费用以及在转让环节缴纳的税金作为扣除项目金额计征土地增值税。对取得土地使用权时未支付地价款或不能提供已支付的地价款凭据的，不允许扣除取得土地使用权所支付的金额。

【答案】ABD

29. 房地产开发项目进行土地增值税清算，下列说法正确的有（　　）。

A. 对于超过贷款期限的利息部分和加罚的利息不允许扣除

B. 取得土地使用权后未进行开发即转让的，按地价款的 20% 进行加计扣除

C. 房地产开发企业的预提费用，在收入 10% 以内的部分准予扣除

D. 分期开发的房地产项目，各期清算的方式应保持一致

【解析】房地产开发企业的预提费用除另有规定外不得扣除。取得土地使用权后未进行开发即转让的，不得加计扣除。

【答案】AD

30. 下列情形发生土地、房屋权属转移的，承受方需缴纳契税的有（　　）。

A. 因共有不动产份额变化的

B. 因共有人增加或者减少的

C. 因人民法院、仲裁委员会的生效法律文书或者监察机关出具的监察文书等因素，发生土地、房屋权属转移的

D. 因国有土地使用权划拨的

【解析】《财政部 税务总局关于贯彻实施契税法若干事项执行口径的公告》（财政部 税务总局公告 2021 年第 23 号）规定，下列情形发生土地、房屋权属转移的，承受方应当依法缴纳契税：①因共有不动产份额变化的；②因共有人增加或者减少的；③因人民法院、仲裁委员会的生效法律文书或者监察机关出具的监察文书等因素，发

生土地、房屋权属转移的。

【答案】ABC

31. 下列选项可享受契税免税政策的有（　　）。

A. 国有企业承受房屋权属用于办公

B. 医疗机构承受房屋权属用于医疗

C. 农业生产企业承受荒地土地使用权用于农业生产

D. 法定继承人通过继承承受房屋权属

【解析】《耕地占用税法》第六条规定，免征契税的情形包括：国家机关、事业单位、社会团体、军事单位承受土地、房屋权属用于办公、教学、医疗、科研、军事设施；非营利性的学校、医疗机构、社会福利机构承受土地、房屋权属用于办公、教学、医疗、科研、养老、救助；承受荒山、荒地、荒滩土地使用权用于农、林、牧、渔业生产；法定继承人通过继承承受土地、房屋权属；等等。

【答案】CD

32. 根据资源税的有关规定，下列各项中，说法正确的有（　　）。

A. 纳税人以自采应税产品用于非货币性资产交换，应缴纳资源税

B. 纳税人以自采原矿直接加工为非应税产品的，按照原矿计征资源税

C. 纳税人自采原矿洗选加工为选矿产品销售的，在移送环节按照原矿产品计征资源税

D. 纳税人开采或者生产应税产品自用于连续生产应税产品的，不缴纳资源税

【解析】自采原矿洗选加工为选矿产品销售的，按照选矿产品计征资源税，在原矿移送环节不缴纳资源税。

【答案】ABD

33. 下列各项行为中，需要缴纳资源税的有（　　）。

A. 将开采锰原矿用于连续加工锰选矿

B. 将开采的原油用于投资

C. 将开采的原煤用于连续加工蜂窝煤

D. 将开采的天然气用于换取研发设备

【解析】纳税人自用应税产品应当缴纳资源税的情形，包括纳税人以应税产品用于非货币性资产交换、捐赠、偿债、赞助、集资、投资、广告、样品、职工福利、利润分配或者连续生产非应税产品等。但是，纳税人开采或者生产应税产品自用于连续生产应税产品的，不缴纳资源税。

【答案】BCD

34. 根据资源税法的有关规定，下列应税产品中，仅采用从价定率方式计征资源税的有（　　）。

A. 原油　　　　　　　　B. 天然气

C. 砂石　　　　　　　　D. 矿泉水

【解析】砂石、矿泉水采用从量定额或从价定率方式计征资源税。

【答案】AB

35. 某工业企业 2024 年 2 月水污染物排放口向环境共排放 4 种污染物，通过污染物排放量分别计算污染当量数，具体情况如下：总汞污染当量数为 10，悬浮物污染当量数 20、化学需氧量污染当量数为 30、石油类污染当量数为 2，其中总汞为第一类水污染物，剩余 3 项为第二类水污染物。该企业 2024 年 2 月应申报缴纳环保税的污染物有（　　）。

A. 总汞　　　　　　　　B. 悬浮物

C. 化学需氧量　　　　　D. 石油类

【解析】每一排放口的应税水污染物，按照《环境保护税法》法所附《应税污染物和当量值表》，区分第一类水污染物和其他类水污染物，按照污染当量数从大到小排序，对第一类水污染物按照前五项征收环境保护税对其他类水污染物按照前 3 项征收环境保护税。该题中有第一类水污染物 1 项，其他类水污染物 3 项，则该排放口需全部申报。

【答案】ABCD

36. 下列情形，不征收环境保护税的有（　　）。

A. 企业事业单位和其他生产经营者向依法设立的污水集中处理场所、生活垃圾处理场所排放应税污染物的

B. 企业事业单位和其他生产经营者在符合国家和地方环境保护标准的设施、场所贮存或者处置固体废物的

C. 依法设立的城乡污水集中处理、生活垃圾集中处理场所排放相应应税污染物，不超过国家和地方规定的排放标准的

D. 依法设立的其他污水集中处理场所排放相应应税污染物，不超过国家和地方规定的排放标准的

E. 依法对畜禽养殖废弃物进行综合利用和无害化处理的

【解析】《环境保护税法》及其实施条例中明确了三种不缴纳相应污染物的环境保护税的情形：①企业事业单位和其他生产经营者向依法设立的污水集中处理、生活垃圾处理场所排放应税污染物的（《环境保护税法》第四条第一项）。②企业事业单位和其他生产经营者在符合国家和地方环境保护标准的设施、场所贮存或者处置固体废物的（《环境保护税法》第四条第二项）。③依法对畜禽养殖废弃物进行综合利用和无害化处理的（《环境保护税法实施条例》第四条）。

【答案】ABE

37. 下列关于环境保护税计税依据的表述，正确的有（　　）。

A. 应税水污染物按照污染物排放量折合的污染当量数确定

B. 应税大气污染物按照污染物排放量折合的污染当量数确定

C. 应税固体废物按照固体废物的排放量确定

D. 应税噪声按照超过国家规定标准的分贝数确定

【解析】环境保护税主要按照污染物排放量计征，税法对应税污染物的计税依据分别作了规定：①应税大气污染物按照污染物排放量折合的污染当量数确定；②应税水污染物按照污染物排放量折合的污染当量数确定；③应税固体废物按照固体废物的排放量确定；④应税噪声按照超过国家规定标准的分贝数确定。

【答案】ABCD

38. 下列关于城镇土地使用税的说法，正确的有（　　）。

A. 城镇土地使用权权属纠纷未解决的，由实际使用人纳税

B. 城镇土地使用税只在城市、县城、建制镇和工矿区范围内征收

C. 纳税人新征用的耕地，自批准征用之日起满 6 个月时开始缴纳城镇土地使用税

D. 纳税单位无偿使用免税单位的土地，免税单位应照章缴纳城镇土地使用税

【解析】纳税人新征用的耕地，自批准征用之日起满 1 年时开始缴纳城镇土地使用税。纳税单位无偿使用免税单位的土地，纳税单位应照章缴纳城镇土地使用税

【答案】ACD

39. 下列各项中，土地免城镇缴城镇土地使用税的有（　　）。

A. 国家机关、人民团体、军队自用的土地

B. 事业单位自用的土地

C. 宗教寺庙、公园、名胜古迹自用的土地

D. 市政街道、广场、绿化地带等公共用地

E. 企业厂区内的绿化用地

【解析】由国家财政部门拨付事业经费的单位自用的土地免缴城镇土地使用税。企业厂区内的绿化用地应缴纳城镇土地使用税

【答案】ACD

40. 下列纳税人占用耕地行为中，属于缴纳耕地占用税征税范围的有（　　）。

A. 储存农用机具仓储设施占用耕地的

B. 建设农田水利设施占用林地的

C. 纳税人因采矿塌陷损毁耕地的

D. 占用草地从事非农业建设的

E. 农业示范基地占用园地的

【解析】建设农田水利设施占用耕地和建设直接为农业生产服务的生产设施所占用园地、林地、草地、农田水利用地、养殖水面、渔业水域滩涂以及其他农用地，不征收耕地占用税。直接为农业生产服务的生产设施包括储存农用机具和种子、苗木、木材等农业产品的仓储设施，农业科研、试验、示范基地等。

【答案】CD

41. 下列关于耕地占用税减免税优惠的表述中，正确的有（　　）。

A. 军事设施占用耕地的，免征耕地占用税

B. 飞机场跑道占用耕地的，免征耕地占用税

C. 城区内机动车道占用耕地的，免征耕地占用税

D. 铁路线路占用耕地的，减按 2 元/平方米的税额征收耕地占用税

E. 农村居民在规定用地标准以内占用耕地新建自用住宅，免征耕地占用税

【解析】根据《耕地占用税法》及相关规定，军事设施、学校、幼儿园、社会福利机构、医疗机构占用耕地，免征耕地占用税；铁路线路、公路线路、飞机场跑道、停机坪、港口、航道、水利工程占用耕地，减按每平方米 2 元的税额征收耕地占用税；专用公路和城区内机动车道占用耕地的，按照当地适用税额缴纳耕地占用税；农村居民在规定用地标准以内占用耕地新建自用住宅，按照当地适用税额减半征收耕地占用税，其中农村居民经批准搬迁，新建自用住宅占用耕地不超过原宅基地面积的部分，免征耕地占用税。

【答案】AD

42. 城市维护建设税以纳税人依法实际缴纳的增值税、消费税税额为计税依据。“依法实际缴纳的增值税”包括（　　）。

A. 增值税免抵税额

B. 直接减免的增值税税额

C. 进口货物缴纳的增值税税额

D. 期末留抵退税退还的增值税税额

E. 按规定计算应当缴纳的增值税税额

【解析】《国家税务总局关于城市维护建设税征收管理有关事项的公告》（国家税务总局公告 2021 年第 26 号）第一条规定，依法实际缴纳的增值税税额，是指纳税人依照增值税相关法律法规和税收政策规定计算应当缴纳的增值税税额，加上增值税免抵税额，扣除直接减免的增值税税额和期末留抵退税退还的增值税税额后的金额。选项 A、E 正确，选项 B、D 错误。应当缴纳的两税税额，不含因进口货物或境外单位和个人向境内销售劳务、服务、无形资产缴纳的两税税额，选项 C 错误。

【答案】AE

43. 下列关于住房租赁房产税优惠的表述，符合现行房产税政策的有（　　）。

A. 住房租赁企业向个人出租保障性租赁住房减按4%计征房产税

B. 个人出租住房用于生产经营的，减按4%计征房产税

C. 个人出租住房用于居住的，减按4%计征房产税

D. 某企业向住房租赁企业出租住房，减按4%计征房产税

E. 某企业将闲置办公楼租给专业化规模化住房租赁企业用于办公，减4%计征房产税

【解析】《财政部 税务总局 住房城乡建设部关于完善住房租赁有关税收政策的公告》（财政部 税务总局 住房城乡建设部公告2021年第24号）规定，住房租赁企业向个人出租保障性租赁住房减按4%计征房产税，企业向专业化规模化住房租赁企业出租住房，减按4%计征房产税，对利用非居住存量土地和非居住存量房屋（含商业办公用房、工业厂房改造后出租用于居住的房屋）建设的保障性租赁住房，取得保障性租赁住房项目认定书后出租给专业化规模化住房租赁企业的，减按4%计征房产税，选项A正确，选项D、E错误。选项B、C正确。

【答案】ABC

44. 稽查局核查企业是否足额申报房产税时，应重点核查的会计科目有（　　）。

A. 其他业务收入　　B. 固定资产

C. 在建工程　　D. 投资性房地产

E. 无形资产

【解析】稽查局应检查纳税人的“投资性房地产”“其他业务收入”科目，查看企业是否有出租的房屋，是否少交房产税，应检查纳税人的“固定资产”“在建工程”“无形资产”科目，查看企业自用房产缴纳房产税时是否将土地价值、中央空调等包含在计税价格内。

【答案】ABCDE

45. 下列关于车船税计税单位确认的表述中，正确的有（　　）。

A. 专用作业车按“整备质量每吨”作为计税单位

B. 机动船舶按“净吨位每吨”作为计税单位

C. 游艇按“艇身长度每米”作为计税单位

D. 摩托车按“排气量”作为计税单位

E. 商用客车按“每辆”作为计税单位

【解析】车船税法和实施条例所涉及的排气量、整备质量、核定载客人数、净吨位、千瓦、艇身长度，以车船登记管理部门核发的车船登记证书或者行驶证所载数据为准。选项D，摩托车按“每辆”作为计税单位。

【答案】ABCE

46. 下列车船中，免征车船税的有（　　）。

A. 捕捞、养殖渔船

B. 军队专用车船

C. 警用车船

D. 国家综合性消防救援专用船舶

E. 节能汽车

【解析】选项E，对节能汽车减半征收车船税。

【答案】ABCD

47. 下列关于烟叶税的说法中，正确的有（　　）。

A. 烟叶税按月计征

B. 纳税人应当于纳税义务发生月终了之日起15日内申报并缴纳税款

C. 烟叶税的纳税义务发生时间为收购烟叶的当天

D. 烟叶税的纳税地点是烟叶收购单位所在地

E. 烟叶税的征收机关是税务机关

【解析】烟叶税应当向烟叶收购地的主管税务机关申报纳税。

【答案】ABCE

48. 根据企业所得税法的相关规定，下列各项税金可以作为资本性支出的有（　　）。

A. 进口关税　　B. 车辆购置税

C. 印花税　　D. 房产税

E. 城镇土地使用税

【解析】选项A、B，进口关税、耕地占用税、车辆购置税、契税、烟叶税在发生当期计入相关资产的成本，在以后各期分摊扣除或结转成本扣除。选项E当选，企业所得税和可以抵扣的增值税，不得税前扣除。选项C、D，印花税和房产税在当期直接扣除。

【答案】AB

49. 2024年度，可以享受“六税两费”减半征收优惠的主体对象有（　　）。

A. 增值税小规模纳税人

B. 个人独资一般纳税人

C. 大中型制造企业

D. 小型微利企业

E. 个体工商户

【解析】《财政部 税务总局关于进一步实施小微企业“六税两费”减免政策的公告》（财政部 税务总局公告2022年第10号）明确，自2022年1月1日至2024年12月31日，由省、自治区、直辖市人民政府根据本地区实际情况，以及宏观调控需要确定，对增值税小规模纳税人、小型微利企业和个体工商户可以在50%的税额幅度内减征“六税两费”。

【答案】ADE

三、判断题

1. 为社区提供养老、托育、家政等服务的机构自有的用于提供社区养老、托育、家政服务的房产、土地，免征城镇土地使用税。通过承租、无偿使用等方式取得并用于提供社区养老、托育、家政服务的房产、土地，不享受免征城镇土地使用税的优惠。（　）

【解析】为社区提供养老、托育、家政等服务的机构自有或其通过承租、无偿使用等方式取得并用于提供社区养老、托育、家政服务的房产、土地，免征城镇土地使用税。

【答案】错误

2. 城市维护建设税纳税人按所在地在市区、县城、镇和不在上述区域适用不同税率。市区、县城、镇按照行政区划确定。行政区划变更的，自变更完成当月起适用新行政区划对应的城市维护建设税税率，纳税人在变更完成当月的下一个纳税申报期按新税率申报缴纳。（　）

【解析】参见《国家税务总局关于城市维护建设税征收管理有关事项的公告》（国家税务总局公告2021年第26号）相关规定。

【答案】正确

3. 耕地占用税以纳税人实际占用的耕地面积为计税依据，按照规定的适用税额按年征收，应纳税额为纳税人实际占用的耕地面积（平方米）乘以适用税额。（　）

【解析】耕地占用税以纳税人实际占用的耕地面积为计税依据，按照规定的适用税额一次性征收，应纳税额为纳税人实际占用的耕地面积（平方米）乘以适用税额。

【答案】错误

4. 纳税人因建设项目施工或者地质勘查临时占用耕地，应当依照规定缴纳耕地占用税。纳税人在批准临时占用耕地期满之日起2年内依法复垦，恢复种植条件的，全额退还已经缴纳的耕地占用税。（　）

【解析】纳税人因建设项目施工或者地质勘查临时占用耕地，应当依照规定缴纳耕地占用税。纳税人在批准临时占用耕地期满之日起1年内依法复垦，恢复种植条件的，全额退还已经缴纳的耕地占用税。

【答案】错误

5. 印花税的纳税期限分为次、月、年。（　）

【解析】《印花税法》实施后，印花税纳税期限调整为次、季、年。

【答案】错误

6. 因挖损、采矿塌陷、压占、污染等损毁耕地属于税法所称的非农业建设，应依照税法规定缴纳耕地占用税；自自然资源、农业农村等相关部门认定损毁耕地之日起2年内依法复垦或修复，恢复种植条件的，比照税法规定办理退税。（　　）

【解析】因挖损、采矿塌陷、压占、污染等损毁耕地属于税法所称的非农业建设，应依照税法规定缴纳耕地占用税；自自然资源、农业农村等相关部门认定损毁耕地之日起3年内依法复垦或修复，恢复种植条件的，比照税法规定办理退税。

【答案】错误

7. 车辆购置税免税、减税车辆因转让、改变用途等原因不再属于免税、减税范围的，纳税人应当在办理车辆转移登记或者变更登记前缴纳车辆购置税。计税价格以免税、减税车辆初次办理纳税申报时确定的计税价格为基准，每满1年扣减5%。

（　　）

【解析】车辆购置税免税、减税车辆因转让、改变用途等原因不再属于免税、减税范围的，纳税人应当在办理车辆转移登记或者变更登记前缴纳车辆购置税。计税价格以免税、减税车辆初次办理纳税申报时确定的计税价格为基准，每满1年扣减10%。

【答案】错误

8. 在中华人民共和国领域和中华人民共和国管辖的其他海域开发应税资源的单位和个人，为资源税的纳税人，应当依法缴纳资源税。（　　）

【解析】略

【答案】正确

9. 纳税人开采或者生产应税产品自用的，都应当依法缴纳资源税。（　　）

【解析】纳税人开采或者生产应税产品自用的，应当依照规定缴纳资源税；但是，自用于连续生产应税产品的，不缴纳资源税。

【答案】错误

10. 开采原油以及在油田范围内运输原油过程中用于加热的原油、天然气不征资源税。（　　）

【解析】开采原油以及在油田范围内运输原油过程中用于加热的原油、天然气免征资源税。

【答案】错误

11. 甲房地产开发企业办理某房地产项目清算，计算的单位建筑面积成本费用为每平方米0.5万元。2024年5月销售该项目的尾盘1000平方米，则其本月计算缴纳土地增值税时，扣除项目金额为500万元。（　　）

【解析】根据土地增值税申报表，扣除项目金额应加上本次转让缴纳的有关税金。

【答案】错误

12. 甲房地产开发企业将自行开发商业地产全部对外出租，应于交付商业地产的次月起计征房产税和城镇土地使用税。（　）

【解析】对房地产开发企业建造的商品房，在售出前，不征收房产税；但对售出前房地产开发企业已使用或出租、出借的商品房应按规定征收房产税。房开企业以出让或转让方式有偿取得土地使用权的从事房地产开发的，应从合同约定交付土地时间的次月起缴纳城镇土地使用税；合同未约定交付土地时间的，由受让方从合同签订的次月起缴纳城镇土地使用税。

【答案】错误

13. 在城镇土地使用税征税范围内实际使用应税集体所有建设用地、但未办理土地使用权流转手续的，由实际使用集体土地的单位和个人按规定缴纳城镇土地使用税。

（　）

【解析】略

【答案】正确

14. 纳税人采用委托监测方式，在规定监测时限内当月无监测数据的，可以沿用最近一次的监测数据计算应税污染物排放量，且可以跨季沿用监测数据。（　）

【解析】纳税人采用委托监测方式，在规定监测时限内当月无监测数据的，可以沿用最近一次的监测数据计算应税污染物排放量，但不得跨季沿用监测数据。

【答案】错误

15. 应税固体废物的计税依据为应税固体废物的排放量，其排放量等于应税固体废物的产生量减去当期应税固体废物的贮存量和处置量之后的余额。（　）

【解析】应税固体本废物的计税依据为应税固体废物的排放量，其排放量等于应税固体废物的产生量减去当期应税固体废物的贮存量、处置量、综合利用量的余额。

【答案】错误

16. 纳税人符合减征或者免征契税规定的，可选择是否进行申报。（　）

【解析】纳税人符合减征或者免征契税规定的，应当按照规定进行申报。

【答案】错误

17. 计入房产原值的地价不包括纳税人取得土地使用权所缴纳的契税。（　）

【解析】地价包括为取得土地使用权支付的价款、开发土地发生的成本费用等。纳税人购买土地所缴纳的契税，属于地价的组成部分，应计入房产原值征收房产税。

【答案】错误

18. 同一应税凭证有两方以上当事人书立的，当事人各方都是印花税的纳税人。

（　）

【解析】《印花税法》第十条规定，同一应税凭证由两方以上当事人书立的，按照各自涉及的金额分别计算应纳税额。

【答案】正确

19. 2024 年 5 月，甲公司与乙公司签订房屋租赁合同，合同约定，租金按 2024 年全年利润的 1% 结算。甲公司应在合同签订后的首个纳税申报期，先预缴印花税，在实际结算后多退少补。（ ）

【解析】《国家税务总局关于实施〈中华人民共和国印花税法〉等有关事项的公告》（国家税务总局公告 2022 年第 14 号）第一条规定，应税合同、产权转移书据未列明金额，在后续实际结算时确定金额的，纳税人应当于书立应税合同、产权转移书据的首个纳税申报期申报应税合同、产权转移书据书立情况，在实际结算后下一个纳税申报期，以实际结算金额计算申报缴纳印花税。

【答案】错误

20. 甲、乙公司与丙银行签订委托借款合同，甲公司将资金委托给丙银行，由丙银行向乙公司发放贷款。该业务中，借款合同印花税纳税人为乙公司和丙银行。（ ）

【解析】《财政部 税务总局关于印花税若干事项政策执行口径的公告》（财政部 税务总局公告 2022 年第 22 号）第一条规定，采用委托贷款方式书立的借款合同纳税人，为受托人和借款人，不包括委托人。该业务印花税纳税人为乙公司和丙银行。

【答案】正确

21. 企业占用耕地，其农用地转用审批文件中未标明建设用地人的，纳税义务人为实际用地人。（ ）

【解析】企业占用耕地，其农用地转用审批文件中未标明建设用地人的，纳税义务人为用地申请人。

【答案】错误

22. 纳税人在批准临时占用耕地期满之日起 1 年内依法复垦，恢复种植条件的，全额退还已经缴纳的耕地占用税。（ ）

【解析】依据为《耕地占用税法》第十一条。

【答案】正确

23. 2024 年 5 月，甲市乙县经批准行政区划调整至甲市丙区，原乙县辖区内的企业应当自 2024 年 5 月起适用新的城市维护建设税税率，在 6 月申报期按新税率申报缴纳。（ ）

【解析】《国家税务总局关于城市维护建设税征收管理有关事项的公告》（国家税务总局公告 2021 年第 26 号）第四条规定，城市维护建设税纳税人按所在地在市区、县城、镇和不在上述区域适用不同税率。市区、县城、镇按照行政区划确定。行政区划变更的，自变更完成当月起适用新行政区划对应的城市维护建设税税率，纳税人在变更完成当月的下一个纳税申报期按新税率申报缴纳。

【答案】正确

24. 2024 年 1 月，甲公司由增值税一般纳税人转登记为小规模纳税人。甲公司更正此前按照一般计税方法确定的城市维护建设税计税依据，允许扣除尚未扣除的留抵退税额。（　　）

【解析】《国家税务总局关于城市维护建设税征收管理有关事项的公告》（国家税务总局公告 2021 年第 26 号）第二条规定，对于增值税小规模纳税人更正、查补此前按照一般计税方法确定的城市维护建设税计税依据，允许扣除尚未扣除完的留抵退税额。

【答案】正确

25. 某企业生产经营地点在县城，2024 年 6 月实际缴纳增值税为 100000 元，增值税滞纳金 500 元，则当月该企业应缴纳城市维护建设税数额为 3000 元。（　　）

【解析】城市维护建设税以实际缴纳的增值税和消费税为计税依据，不包括滞纳金和罚款；纳税人所在地在县城、镇的，城市维护建设税税率为 5%。本月城市维护建设税应纳税额 = 100000 × 5% = 5000（元）。

【答案】错误

26. 已经缴纳车船税的车船，因质量原因，车船被退回生产企业的，纳税人可以向纳税所在地的主管税务机关申请退还自退货月份次月起至该纳税年度终了期间的税款。（　　）

【解析】已经缴纳车船税的车船，因质量原因，车船被退回生产企业或者经销商的，纳税人可以向纳税所在地的主管税务机关申请退还自退货月份起至该纳税年度终了期间的税款。

【答案】错误

27. 纳税人在申报多个财产和行为税税种时，可以在一张纳税申报表上同时合并申报的税种范围包括城镇土地使用税、房产税、车船税、印花税、车辆购置税、资源税、土地增值税、契税、环境保护税、烟叶税等税种。（　　）

【解析】《国家税务总局关于简并税费申报有关事项的公告》（国家税务总局公告 2021 年第 9 号）规定，自 2021 年 6 月 1 日起，纳税人申报缴纳城镇土地使用税、房产税、车船税、印花税、耕地占用税、资源税、土地增值税、契税、环境保护税、烟叶税中一个或多个税种时，使用《财产和行为税纳税申报表》。

【答案】错误

28. 开采原油过程中用于加热的原油，减半征收资源税。（　　）

【解析】开采原油过程中用于加热、修井的原油，免征资源税。

【答案】错误

29. 在中国境内生产自用应税资源的个人不是资源税的纳税义务人。

【解析】资源税的纳税义务人是指在中华人民共和国领域及管辖的其他海域开发应税资源产品的单位和个人。（　　）

【答案】错误

30. 纳税人以自采原矿洗选加工为选矿产品销售，或者将选矿产品自用于应当缴纳资源税情形的，按照选矿产品计征资源税。（ ）

【解析】略

【答案】正确

四、简答题

1. 请列举房产税的检查重点。

【答案】(1) 产权所有人或者承典人不在房产所在地，或者产权未确定、租典纠纷未解决的房产，未申报纳税。被查对象无租使用免税单位的房产，未申报纳税。

(2) 被查对象为企业，出租房屋，以个人名义开具房屋出租发票，少缴房产税。

(3) 被查对象的下列涉税违法行为：

①土地价值未按规定计入房产价值缴纳房产税；

②与房屋不可分割的附属设施未按规定计入房产原值缴纳房产税；

③未竣工验收但已实际使用的房产未按规定缴纳房产税；

④无租使用房产未按规定缴纳房产税；

⑤应予资本化的利息未按规定计入房产原值缴纳房产税；

⑥房租收入不入账或者直接冲减费用；

⑦从租计征的，按从价计税。

(4) 被查对象是否混淆房产税纳税义务发生时间，推迟房产税纳税义务发生时间；或者房产的实物或权利状态未发生变化，提前终止纳税。

(5) 被查对象享受房产税税收优惠政策是否符合规定的条件，履行了规定的程序。应税和享受税收优惠政策的房产是否分开核算，是否有人为扩大免税房产范围，减少应纳房产税税额的行为。

（注：读者也可结合工作实际作答。）

2. 请列举城镇土地使用税的检查重点。

【答案】(1) 通过检查被查对象土地的具体使用情况及用途，检查其是否是城镇土地使用税的纳税义务人；纳税单位使用免税单位的土地，是否按规定缴纳城镇土地使用税；使用集体土地是否按规定申报纳税。

(2) 通过检查被查对象的计税依据和适用税额，检查其土地实际面积与土地使用证存有差异情况下，是否按照土地实际面积缴纳土地使用税。同一企业处在不同地段适用的单位税额是否准确。土地等级调整后，纳税申报时是否作相应调整。房地产开发公司是否只对已开发的土地交税，尚未开发的不申报。是否严格划分已售房屋与未售房产所分摊的土地，是否存在人为减少未售房产所分摊的土地面积，达到少缴税款的目的。

(3) 通过检查被查对象享受税收优惠的情况，检查其是否符合规定的优惠条件，履行了规定的程序。

(4) 通过检查被查对象城镇土地使用税的缴纳起止时间，检查其是否混淆城镇土地使用权取得时间，推迟纳税义务发生时间；或者土地的实物或权利状态未发生变化，提前终止纳税。

（注：读者也可结合工作实际作答。）

3. 应税大气污染物、水污染物、固体废物的排放量和噪声的分贝数有哪些计算方法？

【答案】按照《环境保护税法》第十条的规定，应税大气污染物、水污染物、固体废物的排放量和噪声的分贝数，按照下列方法和顺序计算：

(1) 纳税人安装使用符合国家规定和监测规范的污染物自动监测设备的，按照污染物自动监测数据计算；

(2) 纳税人未安装使用污染物自动监测设备的，按照监测机构出具的符合国家有关规定和监测规范的监测数据计算；

(3) 因排放污染物种类多等原因不具备监测条件的，按照国务院环境保护主管部门规定的排污系数、物料衡算方法计算；

(4) 不能按照上述第 (1) 项至第 (3) 项规定的方法计算的，按照省、自治区、直辖市人民政府环境保护主管部门规定的抽样测算的方法核定计算。

注意纳税人对于监测方法的适用是有顺序的。纳税人一是要按照《环境保护税法》规定的顺序确定本企业适用的计算方法；二是对于属于环境保护主管部门要求安装使用自动监测设备的，纳税人必须安装使用符合监测规范的自动监控设备，并与环保部门联网。在计算环境保护税时，以自动监控设备读取符合监测规范的数据作为计算依据。

4. 旧房及建筑物转让如何计算土地增值税？

【答案】转让旧房及建筑物应按以下方法和顺序计算土地增值税：

(1) 通过房地产评估机构确定旧房及建筑物评估价格的，扣除项目包括：旧房及建筑物的评估价格、取得土地使用权所支付的地价款、按国家统一规定交纳的有关费用、在转让环节缴纳的税金以及旧房评估费用。

其中，旧房及建筑物的评估价格，是指在转让已使用的房屋和建筑物时，由政府批准设立的房地产评估机构评定的重置成本价乘以成新度折扣率后的价格。对取得土地使用权时未支付地价款或不能提供已支付的地价款凭据的，不允许扣除取得土地使用权所支付的地价款。在转让环节缴纳的税金指转让时缴纳的营业税、城市维护建设税、印花税、教育费附加和地方教育附加。

（2）不能取得评估价格，但能提供购房发票的，扣除项目包括：按经税务机关确认的发票所载金额每年加计5%计算的金额以及与转让房地产有关的税金。

其中，每年的确定按购房发票所载日期起至售房发票开具之日止，每满12个月计一年；超过一年，未满12个月但超过6个月的，可以视同为一年。对纳税人购房时缴纳的契税，凡能提供契税完税凭证的，准予作为“与转让房地产有关的税金”予以扣除，但不作为加计5%的基数。

五、案例分析题

（一）某稽查局在对某企业（增值税一般纳税人）2019—2021年度纳税情况进行税务检查时，发现企业房产税方面的下列信息，请根据下面四个材料，回答后面的问题。

材料一：该企业2019年初账面房产原值1921万元，长期待摊费用中2018年曾发生仓库改造工程费用161万元、大门改造费用6.7万元，尚未摊销完毕。

1995年取得土地1.4万平方米支付价款211万元，2012年政府收回土地900平方米，减少土地价款15万元，房产证建筑面积2.2万平方米。

2019年8月新增房产原值26万元，2019年11月新增房产原值30万元，2019年12月新增房产原值18万元。

材料二：该企业2020年1月新增房产原值8万元，7月新增房产原值9万元，9月新增房产原值6万元，10月新增房产原值22万元，11月新增房产原值13万元，12月新增房产原值20万元。

材料三：该企业2021年4月新增房产原值17万元，5月新增房产原值21万元，6月新增房产原值30万元，8月新增房产原值39万元，9月新增房产原值10万元，10月新增房产原值5万元，12月新增房产原值40万元。

材料四：该企业2019—2020年每季均按4.8万元缴纳房产税，2021年每季均按5万元缴纳房产税，该地区从价计征的房产税依照房产原值一次减除30%后的余值计算缴纳。

要求：根据上述资料，回答下列问题。

1. 如果你是检查人员，请你分析被查对象2019—2021年在房产税上存在哪些问题？（计算金额保留小数点后两位）

2. 如果你是检查人员，针对这些问题，你应获取哪些证据材料？

3. 如果你是检查人员，在《税务处理决定书》上对被查对象你将提出什么样的处理建议？处理依据是什么？

【答案】1. 被查对象2019—2021年度在房产税纳税方面存在下列问题：

（1）2019年：

企业的土地容积率 = 2.2 ÷ （1.4 - 0.09） = 1.68，大于0.5，土地价值 = 211 - 15 = 196（万元）。

年初房产税的计税原值 = 1921 + 161 + 6.7 + 196 = 2284.7（万元）

2019年应申报缴纳房产税 = 2284.7 × （1 - 30%） × 1.2% + 26 × （1 - 30%） × 1.2% × 4 ÷ 12 + 30 × （1 - 30%） × 1.2% × 1 ÷ 12 = 19.29（万元），已申报缴纳4.8 × 4 = 19.2（万元），少申报缴纳 = 19.29 - 19.2 = 0.09（万元）。

（2）2020年：

年初房产税的计税原值 = 2284.7 + 26 + 30 + 18 = 2358.7（万元）

2020年应申报缴纳房产税 = 2358.7 × （1 - 30%） × 1.2% + 8 × （1 - 30%） × 1.2% × 11 ÷ 12 + 9 × （1 - 30%） × 1.2% × 5 ÷ 12 + 6 × （1 - 30%） × 1.2% × 3 ÷ 12 + 22 × （1 - 30%） × 1.2% × 2 ÷ 12 + 13 × （1 - 30%） × 1.2% ÷ 12 = 19.96（万元），已申报缴纳 = 4.8 × 4 = 19.2（万元），少申报缴纳 = 19.96 - 19.2 = 0.76（万元）。

（3）2021年：

年初房产税的计税原值 = 2358.7 + 8 + 9 + 6 + 22 + 13 + 20 = 2436.7（万元）

2021年应申报缴纳房产税 = 2436.7 × （1 - 30%） × 1.2% + 17 × （1 - 30%） × 1.2% × 8 ÷ 12 + 21 × （1 - 30%） × 1.2% × 7 ÷ 12 + 30 × （1 - 30%） × 1.2% × 6 ÷ 12 + 39 × （1 - 30%） × 1.2% × 4 ÷ 12 + 10 × （1 - 30%） × 1.2% × 3 ÷ 12 + 5 × （1 - 30%） × 1.2% × 2 ÷ 12 = 20.89（万元），已申报缴纳5 × 4 = 20（万元），少申报缴纳 = 20.89 - 20 = 0.89（万元）。

2019—2021年合计少申报缴纳 = 0.09 + 0.76 + 0.89 = 1.74（万元）

2. 针对这些问题，应获取下列证据材料：

（1）固定资产（房产）账页复印件；

（2）房产证复印件；

（3）土地使用证复印件；

（4）土地出让协议复印件；

（5）收回土地协议及补偿款复印件；

（6）房产明细表；

（7）长期待摊费用明细表；

（8）长期待摊费用账页复印件；

（9）经该单位核对的税务稽查工作底稿；

（10）其他合情合理的证据材料。

（注：读者也可结合工作实际作答。）

3. 在《税务处理决定书》上对该企业查补税款时的法律依据和处理建议是：

根据《房产税暂行条例》第一条至第四条、《财政部 国家税务总局关于安置残疾人就业单位城镇土地使用税等政策的通知》（财税〔2010〕121 号）及《税收征收管理法》第三十二条规定，建议全额追缴该单位少申报缴纳的 2019 年度房产税 0.09 万元、2020 年度房产税 0.76 万元、2021 年度房产税 0.89 万元，并从滞纳之日起按日加收 5‱的滞纳金。

（二）2022 年 4 月，G 市稽查部门在对辖区 P 房地产开发公司（增值税一般纳税人）市区 A 项目 2018—2021 年的涉税情况进行检查。具体情况如下：2018 年 6 月自其他房开公司处购入建设中的 A 项目，2019 年 12 月取得销售许可证，2020 年 5 月竣工结算。该项目总可售建筑面积 15000m^2，全部为普通住宅，截至 2021 年 8 月已销售 13000m^2，累计实现土地增值税应税收入 30500 万元。该公司 2021 年 8 月进行土地增值税清算，确定扣除项目金额为 25600 万元，其中与转让房地产有关的税金 900 万元，根据清算结果进行了退税。

1. 在检查中发现，已销售的房产中，2021 年 6 月，P 公司将 20 套住宅出售给公司中层管理人员，该批住宅的销售面积为 2000m^2，取得不含税收入 3000 万元。

2. 检查开发成本时，发现 2021 年 6 月份一笔会计分录与其他月份差异很大。

借：开发成本——开发间接费　　3000000

　　贷：应付职工薪酬　　3000000

经核实，是将销售人员工资 300 万元错误计入“开发成本”科目。

3. 2021 年 11 月，剩余可售面积全部销售完毕，取得土地增值税应税收入 6000 万元，缴纳与转让房地产可扣除的税金 100 万元。按照预征缴纳土地增值税。

经核实该公司普通住宅对外销售不含税均价为 25000 元/m^2。当地普通住宅土地增值税预征率为 1%，不考虑增值税进项税额和地方教育附加，除上述业务外，不考虑其他因素。

要求：根据上述资料，回答下列问题。

1.（单项选择题）P 公司已进行土地增值税清算部分应调整收入是（　　）万元。

A. 0　　B. 2000

C. 5000　　D. 25000

【解析】P 公司已进行土地增值税清算部分应调增收入 = 25000 × 2000 ÷ 10000 − 3000 = 2000（万元）

根据《国家税务总局关于房地产开发企业土地增值税清算管理有关问题的通知》（国税发〔2006〕187 号）第三条规定，房地产开发企业将开发产品用于职工福利、奖励、对外投资、分配给股东或投资人、抵偿债务、换取其他单位和个人的非货币性资产等，发生所有权转移时应视同销售房地产，其收入按下列方法和顺序确认：①按本企业在同一地区、同一年度销售的同类房地产的平均价格确定；②由主管税务机关参照当地当年、同类房地产的市场价格或评估价值确定。用于抵债、职工福利的均应视同销售，且应按上述顺序明确的方法确认收入。

【答案】B

2. （单项选择题）P公司已进行土地增值税清算部分应调整扣除额是（　　）万元。

A. －18　　B. －242

C. －260　　D. －300

【解析】P公司已进行土地增值税清算部分应调整扣除。

人员工资调减扣除＝300÷15000×13000＝260（万元）

视同销售税金调增扣除＝2000×9%×（7%＋3%）＝18（万元）

合计调减扣除＝260－18＝242（万元）

纳税人分期开发项目或者同时开发多个项目的，或者同一项目中建造不同类型房地产的，应按照受益对象，采用合理的分配方法，分摊共同的成本费用。错误列支的成本不应计入开发成本，调增收入应缴纳的税金应增加扣除。

【答案】B

3. （单项选择题）P公司已进行土地增值税清算部分应补缴土地增值税税额是（　　）万元。

A. 1759. 60　　B. 1765. 00

C. 1837. 60　　D. 2142. 00

【解析】P公司已进行土地增值税清算部分应补缴土地增值税。

(30500－25600)÷25600×100%＝19. 14＜20%，免征土地增值税。

调整后，收入＝30500＋2000＝32500（万元）

扣除项目金额合计＝25600－242＝25358（万元）

增值额＝32500－25358＝7142（万元）

增值率＝7142÷25358×100%＝28. 16%

应补土地增值税税额＝7142×30%－0＝2142. 60（万元）

根据《土地增值税暂行条例》第八条规定，纳税人建造普通标准住宅出售，增值额未超过扣除项目金额20%的免征土地增值税。

【答案】D

4. （单项选择题）P公司剩余部分在计算土地增值税时扣除额是（　　）万元。

A. 3660　　B. 3760

C. 3860　　　　D. 24440

【解析】P公司剩余部分在计算土地增值税时扣除 =（25600 - 260 - 900）÷13000 × 2000 + 100 = 3860（万元）

根据《国家税务总局关于房地产开发企业土地增值税清算管理有关问题的通知》（国税发〔2006〕187号）第八条规定，在土地增值税清算时未转让的房地产，清算后销售或有偿转让的，纳税人应按规定进行土地增值税的纳税申报，扣除项目金额按清算时的单位建筑面积成本费用乘以销售或转让面积计算。单位建筑面积成本费用 = 清算时的扣除项目总金额 ÷ 清算的总建筑面积。

【答案】C

5.（单项选择题）P公司销售剩余房产应补缴土地增值税税额是（　　）万元。

A. 603　　　　B. 612

C. 663　　　　D. 672

【解析】增值额 = 6000 - 3860 = 2140（万元）

增值率 = 2140 ÷ 3860 × 100% = 55.44%

应缴纳土地增值 = 2140 × 40% - 3860 × 5% = 663（万元）

应补缴土地增值税 = 663 - 6000 × 1% = 603（万元）

根据《土地增值税暂行条例实施细则》（财法字〔1995〕6号）第十条规定，四级超率累进税率每级"增值额未超过扣除项目金额"的比例，均包括本比例数。计算土地增值税税额，可按增值额乘以适用的税率减去扣除项目金额乘以速算扣除系数的简便方法计算，具体公式：增值额超过扣除项目金额50%，未超过100%的，土地增值税税额 = 增值额 ×40% - 扣除项目金额 ×5%。

【答案】A

错题、要点整理页

第七章　涉税违法行为的检查与定性

>> 本章知识框架

节	细目	知识点	学习进度
虚开发票行为的检查与定性	发票管理基本知识	【知识点1】发票的定义	
		【知识点2】发票的领用管理	
		【知识点3】发票的开具和保管	
		【知识点4】虚开发票行为的定义和相应条款	
		【知识点5】虚开发票行为的手段	
		【知识点6】国家税务总局曝光的虚开发票案例	
	虚开发票案案头分析方法	【知识点1】对被查对象登记信息的分析	
		【知识点2】对人员信息的分析	
		【知识点3】对征管信息的分析	
		【知识点4】对发票流信息的分析	
		【知识点5】对申报信息的分析	
		【知识点6】对财务信息的分析	
		【知识点7】对第三方信息的分析	
	虚开发票案件检查方法	【知识点1】发票检查手段	
		【知识点2】发票流检查	
		【知识点3】货物流检查	
		【知识点4】资金流检查	
		【知识点5】生产经营现场检查	
	虚开发票案件证据组合	【知识点】证据组合	

续表

节	细目	知识点	学习进度
虚开发票行为的检查与定性	虚开发票案件定性处理	【知识点1】虚开发票行为的行政处理	
		【知识点2】非法代开发票行为的行政处理	
		【知识点3】窃取、截留、篡改、出售、泄露发票数据的行政处理	
		【知识点4】转借、转让、介绍他人转让发票，知道或者应当知道是非法取得的发票而受让、开具的行政处理	
		【知识点5】为他人提供方便导致未缴、少缴税款的行政处理	
		【知识点6】其他未发票违章行为条款	
		【知识点7】其他常用行政处理条款	
		【知识点8】发出《已证实虚开通知单》	
		【知识点9】虚开发票案件的刑事处理	
		【知识点10】虚开发票案件的增值税处理	
		【知识点11】虚开发票案件的企业所得税处理	
	受托协查案件的定性处理	【知识点1】受托协查案件的基本知识	
		【知识点2】受托协查案件的定性处理	
	异常增值税扣税凭证的处理规范	【知识点1】列为异常增值税扣税凭证的情形	
		【知识点2】异常扣税凭证的处理	
	购进农产品抵扣增值税进项税额	【知识点】购进农产品抵扣增值税进项税额的一般规定	
骗税行为的检查与定性	骗取出口退税定义及法律责任	【知识点1】骗取出口退税定义	
		【知识点2】国家税务总局曝光的骗取出口退税案例	
		【知识点3】骗取出口退税行政法律责任	
		【知识点4】骗取出口退税刑事法律处理	
	骗取出口退税案件案头分析方法	【知识点1】数据资料收集与整理	
		【知识点2】出口业务疑点分析	
	骗取出口退税案件检查方法	【知识点1】现场检查	
		【知识点2】账簿资料检查	
		【知识点3】进货情况检查	
		【知识点4】资金检查	
		【知识点5】其他检查	

续表

节	细目	知识点	学习进度
骗税行为的检查与定性	骗取出口退税案件证据组合	【知识点】证据组合	
	骗取出口退税案件定性处理	【知识点1】虚构已纳税款骗取出口退税	
		【知识点2】虚构出口事实骗取出口退税	
		【知识点3】备案单证违法	
		【知识点4】不规范的出口业务	
偷逃税行为的检查与定性	偷逃税行为的主要特征、手段	【知识点1】偷逃税行为的主要手段	
		【知识点2】国家税务总局曝光的偷逃税行为案例	
	偷逃税案件的查前准备、证据收集及检查方法	【知识点1】偷逃税行为的查前准备	
		【知识点2】偷逃税行为的证据收集及检查方法	
	偷逃税案件的定性处理	【知识点1】偷逃税行为的行政定性处理	
		【知识点2】偷逃税行为的刑事定性处理	
	国家税务总局曝光的其他违法行为典型案例	【知识点1】骗取留抵退税案例	
		【知识点2】个人所得税汇算清缴案例	
		【知识点3】涉税中介机构违规发布涉税虚假宣传信息案例	

>> 习题演练

一、单项选择题

1. 下列行为不属于偷税行为的是（　　）。

A. 某企业进行虚假的纳税申报不缴少缴应纳税款

B. 某企业不缴少缴已扣已收税款

C. 某企业在账簿上未列现金交易的收入少缴税款

D. 某企业多列股东个人消费性支出少缴企业所得税

【解析】扣缴义务人虽有不缴少缴已扣已收税款的后果，但未有偷税手段，不属于偷税行为。

【答案】B

2. 企业以前年度有一笔支出10万元，应当取得而未取得发票，且10万元没有在该年度税前扣除，如在2023年取得该10万元的发票，按规定10万元可以追补至该支出发生年度税前扣除。下列关于追补最长年限说法正确的是（　　）。

A. 可无限期追补

B. 只可追补不超过5年

C. 汇算清缴期结束后，税务稽查部门发现企业应当取得而未取得发票，企业重新换开追补扣除时，追补年限不作限制

D. 不可无限期追补

【解析】根据《企业所得税税前扣除凭证管理办法》第十五条规定，汇算清缴期结束后，税务机关发现企业应当取得而未取得发票、其他外部凭证或者取得不合规发票、不合规其他外部凭证并且告知企业的，企业应当自被告知之日起60日内补开、换开符合规定的发票、其他外部凭证。其中，因对方特殊原因无法补开、换开发票、其他外部凭证的，企业应当按照该办法第十四条的规定，自被告知之日起60日内提供可以证实其支出真实性的相关资料。第十七条规定，除发生该办法第十五条规定的情形外，企业以前年度应当取得而未取得发票、其他外部凭证，且相应支出在该年度没有税前扣除的，在以后年度取得符合规定的发票、其他外部凭证或者按照该办法第十四条的规定提供可以证实其支出真实性的相关资料，相应支出可以追补至该支出发生年度税前扣除，但追补年限不得超过5年。

【答案】C

3. 下列情形不符合虚开发票定义的是（　　）。

A. 为他人开具与实际经营业务情况相符的发票

B. 让他人为自己开具与实际经营业务情况不符的发票

C. 为自己开具与实际经营业务情况不符的发票

D. 介绍他人开具与实际经营业务情况不符的发票

【解析】根据虚开发票的定义，任何单位和个人不得有下列虚开发票行为：①为他人、为自己开具与实际经营业务情况不符的发票；②让他人为自己开具与实际经营业务情况不符的发票；③介绍他人开具与实际经营业务情况不符的发票。

【答案】A

4. 某稽查局联合公安经侦部门破获一起虚开增值税发票案件，摧毁犯罪团伙1个。经查，该犯罪团伙控制多家虚假生产企业，通过伪造身份证件获取虚假农户信息，虚开农产品收购发票1.5万份，金额13.32亿元。同时，在没有真实业务的情况下，向多家企业虚开增值税专用发票1.37万份，价税合计金额13.64亿元。下列关于农产品收购发票涉及的税收政策说法错误的是（　　）。

A. 购进农产品，除取得增值税专用发票或者海关进口增值税专用缴款书外，按照农产品收购发票或者销售发票上注明的农产品买价和规定的扣除率计算的

进项税额，国务院另有规定的除外

B. 按照农产品买价和规定的扣除率计算可以抵扣的增值税进项税额时，买价，是指纳税人购进农产品在农产品收购发票或者销售发票上注明的价款和按照规定缴纳的烟叶税

C. 餐饮行业纳税人购进农业生产者自产农产品，可以使用税务机关监制的农产品收购发票，按照现行规定计算抵扣进项税额

D. 纳税人从批发、零售环节购进适用免征增值税政策的蔬菜、部分鲜活肉蛋而取得的普通发票，不得作为计算抵扣进项税额的凭证

【解析】选项 C，只有餐饮行业增值税一般纳税人购进农业生产者自产农产品，可以使用税务机关监制的农产品收购发票，按照现行规定计算抵扣进项税额。而不是所有的餐饮行业增值税一般纳税人都可以适用此政策。

【答案】C

5. 某稽查局依法查处了某国有物流投资有限公司虚开增值税专用发票案件。经查，该公司在未发生真实交易的情况下，让他人为自己虚开增值税专用发票，少缴增值税等税费。下列关于虚开发票行为税务机关的处理正确的是（　　）。

A. 没收违法所得

B. 虚开金额在 10 万元以下的，可以并处 5 万元以下的罚款

C. 虚开金额超过 10 万元的，并处 5 万元以上 50 万元以下的罚款

D. 构成犯罪的，依法追究刑事责任

【解析】虚开发票的，由税务机关没收违法所得；虚开金额在 1 万元以下的，可以并处 5 万元以下的罚款；虚开金额超过 1 万元的，并处 5 万元以上 50 万元以下的罚款；构成犯罪的，依法追究刑事责任。

【答案】D

6. 认定虚开发票案件违法事实成立的证据主要由基础证据、主要证据、辅助证据三类证据组合而成，形成完整的证据链。下列认定虚开发票案件的证据中不属于主要证据组合的是（　　）。

A. 市场登记资料

B. 调查生产能力的证据

C. 调查交易资金的证据

D. 调查应税货物、应税劳务、应税行为真实性的证据

【解析】市场登记资料属于基础证据组合的范畴。

【答案】A

7. 企业在补开、换开发票、其他外部凭证过程中，因对方注销、撤销、依法被吊销营业执照、被税务机关认定为非正常户等特殊原因无法补开、换开发票、其他外部

凭证的，凭相关资料证实支出真实性后，其支出允许税前扣除。下列不属于证实支出真实性的必备资料的是（　　）。

A. 无法补开、换开发票、其他外部凭证原因的证明资料（包括工商注销、机构撤销、列入非正常经营户、破产公告等证明资料）

B. 相关业务活动的合同或者协议

C. 现金支付的小票

D. 货物运输的证明资料

【解析】《企业所得税税前扣除凭证管理办法》（国家税务总局公告 2018 年第 28 号）第十四条规定，企业在补开、换开发票、其他外部凭证过程中，因对方注销、撤销、依法被吊销营业执照、被税务机关认定为非正常户等特殊原因无法补开、换开发票、其他外部凭证的，可凭以下资料证实支出真实性后，其支出允许税前扣除：①无法补开、换开发票、其他外部凭证原因的证明资料（包括工商注销、机构撤销、列入非正常经营户、破产公告等证明资料）；②相关业务活动的合同或者协议；③采用非现金方式支付的付款凭证；④货物运输的证明资料；⑤货物入库、出库内部凭证；⑥企业会计核算记录以及其他资料。

第①项至第③项为必备资料。

【答案】D

8. 下列关于对骗取出口退税的处理正确的是（　　）。

A. 由税务机关追缴其骗取的退税款，并处骗取税款 0.5 倍以上 5 倍以下的罚款；构成犯罪的，依法追究刑事责任。对骗取国家出口退税款的，税务机关可以在规定期间内停止为其办理出口退税

B. 由税务机关追缴其骗取的退税款，并处骗取税款 1 倍以上 5 倍以下的罚款；构成犯罪的，依法追究刑事责任。对骗取国家出口退税款的，税务机关可以在规定期间内停止为其办理出口退税

C. 责令限期改正，由税务机关追缴其骗取的退税款，并处骗取税款 0.5 倍以上 5 倍以下的罚款；构成犯罪的，依法追究刑事责任。对骗取国家出口退税款的，税务机关可以在规定期间内停止为其办理出口退税

D. 责令限期改正，由税务机关追缴其骗取的退税款，并处骗取税款 1 倍以上 5 倍以下的罚款；构成犯罪的，依法追究刑事责任。对骗取国家出口退税款的，税务机关可以在规定期间内停止为其办理出口退税

【解析】《税收征收管理法》第六十六条规定，以假报出口或者其他欺骗手段，骗取国家出口退税款的，由税务机关追缴其骗取的退税款，并处骗取税款 1 倍以上 5 倍以下的罚款；构成犯罪的，依法追究刑事责任。对骗取国家出口退税款的，税务机关可以在规定期间内停止为其办理出口退税。

【答案】B

9. 根据有关规定，对企业骗取国家出口退税款5万元以上不满50万元的，由省级以上（含本级）税务机关批准，可以停止其出口退（免）税资格，下列说法正确的是（　　）。

A. 可以停止为其办理出口退税半年以上1年以下

B. 可以停止为其办理出口退税1年以上1年半以下

C. 可以停止为其办理出口退税1年半以上2年以下

D. 可以停止为其办理出口退税2年以上3年以下

【解析】《出口货物劳务增值税和消费税管理办法》（国家税务总局公告2012年第24号）规定，对骗取国家出口退税款的，由省级以上（含本级）税务机关批准，按下列规定停止其出口退（免）税资格：

（1）骗取国家出口退税款不满5万元的，可以停止为其办理出口退税半年以上1年以下。

（2）骗取国家出口退税款5万元以上不满50万元的，可以停止为其办理出口退税1年以上1年半以下。

（3）骗取国家出口退税款50万元以上不满250万元，或因骗取出口退税行为受过行政处罚、两年内又骗取国家出口退税款数额在30万元以上不满150万元的，停止为其办理出口退税1年半以上2年以下。

（4）骗取国家出口退税款250万元以上，或因骗取出口退税行为受过行政处罚、2年内又骗取国家出口退税款数额在150万元以上的，停止为其办理出口退税2年以上3年以下。

（5）停止办理出口退税的时间以省级以上（含本级）税务机关批准后作出的《税务行政处罚决定书》的决定之日为起始日。

【答案】B

10. 为纳税人、扣缴义务人非法提供银行账户、发票、证明或者其他方便，导致骗取国家出口退税款的，税务机关应（　　）。

A. 没收其违法所得，可以处骗取的税款1倍以下的罚款

B. 没收其违法所得，并处骗取的税款1倍以下的罚款

C. 没收其违法所得，可以处骗取的税款0.5倍以上5倍以下的罚款

D. 没收其违法所得，并处骗取的税款0.5倍以上5倍以下的罚款

【解析】《税收征收管理法实施细则》第九十三条规定，为纳税人、扣缴义务人非法提供银行账户、发票、证明或者其他方便，导致骗取国家出口退税款的，税务机关除没收其违法所得外，可以处骗取的税款1倍以下的罚款。

【答案】B

11. 对构成骗取国家出口退税罪的，如果骗取国家出口退税款7万元（　　）。

A. 处3年以下有期徒刑或者拘役，可以处骗取税款1倍以上5倍以下的罚金

B. 处3年以下有期徒刑或者拘役，并处骗取税款1倍以上5倍以下的罚金

C. 处5年以下有期徒刑或者拘役，可以处骗取税款1倍以上5倍以下的罚金

D. 处5年以下有期徒刑或者拘役，并处骗取税款1倍以上5倍以下的罚金

【解析】骗国家出口退税款5万元以上的，处5年以下有期徒刑或者拘役，并处骗取税款1倍以上5倍以下的罚金。

【答案】D

12. 对构成骗取国家出口退税罪的，如果骗取国家出口退税款60万元（　　）。

A. 处3年以上7年以下有期徒刑，可以处骗取税款1倍以上5倍以下的罚金

B. 处3年以上7年以下有期徒刑，并处骗取税款1倍以上5倍以下的罚金

C. 处5年以上10年以下有期徒刑，可以处骗取税款1倍以上5倍以下的罚金

D. 处5年以上10年以下有期徒刑，并处骗取税款1倍以上5倍以下的罚金

【解析】骗取国家出口退税款，数额巨大或者有其他严重情节的，处5年以上10年以下有期徒刑，并处骗取税款1倍以上5倍以下的罚金。数额巨大，指的是骗取国家出口退税款50万元以上。

【答案】D

13. 对构成骗取国家出口退税罪的，数额巨大，指的是骗取国家出口退税款（　　）万元以上。

A. 10　　B. 30

C. 50　　D. 100

【解析】略

【答案】C

14. 对构成骗取国家出口退税罪的，有其他严重情节的，指的是（　　）。

A. 造成国家税款损失5万元以上并且在第一审判决宣告前无法追回的

B. 造成国家税款损失10万元以上并且在第一审判决宣告前无法追回的

C. 因骗取国家出口退税行为受过行政处罚，2年内又骗取国家出口退税款数额在20万元以上的

D. 因骗取国家出口退税行为受过行政处罚，2年内又骗取国家出口退税款数额在30万元以上的

【解析】其他严重情节，是指具有下列情形之一的行为：

（1）造成国家税款损失30万元以上并且在第一审判决宣告前无法追回的；

（2）因骗取国家出口退税行为受过行政处罚，2年内又骗取国家出口退税款数额在30万元以上的；

（3）情节严重的其他情形。

【答案】D

15. 对构成骗取国家出口退税罪的，数额特别巨大或者有其他特别严重情节的，应当（　　）。

A. 处7年以上有期徒刑，并处骗取税款1倍以上5倍以下的罚金或没收财产

B. 处7年以上有期徒刑或者无期徒刑，并处骗取税款1倍以上5倍以下的罚金或没收财产

C. 处10年以上有期徒刑，并处骗取税款1倍以上5倍以下的罚金或没收财产

D. 处10年以上有期徒刑或者无期徒刑，并处骗取税款1倍以上5倍以下的罚金或没收财产

【解析】略

【答案】D

16. 对构成骗取国家出口退税罪的，数额特别巨大，指的是（　　）。

A. 骗取国家出口退税款50万元以上的行为

B. 骗取国家出口退税款100万元以上的行为

C. 骗取国家出口退税款250万元以上的行为

D. 骗取国家出口退税款300万元以上的行为

【解析】略

【答案】C

17. 对构成骗取国家出口退税罪的，其他特别严重情节，指具有下列（　　）情形之一的行为。

A. 造成国家税款损失100万元以上并且在第一审判决宣告前法追回的

B. 造成国家税款损失100万元以上并且在第二审判决宣告前法追回的

C. 因骗取国家出口退税行为受过行政处罚，2年内又骗取国家出口退税款数额在100万元以上的

D. 因骗取国家出口退税行为受过行政处罚，2年内又骗取国家出口退税款数额在150万元以上的

【解析】对构成骗取国家出口退税罪的，其他特别严重情形，指具有下列情形之一的行为：造成国家税款损失150万元以上并且在一审判决宣告前法追回的；因骗取国家出口退税行为受过行政处罚，2年内又骗取国家出口退税款数额在150万元以上的。

【答案】D

18. 对实施骗取国家出口退税行为，没有实际取得出口退税款的，下列处理正确的是（　　）。

A. 可以不予处罚

B. 可以免予处罚

C. 可以比照未遂犯不予处罚

D. 可以比照既遂犯从轻或者减轻处罚

【解析】略

【答案】D

19. 下列不属于偷逃税行为的主要特征和手段的是（　　）。

A. 纳税人伪造、变造、隐匿、擅自销毁账簿、记账凭证，不缴或者少缴应纳税款

B. 纳税人在账簿上多列支出或者不列、少列收入，不缴或者少缴应纳税款

C. 纳税人经税务机关通知申报而拒不申报，不缴或者少缴应纳税款

D. 纳税人不进行纳税申报，不缴或者少缴应纳税款的

【解析】偷逃税行为的主要特征和手段主要包括 8 种：纳税人伪造、变造、隐匿、擅自销毁账簿、记账凭证，不缴或者少缴应纳税款；纳税人在账簿上多列支出或者不列、少列收入，不缴或者少缴应纳税款；纳税人经税务机关通知申报而拒不申报，不缴或者少缴应纳税款；纳税人进行虚假的纳税申报，不缴或者少缴应纳税款；扣缴义务人伪造、变造、隐匿、擅自销毁账簿、记账凭证，不缴或者少缴已扣、已收税款；扣缴义务人在账簿上多列支出或者不列、少列收入，不缴或者少缴已扣、已收税款；扣缴义务人经税务机关通知申报而拒不申报，不缴或者少缴已扣、已收税款；扣缴义务人进行虚假的纳税申报，不缴或者少缴已扣、已收税款。

【答案】D

20. 纳税人采取欺骗、隐瞒手段进行虚假纳税申报或者不申报，逃避缴纳税款数额较大并且占应纳税额 20% 的，但经税务机关依法下达追缴通知后未补缴应纳税款、缴纳滞纳金，但在刑事诉讼阶段已缴纳税款和滞纳金，对其追究责任时，处理正确的是（　　）。

A. 不予追究刑事责任，给予行政处罚

B. 处 3 年以下有期徒刑或者拘役，并处罚金

C. 处 3 年以上 7 年以下有期徒刑，并处罚金

D. 处 5 年以上 7 年以下有期徒刑，并处罚金

【解析】《刑法》第二百零一条规定，纳税人采取欺骗、隐瞒手段进行虚假纳税申报或者不申报，逃避缴纳税款数额较大并且占应纳税额 10% 以上的，处 3 年以下有期徒刑或者拘役，并处罚金；数额巨大并且占应纳税额 30% 以上的，处 3 年以上 7 年以下有期徒刑，并处罚金。

扣缴义务人采取上述所列手段，不缴或者少缴已扣、已收税款，数额较大的，依照上述的规定处罚。

对多次实施上述行为，未经处理的，按照累计数额计算。

有上述行为的，经税务机关依法下达追缴通知后，补缴应纳税款，缴纳滞纳金，已受行政处罚的，不予追究刑事责任；但是，5 年内因逃避缴纳税款受过刑事处罚或者被税务机关给予二次以上行政处罚的除外。

【答案】C

21. 根据《发票管理办法》及其实施细则规定，税务机关确定印制发票企业的方式是（　　）。

A. 政府采购　　B. 资格认证

C. 行政命令　　D. 委派

【解析】《发票管理办法》第八条规定，税务机关应当按照政府采购有关规定确定印制发票的企业。

【答案】A

22. 根据《发票管理办法》及其实施细则规定，税务机关对违反发票管理法规的行为进行处罚，处罚决定通知当事人的方式应当是（　　）。

A. 书面　　B. 口头

C. 电话　　D. 邮件

【解析】《发票管理办法实施细则》第三十四条规定，税务机关对违反发票管理法规的行为进行处罚，应当将行政处罚决定书面通知当事人；对违反发票管理法规的案件，应当立案查处。

【答案】A

23. 根据《发票管理办法》及其实施细则规定，违反发票管理法规，导致其他单位或者个人未缴、少缴或者骗取税款的，由税务机关没收违法所得，可以并处罚款的倍数是（　　）。

A. 未缴、少缴或者骗取税款的 3 倍

B. 未缴、少缴或者骗取税款的 2 倍

C. 未缴、少缴或者骗取税款的 1 倍

D. 未缴、少缴或者骗取税款的 0.5 倍

【解析】《发票管理办法》第四十一条规定，违反发票管理法规，导致其他单位或者个人未缴、少缴或者骗取税款的，由税务机关没收违法所得，可以并处未缴、少缴或者骗取的税款 1 倍以下的罚款。

【答案】C

24. 根据《发票管理办法》及其实施细则规定，税务机关应当在办税场所或者广播、电视、报纸、期刊、网络等新闻媒体上公告纳税人发票违法的情况，下列不属于公告内容的是（　　）。

A. 纳税人名称

B. 违反发票管理法规的具体情况

C. 纳税人识别号

D. 法定代表人身份证号码

【解析】根据《发票管理办法实施细则》第三十五条规定，公告是指税务机关应当在办税场所或者广播、电视、报纸、期刊、网络等新闻媒体上公告纳税人发票违法的情况。公告内容包括纳税人名称、纳税人识别号、经营地点、违反发票管理法规的具体情况。

【答案】D

25. 根据《发票管理办法》及其实施细则规定，税务机关可以向社会公告的违反发票管理规定的情形是（　　）。

A. 对违反发票管理规定 1 次以上或者情节严重的

B. 对违反发票管理规定 2 次以上或者情节严重的

C. 对违反发票管理规定 3 次以上或者情节严重的

D. 对违反发票管理规定 5 次以上或者情节严重的

【解析】《发票管理办法》第四十条规定，对违反发票管理规定 2 次以上或者情节严重的单位和个人，税务机关可以向社会公告。

【答案】B

26. 下列税务机关中，可以确定是否可免予向消费者个人零售小额商品或者提供零星服务的逐笔开具发票的是（　　）。

A. 主管税务机关　　B. 县税务局

C. 市税务局　　D. 省税务局

【解析】《发票管理办法实施细则》第二十五条规定，向消费者个人零售小额商品或者提供零星服务的，是否可免予逐笔开具发票，由省税务局确定。

【答案】D

27. 生产企业进料加工复出口货物，其增值税的退（免）税计税依据是（　　）。

A. 出口货物的实际离岸价

B. 按出口货物的离岸价扣除出口货物所耗用的海关保税进口料件的金额后确定

C. 按出口货物的离岸价扣除出口货物所购进的海关保税进口料件的金额后确定

D. 出口货物的到岸价

【解析】《财政部 国家税务总局关于出口货物劳务增值税和消费税政策的通知》（财税〔2012〕39 号）生产企业进料加工复出口货物增值税退（免）税的计税依据，

按出口货物的离岸价（FOB）扣除出口货物所含的海关保税进口料件的金额后确定。

【答案】B

28. 下列适用免征增值税政策的是（　　）。

A. 不具有生产能力的出口企业或其他单位出口货物劳务

B. 适用简易计税方法的企业提供适用零税率的应税服务

C. 适用一般计税方法的生产企业提供适用零税率的应税服务

D. 生产企业出口自产货物

【解析】根据《财政部 国家税务总局关于出口货物劳务增值税和消费税政策的通知》（财税〔2012〕39号）以及《适用增值税零税率应税服务退（免）税管理办法》（国家税务总局公告2014年第11号）的规定，生产企业出口自产货物、适用一般计税方法的生产企业提供适用零税率的应税服务适用免抵退税办法，不具有生产能力的出口企业或其他单位出口货物劳务适用免退税办法，适用简易计税方法的企业提供适用零税率的应税服务适用免征增值税办法。因此，选项A适用免退税办法，选项B适用免征增值税方法，选项C、D适用免抵退税办法。

【答案】B

29. 某设备生产企业（增值税一般纳税人）具有出口经营权，自营出口自产设备。2024年3月末计算出来的应纳税额为－30万元，当期免抵退税额为36万元，则当期免抵税额为（　　）万元。

A. 36　　B. 30

C. 6　　D. 0

【解析】期末留抵税额30万元＜免抵退税36万元，所以应退税额为30万元，免抵额＝免抵退税额－应退税额＝36－30＝6（万元）。

【答案】C

30. 某外贸企业2024年1月从国内A服装厂购进一批男士T恤，并以250000元（离岸价）报关出口至越南；从国内B服装厂购进一批童装，并以15000元（离岸价）报关出口至越南。同年3月该外贸企业取得A服装厂开具的增值税专用发票（发票上的金额200000元，税率13%），以及B服装厂主管税务机关代开的增值税专用发票（发票上的金额10000元，税率3%）后，向税务机关申请出口退税。上述出口服装在出口退税率文库的退税率为13%，该企业可获增值税退税（　　）元。

A. 32950　　B. 34450

C. 27300　　D. 26300

【解析】外贸企业出口货物（委托加工修理修配货物除外）增值税退（免）税的计税依据，为购进出口货物的增值税专用发票注明的金额或海关进口增值税专用缴款书注明的完税价格。外贸企业购进按简易办法征税的出口货物、从小规模纳税人购进的出口货物，其退税率分别为简易办法实际执行的征收率、小规模纳税人征收率。上述出口货物取得增值税专用发票的，退税率按照增值税专用发票上的税率和出口货物退税率孰低的原则确定。故该企业应退税额为：200000 × 13% + 10000 × 3% = 26300（元）。

【答案】D

31. 下列关于海关特殊监管区域内税收政策的表述错误的是（　　）。

A. 出口企业经海关报关进入海关特殊区域并销售给特殊区域内单位或境外单位、个人的货物，视同出口货物办理退（免）税

B. 特殊区域内的企业为境内的单位或个人提供加工修理修配劳务免征增值税

C. 同一特殊区域内的企业之间互相销售特殊区域内的货物免征增值税、消费税

D. 不同特殊区域内的企业之间销售特殊区域内的货物免征增值税、消费税

【解析】根据《财政部 国家税务总局关于出口货物劳务增值税和消费税政策的通知》（财税〔2012〕39 号）第一条第（二）项规定，出口企业经海关报关进入国家批准的出口加工区、保税物流园区、保税港区、综合保税区、珠澳跨境工业区（珠海园区）、中哈霍尔果斯国际边境合作中心（中方配套区域）、保税物流中心（B 型）并销售给特殊区域内单位或境外单位、个人的货物适用增值税退（免）税政策；第六条规定，出口企业或其他单位视同出口的下列货物劳务适用增值税免税政策：特殊区域内的企业为境外的单位或个人提供加工修理修配劳务；同一特殊区域、不同特殊区域内的企业之间销售特殊区域内的货物；等等。

【答案】B

32. 某制造公司下列业务，属于免税不退税货物的是（　　）。

A. 企业在国内采购并运往境外作为投资的货物

B. 援外出口货物

C. 来料加工复出口的货物

D. 出口到出口加工区的货物

【解析】根据《财政部 国家税务总局关于出口货物劳务增值税和消费税政策的通知》（财税〔2012〕39 号）的规定，选项 A，企业在国内采购并运往境外作为投资的货物适用增值税免退税政策；选项 B，援外出口货物适用增值税免抵退税政策；选项 C，出口企业或其他单位出口来料加工复出口的货物适用增值税免税政策；选项 D，出口到出口加工区的货物适用增值税免抵退税政策。

【答案】C

33. 2024 年 3 月 25 日，某公司采取假报出口或者其他欺骗手段，骗取国家出口退税款 8 万元，涉嫌构成的罪名可能是（　　）。

A. 骗取出口退税罪　　　　B. 假冒出口罪

C. 逃税罪　　　　D. 不构成犯罪

【解析】《最高人民检察院 公安部关于公安机关管辖的刑事案件立案追诉标准的规定（二）》第五十五条规定，以假报出口或者其他欺骗手段，骗取国家出口退税款，数额在10万元以上的，应予立案追诉。

【答案】D

34. 稽查局自选立案的涉嫌骗取出口退税案件，应当向进出口税收管理部门告知立案情况的时限是（　　）。

A. 立案后5个工作日内

B. 立案后3个工作日内

C. 实施检查后3个工作日内

D. 实施检查后5个工作日内

【解析】根据相关要求，立案的涉嫌骗税案件（除进出口税收管理部门移送外），应当在实施检查后5个工作日内将立案情况告知进出口税收管理部门。

【答案】D

35. 某市稽查局在查处一起骗取出口退税案件中，决定对该被查对象停止出口退（免）税资格，下列做法正确的是（　　）。

A. 由市稽查局下发《税务处理决定书》停止出口退（免）税资格

B. 由市稽查局制发《税务稽查建议书》通知主管退税的税务机关停止出口退（免）税资格

C. 稽查局上报市局，由市局停止出口退（免）税资格

D. 稽查局逐级上报，报请省局批准后停止出口退（免）税资格

【解析】《国家税务总局关于停止为骗取出口退税企业办理出口退税有关问题的通知》（国税发〔2008〕32号）规定，对拟停止为其办理出口退税的骗税企业，由其主管税务机关或稽查局逐级上报省、自治区、直辖市和计划单列市税务局批准后按规定程序作出《税务行政处罚决定书》。停止办理出口退税的时间以作出《税务行政处罚决定书》的决定之日为起点。

【答案】D

36. 在查处虚开发票案件时，不属于调查货物流真实性的证据是（　　）。

A. 上游或下游企业没有相应货物出、入库记录的资料

B. 利用银行承兑汇票虚假结算的资料

C. 上、下游企业货物名称、数量、收货人、发货人等要素不一致的销货清单、出入库记录等资料

D. 涉案人员证实无货或者票货不一致的言词证据

【解析】选项 B 应属于调查交易资金的证据，故不正确。

【答案】B

37. 在对某企业进行检查时，企业的下列行为不属于虚开发票行为的是（　　）。

A. 要求某商场开具发票时将“服装”变更为“办公用品”

B. 企业某供销人员因公出差个人取得的本人姓名的车票

C. 企业供销人员因公出差时要求用餐的酒店将“餐饮费”变更为“住宿费”开具发票

D. 要求某商店将烟酒礼品的发票开具成宣传用品的发票

【解析】虚开发票的行为包括：①为他人、为自己开具与实际经营业务情况不符的发票。②让他人为自己开具与实际经营业务情况不符的发票。③介绍他人开具与实际经营业务情况不符的发票。

【答案】B

38. 2020 年 8 月，被告人李某为非法获利在无实缴资本的情况下申请注册成立了甲公司，并担任法定代表人。2020 年 12 月至 2021 年 7 月期间，李某经王某介绍，在无货物交易的情况下，采取按发票面额收取开票费的方法，以甲公司名义为 M 市的乙公司开具增值税专用发票 18 份。乙公司将其中的 16 份发票向当地税务部门申报抵扣。2021 年 10 月至 2022 年 2 月期间，李某采取上述同样方法，为 N 市的丙公司开具增值税专用发票 22 份，丙公司将上述发票向税务部门全部申报抵扣。关于涉案公司与李某相关行为的认定，下列表述正确的是（　　）。

A. 李某的行为属于为他人虚开

B. 甲公司的行为属于为他人虚开

C. 乙公司的行为属于为他人虚开

D. 丙公司的行为属于介绍他人为自己虚开

【解析】根据《最高人民法院关于审理单位犯罪案件具体应用法律有关问题的解释》（法释〔1999〕14 号）第二条规定，个人为进行违法犯罪活动而设立的公司、企业、事业单位实施犯罪的，或者公司、企业、事业单位设立后，以实施犯罪为主要活动的，不以单位犯罪论处。

【答案】A

39. 增值税出口退税业务中，企业确认的应退税额应贷记（　　）。

A. 应收出口退税款

B. 应交税费——应交增值税（出口退税）

C. 应交税费——应交增值税（出口抵减内销产品应纳税额）

D. 银行存款

【解析】“出口退税”专栏，记录一般纳税人出口货物、加工修理修配劳务、服务、无形资产按规定退回的增值税额。

【答案】B

二、多项选择题

1. 下列属于《关于进一步深化税收征管改革的意见》明确的打击的“三假”涉税违法行为的有（　　）。

A. “假企业”虚开发票行为

B. “假出口”骗取退税行为

C. “假申报”骗取税费优惠等行为

D. “假发票”偷逃税行为

【解析】《关于进一步深化税收征管改革的意见》明确，精准有效打击“假企业”虚开发票、“假出口”骗取退税、“假申报”骗取税费优惠等行为，保障国家税收安全。

【答案】ABC

2. 对走逃（失联）企业，在其他送达方式无法送达的情况下，税务机关还可以采用（　　）的方式进行公告送达各类执法文书。

A. 在主管税务机关办税服务厅张贴公告

B. 在纳税人经营登记地址张贴公告

C. 通过主管税务机关门户网站发布公告

D. 通过当地任一新闻媒体发布公告

【解析】根据国家税务总局有关规定，对走逃（失联）企业在其他送达方式无法送达的情况下，税务机关可以采用下列公告送达方式：

（1）在主管税务机关办税服务厅张贴公告；

（2）在纳税人注册登记地址张贴公告；

（3）通过主管税务机关门户网站发布公告；

（4）通过当地主流新闻媒体发布公告。

【答案】AC

3. 对增值税一般纳税人取得异常凭证的处理正确的有（　　）。

A. 尚未申报抵扣增值税进项税额的，暂不允许抵扣

B. 已经申报抵扣的，一律先作进项税额转出

C. 尚未申报出口退税或者已申报但尚未办理出口退税的，除另有规定外，暂不允许办理出口退税

D. 无其他应退税款，可由出口企业提供差额部分的担保

【解析】根据相关政策规定，已经申报抵扣增值税进项税额的，除另有规定外，一律作进项税额转出处理，故 B 选项错误。D 选项中的差额担保方式已废止。

【答案】AC

4. 下列属于虚开发票案件主要检查方法的有（　　）。

A. 发票流的检查方法

B. 资金流检查方法

C. 货物流检查方法

D. 生产经营现场检查方法

【解析】虚开发票案件检查方法基本覆盖现有发票违法活动类型，主要包括：一是发票流的检查方法；二是资金流检查方法；三是货物流检查方法；四是生产经营现场检查方法，四种基本检查方法相辅相成，互为支撑、相互印证，融合利用进而形成证据链条。

【答案】ABCD

5. 滞留票是指销售方已开出，并抄税报税，而购货方未进行认证抵扣的增值税专用发票。滞留票产生的原因很多，从目前已经发现的情况来看，下列属于滞留票产生的原因的有（　　）。

A. 部分纳税人受利益驱动为隐匿进销痕迹，采取购进商品货物和销售商品货物都不入账的手段偷逃税款。因此，取得的进项专用发票不进行认证抵扣，形成滞留票

B. 纳税人知道取得的发票可能有问题，为避免承担更大的税务风险，暂未入账、未抵扣

C. 部分企业采购人员取得的进项专用发票不慎丢失，未向财务等有关部门报告，致使进项发票超期不认证，形成滞留票

D. 有些纳税人由于支付不起货款，销货方商品货物已发出因此开具专用发票，但购货方不能及时付款，销货方就始终压着发票不给，因超期不认证形成滞留票

【解析】略

【答案】ABCD

6. 下列关于非法代开发票行为税务机关的处理错误的有（　　）。

A. 没收违法财产

B. 虚开金额在 10 万元以下的，可以并处 5 万元以下的罚款

C. 虚开金额超过 10 万元的，并处 5 万元以上 50 万元以下的罚款

D. 构成犯罪的，依法追究刑事责任

【解析】根据《发票管理办法》第三十七条规定，非法代开发票的，由税务机关没收违法所得；虚开金额在 1 万元以下的，可以并处 5 万元以下的罚款；虚开金额超过 1 万元的，并处 5 万元以上 50 万元以下的罚款；构成犯罪的，依法追究刑事责任。

【答案】ABC

7. 对商贸企业涉嫌虚开发票的取证时，同时符合（　　）可以认定为虚开发票。

A. 没有真实货物交易

B. 经营异常

C. 货物交易异常

D. 存在资金回流或收取手续费的

【解析】商贸企业存在以下情况的，可以认定存在虚开发票行为：

（1）没有真实货物交易。

（2）同时符合以下三个条件：①经营异常；②货物交易异常；③存在资金回流或收取手续费的。

【答案】ABCD

8. 存在（　　）情形，由税务机关处1万元以上5万元以下的罚款；情节严重的，处5万元以上50万元以下的罚款；有违法所得的予以没收。

A. 转借发票

B. 介绍他人转让发票

C. 知道是变造的发票而受让的

D. 应当知道是废止的发票而存放的

【解析】根据《发票管理办法》第三十九条规定，有下列情形之一的，由税务机关处1万元以上5万元以下的罚款；情节严重的，处5万元以上50万元以下的罚款；有违法所得的予以没收：①转借、转让、介绍他人转让发票、发票监制章和发票防伪专用品的；②知道或者应当知道是私自印制、伪造、变造、非法取得或者废止的发票而受让、开具、存放、携带、邮寄、运输的。

【答案】ABCD

9. 纳税人通过虚增增值税进项税额偷逃税款，但对外开具增值税专用发票同时符合（　　）情形的，不属于对外虚开增值税专用发票，受票方纳税人取得增值税专用发票，可以作为增值税扣税凭证抵扣进项税额。

A. 纳税人向受票方纳税人销售了货物，或者提供了增值税应税劳务、应税服务

B. 纳税人向受票方纳税人收取了所销售货物、所提供应税劳务或者应税服务的款项，或者取得了索取销售款项的凭据

C. 纳税人按规定向受票方纳税人开具的增值税专用发票相关内容，与所销售货物、所提供应税劳务或者应税服务相符

D. 纳税人按规定向受票方纳税人开具的增值税专用发票是纳税人合法取得、并以自己名义开具的

【解析】纳税人通过虚增增值税进项税额偷逃税款，但对外开具增值税专用发票同

时符合以下情形的，不属于对外虚开增值税专用发票：

（1）纳税人向受票方纳税人销售了货物，或者提供了增值税应税劳务、应税服务；

（2）纳税人向受票方纳税人收取了所销售货物、所提供应税劳务或者应税服务的款项，或者取得了索取销售款项的凭据；

（3）纳税人按规定向受票方纳税人开具的增值税专用发票相关内容，与所销售货物、所提供应税劳务或者应税服务相符，且该增值税专用发票是纳税人合法取得、并以自己名义开具的。

受票方纳税人取得的符合上述情形的增值税专用发票，可以作为增值税扣税凭证抵扣进项税额。

【答案】ABCD

10. 以下行为可以认定为“假报出口”行为的有（　　）。

A. 以虚构已税货物出口事实为目的，签订虚假的买卖合同

B. 以虚构已税货物出口事实为目的，变造出口货物报关单

C. 以虚构已税货物出口事实为目的，虚开增值税专用发票

D. 以虚构已税货物出口事实为目的，非法购买增值税专用发票

【解析】“假报出口”，是指以虚构已税货物出口事实为目的，具有下列情形之一的行为：

（1）伪造或者签订虚假的买卖合同；

（2）以伪造、变造或者其他非法手段取得出口货物报关单、出口收汇核销单、出口货物专用缴款书等有关出口退税单据、凭证；

（3）虚开、伪造、非法购买增值税专用发票或者其他可以用于出口退税的发票；

（4）其他虚构已税货物出口事实的行为。

【答案】ABCD

11. 以下行为可以认定为“以其他欺骗手段骗取国家出口退税款”行为的有（　　）。

A. 骗取出口货物退税资格的

B. 将未纳税或者免税货物作为已税货物出口的

C. 虽有货物出口，但虚构该出口货物的品名、数量、单价等要素，骗取未实际纳税部分出口退税款的

D. 虚开、伪造、非法购买其他可以用于出口退税的发票

【解析】《最高人民法院关于审理骗取出口退税刑事案件具体应用法律若干问题的解释》（法释〔2002〕30号）规定，具有下列情形之一的，应当认定为刑法第二百零四条规定的“其他欺骗手段”：

（1）骗取出口货物退税资格的；

（2）将未纳税或者免税货物作为已税货物出口的；

（3）虽有货物出口，但虚构该出口货物的品名、数量、单价等要素，骗取未实际纳税部分出口退税款的；

（4）以其他手段骗取出口退税款的。

【答案】ABC

12. 查处骗取出口退税案件时应收集的数据资料有（　　）。

A. 企业主体信息　　B. 企业出口信息

C. 企业征管信息　　D. 企业财务信息

【解析】骗取出口退税案件取证收集资料时既需要包括基础证据取证，也需要包括主要证据取证和辅助取证，上述选项均在取证范畴之内。

【答案】ABCD

13. 查处骗取出口退税案件时对出口业务进行疑点分析，下列分析属于对出口业务进行疑点分析的有（　　）。

A. 企业进口信息分析

B. 企业出口信息分析

C. 进货信息情况分析

D. 企业经营情况分析

【解析】选项 A 不属于出口业务分析。

【答案】BCD

14. 打虚打骗专项行动启动以来，（　　）部门全面落实打虚打骗工作部署要求，充分利用各自部门优势，快速、精准地查处了一批骗取出口退税案件。

A. 税务　　B. 公安

C. 海关　　D. 人民银行

【解析】打虚打骗专项行动启动以来，全国各级税务、公安、海关、人民银行等部门全面落实四部委打虚打骗工作部署要求，充分利用各自部门优势，快速、精准地查处了一批骗取出口退税案件。

【答案】ABCD

15. 根据国家税务总局有关工作指引的规定，下列属于骗取出口退税案件的实地检查基本内容的有（　　）。

A. 现场检查　　B. 账簿资料检查

C. 进货情况检查　　D. 资金检查

【解析】根据国家税务总局有关工作指引的规定，骗取出口退税案件的实地检查基本内容应包括现场检查、账簿资料检查、进货情况检查、资金检查和其他检查等内容。

【答案】ABCD

16. 税务稽查部门检查中发现某公司通过隐匿销售收入、减少销项税额、进行虚假申报等手段，骗取留抵退税 100 万元。税务稽查部门对该公司的涉税违法行为应当（　　）。

A. 依法追缴该公司骗取的留抵退税款，并处 1 倍罚款

B. 对该公司近 3 年各项税收缴纳情况进行全面检查

C. 将该公司纳税信用降为 D 级

D. 限制该公司发票领用

【解析】对恶意造假骗取留抵退税的企业，依法从严查办，按规定将其纳税信用直接降为 D 级，采取限制发票领用、提高检查频次等措施，依法对其近 3 年各项税收缴纳情况进行全面检查，并延伸检查其上下游企业。涉嫌犯罪的，移交司法机关追究刑事责任。

【答案】ABCD

17. 下列说法正确的有（　　）。

A. 某加油站通过第三方收款平台和个人账户收款不入账等手段隐匿销售收入，进行虚假申报，少缴税款，为偷税行为

B. 某加油站通过篡改加油机主板芯片、安装作弊软件等手段隐匿销售收入，进行虚假申报，少缴增值税等税费，为偷税行为

C. 某网络主播通过转换收入性质等方式虚假申报少缴个人所得税，为偷税行为

D. 某明星将个人消费性支出在企业违规列支，企业因此少缴企业所得税，个人因此少缴个人所得税，为偷税行为

【解析】选项均正确。

【答案】ABCD

18. 下列凭证属于增值税扣税凭证的有（　　）。

A. 增值税专用发票

B. 海关进口增值税专用缴款书

C. 农产品收购发票

D. 农产品销售发票

【解析】增值税扣税凭证，是指增值税专用发票、海关进口增值税专用缴款书、农产品收购发票、农产品销售发票和完税凭证。

【答案】ABCD

19. 根据《税收征收管理法》规定，下列选项中，单位、个人应当按照规定开具、使用、取得发票的情形有（　　）。

A. 购销商品

B. 提供经营服务

C. 接受经营服务

D. 从事其他经营活动

E. 向县以上民政部门捐赠

【解析】《税收征收管理法》第二十一条规定，税务机关是发票的主管机关，负责发票印制、领购、开具、取得、保管、缴销的管理和监督。单位、个人在购销商品、提供或者接受经营服务以及从事其他经营活动中，应当按照规定开具、使用、取得发票。

【答案】ABCD

20. 境内的单位提供适用增值税零税率的服务或者无形资产，采用一般计税方法的，下列表述正确的有（　　）。

A. 外贸企业实行免征增值税办法

B. 生产企业实行免抵退税办法

C. 外贸企业外购服务出口实行免抵退税办法

D. 外贸企业外购无形资产出口实行免退税办法

E. 外贸企业将自行研发的无形资产出口，视同生产企业连同其出口货物统一实行免抵退税办法

【解析】境内的单位和个人提供适用增值税零税率的服务或者无形资产，如果属于适用简易计税方法的，实行免征增值税办法。如果属于适用增值税一般计税方法的，生产企业实行免抵退税办法，外贸企业外购服务或者无形资产出口实行免退税办法，外贸企业直接将服务或自行研发的无形资产出口，视同生产企业连同其出口货物统一实行免抵退税办法。

【答案】BDE

21. 下列业务适用增值税征税政策的有（　　）。

A. 外贸企业从二手车经销单位购进二手车出口

B. 出口企业因骗取出口退税被税务机关停止办理增值税退（免）税期间出口的货物

C. 非出口企业委托出口的货物

D. 外贸企业从政府部门购进并取得非税收入票据出口的货物

E. 境内单位销售给特殊区域内企业使用的家用电器

【解析】根据《财政部 国家税务总局关于出口货物劳务增值税和消费税政策的通知》（财税〔2012〕39号）规定，选项A适用免退税政策；选项C、D为免税项目；选项B适用征税政策；选项E家用电器属于生活消费品，境内单位销售给特殊区域的生活消费品应征增值税。

【答案】BE

22. 下列关于跨境电子商务零售进口税收政策的表述，正确的有（　　）。

A. 跨境电子商务零售进口商品按照货物征收关税和进口环节增值税、消费税，购买跨境电子商务零售进口商品的个人作为纳税义务人

B. 跨境电子商务零售进口商品按照货物征收关税和进口环节增值税、消费税，电子商务企业、电子商务交易平台企业或物流企业可作为代收代缴义务人

C. 在限值以内进口的跨境电子商务零售进口商品，进口环节增值税、消费税取消免征税额，暂按法定应纳税额的50%征收

D. 跨境电子商务零售进口商品自海关放行之日起20日内退货的，可申请退税，并相应调整个人年度交易总额

E. 跨境电子商务零售进口商品购买人（订购人）的身份信息应进行认证，未进行认证的，购买人（订购人）身份信息应与付款人一致

【解析】依据《财政部 海关总署 国家税务总局关于跨境电子商务零售进口税收政策的通知》（财关税〔2016〕18号）规定，选项C，在限值以内进口的跨境电子商务零售进口商品，进口环节增值税消费税取消免征税额，暂按法定应纳税额的70%征收；选项D，跨境电子商务零售进口商品自海关放行之日起30日内退货的，可申请退税，并相应调整个人年度交易总额。

【答案】ABE

23. 对跨境电子商务综合试验区电子商务出口企业出口未取得有效进货凭证的货物，试行增值税、消费税免税政策，必须同时符合的条件有（　　）。

A. 出口货物通过全国任意海关办理电子商务出口申报手续

B. 电子商务出口企业在综试区注册

C. 出口货物不属于财政部和税务总局根据国务院决定明确取消出口退（免）税的货物

D. 出口货物通过综试区所在地海关办理电子商务出口申报手续

E. 电子商务出口企业在注册地跨境电子商务线上综合服务平台登记出口日期、货物名称、计量单位、数量、单价、金额

【解析】《财政部 税务总局 商务部 海关总署关于跨境电子商务综合试验区零售出口货物税收政策的通知》（财税〔2018〕103号）第一条规定，对综试区电子商务出口企业出口未取得有效进货凭证的货物，同时符合下列条件的，试行增值税、消费税免税政策：①电子商务出口企业在综试区注册，并在注册地跨境电子商务线上综合服务平台登记出口日期、货物名称、计量单位、数量、单价、金额；②出口货物通过综试区所在地海关办理电子商务出口申报手续；③出口货物不属于财政部和税务总局根据国务院决定明确取消出口退（免）税的货物。

【答案】BCDE

24. 下列关于综合保税区增值税一般纳税人资格试点管理的规定，正确的有（　　）。

A. 综合保税区增值税一般纳税人资格试点实行备案管理

B. 向试点区域内非试点企业销售的货物（未经加工的保税货物除外），适用出口退免税政策

C. 未经加工的保税货物离境出口实行增值税、消费税免税政策

D. 区外销售给试点企业的其他货物（包括水、蒸汽、电力、燃气）继续适用出口退税政策

E. 向境内区外销售的货物，向主管税务机关申报缴纳增值税、消费税

【解析】《国家税务总局 财政部 海关总署关于在综合保税区推广增值税一般纳税人资格试点的公告》（国家税务总局公告2019年第29号）第四条规定，区外销售给试点企业的加工贸易货物，继续按现行税收政策执行；销售给试点企业的其他货物（包括水、蒸汽、电力、燃气）不再适用出口退税政策，按照规定缴纳增值税、消费税，因此选项D说法错误。

【答案】ABCE

25. 根据《税务稽查案件取证工作指引》规定，虚开发票案件中调查生产经营能力的基础性证据包括（　　）。

A. 当事人陈述、证人证言

B. 特殊商品生产资质证明资料

C. 委托加工业务真实性证据资料

D. 生产经营产品相匹配的原材料、水、电、人工等必要生产要素的证据资料

E. 生产经营活动匹配的场所、设施、设备、能力等证据资料

【解析】根据《税务稽查案件取证工作指引》规定，调查生产经营能力的证据包括生产经营活动匹配的场所、设施、设备、能力等证据资料、生产经营产品相匹配的原材料、水、电、人工等必要生产要素的证据资料、特殊商品生产资质证明资料、委托加工业务真实性证据资料、其他证实生产能力和购销不匹配的证据。

【答案】BCDE

26. 税务总局要求打击骗取出口退税工作中坚持问题导向和目标导向，采取各类措施坚决遏制出口骗税增长势头，选案时坚持“七个必选”，下列属于“七个必选”范围的有（　　）。

A. 企业“三新”必选（即新注册、新变更和收入新突增）

B. 经营指标异常必选

C. 穿透进销发票异常必选

D. “一柜多票”报关必选

E. 异地生产和报关必选

【解析】依据为《国家税务总局稽查局关于落实打击骗取出口退税选案“七个必选”、办案“五个必查”和情况“四个必报”具体工作要求的通知》。

【答案】ABCDE

27. 依据《税务稽查案件取证工作指引》，针对虚开发票案件中货物真实性证据，检查人员调查取证的主要内容有（　　）。

A. 涉案人员证实无货或者票货不一致的言词证据

B. 上下游企业，第三方仓储平台货物出入库、仓储运输等货物流转环节记录的资料

C. 上、下游企业货物名称、数量、规格、型号、计量单位、收货人、发货人等要素不一致的证据

D. 生产经营活动匹配的场所、设施、设备、能力等证据资料

E. 其他能证明货物与发票记载要素不一致的证据

【解析】根据《税务稽查案件取证工作指引》中关于调查货物真实性证据的规定，上下游企业，第三方仓储平台货物出入库、仓储运输等货物流转环节记录的资料；上、下游企业货物名称、数量、规格、型号、计量单位、收货人、发货人等要素不一致的证据；其他能证明货物与发票记载要素不一致的证据；涉案人员证实无货或者票货不一致的言词证据。调查生产经营能力的证据：生产经营活动匹配的场所、设施、设备、能力等证据资料。

【答案】ABCE

28. 纳税人欠缴应纳税款，为逃避税务机关追缴，具有下列情形的，应当认定为《刑法》第二百零三条规定的“采取转移或者隐匿财产的手段”的有（　　）。

A. 无偿转让财产的

B. 放弃到期债权的

C. 不履行税收义务并脱离税务机关监管的

D. 以明显不合理的价格进行交易的

E. 隐匿财产的

【解析】《最高人民法院 最高人民检察院关于办理危害税收征管刑事案件适用法律若干问题的解释》（法释〔2024〕4号）第六条规定，纳税人欠缴应纳税款，为逃避税务机关追缴，具有下列情形之一的，应当认定为《刑法》第二百零三条规定的“采取转移或者隐匿财产的手段”：①放弃到期债权的；②无偿转让财产的；③以明显不合理的价格进行交易的；④隐匿财产的；⑤不履行税收义务并脱离税务机关监管的；⑥以其他手段转移或者隐匿财产的。

【答案】ABCDE

29. 违反《发票管理办法》规定，有下列情形的，由税务机关处1万元以上5万元以下的罚款；情节严重的，处5万元以上50万元以下的罚款；有违法所得的予以没收的有（　　）。

A. 以其他凭证代替发票使用的

B. 应当开具而未开具发票的

C. 使用非税控电子器具开具发票，未将非税控电子器具使用的软件程序说明资料报主管税务机关备案，或者未按照规定保存、报送开具发票的数据的

D. 转借、转让、介绍他人转让发票、发票监制章和发票防伪专用品的

E. 知道或者应当知道是私自印制、伪造、变造、非法取得或者废止的发票而受让、开具、存放、携带、邮寄、运输的

【解析】《发票管理办法》第三十七条规定，有下列情形之一的，由税务机关处1万元以上5万元以下的罚款；情节严重的，处5万元以上50万元以下的罚款；有违法所得的予以没收：①转借、转让、介绍他人转让发票、发票监制章和发票防伪专用品的；②知道或者应当知道是私自印制、伪造、变造、非法取得或者废止的发票而受让、开具、存放、携带、邮寄、运输的。选项A、B、C，由税务机关责令改正，可以处1万元以下的罚款；有违法所得的予以没收。

【答案】DE

三、判断题

1. 走逃（失联）企业，就是非正常申报户。（　　）

【解析】走逃（失联）企业，是指不履行税收义务并脱离税务机关监管的企业。税务机关通过实地调查、电话查询、涉税事项办理核查以及其他征管手段，仍对企业和企业相关人员查无下落的，或虽然可以联系到企业代理记账、报税人员等，但其并不知情也不能联系到企业实际控制人的，可以判定该企业为走逃（失联）企业。

【答案】错误

2. 对走逃（失联）企业，税务机关可以直接通过公告送达方式送达各类执法文书。（　　）

【解析】对走逃（失联）企业，在其他送达方式无法送达的情况下，税务机关应通过公告送达方式送达各类执法文书。

【答案】错误

3. 全链条检查即贯穿企业的全部购销业务，从传统的发票流、货物流、资金流“三流”检查转变为发票流、货物流、资金流、人员流、信息流等“五流”检查，将取得的各类信息串联在一起比对分析，找到突破口。（　　）

【解析】这是穿透式检查的定义。

【答案】错误

4. 穿透式检查即依托国家税务总局云平台进行票流上下游多层级分析，以虚开疑点信息为线索，贯通发票流转链条，确定涉案企业所在链条层级，围绕虚开主体企业，以发票流向为主线，层层对其上下游涉案企业进行检查、调查、协查，从源头虚开企业检查至最终用票单位，挽回国家税款损失。（　）

【解析】这是全链条检查的定义。

【答案】错误

5. 通常情况下，查处虚开发票案件会同时对其货物流展开检查，查清有无货物流或票货分离，使之形成认定虚开行为的有力证据链条。对虚开发票案件货物流的检查可归纳为“审阅、比对、检查”的方法。（　）

【解析】略

【答案】正确

6. 资金流的检查方法围绕检查虚开发票违法活动中的虚假资金流转、虚假债权、虚假债务展开。虚假资金流转是指虚假现金收付、利用银行账户回流资金、利用承兑汇票虚假支付结算。（　）

【解析】略

【答案】正确

7. 虚开发票案件检查取证证据间的关联性是指证据之间应具有严密的逻辑性，相互联系，彼此印证，层层推进，周密论证，合理推定虚开行为成立。（　）

【解析】这是证据间的逻辑性的定义。

【答案】错误

8. 纳税人善意取得虚开的增值税专用发票，如能重新取得合法、有效的专用发票，准许其抵扣进项税款；如不能重新取得合法、有效的专用发票，不准其抵扣进项税款或追缴其已抵扣的进项税款。（　）

【解析】略

【答案】正确

9. 纳税人善意取得虚开的增值税专用发票被依法追缴已抵扣税款，不加收滞纳金。（　）

【解析】略

【答案】正确

10. 企业取得私自印制、伪造、变造、作废、开票方非法取得、虚开、填写不规范等不符合规定的发票，以及取得不符合国家法律、法规等相关规定的其他外部凭证，不得作为税前扣除凭证。（　）

【解析】略

【答案】正确

11. 企业应当取得而未取得发票、其他外部凭证或者取得不合规发票、不合规其他外部凭证的，只要能在规定时间内补开、换开发票、其他外部凭证，可以作为企业所得税税前扣除凭证。（　　）

【解析】企业应当取得而未取得发票、其他外部凭证或者取得不合规发票、不合规其他外部凭证的，若支出真实且已实际发生，应当在当年度汇算清缴期结束前，要求对方补开、换开发票、其他外部凭证。补开、换开后的发票、其他外部凭证符合规定的，可以作为税前扣除凭证。

【答案】正确

12. 打击的“三假”涉税违法行为是指打击“假企业”虚开发票、“假出口”骗取退税、“假申报”骗取税费优惠等行为。（　　）

【解析】依据为《关于进一步深化税收征管改革的意见》。

【答案】正确

13. 走逃（失联）企业，是指不履行税收义务并脱离税务机关监管的企业。（　　）

【解析】走逃（失联）企业，是指不履行税收义务并脱离税务机关监管的企业。税务机关通过实地调查、电话查询、涉税事项办理核查以及其他征管手段，仍对企业和企业相关人员查无下落的，或虽然可以联系到企业代理记账、报税人员等，但其并不知情也不能联系到企业实际控制人的，可以判定该企业为走逃（失联）企业。

【答案】正确

14. 八部门常态化打击虚开骗税违法犯罪机制中的“八部门”包括国家税务总局、公安部、海关总署、中国人民银行、国家外汇管理局、最高人民检察院和国家金融监督管理总局。（　　）

【解析】“八部门”包括国家税务总局、公安部、海关总署、中国人民银行、国家外汇管理局、最高人民法院、最高人民检察院和市场监督管理总局。

【答案】错误

15. 纳税人涉嫌逃税，在公安机关立案后再补缴应纳税款、缴纳滞纳金或者接受行政处罚的，可以影响是否继续对其追究刑事责任。（　　）

【解析】《最高人民检察院 公安部关于公安机关管辖的刑事案件立案追诉标准的规定（二）》规定，涉嫌逃税，纳税人在公安机关立案后再补缴应纳税款、缴纳滞纳金或者接受行政处罚的，不影响刑事责任的追究。

【答案】错误

16. 根据全面数字化的电子发票试点工作要求，开具全面数字化的电子发票无须使

用税控专用设备。 （ ）

【解析】略

【答案】正确

17. 全国统一发票监制章是税务机关管理发票的法定标志。 （ ）

【解析】《发票管理办法》第十条规定，发票应当套印全国统一发票监制章。全国统一发票监制章的式样和发票版面印刷的要求，由国务院税务主管部门规定。发票监制章由省、自治区、直辖市税务机关制作。禁止伪造发票监制章。

【答案】正确

18. 增值税专用发票由国务院税务主管部门确定的企业印制；其他发票，按照国务院税务主管部门的规定，由省、自治区、直辖市税务机关确定的企业印制。 （ ）

【解析】依据为《发票管理办法》第七条。

【答案】正确

19. 经税务总局、省税务局大数据分析发现，纳税人开具的增值税专用发票存在涉嫌虚开、未按规定缴纳消费税等情形，列入异常凭证范围。尚未申报抵扣增值税进项税额的，暂不允许抵扣。已经申报抵扣增值税进项税额的，除另有规定外，一律作进项税额转出处理。 （ ）

【解析】依据为《国家税务总局关于异常增值税扣税凭证管理等有关事项的公告》（国家税务总局公告2019年第38号）。

【答案】正确

20. 对走逃（失联）企业涉嫌虚开增值税专用发票进行检查时，可以免于送达各类税务执法文书。 （ ）

【解析】《国家税务总局关于走逃（失联）企业涉嫌虚开增值税专用发票检查问题的通知》（税总发〔2016〕172号）在“走逃（失联）企业检查处理程序”部分规定，对走逃（失联）企业，在其他送达方式无法送达的情况下，税务机关应通过公告送达方式送达各类执法文书。公告送达可以在主管税务机关办税服务厅、纳税人注册登记地址张贴公告，或通过主管税务机关门户网站、当地主流新闻媒体发布公告（具体发布渠道由各单位根据实际情况选择）。在纳税人注册登记地址张贴公告的，应当采取拍照、录像等方式记录张贴过程。

【答案】错误

21. 从虚开发票案件司法判决实践来看，税务部门对虚开发票违法认定承担举证责任，稽查部门提供的发票流证据是行政定性、移送司法处最直接、最有力、最关键的证据。 （ ）

【解析】从虚开发票案件司法判决实践来看，税务部门对虚开发票违法认定承担举证责任，稽查部门提供的资金流证据是行政定性、移送司法处最直接、最有力、最关键的证据。

【答案】错误

22. 取得出口货物的合同虚假，但没有其他证据来证明骗取出口退税或者收受虚开发票用于出口退税的情形，按备案单证违法定性处理。（　）

【解析】略

【答案】正确

23. 出口企业骗取国家出口退税款的，税务机关可以在规定期间内停止其进出口经营权。（　）

【解析】《税收征收管理法》第六十六条规定，对骗取国家出口退税的，税务机关可以在规定期间内停止为其办理出口退税。税务机关不能停止企业的进出口经营权。

【答案】错误

24. A 市稽查局根据省局稽查局下发的稽查任务，于 2023 年 6 月 4 日起对某国际贸易有限公司涉嫌骗取出口退税进行立案，该局应在立案之日后的 5 个工作日内将立案情况告知 A 市的进出口税收管理部门。（　）

【解析】根据《全国税务机关出口退（免）税管理工作规范（2.0 版）》第一百零六条规定，稽查部门立案查处的涉嫌骗税案件（除进出口税收管理部门移送外），应当在实施检查后的 5 个工作日内将立案情况告知进出口税收管理部门。

【答案】错误

25. 来料加工复出口货物，适用增值税免税政策，其不得抵扣进项税额的计算，按照增值税免税政策的统一规定执行。其中，如果涉及销售额，来料加工复出口货物为其加工费收入。（　）

【解析】《财政部 国家税务总局关于出口货物劳务增值税和消费税政策的通知》（财税〔2012〕39 号）规定，除出口卷烟外，适用增值税免税政策的其他出口货物劳务的计算，按照增值税免税政策的统一规定执行。其中，如果涉及销售额，除来料加工复出口货物为其加工费收入外，其他均为出口离岸价或销售额。

【答案】正确

26. 出口企业报关进入综合保税区并销售给区内生产企业的摩托车，视同出口货物，适用增值税、消费税退（免）税政策。（　）

【解析】根据《财政部 国家税务总局关于出口货物劳务增值税和消费税政策的通知》（财税〔2012〕39 号）第七条规定，出口企业或其他单位销售给特殊区域内的生活消费用品和交通运输工具适用增值税征税政策。

【答案】错误

27. 生产企业出口货物劳务增值税退（免）税的计税依据，为出口货物劳务的实际离岸价。实际离岸价应以出口发票上的离岸价为准，但如果出口发票不能反映实际

离岸价，以出口货物报关单价格为准。（　　）

【解析】根据《财政部 国家税务总局关于出口货物劳务增值税和消费税政策的通知》（财税〔2012〕39号）第四条第（一）项规定，生产企业出口货物劳务（进料加工复出口货物除外）增值税退（免）税的计税依据，为出口货物劳务的实际离岸价（FOB）。实际离岸价应以出口发票上的离岸价为准，但如果出口发票不能反映实际离岸价，主管税务机关有权予以核定。

【答案】错误

28. 对加工贸易企业在国家实行出口产品征退税率一致政策后，因前期征退税率不一致等原因，结转未能抵减的免抵退税“不得免征和抵扣税额抵减额”，允许一次性转入本企业增值税进项税额。（　　）

【解析】《国家税务总局关于进一步便利出口退税办理促进外贸平稳发展有关事项的公告》（国家税务总局公告2022年第9号）第三条规定，实行免抵退税办法的进料加工出口企业，在国家实行出口产品征退税率一致政策后，因前期征退税率不一致等原因，结转未能抵减的免抵退税“不得免征和抵扣税额抵减额”，企业进行核对确认后，可调转为相应数额的增值税进项税额。

【答案】正确

29. 已经购买的电商进口商品属于消费者个人使用的最终商品，不得进入国内市场再次销售；原则上不允许网购保税进口商品在海关特殊监管区域外开展“网购保税＋线下自提”模式。（　　）

【解析】依据为《财政部 海关总署 税务总局关于完善跨境电子商务零售进口税收政策的通知》（财关税〔2018〕49号）第三条。

【答案】正确

30. 某出口企业根据海关监管要求向海关报送出口货物相关资料，经海关核实属于将低退税率货物申报成高退税率货物的，主管税务机关应将其对应的出口货物按退税率差补征税款。（　　）

【解析】出口企业根据国家商检、海关、外汇等对出口货物相关事项实施监管核查部门报送的资料，属于出口退（免）税申报不实的，其对应的出口货物不适用退（免）政策和免税政策，适用增值税征税政策。

【答案】错误

31. 虚构出口货物劳务、跨境应税行为的品名、数量、单价等要素，骗取已实际纳税部分出口退税款的属于骗税。（　　）

【解析】根据《国家税务总局关于查处骗取出口退税案件有关问题的通知》（税总发〔2019〕122号）规定，骗取未实际纳税部分出口退税款的属于骗税。

【答案】错误

四、简答题

1. 请简要说明一下什么是走逃（失联）企业？如何判定？

【答案】走逃（失联）企业，是指不履行税收义务并脱离税务机关监管的企业。

根据税务登记管理有关规定，税务机关通过实地调查、电话查询、涉税事项办理核查以及其他征管手段，仍对企业和企业相关人员查无下落的，或虽然可以联系到企业代理记账、报税人员等，但其并不知情也不能联系到企业实际控制人的，可以判定该企业为走逃（失联）企业。

2. 请说明协查案件中定性为善意取得虚开的增值税专用发票应具备哪些条件？如符合善意取得的确认条件，稽查部门在增值税上应如何处理？

【答案】（1）善意取得虚开的增值税专用发票的条件：购货方与销售方存在真实的交易，销售方使用的是其所在省（自治区、直辖市和计划单列市）的专用发票，专用发票注明的销售方名称、印章、货物数量、金额及税额等全部内容与实际相符，且没有证据表明购货方知道销售方提供的专用发票是以非法手段获得的。

（2）处理：

对购货方不以偷税或者骗取出口退税论处。但应按有关规定不予抵扣进项税款或者不予出口退税；购货方已经抵扣的进项税款或者取得的出口退税，应依法追缴。

购货方能够重新从销售方取得防伪税控系统开出的合法、有效专用发票的，应依法准予抵扣进项税款或者出口退税。

3. 哪些情形下的增值税专用发票应列入异常凭证范围？

【答案】（1）发现符合下列情形之一的增值税专用发票，列入异常凭证范围：

①纳税人丢失、被盗税控专用设备中未开具或已开具未上传的增值税专用发票；

②非正常户纳税人未向税务机关申报或未按规定缴纳税款的增值税专用发票；

③增值税发票管理系统稽核比对发现“比对不符”“缺联”“作废”的增值税专用发票；

④经国家税务总局、省税务局大数据分析发现，纳税人开具的增值税专用发票存在涉嫌虚开、未按规定缴纳消费税等情形的；

⑤走逃（失联）企业存续经营期间发生下列情形之一的，所对应属期开具的增值税专用发票列入凭证范围：

A. 商贸企业购进、销售货物名称严重背离的；生产企业无实际生产加工能力且无委托加工，或生产能耗与销售情况严重不符，或购进货物并不能直接生产其销售的货物且无委托加工的。

B. 直接走逃失踪不纳税申报，或虽然申报但通过填列增值税纳税申报表相关栏次，规避税务机关审核比对，进行虚假申报的。

（2）增值税一般纳税人申报抵扣异常凭证，同时符合下列情形的，其对应开具的增值税专用发票列入异常凭证范围：

①异常凭证进项税额累计占同期全部增值税专用发票进项税额70%（含）以上的；

②异常凭证进项税额累计超过5万元的。

纳税人尚未申报抵扣、尚未申报出口退税或已作进项税额转出的异常凭证，其涉及的进项税额不计入异常凭证进项税额的计算。

4. 发现被查对象取得异常增值税扣税凭证，应作何处理？

【答案】发现被查对象取得异常增值税扣税凭证，应按照以下规定处理：

（1）尚未申报抵扣增值税进项税额的，暂不允许抵扣。已经申报抵扣增值税进项税额的，除另有规定外，一律作进项税额转出处理。

（2）尚未申报出口退税或者已申报但尚未办理出口退税的，除另有规定外，暂不允许办理出口退税。适用增值税免抵退税办法的纳税人已经办理出口退税的，应根据列入异常凭证范围的增值税专用发票上注明的增值税额作进项税额转出处理；适用增值税免退税办法的纳税人已经办理出口退税的，税务机关应按照现行规定对列入异常凭证范围的增值税专用发票对应的已退税款追回。

纳税人因骗取出口退税停止出口退（免）税期间取得的增值税专用发票列入异常凭证范围的，按照上述第（1）项规定执行，即尚未申报抵扣增值税进项税额的，暂不允许抵扣。已经申报抵扣增值税进项税额的，除另有规定外，一律作进项税额转出处理。

（3）消费税纳税人以外购或委托加工收回的已税消费品为原料连续生产应税消费品，尚未申报扣除原料已纳消费税税款的，暂不允许抵扣；已经申报抵扣的，冲减当期允许抵扣的消费税税款，当期不足冲减的应当补缴税款。

5. 发现被查对象取得异常增值税扣税凭证，被查对象在接受检查和处理时如何应对？

【答案】（1）纳税信用A级纳税人取得异常增值税扣税凭证且已经申报抵扣增值税、办理出口退税或抵扣消费税的，可以自接到税务机关通知之日起10个工作日内，向主管税务机关提出核实申请。经税务机关核实，符合现行增值税进项税额抵扣、出口退税或消费税抵扣相关规定的，可不作进项税额转出、追回已退税款、冲减当期允许抵扣的消费税税款等处理。纳税人逾期未提出核实申请的，应于期满后按照一般规定进行处理。

（2）纳税人对税务机关认定的异常增值税扣税凭证存有异议，可以向主管税务机关提出核实申请。经税务机关核实，符合现行增值税进项税额抵扣或出口退税相关规定的，纳税人可继续申报抵扣或者重新申报出口退税；符合消费税抵扣规定且已缴纳消费税税款的，纳税人可继续申报抵扣消费税税款。

6. 纳税人进行虚假纳税申报的哪些情形，应当认定为《刑法》第二百零一条第一款规定的“欺骗、隐瞒手段”？

【答案】《最高人民法院 最高人民检察院关于办理危害税收征管刑事案件适用法律若干问题的解释》（法释〔2024〕4号）第一条规定，纳税人进行虚假纳税申报，具有下列情形之一的，应当认定为《刑法》第二百零一条第一款规定的“欺骗、隐瞒手段”：

（1）伪造、变造、转移、隐匿、擅自销毁账簿、记账凭证或者其他涉税资料的；

（2）以签订“阴阳合同”等形式隐匿或者以他人名义分解收入、财产的；

（3）虚列支出、虚抵进项税额或者虚报专项附加扣除的；

（4）提供虚假材料，骗取税收优惠的；

（5）编造虚假计税依据的；

（6）为不缴、少缴税款而采取的其他欺骗、隐瞒手段。

五、案例分析题

（一）阅读材料，回答下列问题：

材料一：2021年12月，某市税务、海关、公安等部门联合某省特派办开展集中收网行动，快速破获一起利用道具循环出口走私回流骗取出口退税案。此次行动以S市为主战场，同时在A省、B省等地发起抓捕行动，抓获涉案犯罪嫌疑人46名，摧毁全链条团伙7个、犯罪窝点22个，查封走私骗税道具手机、显示屏等16.5万个，冻结银行账号69个，暂停出口退税2902万元。经查，犯罪嫌疑人在S市设立道具仓库，将道具通过陆运方式出口到境外，通过从虚开团伙收购增值税专用发票，然后将发票信息发送给配单配货团伙，完成出口、骗取退税。与此同时，犯罪嫌疑人勾结跨境道具走私团伙，由境外不法分子利用所掌握的“水客”群体，通过旅客携带、妇女携带婴儿车及两地牌照私家车夹带等“蚂蚁搬家”的方式，将道具货物走私回S市，实施循环出口走私回流，骗取出口退税。经初步统计，这些骗税团伙各环节涉案金额近60亿元，出口金额超过30亿元，涉及退税额近6亿元。

材料二：某市税务稽查部门依托风险快速反应机制，快速查处C市某科技有限公司、C市某黄金钟表有限公司、C市某供应链有限公司涉嫌骗取出口退税案件。经查实，C市某科技有限公司、C市某黄金钟表有限公司以支付4%手续费的方式，从S市某珠宝公司违规取得虚开增值税专用发票333份，涉及税额2204万元；以关联企业C市某供应链有限公司为中介，将虚假生产的黄金手表出口给C市某科技有限公司在境外注册的空壳公司，借此套取出口报关单等出口退税资料，骗取出口退税 2037 万元。案件已经依法移送公安机关处理，3 名犯罪嫌疑人已经自行投案，网上追逃 4 人。

材料三：某省税务局稽查部门查处一起利用服装骗取出口退税案件。经查，主要犯罪嫌疑人 Z 某及其同伙选择出口退税率较高的服装行业，借用生产型企业外壳，制作生产假象，虚开发票，伪造单证，勾结报关行虚假报关，通过地下钱庄“洗钱”，制造交易资金流，最终达到骗税目的。Z 某利用 T 公司，无偿租赁生产场地和设备给 L 某开展服装加工业务，制造出 T 公司具备生产能力、有生产货物的假象。在此期间，其同伙杨某以支付票面价税合计 8% 手续费的方式，购买虚开的增值税专用发票。同时，Z 某联系在某市从事报关业务的 Y 某，以支付手续费方式购买他人不需要申报出口退税的出口业务信息；杨某再以非法方式把境内资金转移到香港，在境外作虚假货款支付给 T 公司办理结汇。最后，掌控 T 公司生产经营证照、公司印鉴、对公银行账户和法定代表人私人银行账户的 Z 某，配齐所有单证后用于假报出口，骗取退税。目前，税务部门依法对 T 公司 2018 年至 2019 年以假报出口骗取国家出口退税款 739. 42 万元予以追缴，对其处以已骗退税款 1 倍罚款，对 T 公司以涉嫌犯骗取出口退税罪移送相关部门。

材料四：某市税务部门对该市某包装艺发有限公司的出口退税情况立案检查，破获一起骗税大案。经查证实，该公司在 2018 年 1 月至 2020 年 1 月利用部分真实出口贸易业务做掩护，通过与当地某些有出口贸易业务但没有出口经营权的小企业签订“代理”协议、取得虚开增值税专用发票进行配票的方法，以“假自营、真代理”的方式假报出口，共骗取国家出口退税款 699 万余元。该公司没有按规定要求向税务机关提供出口退税备案单证，应追缴其已办理出口退税款 136 万余元，合计应追缴退税款 835 万余元。

材料五：国家税务总局对外曝光了一起全国罕见出口骗税案，涉案企业通过接受虚开专用发票抵扣进项税额 5. 6 亿元，涉嫌骗取出口退税 4. 5 亿元。M 公司主营纺织服装制造、加工、销售及出口业务。国家税务总局公布，已查明 M 公司及其关联企业 N 公司让他人为自己虚开增值税专用发票 34699 份，金额 33. 07 亿元，抵扣进项税额 5. 6 亿元；涉嫌对外虚开增值税专用发票 1105 份，金额 5. 31 亿元，税额 0. 9 亿元；假报出口 4. 5 亿美元，涉嫌骗取出口退税 4. 5 亿元。M 公司主要运作步骤是：M 公司向中间人提供盖章后的空白报关单、委托报关协议书等资料，中间人将其他企业或个人不需要退税的出口业务移植到 M 公司名下虚假报关；货物出口后，M 公司利用本公司出口经营资质和中间人提供的报关单核销联、外汇核销联及装箱单等票据，自行组织境外来汇；向税务机关申请出口退税，实现骗税。

请问：

1. 目前发现的骗税案的主要违法手段有哪些？分别是什么含义？

2. 对骗税案查前分析时应重点关注哪些指标？

3. 对骗税案的涉案企业应当如何定性处理？

【答案】

1. 目前发现的骗税案的主要违法手段包括：

（1）虚开发票，虚构进项税额。主要含义为企业虚开发票，虚构进项税额，骗取退税。

（2）借货出口。主要含义为企业虚开发票，虚构进项税额，骗取退税。

（3）循环出口。主要含义为在无真实货物出口情况下，借用其他企业的货物进行出口骗税的行为。又称为买单配票、借货配票。

（4）低值高报。主要含义为通过多种渠道和手段，将已经出口到境外并退税的货物再“回流”到境内，更换包装后再循环出口，以此骗取出口退税。

（注：读者也可结合工作实际作答。）

2. 对骗税案查前分析时应重点关注指标：

（1）对企业基础信息、税收表现进行分析。重点对出口退税指标进行分析，包括企业出口信息分析，即出口金额分析、出口产品分析、报关口岸分析、出口国别分析、报关金额分析、收汇分析、换汇成本分析；进货信息情况分析；企业经营情况分析。

（2）对外贸综合服务企业的查前分析要注意外贸综合服务企业出口退税管理的分期分析。

（注：读者也可结合工作实际作答。）

3. 对骗税案的涉案企业的定性处理：

（1）根据《税收征收管理法》第六十六条规定，以假报出口或者其他欺骗手段，骗取国家出口退税款，由税务机关追缴其骗取的退税款，并处骗取税款1倍以上5倍以下的罚款。

（2）构成犯罪的，移送公安机关办理，依法追究刑事责任。

（3）对骗取国家出口退税款的，税务机关可以在规定期间内停止为其办理出口退税。

（4）出口企业或其他单位因骗取出口退税被税务机关停止办理增值税退（免）税期间出口的货物不适用增值税退（免）税和免税政策，按相关规定适用增值税征税政策。

（5）《税收征收管理法实施细则》第九十三条规定，为纳税人、扣缴义务人非法提供银行账户、发票、证明或者其他方便，导致骗取国家出口退税款的，税务机关除没收其违法所得外，可以处骗取的税款1倍以下的罚款。

（注：读者也可结合工作实际作答。）

（二）甲市华盛公司为成品油经营公司（增值税一般纳税人），赵某为其法定代表人。经该市税务局稽查局查明，2023 年该公司存在以下事实：

1. 华盛公司从强胜公司购进燃料油 500 吨，金额 100 万元，取得强胜公司（增值税一般纳税人）开具的增值税专用发票 100 万元。此外，赵某与强胜公司法定代表人钱某联系，要求无货开具 200 万元增值税专用发票给华盛公司，并按开票金额的 5% 支付手续费。强胜公司遂向华盛公司开具 200 万元增值税专用发票，并收取 10 万元手续费。华盛公司取得 200 万元增值税专用发票后，进行增值税进项税额抵扣和企业所得税税前扣除。

2. 乙市税务局稽查局发来《已证实虚开通知单》，认定乙市非正常户山海公司向华盛公司虚开 300 万元增值税专用发票。经甲市税务局稽查局查明，华盛公司收到燃料油及发票，以银行转账方式支付货款到山海公司银行账户，华盛公司对山海公司虚开发票并不知情。

要求：根据上述资料，回答下列问题。

1.（多项选择题）关于材料一中，以下对于华盛公司取得虚开增值税发票税务处理符合规定的有（　　）。

A. 不得抵扣增值税进项税额 26 万元

B. 取得虚开增值税专用发票不得在企业所得税税前扣除

C. 不得抵扣的增值税进项税额可以在企业所得税税前扣除

D. 按照查补的增值税计算少缴的城市维护建设税、教育费附加

【解析】根据《国家税务总局关于纳税人虚开增值税专用发票征补税款问题的公告》（国家税务总局公告 2012 年第 33 号）的规定，纳税人虚开增值税专用发票，未就其虚开金额申报并缴纳增值税的，应按照其虚开金额补缴增值税。根据《企业所得税税前扣除凭证管理办法》的规定，企业取得私自印制、伪造、变造、作废、开票方非法取得、虚开、填写不规范等不符合规定的发票（以下简称“不合规发票”），以及取得不符合国家法律、法规等相关规定的其他外部凭证（以下简称“不合规其他外部凭证”），不得作为税前扣除凭证。根据《财政部关于贯彻执行〈中华人民共和国城市维护建设税暂行条例〉几个具体问题的规定》（财税〔1985〕69 号）的规定，纳税人在被查补增值税时，应同时对其偷漏的城市维护建设税进行补税。根据《国务院征收教育费附加的暂行规定》的规定，教育费附加，以各单位和个人实际缴纳的增值税、营业税、消费税的税额为计征依据，查补增值税应同时计算少缴的教育费附加。根据《企业所得税法》第八条规定，企业实际发生的与取得收入有关的、合理的支出，准予在计算应纳税所得额时扣除。没有发生真实交易，取得虚开的增值税发票不得抵扣的增值税进项税额不予税前扣除。

【答案】ABD

2. （多项选择题）关于材料一，下列选项中，该稽查局对华盛公司违法行为处理符合规定的有（　　）。

A. 没收收取的手续费 10 万元

B. 按日加收滞纳税款万分之五的滞纳金

C. 对虚开增值税专用发票处以罚款后结案

D. 重新换开增值税发票后准予在企业所得税税前扣除

【解析】根据《发票管理办法》第三十七条规定，违反规定虚开发票的，由税务机关没收违法所得。根据《税收征收管理法》第三十二条规定，纳税人未按照规定期限缴纳税款的，扣缴义务人未按照规定期限解缴税款的，税务机关除责令限期缴纳外，从滞纳税款之日起，按日加收滞纳税款万分之五的滞纳金。根据《最高人民检察院 公安部关于公安机关管辖的刑事案件立案追诉标准的规定（二）》第五十六条规定，虚开增值税专用发票或者虚开用于骗取出口退税、抵扣税款的其他发票，虚开的税款数额在 10 万元以上或者造成国家税款损失数额在 5 万元以上的，应予立案追诉。该公司虚开增值税专用发票 1200 万元，达到刑事案件立案追诉标准，不能以罚代刑，应当移送公安机关。根据《企业所得税法》第八条规定，企业实际发生的与取得收入有关的、合理的支出，准予在计算应纳税所得额时扣除。没有发生真实交易，取得发票不得税前扣除。

【答案】AB

3. （多项选择题）关于材料二，华盛公司提供了证明业务真实性的资料。下列属于可税前扣除的必备资料包括（　　）。

A. 无法补开换开发票证明

B. 完整的会计核算记录

C. 相关业务活动的合同

D. 转账方式支付的付款凭证

【解析】《企业所得税税前扣除凭证管理办法》第十四条规定，企业在补开、换开发票、其他外部凭证过程中，因对方注销、撤销、依法被吊销营业执照、被税务机关认定为非正常户等特殊原因无法补开、换开发票、其他外部凭证的，可凭以下资料证实支出真实性后，其支出允许税前扣除：①无法补开、换开发票、其他外部凭证原因的证明资料（包括工商注销、机构撤销、列入非正常经营户、破产公告等证明资料）；②相关业务活动的合同或者协议；③采用非现金方式支付的付款凭证；④货物运输的证明资料；⑤货物入库、出库内部凭证；⑥企业会计核算记录以及其他资料。第①项至第③项为必备资料。

【答案】ACD

4. （多项选择题）本案中，甲市税务局稽查局认定华盛公司存在虚开增值税专用发票行为，需取得的证据包括（　　）。

A. 对赵某的询问笔录

B. 相关业务的账簿凭证

C. 支付5%手续费的转账记录

D. 乙市税务局稽查局发来的《已证实虚开通知单》

【解析】乙市山海公司主管税务机关发来《已证实虚开通知单》，但是华盛公司的该笔业务有真实货物购进，不构成虚开发票行为，因此不能作为虚开发票的证据。

【答案】ABC

5.（单项选择题）本案中，最终认定华盛公司虚开增值税专用发票金额是（　　）万元。

A. 190　　B. 200

C. 300　　D. 500

【解析】根据《发票管理办法》第二十二条规定，任何单位和个人不得有下列虚开发票行为：让他人为自己开具与实际经营业务情况不符的发票。强胜公司无货给华盛公司开具的200万元增值税专用发票，构成虚开增值税专用发票。

【答案】B

（三）2024年3月，某市税务局稽查局在落实八部门常态化打击虚开骗税工作部署中，对甲鞋业制造公司开展检查。检查人员通过调取该公司的账簿、提单、资金流水、合同等涉税资料，掌握出口货物信息；到农户实地调查，询问相关人员，了解采购信息；到海关、外汇管理局、货代公司等进行外调，取得物流及资金信息。

最终查明，该公司通过虚开农产品收购发票计算抵扣增值税进项税额，利用货代公司买单配票、虚构出口合同伪造出口业务，虚假购汇资金回流到该公司法定代表人张某和财务负责人王某的账户，骗取出口退税5000万元。另查实，甲公司隐瞒政府招商补贴收入20万元，造成少缴企业所得税5万元。

稽查局决定追缴甲公司所骗税款、偷税款，加收滞纳金并处以罚款。甲公司在规定的期限内未缴纳上述查补款项，稽查局将其移送公安机关立案侦查。

要求：根据上述资料，回答下列问题。

1.（多项选择题）本案中，稽查局认定甲公司骗取出口退税的证据包括（　　）。

A. 提单　　B. 资金流水

C. 出口合同　　D. 政府招商补贴协议

【解析】根据最高人民法院《关于审理骗取出口退税刑事案件具体应用法律若干问题的解释》规定，政府招商补贴协议是企业所得税偷税的证据，不是骗税的证据。

【答案】ABC

2.（多项选择题）本案中，稽查局对甲公司虚开农产品收购发票取证可以采取的措施有（　　）。

A. 询问王某　　　　　　B. 到农户实地调查

C. 到招商部门外调　　　D. 查询张某资金账户

【解析】根据《税收征收管理法》第六十三条规定，纳税人伪造、变造、隐匿、擅自销毁账簿、记账凭证，或者在账簿上多列支出或者不列、少列收入，或者经税务机关通知申报而拒不申报或者进行虚假的纳税申报，不缴或者少缴应纳税款的，是偷税。到招商部门外调是取得偷税的证据，不是虚开的证据。

【答案】ABD

3.（多项选择题）本案中，稽查局对甲公司骗取出口退税取证可以采取的措施有（　　）。

A. 到货代公司外调取证

B. 到码头搜查出口货物

C. 到海关查询出口单证信息

D. 到外汇管理局查询结汇信息

【解析】根据《税收征收管理法》第五十四条规定，稽查局无权到码头搜查出口货物。

【答案】ACD

4.（单项选择题）本案中，稽查局对甲公司骗取出口退税行为作出惩戒措施，以下符合规定的有（　　）。

A. 处以罚金

B. 责令停产

C. 停止进出口经营权

D. 列入重大税收违法失信主体

【解析】《重大税收违法失信主体信息公布管理办法》第六条规定，骗取国家出口退税款的属于重大税收违法失信主体。稽查局无权处以罚金和停止进出口经营权，无权责令停产。

【答案】D

错题、要点整理页

第八章　税务稽查管理制度

>> 本章知识框架

节	细目	知识点	学习进度
“双随机、一公开”制度	“双随机、一公开”制度	【知识点】“双随机、一公开”制度	
	税务稽查“双随机、一公开”	【知识点1】随机抽取检查对象	
		【知识点2】随机选派执法检查人员	
		【知识点3】公开税务稽查“双随机”情况	
	随机抽查“两库”建设	【知识点1】随机抽查“两库”的含义	
		【知识点2】随机抽查对象名录库的建设	
		【知识点3】随机抽查执法检查人员名录库的建立	
	税务稽查随机抽查的依据、主体、对象、内容和方式	【知识点1】税务稽查随机抽查依据	
		【知识点2】税务稽查随机抽查主体	
		【知识点3】税务稽查随机抽查对象和内容	
		【知识点4】税务稽查随机抽查方式	
		【知识点5】分类确定税务稽查随机抽查比例和频次	
		【知识点6】税务稽查随机抽查的实施	
	部门联合“双随机、一公开”监督	【知识点1】部门联合“双随机、一公开”监管工作平台	
		【知识点2】部门联合抽查事项清单管理	
		【知识点3】部门联合抽查检查	
		【知识点4】部门联合抽查检查结果公示运用	
		【知识点5】个案处理和专项检查	

续表

节	细目	知识点	学习进度
稽查案卷管理制度	稽查案卷材料整理和装订归档流程	【知识点1】税务稽查案卷	
		【知识点2】税务稽查案卷类别划分	
		【知识点3】临时税务稽查案卷	
		【知识点4】立案查处类税务稽查案卷包括材料	
		【知识点5】承办异地协助类税务稽查案卷包括材料	
		【知识点6】重案督办类税务稽查案卷包括材料	
		【知识点7】复议诉讼类材料归档要求	
		【知识点8】会议发文类材料收集归档要求	
		【知识点9】税务稽查案卷整理归档要求	
	税务稽查案卷保管期限	【知识点】装订成册的税务稽查案卷保管期限	
	税务稽查案卷的清理、延期和销毁	【知识点1】税务稽查案卷的保管和移交	
		【知识点2】税务稽查案卷的清理、延期和销毁	
		【知识点3】永久保存的税务稽查案卷	
	税务稽查案卷电子文件归档	【知识点1】税务稽查案卷电子文件含义	
		【知识点2】税务稽查案卷电子文件管理规则	
		【知识点3】税务稽查案卷电子文件取得和形式要求	
		【知识点4】税务稽查案卷电子文件归档要求	
	税务稽查案卷数字化处理	【知识点1】税务稽查案卷的数字化处理的含义	
		【知识点2】税务稽查案卷的数字化处理要求	
	税务稽查案卷的利用	【知识点1】利用税务稽查案卷的手续要求	
		【知识点2】利用税务稽查案卷的规范	
		【知识点3】建设全国统一的税务稽查案卷查阅服务平台	
	《中华人民共和国档案法》中与税务稽查案卷管理相关的内容	【知识点1】档案的含义	
		【知识点2】档案的管理规范	
		【知识点3】外包档案服务的特殊规范	

续表

节	细目	知识点	学习进度
其他稽查管理制度	行政执法“三项制度”在税务稽查中的适用	【知识点1】行政执法“三项制度”	
		【知识点2】行政执法公示制度	
		【知识点3】执法全过程记录制度	
		【知识点4】重大执法决定法制审核制度	
	税收违法行为检举管理制度	【知识点1】税收违法行为检举的基本概念	
		【知识点2】税收违法行为检举管理	
		【知识点3】税收违法行为检举	
		【知识点4】税收违法行为检举事项的接收	
		【知识点5】税收违法行为检举事项的审查与受理	
		【知识点6】检举事项管辖争议的解决	
		【知识点7】检举事项的处理	
		【知识点8】检举材料的管理	
		【知识点9】检举事项的答复	
		【知识点10】检举事项的奖励	
		【知识点11】检举管理工作中对检举人、被检举人合法权益的保护	
		【知识点12】检举管理工作中税务机关或者税务人员违纪违法行为的法律责任	
		【知识点13】检举管理工作中检举人违纪违法行为的法律责任	
		【知识点14】《信访工作条例》中的相关规定	
	重大税收违法失信主体信息公布管理制度	【知识点1】重大税收违法失信主体信息公布管理的原则	
		【知识点2】重大税收失信主体	
		【知识点3】失信主体的确定时点	
		【知识点4】失信主体的确定程序	
		【知识点5】失信主体的信息公布	
		【知识点6】失信主体的联合惩戒	
		【知识点7】失信主体的停止信息公布	
		【知识点8】失信主体的提前停止公布	
	部门协作机制	【知识点1】部门协作机制	
		【知识点2】多部门联合打击涉税违法犯罪机制	

>>习题演练

一、单项选择题

1. 近期，某市税务局稽查局根据实名检举线索，依法查处某技术有限公司涉嫌接受虚开增值税专用发票并违规适用研发费用加计扣除案件。举报中心一般情况下应当在检举事项受理之日起（　　）完成分级分类处理。

A. 3 个工作日内　　　　B. 5 个工作日内

C. 10 个工作日内　　　　D. 15 个工作日内

【解析】根据《税收违法行为检举管理办法》规定，举报中心应当在检举事项受理之日起15 个工作日内完成分级分类处理，特殊情况除外。

【答案】D

2. 接上题，检举事项查处部门应当在收到举报中心转来的检举材料之日起（　　）办理完毕；案情复杂无法在期限内办理完毕的，可以延期。

A. 1 个月内　　　　B. 2 个月内

C. 3 个月内　　　　D. 6 个月内

【解析】根据《税收违法行为检举管理办法》规定，查处部门应当在收到举报中心转来的检举材料之日起 3 个月内办理完毕；案情复杂无法在期限内办理完毕的，可以延期。

【答案】C

3. 根据相关规定，重大税收违法失信主体信息公布最长期限是（　　）。

A. 6 个月　　　　B. 1 年

C. 2 年　　　　D. 3 年

【解析】根据《重大税收违法失信主体信息公布管理办法》规定，失信主体信息自公布之日起满 3 年的，税务机关在 5 日内停止信息公布。因此，重大税收违法失信主体信息公布最长期限是 3 年。

【答案】D

4. 重大税收违法失信主体可以提前停止公布的情形是（　　）。

A. 被确定为失信主体后，因发生偷税受到税务处理

B. 被确定为失信主体后，因发生虚开发票受到行政处罚

C. 5 年内被确定为失信主体两次以上的

D. 失信主体破产，人民法院出具批准重整计划或认可和解协议的裁定书

【解析】失信主体有下列情形之一的，不予提前停止公布：①被确定为失信主体

后，因发生偷税、逃避追缴欠税、骗取出口退税、抗税、虚开发票等税收违法行为受到税务处理或者行政处罚的；②5 年内被确定为失信主体两次以上的。

申请人按《重大税收违法失信主体管理办法》第十八条第二项规定（失信主体破产，人民法院出具批准重整计划或认可和解协议的裁定书）申请提前停止公布的，不受前述规定限制。

【答案】D

5. 国家税务总局稽查局根据稽查工作任务和计划，按照计划有序、依次安排的原则，每年按行业随机选取总局级重点稽查对象组织开展检查，原则上每（　　）年检查一轮。

A. 1　　B. 3

C. 5　　D. 7

【解析】国家税务总局稽查局根据稽查工作任务和计划，按照计划有序、依次安排的原则，每年按行业随机选取重点稽查对象组织开展检查，原则上每 5 年检查一轮。

【答案】C

6. 下列关于双随机信息公开的说法错误的是（　　）。

A. 税务局稽查局案源管理部门应当按工作要求，将税务稽查随机抽查信息主动向社会公布，自觉接受社会监督，扩大执法社会影响

B. 税务稽查随机抽查信息事前公示主要包括税务稽查随机抽查的依据、主体、内容、方式事项等

C. 税务稽查随机抽查信息事后公示主要包括抽查详细情况和每一户的查处结果

D. 税务稽查随机抽查信息公开应自信息形成或者变更之日起 20 个工作日内予以公开

【解析】税务稽查随机抽查方案经批准后，依照政府信息公开的相关规定及行政执法公示事项清单要求，将税务稽查随机抽查信息主动向社会公布，自觉接受社会监督，扩大执法社会影响。①公开的内容：事前公示主要包括税务稽查随机抽查的依据、主体、内容、方式事项等；事后公示主要包括抽查情况概述、查处汇总结果。②公开的途径：税务机关在执法信息公示平台、官方网站公开；在办税服务场所公开的，可以通过公示栏、电子显示屏或者触摸屏公开。③公开的期限：自信息形成或者变更之日起 20 个工作日内予以公开。

【答案】C

7. 下列制度不属于行政执法“三项制度”的是（　　）。

A. 行政执法公示制度

B. 执法全过程记录制度

C. 重大执法决定法制审核制度

D. 重大税务案件审核制度

【解析】行政执法“三项制度”，具体是指行政执法公示制度、执法全过程记录制度、重大执法决定法制审核制度。

【答案】D

8. 通过加强事前公开、规范事中公示、推动事后公开、完善公示平台，让权力在阳光下运行，这主要是行政执法“三项制度”中（　　）的要求。

A. 行政执法公示制度

B. 执法全过程记录制度

C. 重大执法决定法制审核制度

D. 重大税务案件审核制度

【解析】建立行政执法公示制度，要通过加强事前公开、规范事中公示、推动事后公开、完善公示平台，让权力在阳光下运行。

【答案】A

9. 下列关于收集税务稽查案卷电子文件的要求正确的是（　　）。

A. 收集电子文件应当同时制作记录每份电子文件的元数据、背景信息的电子文件登记表

B. 收集的电子文件同时存在相对应的纸质或者其他载体形式的文件的，应当在内容上保持一致，相关说明及描述可以另行增加

C. 收集具有永久保存价值的文本或者图形形式的电子文件，如条件允许，可以制成纸质文件或者缩微品等

D. 收集只有电子签名的电子文件，必须同时收集到具有法律效力的非电子签名以证明其效力

【解析】收集税务稽查案卷电子文件，应当符合以下要求：①收集电子文件应当同时制作记录每份电子文件的元数据、背景信息的电子文件登记表；②收集的电子文件同时存在相对应的纸质或者其他载体形式的文件的，应当在内容、相关说明及描述上保持一致；③收集具有永久保存价值的文本或者图形形式的电子文件，应当制成纸质文件或者缩微品等；④收集只有电子签名的电子文件，应当尽量同时收集具有法律效力的非电子签名。

【答案】A

10. 通过规范文字记录、推行音像记录、提高信息化水平、强化记录运用，让权力以“看得见”的方式规范运行，这主要是行政执法“三项制度”中（　　）的要求。

A. 行政执法公示制度

B. 执法全过程记录制度

C. 重大执法决定法制审核制度

D. 重大税务案件审核制度

【解析】建立执法全过程记录制度，要通过规范文字记录、推行音像记录、提高信息化水平、强化记录运用，让权力以“看得见”的方式规范运行。

【答案】B

11. 下列关于全面推行行政执法公示制度说法错误的是（　　）。

A. 规范事中公示，做到税务执法过程公开

B. 在进行税务检查、调查取证、采取强制措施和强制执行、送达执法文书等执法活动时，必须主动出示税务检查证，向当事人和相关人员表明身份

C. 在税务执法时，要出具执法文书，主动告知当事人执法事由、执法依据、权利义务等内容

D. 稽查部门要公示案件检查的初步结果等事中执法信息

【解析】案件检查的初步结果不可以公示。

【答案】D

12. 下列关于全面推行执法全过程记录制度说法错误的是（　　）。

A. 全面推行执法全过程记录制度应当完善文字记录，规范税务执法文书

B. 税务机关以纸质文件或电子文件的形式对执法活动进行文字记录，做到记录合法规范、客观全面、及时准确

C. 国家税务总局参照全国行政执法文书基本格式标准，结合税务执法实际，完善统一适用的税务执法文书格式文本，制作执法文书范本，研究制定税务执法规范用语

D. 省税务机关必须制作说理式文书模板，推行说理式执法

【解析】省税务机关可以制作说理式文书模板，推行说理式执法，而不是必须。

【答案】D

13. 税务稽查工作中全面推行行政执法“三项制度”的主要任务中提道：在税务稽查工作的重要环节和节点全面推行执法全过程记录制度，对税务执法的启动、调查取证、审核决定、送达执行等全部过程进行记录，做到执法全过程留痕和可回溯管理。下列不属于上述提到的“税务稽查工作的重要环节和节点”的是（　　）。

A. 召开集体审理会议进行讨论

B. 调取被查对象账簿凭证

C. 听取被查对象陈述、申辩

D. 询问约谈被查对象

【解析】在税务稽查工作的重要环节和节点，如送达税务文书、调取被查对象账簿凭证、听取被查对象陈述、申辩、询问约谈被查对象时全面推行执法全过程记录制度，采取以文字记录为主、音像记录为辅的形式，对税务执法的启动、调查取证、审核决

定、送达执行等全部过程进行记录，做到执法全过程留痕和可回溯管理。

【答案】A

14. 下列关于利用税务稽查案卷的手续和程序说法正确的是（　　）。

A. 税务稽查对象出示有效身份证明，可以查阅涉及自身的税务稽查案卷所有相关文件材料

B. 税务稽查对象出示有效身份证明，可以复制涉及自身的税务稽查案卷所有相关文件材料

C. 代理人出示税务稽查对象授权委托书及双方有效身份证明，可以查阅、复制涉及税务稽查对象自身的税务稽查案卷所有相关文件材料

D. 代理人出示税务稽查对象授权委托书及双方有效身份证明，仅可以查阅、复制涉及税务稽查对象自身的税务稽查案卷正卷相关文件材料

【解析】税务稽查对象出示有效身份证明，可以查阅、复制涉及自身的税务稽查案卷正卷相关文件材料。代理人出示税务稽查对象授权委托书及双方有效身份证明，可以查阅、复制涉及税务稽查对象自身的税务稽查案卷正卷相关文件材料。

【答案】D

15. 某检举案件，经查实，收缴入库税款数额达到2000万元，应对本案实名检举人计发奖金（　　）。

A. 10万元以下　　B. 6万元以下

C. 4万元以下　　D. 2万元以下

【解析】检举的税收违法行为经税务机关立案查实处理并依法将税款收缴入库后，根据案件检举时效、检举材料中提供的线索和证据详实程度、检举内容与查实内容相符程度以及收缴入库的税款数额，收缴入库税款数额在1000万元以上不足5000万元的，给予4万元以下的奖金。

【答案】C

16. 下列关于查阅、借阅、调阅、复制税务稽查案卷的规范要求说法错误的是（　　）。

A. 对查阅、借阅、调阅、复制的税务稽查案卷文件材料，不得涂改、圈划、抽换、批注、污损、折皱

B. 经批准，可以将所借阅、调阅的案卷文件材料转借其他单位或者个人

C. 根据工作需要，经批准可以将查阅、借阅、调阅的案卷文件材料内容向上级领导汇报

D. 不得泄露案卷涉及国家秘密、工作秘密、商业秘密、个人隐私的内容和事项

【解析】对查阅、借阅、调阅、复制的税务稽查案卷文件材料，不得涂改、圈划、

抽换、批注、污损、折皱；不得将所借阅、调阅的案卷文件材料转借其他单位或者个人；不得擅自将查阅、借阅、调阅的案卷文件材料内容告知其他单位或者个人；不得泄露案卷涉及国家秘密、工作秘密、商业秘密、个人隐私的内容和事项。

【答案】B

17. 根据《重大税收违法失信主体信息公布管理办法》第十七条规定，重大税收违法失信主体信息公布最长期限是（　　）年。

A. 1　　B. 2

C. 3　　D. 5

【解析】《重大税收违法失信主体信息公布管理办法》第十七条规定，失信主体信息自公布之日起满 3 年的，税务机关在 5 日内停止信息公布。

【答案】C

18. 伪造、变造、隐匿、擅自销毁账簿、记账凭证，或者在账簿上多列支出或者不列、少列收入，或者经税务机关通知申报而拒不申报或者进行虚假的纳税申报，不缴或者少缴应纳税款（　　），且任一年度不缴或者少缴应纳税款占当年各税种应纳税总额（　　），或者采取前述手段，不缴或者少缴已扣、已收税款，数额在（　　）的纳税人和扣缴义务人符合重大税收违法失信主体的确定标准。

A. 5 万元以上；10%；5 万元以上

B. 10 万元以上；10%；10 万元以上

C. 100 万元以上；10%；100 万元以上

D. 500 万元以上；10%；500 万元以上

【解析】重大税收违法失信主体的确定标准之一为伪造、变造、隐匿、擅自销毁账簿、记账凭证，或者在账簿上多列支出或者不列、少列收入，或者经税务机关通知申报而拒不申报或者进行虚假的纳税申报，不缴或者少缴应纳税款 100 万元以上，且任一年度不缴或者少缴应纳税款占当年各税种应纳税总额 10% 以上的，或者采取前述手段，不缴或者少缴已扣、已收税款，数额在 100 万元以上的。

【答案】C

19. 某检举案件，经查实，收缴入库税款数额达到 2 亿元，应对本案实名检举人计发奖金（　　）万元以下。

A. 10　　B. 6

C. 4　　D. 2

【解析】检举的税收违法行为经税务机关立案查实处理并依法将税款收缴入库后，根据案件检举时效、检举材料中提供的线索和证据详实程度、检举内容与查实内容相符程度以及收缴入库的税款数额，收缴入库税款数额在 1 亿元以上的，给予 10 万元以下的奖金。

【答案】A

20. 税务机关应当在作出确定失信主体决定前向当事人送达告知文书，告知其依法享有陈述、申辩的权利，当事人在税务机关告知后可以书面或者口头提出陈述、申辩意见。该期限为（　　）个工作日内。

A. 1　　B. 3

C. 5　　D. 10

【解析】《重大税收违法失信主体信息公布管理办法》第九条规定，当事人在税务机关告知后5日内，可以书面或者口头提出陈述、申辩意见。当事人口头提出陈述、申辩意见的，税务机关应当制作陈述申辩笔录，并由当事人签章。第二十五条规定，该办法规定的期间以日计算的，是指工作日，不含法定休假日；期间以年、月计算的，到期月的对应日为期间的最后一日；没有对应日的，月末日为期间的最后一日。期间开始的当日不计算在期间内。所称"以上、日内"，包含本数（级）。

【答案】C

21. 下列关于实名检举事项查处结果的答复，说法正确的是（　　）。

A. 由负责受理的税务机关的举报中心答复

B. 由负责查处的税务机关的举报中心答复

C. 由负责检举案件审理的税务机关答复

D. 由税务机关的税宣中心统一对外答复

【解析】根据《税收违法行为检举管理办法》规定，实名检举事项的查处结果，由负责查处的税务机关的举报中心答复。

【答案】B

22. 举报中心受理检举事项后，一般情况下完成分级分类处理的时限是（　　）。

A. 自受理之日起5个工作日内

B. 自受理之日起7个工作日内

C. 自受理之日起10个工作日内

D. 自受理之日起15个工作日内

【解析】根据《税收违法行为检举管理办法》第二十二条规定，举报中心应当在检举事项受理之日起15个工作日内完成分级分类处理，特殊情况除外。

【答案】D

23. 市稽查局在检查中发现某税务干部索贿违纪违法线索，该稽查局下列处理正确的是（　　）。

A. 交由稽查局举报中心核实

B. 将线索移交同级督审部门处理

C. 将线索移交上级税务机关一案双查牵头部门处理

D. 将线索移交同级纪检部门处理

【解析】省以下税务局稽查部门在检查中发现税务机关或者税务人员涉嫌违纪违法行为的，按程序移交同级纪检机构处理：稽查人员应当在发现情况或线索之日起 5 个工作日内，填写问题线索移交单逐级报告至分管稽查工作的税务局领导。相关问题线索应当在发现之日起 10 个工作日内，向纪检机构移送，并提供相关材料。情况紧急的，应当立即移送。

【答案】D

24. 某市税务局在重大税务案件审理中发现某一案件事实不清．证据不足需要退回补充调查。该市稽查局补充调查的一般期限和特殊情况下可以适当延长的期限分别是（　　）。

A. 15 日；30 日　　B. 30 日；30 日

C. 30 日；60 日　　D. 60 日；60 日

【解析】《重大税务案件审理办法》第二十五条规定，稽查局补充调查不应超过 30 日，有特殊情况的，经稽查局局长批准可以适当延长，但延长期限最多不超过 30 日。

【答案】B

25. 下列属于严格规范税务执法行为范畴的制度是（　　）。

A. 行政处罚裁量基准制度

B. “首违不罚”清单制度

C. 纳税缴费信用评价制度

D. 实名办税缴费制度

【解析】《关于进一步深化税收征管改革的意见》指出，“首违不罚”清单制度属于与提升税务执法精确度范畴；纳税缴费信用评价制度、实名办税缴费制度属于建立健全以“信用 + 风险”为基础的新型监管机制范畴。行政处罚裁量基准制度属于严格规范税务执法行为范畴。

【答案】A

26. 税务机关作出重大税务执法决定应进行法制审核，下列不应进行法制审核的税务执法决定是（　　）。

A. 可能造成重大社会影响或引发社会风险的

B. 经过听证程序作出税务执法决定的

C. 批量立案

D. 撤销已作出的执法决定

【解析】《重大执法决定法制审核实施办法》第七条规定，对下列拟作出的税务执法决定应当进行法制审核：①涉及重大公共利益的；②可能造成重大社会影响或引发社会风险的；③直接关系行政相对人或第三人重大权益的；④经过听证程序作出税务执法决定的；⑤情况疑难复杂、涉及多个法律关系的；⑥撤销已作出的执法决定；⑦法律、行政法规、规章规定应当进行法制审核的。

【答案】C

27. 根据《重要稽查案件办理办法》的规定，在重要稽查案件办理中，下列说法错误的是（　　）。

A. 省稽查局、特派办一大队是案件主办单位

B. 案件主办单位应自收到交办函之日起 10 个工作成立专案组

C. 案件主办单位应自收到交办函之日起，每 30 日向总局报告查处进展情况

D. 重要案件符合重大税务案件标准的，应当在总局同意拟处理意见后，提请重大税务案件审理程序

【解析】略

【答案】D

28. 下列关于行政执法公示制度的实施，说法错误的是（　　）。

A. 随机抽查事项不属于行政执法公示内容

B. 税务执法人员在执法活动过程中应当主动表明身份，出具执法文书，主动告知当事人执法事由、执法依据、权利义务等内容

C. 已公开的税务执法决定被依法撤销应当及时从有关公示载体撤下

D. 属于主动公开范围的行政执法信息应当自信息形成或者变更之日起 20 个工作日内予以公开

【解析】税务机关应当主动公开行政执法主体、职责、人员、依据、权限、程序、监督方式、救济渠道、随机抽查事项和办税指南等信息。

【答案】A

29. 经重大案件审理委员会退回补充调查的案件，下列处理正确的是（　　）。

A. 稽查局完成补充调查后，应当按规定重新向重大案件审理委员会提交案件材料、办理交接手续

B. 稽查局完成补充调查后，应当按规定提请本级案件集体审理后，重新向重大案件审理委员会提交案件材料、办理交接手续

C. 取得了新的证据材料，影响了案件事实认定，未达到重大税务案件标准的，稽查局集体审理后依法作出决定性意见

D. 取得了新的证据材料，影响了案件事实认定，未达到重大税务案件标准的，稽查局依法作出决定性意见

【解析】《全国税务稽查规范（1.2 版）》规定，因未按规定提交资料被要求补正材料，或者因案件事实不清、证据不足被退回补充调查的，审理部门应当通知检查部门按要求补正材料或者进行补充调查，稽查局完成补充调查后，应当按规定重新提交案

件材料、办理交接手续。

【答案】A

30. 税务稽查过程中发现下列问题线索，应当按程序移交督审部门的是（　　）。

A. 检举税收违法行为材料中，税务人员违纪违法行为线索

B. 因检查工作需要调取的账簿资料中，发现明显与税务干部关联的业务招待、礼品礼金等费用

C. 查询的资金流水中，发现的与税务机关明显违反正常经营规律的资金

D. 案件查办过程中，发现的税务干部对相关部门推送的风险疑点信息或风险任务，未按规定开展风险核查应对

【解析】选项A、B、C应当移交纪检监察部门。

【答案】D

31. 下列属于税务稽查办案专项经费支出范围的是（　　）。

A. 开展稽查业务全员培训所发生的培训费用

B. 稽查人员到常驻地以外地区集中选案所发生的差旅费

C. 稽查人员在集中办案期间所发生的网络通讯费

D. 稽查集中办公过程中租赁会议室发生的租赁费

【解析】略

【答案】C

32. 某市跨区域稽查局查处一起团伙虚开发票案件，虚开增值税专用发票价税合计8000余万元，受票企业跨多个省份，有权审批该协查工作的领导是（　　）。

A. 市跨区域稽查局局长

B. 市稽查局局长

C. 市局分管局长

D. 省稽查局局长

【解析】省级税务局稽查局局长或者所属税务局分管领导，审批该稽查局不满1亿元的，以及本级跨区域稽查局、下级稽查局5000万元以上不满1亿元的委托协查。

【答案】D

33. 税务稽查案件质效评价内容中，主要评价查处偷税、骗税、虚开等涉税违法案件过程中，收集、固定相关证据和发起委托协查的合法性、合理性、有效性等情况的是（　　）。

A. 查处总体成果　　　　B. 受托协查情况

C. 检查取证情况　　　　D. 审理定性情况

【解析】根据《全国税务稽查规范（1.2版）》规定，税务稽查案件质效评价内容中，对检查取证情况主要评价查处偷税（逃避缴纳税款）、骗税、虚开发票等涉税违法

案件过程中，收集、固定相关证据和发起委托协查的合法性、合理性、有效性等情况。

【答案】C

34. 下列选项中，不属于税务执法“三项制度”中“执法音像记录清单”的是（　　）。

A. 查封扣押执法现场

B. 入户送达《税务检查通知书》

C. 留置送达《税务处理决定书》

D. 制作《一案双查稽查工作底稿（试行）》

【解析】《一案双查稽查工作底稿（试行）》制作未列入“三项制度”中的“执法音像记录清单”。

【答案】D

35. 检举人因检举税收违法行为而产生的支出，其承担主体是（　　）。

A. 检举人

B. 稽查局

C. 稽查局所属税务局

D. 经查确认存在违法行为的被检举人

【解析】《税收违法行为检举管理办法》第八条规定，检举税收违法行为是检举人的自愿行为，检举人因检举而产生的支出应当由其自行承担。

【答案】A

36. 下列不属于执法决定法制审核范围的是（　　）。

A. 税收保全　　B. 阻止出境

C. 分期缴纳罚款　　D. 案源撤销

【解析】根据《全国税务稽查规范（1.2 版）》规定，其他执法决定法制审核的范围一般包括：税收保全、强制执行、阻止出境、暂缓或者分期缴纳罚款等，以及法律、法规、规章等规定应当进行法制审核的执法决定。

【答案】D

37. 在查处重大税收违法案件过程中，承办机关应当在接到督办机关《重大税收违法案件督办函》后（　　）个工作日内按照《税务稽查工作规程》规定立案。

A. 5　　B. 7

C. 10　　D. 15

【解析】《税务稽查案源管理办法（试行）》（税总发〔2016〕71 号）第二十六条规定，督办案源优先于其他案源。《重大税收违法案件督办管理暂行办法》（国税发〔2010〕103 号）第七条规定，承办机关应当在接到督办机关《重大税收违法案件督办函》后7 个工作日内按照《税务稽查工作规程》规定立案。

【答案】B

38. 行政执法机关正职负责人或者主持工作的负责人应当自接到报告之日起规定期限内作出批准移送或者不批准移送的决定。决定批准的，应当在规定期限内向同级公安机关移送；决定不批准的，应当将不予批准的理由记录在案。这里所指的规定期限分别是（　　）。

A. 5 日内；48 小时　　B. 3 日内；48 小时

C. 3 日内；24 小时　　D. 5 日内；24 小时

【解析】《行政执法机关移送涉嫌犯罪案件的规定》第五条规定，行政执法机关对应当向公安机关移送的涉嫌犯罪案件，应当立即指定 2 名或者 2 名以上行政执法人员组成专案组专门负责，核实情况后提出移送涉嫌犯罪案件的书面报告，报经本机关正职负责人或者主持工作的负责人审批。行政执法机关正职负责人或者主持工作的负责人应当自接到报告之日起 3 日内作出批准移送或者不批准移送的决定。决定批准的，应当在24 小时内向同级公安机关移送；决定不批准的，应当将不予批准的理由记录在案。

【答案】C

39. 对行政执法机关移送的涉嫌犯罪案件，公安机关应当及时审查，自受理之日起规定期限以内作出立案或者不立案的决定；案情重大、复杂的，可以在受理之日起规定期限以内作出立案或者不立案的决定。公安机关作出立案或者不立案决定，应当书面告知移送案件的行政执法机关、同级人民检察院及相关权利人。所指两个规定期限分别是（　　）。

A. 15 日；15 日　　B. 10 日；15 日

C. 15 日；30 日　　D. 10 日；30 日

【解析】《最高人民检察院 全国整顿和规范市场经济秩序领导小组办公室 公安部 监察部关于在行政执法中及时移送涉嫌犯罪案件的意见》（高检会〔2006〕2 号）第五条规定，对行政执法机关移送的涉嫌犯罪案件，公安机关应当及时审查，自受理之日起10 日以内作出立案或者不立案的决定；案情重大、复杂的，可以在受理之日起30 日以内作出立案或者不立案的决定。公安机关作出立案或者不立案决定，应当书面告知移送案件的行政执法机关、同级人民检察院及相关权利人。

【答案】D

40. 跨区域项目制管理案件的牵头单位是（　　）。

A. 国家税务总局

B. 省级税务局稽查局

C. 税务总局驻各地特派办稽查部门

D. 主要案发地省级税务局稽查局或税务总局驻各地特派办稽查部门

【解析】《税务稽查重点案件项目制管理办法（试行）》第十条规定，跨区域项目制管理案件以主要案发地省级税务局稽查局或税务总局驻各地特派办稽查部门为牵头单位。

【答案】D

41. 有下列情形，应当实行一案双查的是（　　）。

A. 重大税收违法案件

B. 检举涉税当事人税收违法行为，同时检举税务人员违纪行为

C. 稽查部门在检查中发现税务机关涉嫌侵犯公民、法人合法权益的

D. 稽查部门认为需要实行一案双查的

【解析】略

【答案】C

42. 根据《重大税务案件审理办法》有关规定，以下案件属于重大税务案件审理范围的是（　　）。

A. 应司法机关要求出具认定意见的案件

B. 虚开发票税额 5 万元案件

C. 虚开发票税额 50 万元案件，公安机关已立案的

D. 虚开发票税额 100 万元案件，企业已走逃（失联），公安机关尚未就税收违法行为立案

【解析】《重大税务案件审理办法》第十一条第一款规定，拟移送公安机关处理的案件属于重大税务案件审理范围，此外还包括重大税务行政处罚案件，具体标准由各省、自治区、直辖市和计划单列市税务局根据本地情况自行制定，报国家税务总局备案。

【答案】A

43. 全面推行行政执法“三项制度”，形成（　　）的行政执法体系。

A. 权责统一、权威高效

B. 公正文明、权威高效

C. 权责统一、科学合理

D. 权责统一、权力清晰

【解析】略

【答案】A

44. 依据“三项制度”规定，为使法制审核人员的配置与形势任务相适应，各级行政执法机关法制审核人员占本单位执法人员总数原则上不少于（　　）。

A. 10%　　B. 8%

C. 5%　　D. 3%

【解析】根据《国务院办公厅关于全面推行行政执法公示制度执法全过程记录制度重大执法决定法制审核制度的指导意见》明确，配强工作力量，使法制审核人员的配置与形势任务相适应，原则上各级行政执法机关的法制审核人员不少于本单位执法人员总数的5%。

【答案】C

二、多项选择题

1. 七部门常态化打击虚开骗税违法犯罪机制中的“八部门”除了包括国家税务总局、公安部、海关总署、中国人民银行、国家外汇管理局外，还包括（　　）。

A. 最高人民检察院

B. 最高人民法院

C. 国家市场监督管理总局

D. 中共中央网络安全和信息化委员会办公室

【解析】七部门包括国家税务总局、公安部、最高人民检察院、海关总署、中国人民银行、国家外汇管理局、最高人民法院、国家市场监督管理总局。

【答案】ABC

2. 下列企业或企业集团属于国家税务总局重点稽查对象的有（　　）。

A. 国务院国有资产监督管理委员会中央企业名录列名的企业

B. 由财政部按规定管理的金融类企业

C. 代表国务院履行出资人职责管理的国有企业

D. 国家税务总局稽查局确定的跨区域经营的大型企业集团

【解析】国家税务总局重点稽查对象主要包括：①国务院国有资产监督管理委员会中央企业名录列名的企业，由财政部按规定管理的金融类企业以及代表国务院履行出资人职责管理的国有企业；②国家税务总局稽查局确定的纳税规模较大的重点税源企业；③国家税务总局稽查局确定的跨区域经营的大型企业集团。

【答案】ABCD

3. 下列关于检举人可以采取的形式和提供的资料的要求说法正确的有（　　）。

A. 检举人可以实名检举，也可以匿名检举

B. 以来访形式实名检举的，检举人应当提供营业执照、居民身份证等有效身份证件的原件和复印件

C. 以来信、网络、传真形式实名检举的，检举人应当提供营业执照、居民身份证等有效身份证件的复印件

D. 以电话形式要求实名检举的，只要检举人通过电话提供居民身份证等有效身份证件的号码，应视同实名检举

【解析】《税收违法行为检举管理办法》规定，以电话形式要求实名检举的，税务机关应当告知检举人采取来访、来信、网络、传真的形式进行检举。检举人未采取来访、来信、网络、传真的形式进行检举的，视同匿名检举。

【答案】ABC

4. 税务稽查过程中通过对资金数据的分析产生的电子文件，归入税务稽查案卷时，应当注明（　　）。

A. 数据分析的数据源

B. 数据分析和处理方法

C. 数据处理过程

D. 数据分析结论

【解析】税务稽查过程中取得或者形成的税务稽查案卷电子文件，如是属于数据分析过程中产生的电子文件，应当注明数据分析的数据源、数据分析和处理方法、数据处理过程以及数据分析结论。

【答案】ABCD

5. 下列关于税务稽查随机抽查和选案工作，说法正确的有（　　）。

A. 对经风险识别、判断，未发现明显税收违法线索或者疑点的，不得确定为稽查对象

B. 在实施随机抽查中，要以风险管理导向下的定向抽查为主，适当提高抽查比例和频次

C. 对随机抽查的企业，鼓励其自查自纠、自我修正，引导依法诚信纳税

D. 充分发挥税务稽查职能作用，确保法律效果和社会效果的有机统一

【解析】选项 A 正确表述应为：对经风险识别、判断，未发现明显税收违法线索或者疑点的，一般不确定为稽查对象。选项 B 正确表述应为：在实施随机抽查中，要以风险管理导向下的定向抽查为主，适当降低抽查比例和频次。

【答案】CD

6. 下列关于收集税务稽查案卷电子文件的要求，正确的有（　　）。

A. 收集使用数码相机拍摄的照片，均应当冲洗出纸质照片，与数码照片一并归档

B. 收集使用计算机辅助设计或者绘图等设备获得的图形电子文件，应当注明其软硬件环境和相关数据

C. 收集使用视频或者多媒体设备获得的电子文件以及使用超媒体链接技术制作的电子文件，应当采用视频和多媒体电子文件通用的 MP4 格式；采用非通用文件格式的，应当同时收集其非通用格式的压缩算法和相关软件

D. 收集使用音频设备获得的声音文件，应当采用音频电子文件通用的 WAV、

MP3 格式，并同时收集其属性标识、参数和非通用格式的相关软件

【解析】收集使用数码相机拍摄的照片，反映重要内容的，应当冲洗出纸质照片，与数码照片一并归档；反映一般内容的，可只归档数码照片。收集使用计算机辅助设计或者绘图等设备获得的图形电子文件，应当注明其软硬件环境和相关数据。收集使用视频或者多媒体设备获得的电子文件以及使用超媒体链接技术制作的电子文件，应当采用视频和多媒体电子文件通用的 MPEG、AVI 格式；采用非通用文件格式的，应当同时收集其非通用格式的压缩算法和相关软件。收集使用音频设备获得的声音文件，应当采用音频电子文件通用的 WAV、MP3 格式，并同时收集其属性标识、参数和非通用格式的相关软件。

【答案】BD

7. 下列关于全面推行执法全过程记录制度，说法正确的有（　　）。

A. 按照工作必需、厉行节约、性能适度、安全稳定、适量够用的原则，结合本地区经济发展水平和税务执法具体情况，配备音像记录设备，建设税务约谈（询问）室等办公场所

B. 要完善税务执法档案管理制度，按照规定归档保存执法全过程记录资料，实现所有执法行为有据可查

C. 对涉及国家秘密、商业秘密和个人隐私的记录资料，归档时要严格执行国家有关规定

D. 市税务机关按照相对集中、经济高效、安全好用的原则，确定音像记录的存储方式，通过技术手段实现对同一执法对象的文字记录和音像记录的“一户式”集中归档

【解析】省税务机关按照相对集中、经济高效、安全好用的原则，确定音像记录的存储方式，通过技术手段实现对同一执法对象的文字记录和音像记录的“一户式”集中归档，选项 D 错误。

【答案】ABC

8. 下列关于税务稽查案卷数字化的要求，说法正确的有（　　）。

A. 纸质案卷电子版本应当与原纸质案卷保持一致，不一致的应当注明原因和处理方法

B. 对纸质案卷文件材料从封面至封底进行完整数字化，确实不能数字化的文件材料，应当登记备查

C. 需要进行文字识别的文件材料，扫描分辨率应当达到相应率值

D. 扫描色彩模式通常采用彩色扫描模式扫描

【解析】税务稽查案卷数字化应当符合以下要求：纸质案卷电子版本应当与原纸质案卷保持一致，不一致的应当注明原因和处理方法；对纸质案卷文件材料从封面至封

底进行完整数字化，确实不能数字化的文件材料，应当登记备查；需要进行文字识别的文件材料，扫描分辨率应当达到相应率值；扫描色彩模式通常采用黑白二值模式扫描；对材料中有多色文字、红头、印章、插有照片图片、字迹清晰度较差等采用黑白扫描模式扫描无法清晰辨识的页面，应当采用彩色扫描模式扫描。

【答案】ABC

9. 下列关于随机抽查的实施说法正确的有（　　）。

A. 对随机抽查对象，税务局稽查局可以直接检查

B. 对随机抽查对象，税务局稽查局可以要求其先行自查，再实施重点检查

C. 对随机抽查对象，税务局稽查局可以自查与重点检查同时进行，但自查与重点检查之间必须有明确的划分界限

D. 税务局稽查局的随机抽查与征管科技、大企业税收管理等部门的税务检查应当相互协调，统筹安排实地检查事项，统一规范进户执法，避免多头重复检查和交叉重叠执法

【解析】对随机抽查对象，税务局稽查局可以直接检查，也可以要求其先行自查，再实施重点检查，或自查与重点检查同时进行，但自查与重点检查之间必须有明确的划分界限。待查对象属于企业集团的，需明确自查的组织形式和要求，并明确需要重点检查成员单位的确定方式和户数比例，一般根据成员单位的经营状况和自查情况等判定。

税务局稽查局的随机抽查（含重点税源企业随机抽查）与征管科技、大企业税收管理等部门的税务检查应当相互协调，统筹安排实地检查事项，统一规范进户执法，避免多头重复检查和交叉重叠执法。

【答案】ABCD

10. 下列税务稽查随机抽查信息需向社会公布的内容有（　　）。

A. 税务稽查随机抽查的依据、主体、程序

B. 随机抽查对象的范围

C. 随机抽查对象的产生方式

D. 随机抽查执法检查人员的产生方式

【解析】税务稽查随机抽查信息向社会公布的内容，主要包括：税务稽查随机抽查的依据、主体、程序、随机抽查对象的范围、随机抽查对象的产生方式、随机抽查内容或者事项、随机抽查对象的数量或者比例、随机抽查执法检查人员的产生方式，以及随机抽查情况和随机抽查结果。

【答案】ABCD

11. 下列关于税务稽查随机抽查信息公开说法正确的有（　　）。

A. 税务稽查随机抽查信息公开根据工作开展进度进行

B. 首次信息公开在随机抽查案件方案制定后，公开随机抽查方案的相关内容

C. 其次信息公开在随机抽查案件立案后，公开随机抽查立案检查的相关内容

D. 最后随机抽查案件查处完毕后，公开随机抽查案件查处结果的相关内容

【解析】税务稽查随机抽查信息公开根据工作开展进度进行，首次信息公开在随机抽查案件立案后，公开随机抽查方案的相关内容；在随机抽查案件查处完毕后，公开随机抽查案件查处结果的相关内容。

【答案】AD

12. 举报中心对接收的检举事项，应当及时审查，有下列（　　）情形的，不予受理。

A. 无法确定被检举对象

B. 不能提供税收违法行为线索

C. 检举事项已经或者依法应当通过诉讼、仲裁、行政复议以及其他法定途径解决的

D. 对已经查结的同一检举事项再次检举

【解析】《税收违法行为检举管理办法》规定，举报中心对接收的检举事项，应当及时审查，有下列情形之一的，不予受理：①无法确定被检举对象，或者不能提供税收违法行为线索的；②检举事项已经或者依法应当通过诉讼、仲裁、行政复议以及其他法定途径解决的；③对已经查结的同一检举事项再次检举，没有提供新的有效线索的。除上述规定外，举报中心自接收检举事项之日起即为受理。

【答案】ABC

13. 下列关于税务稽查工作中的档案管理，说法正确的有（　　）。

A. 禁止篡改、损毁、伪造档案

B. 禁止擅自销毁档案

C. 禁止买卖属于国家所有的档案

D. 禁止擅自归档国家规定不得归档的材料

【解析】根据《中华人民共和国档案法》规定，禁止篡改、损毁、伪造档案；禁止擅自销毁档案；禁止买卖属于国家所有的档案。国家规定不得归档的材料，禁止擅自归档。

【答案】ABCD

14. 税务局稽查局发现重大税收违法案件存在税务机关或者税务人员涉嫌违法违纪行为的，应当提请“一案双查”，所谓重大税收违法案件，是指（　　）。

A. 虚开增值税专用发票或虚开其他增值税抵扣凭证

B. 偷逃税、骗取出口退税的案件

C. 上级税务机关督办的重大案件

D. 造成重大社会影响的案件

【解析】偷逃税、骗取出口退税的案件必须达到规定数额标准。

【答案】ACD

15. 下列关于利用税务稽查案卷文件材料的程序要求，说法正确的有（　　）。

A. 税务机关相关部门可以查阅、借阅本级税务机关的税务稽查案卷文件材料

B. 上级税务机关可以查阅、调阅下级税务机关税务稽查案卷相关文件材料

C. 经税务稽查案卷所在税务机关审核同意，同级税务机关之间可以查阅、复制案卷相关文件材料

D. 经税务稽查案卷所在税务机关审核同意，下级税务机关可以查阅、复制上级税务机关案卷正卷相关文件材料

【解析】税务机关相关部门可以查阅、借阅本级税务机关与其工作相关的税务稽查案卷文件材料。上级税务机关可以查阅、调阅下级税务机关税务稽查案卷相关文件材料。经税务稽查案卷所在税务机关审核同意，同级税务机关之间可以查阅、复制案卷正卷相关文件材料，下级税务机关可以查阅、复制上级税务机关案卷正卷相关文件材料。

【答案】BD

16. 下列关于外包档案服务的管理，说法正确的有（　　）。

A. 机关、团体、企业事业单位以及其他组织委托档案整理、寄存、开发利用和数字化等服务的，应当与符合条件的档案服务企业签订委托协议，约定服务的范围、质量和技术标准等内容，并对受托方进行监督

B. 受托进行档案整理的档案服务企业应当建立档案服务管理制度，遵守有关安全保密规定，确保档案的安全

C. 档案服务企业在服务过程中丢失属于国家所有的档案，由发包方给予警告，并处 2 万元以上 20 万元以下的罚款，构成犯罪的，依法追究刑事责任；造成财产损失或者其他损害的，依法承担民事责任

D. 档案服务企业在服务过程中篡改、损毁、伪造档案或者擅自销毁档案的，由发包方给予警告，并处 2 万元以上 20 万元以下的罚款，构成犯罪的，依法追究刑事责任；造成财产损失或者其他损害的，依法承担民事责任

【解析】机关、团体、企业事业单位以及其他组织委托档案整理、寄存、开发利用和数字化等服务的，应当与符合条件的档案服务企业签订委托协议，约定服务的范围、质量和技术标准等内容，并对受托方进行监督。受托方应当建立档案服务管理制度，遵守有关安全保密规定，确保档案的安全。档案服务企业在服务过程中丢失属于国家所有的档案、擅自提供、抄录、复制、公布属于国家所有的档案的或篡改、损毁、伪造档案或者擅自销毁档案的，由县级以上档案主管部门给予警告，并处 2 万元以上 20

万元以下的罚款。构成犯罪的，依法追究刑事责任；造成财产损失或者其他损害的，依法承担民事责任。

【答案】AB

17. 失信主体有下列（　　）情形的，可以提前停止公布失信信息。

A. 按照规定提供纳税担保，且失信主体失信信息公布满 1 年的

B. 按照《税务处理决定书》《税务行政处罚决定书》缴清（退）税款、滞纳金、罚款，且失信主体失信信息公布满 6 个月的

C. 在发生重大自然灾害、公共卫生、社会安全等突发事件期间，因参与应急抢险救灾、疫情防控、重大项目建设或者履行社会责任作出突出贡献的

D. 失信主体破产，人民法院出具批准重整计划或认可和解协议的裁定书，税务机关依法受偿的

【解析】《重大税收违法失信主体信息公布管理办法》规定，重大税收违法失信案件信息公布期间，符合下列条件之一的，失信主体或者其破产管理人可以向作出确定失信主体决定的税务机关申请提前停止公布失信信息：①按照《税务处理决定书》《税务行政处罚决定书》缴清（退）税款、滞纳金、罚款，且失信主体失信信息公布满 6 个月的；②失信主体破产，人民法院出具批准重整计划或认可和解协议的裁定书，税务机关依法受偿的；③在发生重大自然灾害、公共卫生、社会安全等突发事件期间，因参与应急抢险救灾、疫情防控、重大项目建设或者履行社会责任作出突出贡献的。

【答案】BCD

18. 下列关于取得或者形成的税务稽查案卷电子文件的形式要求，说法正确的有（　　）。

A. 税务稽查案卷电子文件应当具备国家规定的原件形式，涉密电子文件的原件形式应当符合国家保密规定

B. 税务稽查案卷电子文件能够有效表现所记载的内容并可供调取查用

C. 税务稽查案卷电子文件采用符合国家规定标准的文件存储格式，确保能够长期有效读取

D. 能够保证电子文件及其元数据自形成起完整无缺、来源可靠，未被更改

【解析】取得或者形成的税务稽查案卷电子文件，应当具备国家规定的原件形式，并符合以下要求：①能够有效表现所记载的内容并可供调取查用；②采用符合国家规定标准的文件存储格式，确保能够长期有效读取；③能够保证电子文件及其元数据自形成起完整无缺、来源可靠，未被非法更改；④在信息交换、存储和显示过程中发生的形式变化不影响电子文件内容真实、完整。涉密电子文件的原件形式应当符合国家保密规定。

【答案】ABC

19. 下列关于利用税务稽查案卷文件材料的处理，说法正确的有（　　）。

A. 发现被查阅、借阅、调阅、复制的税务稽查案卷文件材料有短缺、涂改、抽换、污损等情况的，案卷保管人员应当及时报告并追查

B. 借阅税务稽查案卷文件材料时，应当确定归还期限

C. 上级调阅税务稽查案卷文件材料时，无须确定归还期限

D. 借阅、调阅、归还案卷时，由案卷保管人员对案卷相关文件材料进行清点并签字确认即可

【解析】发现被查阅、借阅、调阅、复制的税务稽查案卷文件材料有短缺、涂改、抽换、污损等情况的，案卷保管人员应当及时报告并追查。借阅、调阅税务稽查案卷文件材料时，应当确定归还期限；借阅、调阅、归还案卷时，应当由借阅、调阅经办人员和案卷保管人员共同对案卷相关文件材料进行清点并签字确认。

【答案】AB

20. 经案源分析认为已办理注销的纳税人存在重大偷税风险，应当立案的情形包括（　　）。

A. 税务机关已办理注销登记，市场监督管理部门尚未作出注销处理的

B. 依法吊销营业执照的

C. 有证据表明恶意注销逃避监管义务的

D. 被查对象为自然人，已死亡的且无财产可供执行，又无义务承受人的

E. 作为当事人的企业法人或者其他组织被撤销后既无财产可供执行，又无义务承受人的

【解析】略

【答案】ABC

21. 关于纳税人欠税的处理，下列说法正确的有（　　）。

A. 税务机关应对纳税人的欠税情况保密

B. 抵押权人、质权人可以要求税务机关提供纳税人有关欠税的情况

C. 欠税数额在5万元以上的纳税人在处分其不动产以前，应向税务机关报告

D. 尚有欠税的纳税人出境时，税务稽查部门可以直接阻止其出境

E. 纳税人欠缴税款同时又被行政机关决定处以罚款的，税收优先于罚款

【解析】根据《纳税人涉税保密信息管理暂行办法》（国税发〔2008〕93号）规定，纳税人的税收违法行为信息不属于保密信息范围。故选项A错误。《税收征收管理法》第四十五条规定，税务机关征收税款，税收优先于无担保债权，法律另有规定的除外；纳税人欠缴的税款发生在纳税人以其财产设定抵押、质押或者纳税人的财产被留置之前的，税收应当先于抵押权、质权、留置权执行。纳税人欠缴税款，同时又被行政机关决定处以罚款、没收违法所得的，税收优先于罚款、没收违法所得。故选项E

正确。第四十六条规定，纳税人有欠税情形而以其财产设定抵押、质押的，应当向抵押权人、质权人说明其欠税情况。抵押权人、质权人可以请求税务机关提供有关的欠税情况。故选项B正确。第四十九条规定，欠缴税款数额较大的纳税人在处分其不动产或者大额资产之前，应当向税务机关报告。同时，《税收征收管理法实施细则》第七十七条规定，《税收征收管理法》第四十九条所称欠缴税款数额较大，是指欠缴税款5万元以上。故选项C正确。第七十四条规定，欠缴税款的纳税人或者其法定代表人在出境前未按照规定结清应纳税款、滞纳金或者提供纳税担保的，税务机关可以通知出入境管理机关阻止其出境。阻止出境的具体办法，由国家税务总局会同公安部制定。故选项D错误。

【答案】BCE

22. 重大税收违法失信主体失信信息公布期间，可以申请提前停止公布失信信息的情形有（　　）。

A. 失信主体按照《税务处理决定书》《税务行政处罚决定书》缴清（退）税款、滞纳金、罚款，且失信主体失信信息公布满6个月的

B. 失信主体破产，人民法院出具批准重整计划或认可和解协议的裁定书，税务机关依法受偿的

C. 被确定为失信主体后，因发生偷税税收违法行为已受到税务处理或者行政处罚的

D. 在发生重大公共卫生等突发事件期间，因履行社会责任作出突出贡献的

E. 5年内被确定为失信主体两次以上的

【解析】《重大税收违法失信主体信息公布管理办法》第十八条规定，失信信息公布期间，符合下列条件之一的，失信主体或者其破产管理人可以向作出确定失信主体决定的税务机关申请提前停止公布失信信息：①按照《税务处理决定书》《税务行政处罚决定书》缴清（退）税款、滞纳金、罚款，且失信主体失信信息公布满6个月的；②失信主体破产，人民法院出具批准重整计划或认可和解协议的裁定书，税务机关依法受偿的；③在发生重大自然灾害、公共卫生、社会安全等突发事件期间，因参与应急抢险救灾、疫情防控、重大项目建设或者履行社会责任作出突出贡献的。第二十二条规定，失信主体有下列情形之一的，不予提前停止公布：①被确定为失信主体后，因发生偷税、逃避追缴欠税、骗取出口退税、抗税、虚开发票等税收违法行为受到税务处理或者行政处罚的；②5年内被确定为失信主体两次以上的。故选项A、B、D正确。

【答案】ABD

23. 检举案源处理，是指检举管理部门按规定受理各类检举的税收违法线索信息，进行分类处理后，将检举案源信息传递案源部门，由案源部门登记案源，并作出处理

的过程。这个过程包括（　　）。

A. 立案检查　　B. 调查核实

C. 暂存待查　　D. 并案

【解析】根据《全国税务稽查规范（1.2 版）》规定，检举案源处理，是指检举管理部门按规定受理各类检举的税收违法线索信息，进行分类处理后，将检举案源信息传递案源部门，由案源部门登记案源，并进行立案检查、调查核实、暂存待查、并案、转办的处理过程。

【答案】ABCD

24. 税务稽查案件办理过程中，应当通过文字、音像等形式，进行全过程记录的事项包括（　　）。

A. 案件办理的启动　　B. 调查取证

C. 审核　　D. 决定

E. 调研

【解析】《税务稽查案件办理程序规定》第十一条规定，税务稽查案件办理应当通过文字、音像等形式，对案件办理的启动、调查取证、审核、决定、送达、执行等进行全过程记录。

【答案】ABCD

25. 下列逃避税行为中，属于依法严厉打击涉税违法犯罪行为，加强预防性制度建设，加大依法防控和监督检查力度的包括（　　）。

A. 隐瞒收入、虚列成本的行为

B. 聘请税务顾问咨询涉税事项的行为

C. 利用“税收洼地”逃避税行为

D. 利用“阴阳合同”逃避税行为

E. 利用关联交易逃避税行为

【解析】《关于进一步深化税收征管改革的意见》指出，对隐瞒收入、虚列成本、转移利润以及利用“税收洼地”“阴阳合同”和关联交易等逃避税行为，加强预防性制度建设，加大依法防控和监督检查力度。

【答案】ACDE

26. 关于装订成册的立案查处类税务稽查案卷保管期限，下列说法正确的有（　　）。

A. 重大偷税案卷，保管期限为永久

B. 一般偷税案卷，保管期限为 20 年

C. 重大虚开发票案卷，保管期限为 30 年

D. 一般虚开发票案卷，保管期限为 30 年

E. 重大骗取出口退税案卷，保管期限为永久

【解析】根据《税务稽查案卷管理暂行办法》第二十四条的规定，①立案查处类中重大偷逃骗抗税、虚开发票等税收违法案件的案卷，保管期限为永久；②立案查处类中一般偷逃骗抗税、虚开发票等税收违法案件的案卷，保管期限为30年；③其他立案查处类案卷，保管期限为10年；④承办异地协助类案卷保管期限参照前三项确定；⑤重案督办类案卷保管期限根据所督办的案件确定；⑥其他类别案卷保管期限依照国家税务总局或者省、自治区、直辖市、计划单列市税务局规定确定，或者根据所办事项具体情况适当确定。保管期限从案卷装订成册次年1月1日起计算。

【答案】ADE

27. 下列行为应列入随机抽查对象异常名录的有（　　）。

A. 税收风险等级为高风险的

B. 3个年度内2次以上被检举且经检查均有税收违法行为的

C. 受托协查事项中存在税收违法行为的

D. 长期纳税申报异常的

E. 纳税信用级别为D级的

【解析】《税务稽查随机抽查对象名录库管理办法（试行）》（税总发〔2016〕73号）第十七条规定，对符合下列情形之一的随机抽查对象，列入随机抽查对象异常名录：①税收风险等级为高风险的；②2个年度内2次以上被检举且经检查均有税收违法行为的；③受托协查事项中存在税收违法行为的；④长期纳税申报异常的；⑤纳税信用级别为D级的；⑥被相关部门列为违法失信联合惩戒的；⑦存在其他异常情况的。

【答案】ACDE

28. 有下列情形之一的纳税人、扣缴义务人或者其他涉税当事人，税务机关确定其为失信主体有（　　）。

A. 骗取国家出口退税的

B. 以暴力、威胁方法拒不缴纳税款的

C. 虚开增值税普通发票金额100万元以上的

D. 税务代理人违反税收法律、行政法规造成纳税人未缴或者少缴税款100万元以上的

E. 为纳税人、扣缴义务人非法提供银行账户、发票、证明或者其他方便，导致未缴、少缴税款100万元以上或者骗取国家出口退税款的

【解析】选项C，虚开增值税普通发票金额100份以上或者金额400万元以上的，税务机关确定纳税人、扣缴义务人或者其他涉税当事人为失信主体。

【答案】ABDE

29. 行政执法全过程记录是行政执法活动合法规范有效的重要保证。税务机关采取

以文字记录为主、音像记录为辅的形式，对（　　）、送达执行等全部过程进行记录，并全面系统归档保存，做到执法全过程留痕和可回溯处理。

A. 税务执法的启动　　B. 调查取证

C. 审核决定　　D. 集体决定

E. 领导要求

【解析】行政执法全过程记录是行政执法活动合法规范有效的重要保证。税务机关采取以文字记录为主、音像记录为辅的形式，对税务执法的启动、调查取证、审核决定、送达执行等全部过程进行记录，并全面系统归档保存，做到执法全过程留痕和可回溯处理。

【答案】ABC

30. 充分发挥（　　）在法制审核中的作用，建立本系统内法律顾问、公职律师跨区域统筹使用机制，实现法律专业人才资源共享。

A. 法律顾问　　B. 公职律师

C. 法律专业人才　　D. 注册会计师

E. 税务师

【解析】《优化税务执法方式全面推行“三项制度”实施方案》（税总发〔2019〕31 号）充分发挥法律顾问、在法制审核中的作用，建立本系统内法律顾问、公职律师在法制审核中的作用，建立本系统内法律顾问、公职律师跨区域统筹使用机制，实现法律专业人才资源共享。

【答案】AB

31. 原执法决定信息已公开的税务执法决定需要及时从信息公示平台撤下的情形包括（　　）。

A. 依法撤销　　B. 执行完毕

C. 要求重新作出　　D. 移交法院强制执行

E. 确认违法

【解析】根据《优化税务执法方式全面推行“三项制度”实施方案》，已公开的税务执法决定被依法撤销、确认违法或者要求重新作出的，要及时从信息公示平台撤下原执法决定信息。

【答案】ACE

32. 行政执法承办机构对送审材料的真实性、准确性、完整性，以及执法的（　　）的合法性负责。

A. 事实　　B. 证据

C. 法律适用　　D. 程序

E. 主体

【解析】《国务院办公厅关于全面推行行政执法公示制度执法全过程记录制度重大执法决定法制审核制度的指导意见》明确，行政执法承办机构对送审材料的真实性、准确性、完整性，以及执法的事实、证据、法律适用、程序的合法性负责。

【答案】ABCD

33. 税务稽查案件审理、重大税务案件审理属于法制审核，其审核范围、内容、程序等分别适用（　　）的有关规定。

A. 《税务稽查案件办理程序规定》

B. 《税务规范性文件制定管理办法》

C. 《重大税收违法失信主体信息公布管理办法》

D. 《重大税务案件审理办法》

E. 《优化税务执法方式全面推行“三项制度”实施方案》

【解析】《优化税务执法方式全面推行“三项制度”实施方案》明确，税务稽查案件审理属于法制审核，其审核范围、内容、程序等分别适用《税务稽查案件办理程序规定》《重大税务案件审理办法》的有关规定。

【答案】AD

34. 行政执法机关向公安机关移送涉嫌犯罪案件，应当附有的材料有（　　）。

A. 涉嫌犯罪案件移送书

B. 涉嫌犯罪案件情况的调查报告

C. 涉案物品清单

D. 有关检验报告或者鉴定结论

E. 稽查报告

【解析】《行政执法机关移送涉嫌犯罪案件的规定》第六条规定，行政执法机关向公安机关移送涉嫌犯罪案件，应当附有下列材料：①涉嫌犯罪案件移送书；②涉嫌犯罪案件情况的调查报告；③涉案物品清单；④有关检验报告或者鉴定结论；⑤其他有关涉嫌犯罪的材料。

【答案】ABCD

35. 税务局稽查局、人民银行反洗钱部门的协作包括（　　）。

A. 建立合作机制　　B. 线索信息通报

C. 执法办案合作　　D. 联合调查取证

E. 其他合作

【解析】《全国税务稽查规范（1.2 版）》规定，税银协作包括：建立合作机制、线索信息通报、执法办案合作、联合调查取证、其他合作。

【答案】ABCDE

36. 税务局稽查局与法院的协作包括（　　）。

A. 建立信息共享机制

B. 申请强制执行

C. 申请参与分配

D. 行使代位权、撤销权

E. 联合惩戒

【解析】《全国税务稽查规范（1.2版）》规定，税务局稽查局与法院的协作包括建立信息共享机制、申请强制执行、申请参与分配、行事代位权、行使撤销权、联合惩戒。

【答案】ABCDE

三、判断题

1. 稽查局对装订成册的税务稽查案卷应当集中保管，并指定专人管理。（　　）

【解析】略

【答案】正确

2. 任何单位和个人不得销毁、转移、藏匿、伪造、变造、篡改、损毁税务稽查案卷及其文件材料，不得将案卷及其文件材料转让他人或者据为己有。（　　）

【解析】任何单位和个人不得擅自销毁、转移、藏匿、伪造、变造、篡改、损毁税务稽查案卷及其文件材料，不得将案卷及其文件材料转让他人或者据为己有。

【答案】错误

3. 具有文献价值的税务稽查案卷电子文件和纸质案卷电子版本，由稽查局局长签报所属税务局主管领导批准，可以永久保存。（　　）

【解析】具有文献价值的税务稽查案卷电子文件和纸质案卷电子版本，由税务局档案管理部门负责人和稽查局局长签报所属税务局主管领导批准，可以永久保存，不与其相对应的纸质案卷同步销毁。

【答案】错误

4. 税务稽查案卷电子文件，根据需要，如通过光盘进行信息交换时应当不影响电子文件内容真实、完整。（　　）

【解析】取得或者形成的税务稽查案卷电子文件在信息交换、存储和显示过程中发生的形式变化应当不影响电子文件内容真实、完整。

【答案】正确

5. 税务稽查过程中取得或者形成的税务稽查案卷电子文件，如是从税务稽查对象取得的作为证据的电子文件，应当保持文件原貌，或在有公证的情况下转换。（　　）

【解析】从税务稽查对象取得的作为证据的电子文件，应当保持文件原貌，及时封存。即使在有公证的情况下转换也不可以。

【答案】错误

6. 税务稽查过程中取得或者形成的税务稽查案卷电子文件，如是检查人员制作的电子文件，应当注明电子文件的形成背景、证明对象、格式、大小、制作人等。

（　　）

【解析】略

【答案】正确

7. 经设区的市、自治州以上税务局局长或者其授权的税务局领导批准，税务机关在规定的申请行政复议或提起行政诉讼期限届满，或者行政复议决定、人民法院判决或裁定生效后，于15日内制作失信主体确定文书，并依法送达当事人。（　　）

【解析】经设区的市、自治州以上税务局局长或者其授权的税务局领导批准，税务机关在规定的申请行政复议或提起行政诉讼期限届满，或者行政复议决定、人民法院判决或裁定生效后，于30日内制作失信主体确定文书，并依法送达当事人。

【答案】错误

8. 为纳税人、扣缴义务人非法提供银行账户、发票、证明或者其他方便，导致未缴、少缴税款100万元以上或者骗取国家出口退税款的涉税当事人符合重大税收违法失信主体的确定标准。（　　）

【解析】略

【答案】正确

9. 税务代理人违反税收法律、行政法规造成纳税人未缴或者少缴税款100万元以上的不符合重大税收违法失信主体的确定标准。（　　）

【解析】税务代理人违反税收法律、行政法规造成纳税人未缴或者少缴税款100万元以上的符合重大税收违法失信主体的确定标准。

【答案】错误

10. 检举人因检举而产生的支出应当由行政机关承担。（　　）

【解析】《税收违法行为检举管理办法》规定，检举税收违法行为是检举人的自愿行为，检举人因检举而产生的支出应当由其自行承担。

【答案】错误

11. 检举管理工作坚持依法依规、分级分类、属地管理、严格保密的原则。

（　　）

【解析】《税收违法行为检举管理办法》规定，检举管理工作坚持依法依规、分级分类、属地管理、严格保密的原则。

【答案】正确

12. “一案双查”，是指在查处纳税人、扣缴义务人和其他涉税当事人税收违法案件中，对税务机关或者税务人员的执法行为规范性和履职行为廉洁性进行检查，对违

纪违法行为依照有关规定进行调查和追究责任的活动。（　　）

【解析】略

【答案】正确

13. 随机选派是指随机抽取检查对象后完全随机抽取主查、辅查等执法检查人员。（　　）

【解析】随机选派分为定向选派和不定向选派。定向选派是指根据抽查对象类型、性质和抽查内容，结合执法检查人员专长进行选派。不定向选派是指随机抽取检查对象后完全随机抽取主查、辅查等执法检查人员。

【答案】错误

14. 随机抽查是指不设定条件，通过摇号等方式，随机抽取确定待查对象名单，对其纳税等情况进行稽查。定向抽查与不定向抽查要结合应用，兼施并举，确保稽查执法效能。（　　）

【解析】随机抽查分为定向抽查和不定向抽查。定向抽查是指按照税务稽查对象类型、行业、性质、隶属关系、组织架构、经营规模、收入规模、纳税数额、成本利润率、税负率、地理区域、税收风险等级、纳税信用级别等特定条件，通过摇号等方式，随机抽取确定待查对象名单，对其纳税等情况进行稽查。不定向抽查是指不设定条件，通过摇号等方式，随机抽取确定待查对象名单，对其纳税等情况进行稽查。定向抽查与不定向抽查要结合应用，兼施并举，确保稽查执法效能。

【答案】错误

15. 检举人在检举过程中应当遵守法律、行政法规等规定；应当对其所提供检举材料的真实性负责，不得捏造、歪曲事实，不得诬告、陷害他人；不得损害国家、社会、集体的利益和其他公民的合法权益。（　　）

【解析】《税收违法行为检举管理办法》规定，检举人在检举过程中应当遵守法律、行政法规等规定；应当对其所提供检举材料的真实性负责，不得捏造、歪曲事实，不得诬告、陷害他人；不得损害国家、社会、集体的利益和其他公民的合法权益。

【答案】正确

16. 司法、执法、纪检监察机关依照法定职权和程序查阅、调阅税务稽查案卷文件材料，从其相关法律、法规规定，不受税务稽查案卷相关规定要求限制。（　　）

【解析】略

【答案】正确

17. 涉及国家秘密、工作秘密、商业秘密、个人隐私和可能造成不良社会影响、后果的税务稽查案卷文件材料，以及尚未装订归档的案卷文件材料，不可对外提供利用。（　　）

【解析】涉及国家秘密、工作秘密、商业秘密、个人隐私和可能造成不良社会影响、后果的税务稽查案卷文件材料，以及尚未装订归档的案卷文件材料，在提供利用前应当由税务局及其稽查局相关部门进行审核，严格限制利用范围。

【答案】错误

18. 5 年内已被抽查的随机抽查对象，不列入随机抽查范围。（　）

【解析】3 年内已被抽查的随机抽查对象，不列入随机抽查范围。

【答案】错误

19. 经批准同意复制的税务稽查案卷文件材料，案卷保管部门应当加盖印章证明出处或者存处。（　）

【解析】复制的税务稽查案卷文件材料，案卷保管部门可以加盖印章证明出处或者存处。并不是应当，即如果复制人并不提出申请，案卷保管部门也可以不加盖印章证明出处或者存处。

【答案】错误

20. 稽查局因临时执行税务检查公务，需要选调具备税收执法资格的税务人员的，应当申请、核发相应有效期限的临时税务检查证，临时税务检查证核发有效期限不得超过 1 年。（　）

【解析】依据为《全国税务稽查规范（1.2 版)》。

【答案】正确

21. 税务稽查对象出示有效身份证明，可以查阅、复制涉及自身的税务稽查案卷正卷相关文件材料。（　）

【解析】《税务稽查案卷管理暂行办法》（税总发〔2014〕127 号）第四十条规定，税务稽查对象出示有效身份证明，可以查阅、复制涉及自身的税务稽查案卷正卷相关文件材料。

【答案】正确

22. 实名检举人要求答复检举事项查处结果的，检举事项查结以后，举报中心可以将案件全部查处结果简要告知检举人。（　）

【解析】《税收违法行为检举管理办法》第三十二条规定，由负责查处的税务机关的举报中心答复。实名检举人要求答复检举事项查处结果的，检举事项查结以后，举报中心可以将与检举线索有关的查处结果简要告知检举人，但不得告知其检举线索以外的税收违法行为的查处情况，不得提供执法文书及有关案情资料。

【答案】错误

23. 实名检举事项的处理情况，由作出处理行为的税务机关的举报中心答复。

（　）

【解析】依据为《税收违法行为检举管理办法》第三十一条。

【答案】正确

24. 税务代理人违反税收法律、行政法规，造成纳税人未缴或者少缴税款的，除由纳税人缴纳或者补缴应纳税款、滞纳金外，对税务代理人处纳税人未缴或者少缴税款1倍以上5倍以下的罚款。（　　）

【解析】《税收征收管理法实施细则》第九十八条规定，税务代理人违反税收法律、行政法规，造成纳税人未缴或者少缴税款的，除由纳税人缴纳或者补缴应纳税款、滞纳金外，对税务代理人处纳税人未缴或者少缴税款50%以上3倍以下的罚款。

【答案】错误

25. 随机抽查执法检查人员，由各级税务局稽查局建立的税务稽查随机抽查执法检查人员名录库中随机选派，或者采取竞标等方式选派产生。（　　）

【解析】依据为《税务稽查随机抽查执法检查人员名录库管理办法（试行）》第十一条。

【答案】正确

26. 检查结束前，检查人员不能将发现的税收违法事实和依据告知被查对象。（　　）

【解析】《税务稽查案件办理程序规定》第三十五条第一款规定，检查结束前，检查人员可以将发现的税收违法事实和依据告知被查对象。

【答案】错误

27. 对列入异常名录库且属于持续经营状态的随机抽查对象，省、市税务局稽查局要加大抽查力度。（　　）

【解析】依据为《税务稽查随机抽查对象名录库管理办法（试行）》第二十二条。

【答案】正确

28. 下一级执法机关重大执法决定法制审核目录清单由上级行政执法机关负责指导，明确重大执法决定事项的标准。（　　）

【解析】依据为《国务院办公厅关于全面推行行政执法公示制度执法全过程记录制度重大执法决定法制审核制度的指导意见》（国办发〔2018〕118号）。

【答案】正确

29. 税务稽查随机抽查方案经批准后，依照政府信息公开的相关规定及行政执法公示事项清单要求，将税务稽查随机抽查信息主动向社会公布，自觉接受社会监督，扩大执法社会影响。（　　）

【解析】依据为《推进税务稽查随机抽查实施方案》。

【答案】正确

30. 国家税务总局稽查局根据稽查工作任务和计划，按照计划有序、依次安排的原则，每年按行业随机选取重点稽查对象组织开展检查，原则上每3年检查一轮。（　　）

【解析】《税务稽查随机抽查对象名录库管理办法（试行）》（税总发〔2016〕73号）第二十一条第（一）项规定，国家税务总局稽查局根据稽查工作任务和计划，按照计划有序、依次安排的原则，每年按行业随机选取重点稽查对象组织开展检查，原则上每5年检查一轮。

【答案】错误

31. 案件复查，是指上级税务局稽查局根据复查工作计划对下级稽查局调查处理案件的程序、认定事实、适用依据等方面，进行合法性、合理性审核。（　　）

【解析】依据为《税务稽查案件复查暂行办法》（国税发〔2018〕54号）。

【答案】正确

32. 审计机关、财政机关依法进行审计、检查时，对税务机关的税收违法行为作出的决定，税务机关应当执行；发现被审计、检查单位有税收违法行为的，向被审计、检查单位下达决定、意见书，责成被审计、检查单位向税务机关缴纳应当缴纳的税款、滞纳金。（　　）

【解析】《税收征收管理法实施细则》第八十四条规定，审计机关、财政机关依法进行审计、检查时，对税务机关的税收违法行为作出的决定，税务机关应当执行；发现被审计、检查单位有税收违法行为的，向被审计、检查单位下达决定、意见书，责成被审计、检查单位向税务机关缴纳应当缴纳的税款、滞纳金。税务机关应当根据有关机关的决定、意见书，依照税收法律、行政法规的规定，将应收的税款、滞纳金按照国家规定的税收征收管理范围和税款入库预算级次缴入国库。税务机关应当自收到审计机关、财政机关的决定、意见书之日起30日内将执行情况书面回复审计机关、财政机关。有关机关不得将其履行职责过程中发现的税款、滞纳金自行征收入库或者以其他款项的名义自行处理、占压。

【答案】正确

33. 对有证据表明可能涉嫌犯罪的行为人可能逃匿或者销毁证据，需要公安机关参与、配合的，行政执法机关可以商请公安机关提前介入，公安机关可以派员介入。对涉嫌犯罪的，公安机关应当及时依法立案侦查。（　　）

【解析】《最高人民检察院 全国整顿和规范市场经济秩序领导小组办公室 公安部 监察部关于在行政执法中及时移送涉嫌犯罪案件的意见》（高检会〔2006〕2号）第十条规定，行政执法机关对案情复杂、疑难，性质难以认定的案件，可以向公安机关、人民检察院咨询，公安机关、人民检察院应当认真研究，在7日以内回复意见。对有证据表明可能涉嫌犯罪的行为人可能逃匿或者销毁证据，需要公安机关参与、配合的，行政执法机关可以商请公安机关提前介入，公安机关可以派员介入。对涉嫌犯罪的，公安机关应当及时依法立案侦查。

【答案】正确

四、简答题

1. 某企业被市稽查局检查后定性为骗取出口退税，但未达到移送标准。2022 年 3 月1 日，市稽查局对该企业依法作出《税务行政处罚决定书》。当事人在法定期限内未申请行政复议、未提起行政诉讼。请问该企业是否符合重大税收违法失信主体的确定标准？如符合，应至少经过哪些程序，才能对外公布其信息？

【答案】该企业符合重大税收违法失信主体的确定标准，因骗取出口退税无须金额标准。

对外公布该企业信息须经过以下程序：

（1）当事人在法定期限内未申请行政复议、未提起行政诉讼，一般为 6 个月。

（2）向当事人送达告知文书，告知其依法享有陈述、申辩的权利。

（3）当事人在税务机关告知后 5 日内，可以书面或者口头提出陈述、申辩意见。当事人口头提出陈述、申辩意见的，税务机关应当制作陈述申辩笔录，并由当事人签章。

（4）税务机关应当充分听取当事人陈述、申辩意见，对当事人提出的事实、理由和证据进行复核。当事人提出的事实、理由或者证据成立的，应当采纳。

（5）经设区的市、自治州以上税务局局长或者其授权的税务局领导批准，税务机关在申请行政复议或提起行政诉讼期限届满后，于30 日内制作失信主体确定文书，并依法送达当事人。

（6）税务机关应当在失信主体确定文书送达后的次月 15 日内，向社会公布信息。

2. 在检举管理工作中税务机关和税务人员如何保护检举人和被检举人的合法权益？

【答案】检举管理工作中税务机关和税务人员应按以下要求保护检举人和被检举人的合法权益：

（1）检举人不愿提供个人信息或者不愿公开检举行为的，税务机关应当予以尊重和保密；

（2）税务机关应当在职责范围内依法保护检举人、被检举人的合法权益；

（3）税务机关工作人员与检举事项或者检举人、被检举人有直接利害关系的，应当回避。检举人有正当理由并且有证据证明税务机关工作人员应当回避的，经本级税务机关负责人或者稽查局负责人批准以后，予以回避；

（4）检举事项的受理、登记、处理及查处，税务机关工作人员应当依照国家有关法律、行政法规等规定严格保密，并建立健全工作责任制，不得私自摘抄、复制、扣压、销毁检举材料；

（5）税务机关工作人员严禁泄露检举人的姓名、身份、单位、地址、联系方式等情况，严禁将检举情况透露给被检举人及与案件查处无关的人员；

（6）税务机关工作人员调查核实情况和立案检查时不得出示检举信原件或者复印

件，不得暴露检举人的有关信息，对匿名的检举书信及材料，除特殊情况以外，不得鉴定笔迹。

（7）税务机关宣传报道和奖励检举有功人员，未经检举人书面同意，不得公开检举人的姓名、身份、单位、地址、联系方式等情况。

五、案例分析题

（一）请阅读下列材料，并回答后面的问题：

2020 年 12 月，某市税务局第一稽查局齐某，在对时代设备安装有限公司 A 分公司（化名）进行税务稽查的过程中，发现该公司 2019 年存在通过虚增民工工资、提高营业成本的方式偷逃企业所得税的问题。齐某认为，A 分公司属于二级分支机构，其企业所得税应由总公司汇总申报，不属于稽查局稽查范围。齐某在发现该问题后，违反规定，擅自决定对发现的该问题既不向领导汇报又不作进一步检查和处理。

经检察机关调查，A 分公司在该市独立核算，其企业所得税并未由总公司统一汇算清缴。齐某的上述行为，致使该公司少缴企业所得税 250 万元。

2017—2020 年，齐某在对某羽绒制品有限公司、某包装有限公司等 5 家企业进行税务稽查时，收受购物卡、银行卡、现金共计人民币 4.5 万元。

问：1. 本案中齐某的执法行为存在哪些问题？

2. 对本案应当如何定性处理？

【答案】

1. 本案中齐某的执法行为存在下列问题：

（1）未能准确理解税收政策，超越权限不履行职责，致使国家税收遭受重大损失。

（2）利用职务上的便利，非法收受他人财物，为他人牟取利益。

（3）对案件中把握不准的问题，既不请示又不处理，而是按习惯性和传统的工作思维去考虑问题，经验性地实施形式上的检查，执法风险意识淡薄，没有充分注意到自身行为可能带来的渎职风险。

2. 对本案的定性处理：

（1）这是一起因执法过错导致滥用职权的典型案例，应依法追究齐某执法过错责任。

（2）作为国家工作人员，齐某未能准确理解税收政策，超越权限不履行职责，致使国家税收遭受重大损失，其行为构成滥用职权罪，应依法追究刑事责任。

（3）作为国家工作人员，齐某利用职务上的便利，非法收受他人财物，为他人牟取利益，其行为构成受贿罪，应依法追究刑事责任。

（二）请阅读下列材料，并回答后面的问题：

市稽查局接群众举报称 A 建筑公司（以下简称 A 公司）采取少列收入、虚假纳税申报等手段进行偷税。市稽查局2022年6月20日立案，于当日派两名检查员对该单位实施检查，检查人员在履行了相关程序后调取了A公司2020和2021两个年度的账簿及记账凭证等资料。6月28日，经市税务局局长批准，对案件涉嫌人员的储蓄存款进行了查询。检查人员查实了A公司利用收入不入账方式、虚假纳税申报手段偷税20万元的事实。经审理后，市稽查局于10月18日作出了补税20万元、按规定加收滞纳金的税务处理决定和处以1倍即20万元罚款的行政处罚决定。该企业不服，在缴纳20万元税款后于10月25日（周二）向市税务局申请行政复议，市税务局于11月4日以“未缴纳罚款”为由作出不予受理复议申请的决定。

要求：根据以上资料，回答下列问题。

1. 市稽查局调账检查应当履行的程序有哪些？

2. 指出市稽查局和市税务局在该案处理中有哪些不当之处，并说明理由。

3. A公司的行政复议申请是否符合规定？为什么？

4. 如A公司对不予受理复议申请的决定不服，有哪些救济措施？

5. 该案件如果经重大税务案件审理委员会审理，A公司应当向哪级税务机关申请行政复议？

【答案】1. 市稽查局调账检查应当履行以下程序：①出示检查证，送达《税务检查通知书》并取得送达回证；②调取纳税人、扣缴义务人以前会计年度的账簿、记账凭证、报表和其他有关资料的，应当经市税务局局长批准，并在3个月内完整退还；③调取账簿、记账凭证、报表和其他有关资料时，应当向被查对象出具《调取账簿资料通知书》，并填写调取账簿资料清单交其核对后签章确认。

2. 不当之处：

①处理处罚超期。《税务稽查案件办理程序规定》第四十七条规定，稽查局应当自立案之日起90日内作出行政处理、处罚决定或者无税收违法行为结论。案情复杂需要延期的，经税务局局长批准，可以延长不超过90日；特殊情况或者发生不可抗力需要继续延期的，应当经上一级税务局分管副局长批准，并确定合理的延长期限。案件于2022年6月20日立案，应当于2022年9月18日前作出结论。

②处罚程序违法。《行政处罚法》第四十四条规定，行政机关在作出行政处罚决定之前，应当告知当事人拟作出的行政处罚内容及事实、理由、依据，并告知当事人依法享有的陈述、申辩、要求听证等权利。稽查局应当在送达税务行政处罚事项告知书5日后再送达处罚决定书。本案中，稽查局未履行这一法定程序。

③市税务局超越法定期限作出复议申请是否受理的裁决。根据《税务行政复议规则》规定，税务机关应自收到复议申请之日起5日内（指工作日，不含节假日）作出受理或不予受理的决定，5日内不作出不予受理的决定，可推定为已受理。市税务局在接到复议申请书后的第6个工作日才作出不予受理的决定属无效决定。

④市税务局作出的不予受理复议申请决定的理由不能成立。根据《税收征收管理法》第八十八条的规定，纳税人对税务机关的处罚决定不服的可依法申请行政复议。市税务局以“未缴纳罚款”作为不予受理复议申请的理由属于适用法律错误。

3. A公司提出的行政复议申请不符合规定。

（1）根据《税收征收管理法》第八十八条的规定，纳税人对税务机关作出的补税、加收滞纳金决定有异议的，应先解缴税款及滞纳金或者提供相应的担保，然后可依法申请行政复议；对税务机关的罚款决定不服可直接依法申请行政复议。

（2）故A公司应在缴清税款及滞纳金或提供担保后才可依法申请行政复议，或者单独就行政处罚一事依法申请行政复议。

4. 如A公司对不予受理复议申请的决定不服，于接到不予受理决定书之日起15日内向法院提起行政诉讼。

5. A公司应向省税务局提出复议申请。《税务行政复议规则》第二十九条规定，申请人对经重大税务案件审理程序作出的决定不服的，审理委员会所在税务机关为被申请人。对各级税务局的具体行政行为不服的，向其上一级税务局申请行政复议。

错题、要点整理页

第二部分

模拟测试

模拟测试（一）

一、单项选择题（下列各题的备选答案中，只有一个正确选项，请将正确选项的字母填写在括号中，多选、错选、不选均不得分。每小题2分，共计30分）

1. 自2024年4月至7月，在全党开展的学习教育是（　　）。

   A. 党史学习教育

   B. 党纪学习教育

   C. “不忘初心、牢记使命”主题教育

   D. 党章学习教育

2. 发展新质生产力的核心要素是（　　）。

   A. 人才培养　　　　B. 科技创新

   C. 实体经济　　　　D. 传统经济

3. 2024年“便民办税春风行动”，面向新办纳税人开展的活动是（　　）。

   A. “说理式执法”活动　　　　B. “开业第一课”活动

   C. “一窗办”活动　　　　D. “一条龙服务”活动

4. 根据《国家税务总局关于开展2024年“便民办税春风行动”的意见》规定，下列各项中，与税务总局“畅通纳税人缴费人诉求收集渠道”要求背道而驰的是（　　）。

   A. “民呼我为”　　　　B. “接诉即办”

   C. “未诉先办”　　　　D. “提高门槛”

5. 2024年全国税务工作会议的主题是（　　）。

   A. 深入学习贯彻党的二十大精神　守正创新奋力推进新征程税收现代化

   B. 凝心聚力勇担使命　高质量推进中国式现代化税务实践

   C. 务本求实稳中提质　高质量推进中国式现代化税务实践

   D. 坚持以习近平新时代中国特色社会主义思想为指引　高质量推进中国式现代化税务实践

6. 甲企业属于认定的高新技术制造企业为增值税一般纳税人，2023年9月，一般计税项目销项税额为 240 万元，进项税额 200 万元，上期留抵税额 20 万元，上期结转的加计抵减额余额 10 万元，该企业当月有简易计税项目销售额 100 万元（不含税价），适用征收率为 3%，计算甲企业 9 月应缴纳的增值税税额是（　　）万元。

A. 23　　B. 13

C. 11　　D. 3

7. 税务稽查案件经审理，被查对象没有税收违法行为的，应制作（　　）。

A. 税务稽查结论

B. 不予税务行政处罚决定书

C. 税务处理决定书

D. 税务行政处罚决定书

8. 甲精密机械有限公司为增值税一般纳税人，主要从事数控机床、机械设备及配件的研发、生产、销售，定位精度≤10 微米/米，并安装数控系统（符合先进工业母机产品基本标准），具有高新技术企业资格，2023 年发生研发费用 2000 万元（未形成无形资产）。该公司 2023 年度企业所得税汇算清缴时，可扣除的研发费用金额为（　　）万元。

A. 2000　　B. 4000

C. 4400　　D. 4800

9. 经查验确认是虚开的增值税发票，取证时提取证据原件需使用的税务文书是（　　）。

A.《发票换票证》

B.《调验空白发票收据》

C.《提取证据专用收据》

D.《调取账簿资料清单》

10. 公司股东王先生未在该公司任职，2023 年 4 月，公司给其报销了某商学院的学费 23 万元，并在公司教育经费列支。以下处理正确的是（　　）。

A. 公司正常费用支出，无须缴纳个人所得税

B. 公司应计入“其他应收款”，长期挂账则无须扣缴个人所得税

C. 公司应按偶然所得代扣个人所得税

D. 公司应按利息、股息、红利所得代扣个人所得税

11. 下列情形，可以免征城镇土地使用税的是（　　）。

A. 盐场的盐滩、盐矿的矿井用地

B. 物流企业的办公用地

C. 农贸市场的餐饮娱乐用地

D. 企业拥有并运营管理的大型体育场馆

12. 某稽查局对某制造业企业立案检查，检查中发现该企业的部分资产在检查所属期有增值和减值的情况，则关于该企业资产的税务处理错误的是（　　）。

A. 企业的各项资产，包括固定资产、生物资产、无形资产、长期待摊费用、投资资产、存货等，应以历史成本为计税基础

B. 资产的历史成本，是指企业取得该项资产时实际发生的支出

C. 企业持有各项资产期间资产增值或者减值，不得调整该资产的计税基础

D. 企业持有各项资产期间资产增值或者减值，经国务院财政、税务主管部门规定，可以确认损益

13. 将企业《增值税纳税申报表》中申报的销项税额与“应交税费——应交增值税（销项税额）”进行比对，如果账上记载的销项税额大于申报表上的销项税额，则可能存在（　　）的问题。

A. 未申报、少申报　　B. 未申报、多申报

C. 少申报、多申报　　D. 少申报或多申报

14. 依据企业所得税相关规定，下列劳务收入应在提供服务期间分期确认收入的是（　　）。

A. 提供后续服务的特许权费收入

B. 商品销售附带条件的安装费收入

C. 商品售价内可区分的服务费收入

D. 长期为客户提供重复的劳务取得的劳务费收入

15. 违反发票管理法规，导致其他单位或者个人未缴、少缴或者骗取税款的，下列表述正确的是（　　）。

A. 由税务机关没收违法所得，可以并处未缴、少缴或者骗取的税款50%以上3倍以下的罚款

B. 由税务机关没收违法所得，可以并处未缴、少缴或者骗取的税款50%以上5倍以下的罚款

C. 由税务机关没收违法所得，可以并处未缴、少缴或者骗取的税款1倍以下的罚款，情节严重的，处1倍以上3倍以下的罚款

D. 由税务机关没收违法所得，可以并处未缴、少缴或者骗取的税款1倍以下的罚款

二、多项选择题（下列各题的备选答案中，至少有两个正确选项，请将正确选项的字母填写在括号中，多选、错选、少选、不选均不得分。每小题3分，共计45分）

1. 2024年全国税务系统全面从严治党工作的主要任务包括（　　）。

A. 巩固拓展主题教育成果

B. 强化政治监督

C. 深化税务系统反腐败斗争

D. 推动税务系统党的建设高质量发展

2. 税务系统党委讨论和决定本单位本系统重大问题，应当遵守的工作要求有（　　）。

A. 按照规则由集体讨论和决定

B. 议题由党委书记提出提交

C. 党委会议表决前应当进行充分讨论

D. 党委会议研究决定多个事项的，应一次性进行表决

3. 2024 年的《政府工作报告》指出，在 2024 年经济社会发展政策取向方面，要落实好结构性减税降费政策。重点支持的方向有（　　）。

A. 科技创新　　　　B. 房地产振兴

C. 文化旅游　　　　D. 制造业发展

4. 2024 年，国务院在优化政务服务提升行政效能方面，提出推动“高效办成一件事”，其具体目标包括（　　）。

A. 办事流程最优化

B. 办事时间最短化

C. 办事方式多元化

D. 办事材料最简化

5. 下列关于“新质生产力”的说法，正确的有（　　）。

A. 由技术革命性突破、生产要素创新性配置、产业深度转型升级而催生

B. 以劳动者、劳动资料、劳动对象及其优化组合的跃升为基本内涵

C. 以全要素生产率大幅提升为核心标志

D. 特点是创新，关键在质优，本质是先进生产力

6. 下列可以解除阻止欠税出境布控措施的情形有（　　）。

A. 欠税企业已依法申请行政复议

B. 已结清阻止出境时欠缴的全部税款、滞纳金

C. 欠税企业已被稽查局采取税收保全措施

D. 已向稽查局提供相当于全部欠缴税款的纳税担保

E. 欠税企业已进入破产程序

7. 经法定程序审批后，可以终结执行的情形有（　　）。

A. 被查对象税收违法行为均已超过法定追究期限的

B. 可执行财产被司法机关或者其他国家机关依法查封，致使执行暂时无法进行的

C. 作为当事人的个人因生活困难无力履行，无收入来源又丧失劳动能力的

D. 依照破产清算程序确实无法清缴税款、滞纳金、罚款

E. 可供执行的标的物需要人民法院或者仲裁机构确定权属的

8.《关于进一步深化税收征管改革的意见》提出，精准实施税务监管要依法严厉打击的“三假”涉税违法犯罪行为包括（　　）。

A. “假合同”关联交易

B. “假企业”虚开发票

C. “假发票”偷税漏税

D. “假出口”骗取退税

E. “假申报”骗取税费优惠

9. 下列行为属于虚开增值税专用发票的有（　　）。

A. 挂靠方以被挂靠方的名义向受票方纳税人销售货物开具的增值税专用发票

B. 以“先卖后买”方式取得货物的所有权，对外销售开具的增值税专用发票

C. 纳税人销售货物给 A 公司，开具增值税专用发票给 B 公司

D. 以支付手续费的方式，购买增值税专用发票用于抵扣增值税进项税额

E. 实际销售货物 200 万元，开具增值税专用发票 300 万元

10. 下列有关跨境电子商务零售进口消费品的表述中，正确的有（　　）。

A. 跨境电子商务零售进口应税消费品的代收代缴义务人是国外生产企业

B. 跨境电子商务零售进口商品的单次交易限值为人民币 5000 元，消费税按应纳税额 70% 征收

C. 跨境电子商务零售进口应税消费品的纳税人是购买人

D. 购买超过个人单次限值的进口应税消费品，按照全额征收消费税

E. 跨境电子商务零售进口商品自海关放行之日起 30 日内退货的，可申请退税，但不调整个人年度交易总额

11. 张某有一商铺用于出租，2023 年 4 月一次性收取 2022 年 4 月至 2023 年 3 月的租金 156 万元（不含增值税），下列表述中正确的是（　　）。

A. 2023 年须全额缴纳增值税

B. 2023 年无须缴纳增值税

C. 2023 年 1—3 月的租金需要缴纳增值税

D. 2022 年 4—12 月的租金无须缴纳增值税

E. 2023 年须按 5% 征收率计算缴纳增值税

12. 关于税务稽查办案过程中《税务事项通知书》的使用，下列做法正确的有（　　）。

A.《税务事项通知书》中应当填写办理通知事项的具体内容，并明确复议诉讼的途径

B. 检查过程中，检查人员可以制作《税务事项通知书》，要求被查对象在规定期限

内提供有关资料

C. 检查人员检查中发现被查对象基本信息发生变更的，可以向被查对象送达《税务事项通知书》，通知其到主管税务机关办理变更登记手续

D. 检查结束前，检查人员可以将发现的税收违法事实和依据告知被查对象；必要时，可以向被查对象发出《税务事项通知书》

E. 走逃（失联）企业涉嫌虚开增值税专用发票案件，检查人员公告送达《税务检查通知书》的，不可以同时公告送达《税务事项通知书》，应在《税务检查通知书》公告期满后，再送达《税务事项通知书》，要求纳税人提供涉税资料

13. 下列情形中，按照“利息、股息、红利所得”缴纳个人所得税的有（　　）。

A. 个人独资企业的投资者以企业资金为其家庭购买的住房

B. 股份有限公司购买并将其所有权办到股东个人名下的车辆

C. 合伙企业对外投资取得的股息红利

D. 个人从任职的上市公司取得的股票期权行权所得

E. 股份制企业用盈余公积金对个人派发的红股

14. 根据一案双查工作要求，稽查部门在立案查办每起案件过程中，要逐项对照《一案双查稽查工作底稿（试行）》10 类事项，进行填报。下列属于此 10 类事项的有（　　）。

A. 因检查工作需要调取的账簿资料中，是否发现明显与税务机关或税务干部关联的业务招待、礼品礼金等费用

B. 因检查工作需要查询的资金流水中，是否发现与税务机关或税务干部明显违反正常经营规律的资金往来

C. 案件查办过程中，是否发现税务机关或税务干部未按规定将以前年度具有明确线索指向的涉税高风险问题移交稽查部门

D. 是否发现被查企业在检查所属期内，存在增值税专用发票增版增量与其生产、销售等经营能力明显不匹配的情况

E. 是否发现稽查局已通知被查对象所属主管税务机关收缴发票或者停止发售发票，被查对象所属主管税务机关未收缴发票或者停止发售发票且未反馈合理理由的情况

15. 根据车船税相关规定，免征车船税的有（　　）。

A. 警用车辆

B. 插电式（含增程式）混合动力汽车

C. 洒水车

D. 捕捞、养殖渔船

E. 行政单位的办公用车

三、判断题（判断各题正误。正确的打“√”，错误的打“×”，每小题 1 分，共计 10 分）

1. 惩戒职能是指稽查局在查处税收违法行为过程中，通过依法给予稽查对象行政处罚及其他制裁，起到惩罚与诫勉税收违法行为的作用。惩戒职能来源于法律赋予稽查局的税收行政处罚权，体现了税收执法的强制性。 （ ）
2. 稽查人员在检查某企业“应付职工薪酬——职工福利费”账时，发现购进货物发给职工，稽查人员认为该货物应视同销售征收增值税。 （ ）
3. 对纳税人、扣缴义务人、纳税担保人应缴纳的欠税及滞纳金不再要求同时缴纳，可以先行缴纳欠税，再依法缴纳滞纳金。 （ ）
4. 《最高人民法院、最高人民检察院关于办理危害税收征管刑事案件适用法律若干问题的解释》规定，自 2024 年 3 月 1 日起，虚报专项附加扣除的情形，应当认定为《刑法》第二百零一条第一款规定的“欺骗、隐瞒手段”。 （ ）
5. 稽查局因临时执行税务检查公务，需要选调具备税收执法资格的税务人员的，应当申请、核发相应有效期限的临时税务检查证，临时税务检查证核发有效期限不得超过 1 年。 （ ）
6. 强制执行催告期间，对有证据证明有转移或者隐匿财物迹象的，可以作出立即强制执行决定。 （ ）
7. 行政处罚法中规定的违法行为的连续状态，是指当事人基于不同违法故意，连续实施数个不同种类的行政违法行为，并触犯同一个行政处罚规定的情形。 （ ）
8. 已缴纳契税的购房人，权属登记后退房的，纳税人向税务机关申请退还已缴纳的税款，税务机关应当依法办理。 （ ）
9. 某房地产开发企业发生的销售费用，取得了合法正规发票，在进行土地增值税清算时可以按照发票金额据实扣除。 （ ）
10. 追查危害税收征管犯罪中的秘密事项，泄露后可能损害公正执法的，应当确定为国家秘密。 （ ）

四、案例分析题（每小题 3 分，共计 15 分）

为认真贯彻落实习近平总书记关于加强税收监管和税务稽查的重要指示精神，2023 年 7 月，甲市税务局针对“双高人群”开展大数据风险扫描，发现网络直播居民个人李某存在重大涉税风险。该局征管部门告知李某少缴税的风险，通知其自查自纠，但李某并未作出答复；经多次约谈，李某拒不到场，遂将该案源推送给稽查局。稽查局经研判分析，李某存在重大偷逃税款风险，决定立案检查。经查，发现李某 2022 年存在以下涉税问题：

1. 李某通过设立李某文化工作室（个人独资企业、增值税一般纳税人），将个人直播带货取得的佣金、坑位费等收入，以李某文化工作室名义收取并进行虚假申报偷逃税款。李某文化工作室2022年申报个人所得税应纳税所得额600万元。

2. 李某文化工作室持有乙公司30%，投资成本1000万元。2022年3月乙公司将未分配利润2000万元按股东出资比例转增实收资本，李某文化工作室未进行账务处理，也未申报纳税。

3. 7月，李某文化工作室与张某签订“阴阳合同”，平价转让其所持乙公司的所有股权，实际成交价为3000万元，个人所得税按照平价合同申报。

4. 8月，李某文化工作室在不良资产拍卖会上以700万元取得一项“打包”债权，其中包括：对某房地产公司的应收账款1200万元、对黄某个人的应收款项800万元。李某文化工作室通过多种途径，于当年10月追回房地产公司评估价值为1000万元的资产，发生审计评估费10万元、诉讼费5万元，缴纳交易税费35万元。

5. 2021年9月，李某文化工作室购入丙公司10万股股权，初始投资成本为20元每股。10月，丙公司首次公开发行股票并上市，上市发行价为10元每股。2022年11月，李某文化工作室在持有丙公司限售股解禁后，将持有的10万股全部卖出，卖出价为40元每股，取得收入395万元。

要求：根据上述材料，回答下列问题（提示：经营所得全年应纳税所得额超过50万元的部分，税率35%，速算扣除数65500）。

1.（不定项选择题）本案中，该税务局按照“五步工作法”已采取的措施有（　　）。

A. 提示提醒　　B. 督促整改

C. 约谈警示　　D. 立案稽查

E. 公开曝光

2.（不定项选择题）本案中涉及的个人所得税税目有（　　）。

A. 劳务报酬所得　　B. 财产转让所得

C. 生产经营所得　　D. 偶然所得

E. 利息、股息、红利所得

3.（不定项选择题）本案业务2中，李某应补缴的个人所得税税额是（　　）万元。

A. 0　　B. 14.45

C. 120　　D. 203.45

4.（不定项选择题）本案业务4中，李某文化工作室处置“打包”债权应缴纳的个人所得税税额是（　　）万元。

A. 0　　B. 60

C. 106　　D. 178.95

E. 420

5. （不定项选择题）下列表述符合调查取证规定的有（　　）。

A. 李某的微信聊天记录属于电子数据

B. 剪辑有用的录音作为言词证据使用

C. 与张某签订的“阴阳合同”属于物证

D. 李某文化工作室纳税申报表属于书证

E. 李某代表工作室提供的证言属于证人证言

模拟测试（一）·参考答案及解析

答案速查

一、单项选择题（每小题 2 分，共计 30 分）

1. B	2. B	3. B	4. D	5. D
6. D	7. A	8. C	9. C	10. D
11. A	12. C	13. A	14. C	15. D

二、多项选择题（每小题 3 分，共计 45 分）

1. ABCD	2. ABC	3. AD	4. ACD	5. ABCD
6. BD	7. CD	8. BDE	9. CDE	10. BCD
11. CDE	12. BCD	13. BCE	14. ABCDE	15. ABD

三、判断题（每小题 1 分，共计 10 分）

1. √	2. ×	3. √	4. ×	5. √
6. √	7. ×	8. ×	9. ×	10. ×

四、案例分析题（每小题 3 分，共计 15 分）

1. ABCD	2. ACE	3. C	4. D	5. ADE

答案解析

一、单项选择题

1.【参考答案】B

【答案解析】中共中央办公厅印发的《关于在全党开展党纪学习教育的通知》指出，为深入学习贯彻修订后的《中国共产党纪律处分条例》，经党中央同意，自2024年4月至7月，在全党开展党纪学习教育。

2.【参考答案】B

【答案解析】2024年1月31日，习近平总书记在中共中央政治局第十一次集体学习时指出，科技创新能够催生新产业、新模式、新动能，是发展新质生产力的核心要素。

3.【参考答案】B

【答案解析】根据《国家税务总局关于开展2024年“便民办税春风行动”的意见》规定，开展面向新办纳税人的“开业第一课”活动，精准推送新办纳税人想要了解和需要掌握的政策、指引等宣传辅导产品。

4.【参考答案】D

【答案解析】根据《国家税务总局关于开展2024年“便民办税春风行动”的意见》规定，持续深化“民呼我为”“接诉即办”“未诉先办”，畅通纳税人缴费人诉求收集渠道，强化直联点税务机关诉求感知“触角”作用，进一步提高诉求办理效率，办成办好纳税人缴费人反映较多的热点诉求，并适时向社会公开办理情况。

5.【参考答案】D

【答案解析】2024年全国税务工作会议的主题是“坚持以习近平新时代中国特色社会主义思想为指引　高质量推进中国式现代化税务实践”。

6.【参考答案】D

【答案解析】A企业当期计提加计递减额 = 当期可抵扣进进项税额 ×5%；当期可抵减加计抵减额 = 上期末加计抵减余额 + 当期计提加计抵减额 − 当期调减加计抵减额 = 10 + 200 × 5% = 20（万元）。一般计税项目抵减前的应纳税额 = 240 − 200 − 20 = 20（万元）。抵减前的应纳税额20万元 = 可抵减加计扣除抵减额20万元。一般计税项目抵减后应纳税额 = 20 − 20 = 0；加计抵减额余额 = 20 − 20 = 0。简易计税项目应纳税额 = 100 × 3% = 3（万元）。A企业9月应缴纳的增值税税额 = 一般计税项目抵减后应纳税额 + 简易计税项目应纳税额 = 0 + 3 = 3（万元）。

7.【参考答案】A

【答案解析】经审理，区分下列情形分别作出处理：①有税收违法行为，应当作出税务处理决定的，制作税务处理决定书；②有税收违法行为，应当作出税务行政处罚决定的，制作税务行政处罚决定书；③税收违法行为轻微，依法可以不予税务行政处罚的，制作不予税务行政处罚决定书；④没有税收违法行为的，制作税务稽查结论。

8.【参考答案】C

【答案解析】根据《财政部 税务总局 国家发展改革委 工业和信息化部关于提高集成电路和工业母机企业研发费用加计扣除比例的公告》（财政部 税务总局 国家发展改革委 工业和信息化部公告2023年第44号）第一条的规定，集成电路企业和工业母机企业开展研发活动中实际发生的研发费用，未形成无形资产计入当期损益的，在按规定据实扣除的基础上，在2023年1月1日至2027年12月31日，再按照实际发生额的120%在税前扣除；形成无形资产的，在上述期间按照无形资产成本的220%在税前摊销。

9.【参考答案】C

【答案解析】《全国税务稽查规范（1.2版）》规定，经鉴定或者查验确认为伪造、变造、虚开的发票后，使用《提取证据专用收据》提取证据原件，同时换回原先交付给发票提供单位或者个人的《发票换票证》。

10.【参考答案】D

【答案解析】《财政部 国家税务总局关于规范个人投资者个人所得税征收管理的通知》（财税〔2003〕158号）规定，除个人独资企业、合伙企业以外的其他企业的个人投资者，以企业资金为本人、家庭成员及其相关人员支付与企业生产经营无关的消费性支出，视为企业对个人投资者的红利分配，依照“利息、股息、红利所得”项目计征个人所得税。选项D正确。

11.【参考答案】A

【答案解析】选项B和选项C，物流企业的办公用地和农贸市场的餐饮娱乐用地不免税；选项D，对企业拥有并运营管理的大型体育场馆用于体育活动的房产，减半征收城镇土地使用税。

12.【参考答案】C

【答案解析】企业持有各项资产期间资产增值或者减值，除国务院财政、税务主管部门规定可以确认损益外，不得调整该资产的计税基础。

13.【参考答案】A

【答案解析】账上记载的销项税额大于申报表上的销项税额，可能存在未申报、少申报的问题。

14.【参考答案】C

【答案解析】选项C包含在商品售价内可区分的服务费，在提供服务期间分期确认收入。选项 A 提供设备和其他有形资产的特许权费，在交付资产或转移资产所有权时确认收入；提供初始及后续服务的特许权费，在提供服务时确认收入。选项 B 安装是商品销售附带条件的，在确认商品销售实现时确认收入。选项 D 长期为客户提供重复的劳务收取的劳务费，在相关劳务活动发生时确认收入。

15.【参考答案】D

【答案解析】《发票管理办法》第三十九条规定，违反发票管理法规，导致其他单位或者个人未缴、少缴或者骗取税款的，由税务机关没收违法所得，可以并处未缴、少缴或者骗取的税款 1 倍以下的罚款。

二、多项选择题

1.【参考答案】ABCD

【答案解析】2024 年税务系统全面从严治党工作主要任务包括：要巩固拓展主题教育成果，持之以恒学深悟透习近平新时代中国特色社会主义思想；要不断强化政治监督，持之以恒推动党中央决策部署落地见效；要坚持巩固深化提升，持之以恒推动税务系统党的建设高质量发展；要一体推进“三不腐”，持之以恒深化税务系统反腐败斗争；要扎实纠“四风”树新风，持之以恒强化税务系统纪律作风建设；要深入推进税务系统纪检监察体制改革，持之以恒推动一体化综合监督体系有效运转；要加强年轻干部教育管理监督，持之以恒推动税务青年建功新时代、奋进新征程；要加强党建和纪检干部队伍建设，持之以恒做到自身清、自身正、自身硬。

2.【参考答案】ABC

【答案解析】党委作出重大决策，一般应当经过调查研究、征求意见、充分酝酿等程序，按照规则由集体讨论和决定。党委会议议题由党委书记提出，或者由党委其他委员提出建议、党委书记综合考虑后确定。会议议题应当提前书面通知党委委员。党委会议议题提交表决前，应当进行充分讨论。表决可以采用口头、举手、无记名投票或者记名投票等方式进行，赞成票超过应到会党委委员半数为通过。未到会党委委员的书面意见不得计入票数。表决实行主持人末位表态制。会议研究决定多个事项的，应当逐项进行表决。

3.【参考答案】AD

【答案解析】2024 年《政府工作报告》，在 2024 年经济社会发展政策取向方面指出，落实好结构性减税降费政策，重点支持科技创新和制造业发展。

4.【参考答案】ACD

【答案解析】《国务院关于进一步优化政务服务提升行政效能推动“高效办成一件事”的指导意见》(国发〔2024〕3 号）第一条规定，把“高效办成一件事”作为优化政务服务、提升行政效能的重要抓手，加强整体设计，推动模式创新，注重改革引领和数字赋能双轮驱动，统筹发展和安全，推动线上线下融合发展，实现办事方式多元化、办事流程最优化、办事材料最简化、办事成本最小化，最大限度利企便民，激发经济社会发展内生动力。

5.【参考答案】ABCD

【答案解析】2024 年 1 月 31 日，习近平总书记在中共中央政治局第十一次集体学习时指出，新质生产力是创新起主导作用，摆脱传统经济增长方式、生产力发展路径，具有高科技、高效能、高质量特征，符合新发展理念的先进生产力质态。它由技术革命性突破、生产要素创新性配置、产业深度转型升级而催生，以劳动者、劳动资料、劳动对象及其优化组合的跃升为基本内涵，以全要素生产率大幅提升为核心标志，特点是创新，关键在质优，本质是先进生产力。

6.【参考答案】BD

【答案解析】根据《全国税务稽查规范（1.2 版）》关于阻止出境的规定，被阻止出境的欠税人有下列情形之一的，由稽查局所属税务局统一报省、自治区、直辖市、计划单列市税务局审批后，填制《阻止欠税人出境撤控通知书》，依照布控程序通知本省（直辖市、自治区）指定出入境边防检查机关撤控：①已结清阻止出境时欠缴的全部税款、滞纳金；②已向稽查局提供相当全部欠缴税款的纳税担保；③欠税企业已依法宣告破产，并依《企业破产法》程序清偿终结。

7.【参考答案】CD

【答案解析】根据《全国税务稽查规范（1.2 版）》关于案件终结执行的规定，一般案件终结执行条件包括：①当事人确实没有财产抵缴税款、滞纳金、罚款；②依照破产清算程序确实无法清缴税款、滞纳金、罚款；③作为当事人的个人死亡，无遗产可供执行，又无义务承受人的；④作为当事人的个人因生活困难无力履行，无收入来源，又丧失劳动能力的；⑤作为当事人的企业法人或者其他组织被撤销、注销、终止后既无财产可供执行，又无义务承受人的；⑥有其他法定终结执行情形的。选项 A 为终结检查情形，选项 B、E 为中止执行情形。

8.【参考答案】BDE

【答案解析】《关于进一步深化税收征管改革的意见》提出，要依法严厉打击涉税违法犯罪行为。健全违法查处体系，充分依托国家“互联网 + 监管”系统多元数据汇聚功能，精准有效打击“假企业”虚开发票、“假出口”骗取退税、“假申报”骗取税费优惠等行为，保障国家税收安全。

9.【参考答案】CDE

【答案解析】根据《国家税务总局关于纳税人对外开具增值税专用发票有关问题的公告》（国家税务总局公告 2014 年第 39 号）规定，纳税人通过虚增增值税进项税额偷逃税款，但对外开具增值税专用发票同时符合以下情形的，不属于对外虚开增值税专用发票：①纳税人向受票方纳税人销售了货物，或者提供了增值税应税劳务、应税服务；②纳税人向受票方纳税人收取了所销售货物、所提供应税劳务或者应税服务的款项，或者取得了索取销售款项的凭据；③纳税人按规定向受票方纳税人开具的增值税专用发票相关内容，与所销售货物、所提供应税劳务或者应税服务相符，且该增值税专用发票是纳税人合法取得、并以自己名义开具的。受票方纳税人取得的符合上述情形的增值税专用发票，可以作为增值税扣税凭证抵扣进项税额。选项A、B不属于虚开增值税专用发票。

10.【参考答案】BCD

【答案解析】电子商务企业、电子商务交易平台企业或物流企业可作为代收代缴义务人；跨境电子商务零售进口商品的单次交易限值为人民币5000元，限值以内进口商品的进口环节增值税、消费税暂按法定应纳税额的70%征收；跨境电子商务零售进口商品自海关放行之日起30日内退货的，可申请退税，并相应调整个人年度交易总额。

11.【参考答案】CDE

【答案解析】《国家税务总局关于增值税小规模纳税人减免增值税等政策有关征管事项的公告》（国家税务总局公告2023年第1号）第三条规定，《增值税暂行条例实施细则》第九条所称的其他个人，采取一次性收取租金形式出租不动产取得的租金收入，可在对应的租赁期内平均分摊，分摊后的月租金收入未超过10万元的，免征增值税。根据国家税务总局货物和劳务税司2023年新出台三项增值税政策即问即答：张某在2023年4月一次性收取的此前12个月租金156万元，平均每月租金收入为13万元。其中，2023年1—3月的月租金超过10万元，需要缴纳增值税，但2022年4—12月的月租金未超过当时15万元的免税月销售额标准，因而无须缴纳增值税。

12.【参考答案】BCD

【答案解析】选项A错在并不是所有的《税务事项通知书》都应当明确复议诉讼的途径。选项E错在走逃（失联）企业涉嫌虚开增值税专用发票案件，检查人员公告送达《税务检查通知书》的，可以同时公告送达《税务事项通知书》，要求其限期向税务机关提供涉税资料。

13.【参考答案】BCE

【答案解析】选项A按照“经营所得”项目缴纳个人所得税。选项D按照“工资、薪金所得”项目缴纳个人所得税。

14.【参考答案】ABCDE

【答案解析】选项A、B、C、D、E均属于10类事项之内。

15.【参考答案】ABD

【答案解析】洒水车、行政单位的办公用车不属于车船税免税范围。

三、判断题

1.【参考答案】√

【答案解析】惩戒职能来源于法律赋予稽查局的税收行政处罚权，体现了税收的强制性。

2.【参考答案】×

【答案解析】纳税人购进货物用于集体福利，进项税额不得从销项税额中抵扣。

3.【参考答案】√

【答案解析】依据为《国家税务总局关于税收征管若干事项的公告》（国家税务总局公告2019年第48号）规定。

4.【参考答案】×

【答案解析】《最高人民法院 最高人民检察院关于办理危害税收征管刑事案件适用法律若干问题的解释》（法释〔2024〕4号）规定，自2024年3月20日起，虚报专项附加扣除的情形，应当认定为《刑法》第二百零一条第一款规定的“欺骗、隐瞒手段”。

5.【参考答案】√

【答案解析】根据《全国税务稽查规范（1.2版）》关于税务检查证管理的规定，稽查局因临时执行税务检查公务，需要选调具备税收执法资格的税务人员的，应当申请、核发相应有效期限的临时税务检查证，临时税务检查证核发有效期限不得超过1年。

6.【参考答案】√

【答案解析】根据《税务稽查案件办理程序规定》第五十二条的规定，实施强制执行时，应当向被执行人送达强制执行决定书，告知其实施强制执行的内容、理由和依据，并告知其享有依法申请行政复议或者提起行政诉讼的权利。催告期间，对有证据证明有转移或者隐匿财物迹象的，可以作出立即强制执行决定。

7.【参考答案】×

【答案解析】《行政处罚法》中规定的违法行为的连续状态，是指当事人基于同一个违法故意，连续实施数个独立的行政违法行为，并触犯同一个行政处罚规定的情形。

8.【参考答案】×

【答案解析】《契税法》第十二条规定，在依法办理土地、房屋权属登记前，权属转移合同、权属转移合同性质凭证不生效、无效、被撤销或者被解除的，纳税人可以向税务机关申请退还已缴纳的税款，税务机关应当依法办理。权属变更后退房的，不予退税。

9.【参考答案】×

【答案解析】在计算扣除项目时，房地产开发费用（管理费用、销售费用、财务费用）不是按照纳税人实际发生额进行扣除，而是按照规定的方法计算扣除。

10.【参考答案】×

【答案解析】追查危害税收征管犯罪中的秘密事项，泄露后可能损害国家在政治、经济、国防、外交等领域的安全和利益的，应当确定为国家秘密。

四、案例分析题

1.【参考答案】ABCD

【答案解析】税务总局提出的"五步工作法"是：提示提醒、督促整改、约谈警示、立案稽查、公开曝光。案例中，甲市税务局征管部门告知李某某少缴税的风险，属于提示提醒；通知其自查自纠属于督促整改；约谈李某某属于约谈警示；稽查局立案检查属于立案稽查。

2.【参考答案】ACE

【答案解析】《个人所得税法实施条例》规定，佣金、坑位费属于劳务报酬所得。《国家税务总局关于〈关于个人独资企业和合伙企业投资者征收个人所得税的规定〉执行口径的通知》（国税函〔2001〕84 号）规定，个人独资企业和合伙企业对外投资分回的利息或者股息、红利，不并入企业的收入，而应单独作为投资者个人取得的利息、股息、红利所得，按"利息、股息、红利所得"应税项目计算缴纳个人所得税。《财政部 国家税务总局关于印发〈关于个人独资企业和合伙企业投资者征收个人所得税的规定〉的通知》（财税〔2000〕91 号）规定，个人独资企业和合伙企业每一纳税年度的收入总额减除成本、费用以及损失后的余额，作为投资者个人的生产经营所得，比照个人所得税法的"个体工商户的生产经营所得"应税项目，适用 5% ~35% 的五级超额累进税率，计算征收个人所得税。上述收入总额，是指企业从事生产经营以及与生产经营有关的活动所取得的各项收入，包括商品（产品）销售收入、营运收入、劳务服务收入、工程价款收入、财产出租或转让收入、利息收入、其他业务收入和营业外收入。李某文化工作室转让股权的收入属于生产经营所得。

3.【参考答案】C

【答案解析】根据《国家税务总局关于〈关于个人独资企业和合伙企业投资者征收个人所得税的规定〉执行口径的通知》（国税函〔2001〕84 号）规定，个人独资企业和合伙企业对外投资分回的利息或者股息、红利，不并入企业的收入，而应单独作为投资者个人取得的利息、股息、红利所得，按"利息、股息、红利所得"应税项目计算缴纳个人所得税。李某应补缴的个人所得税税额 = 2000 × 30% × 20% = 120

（万元）。

4.【参考答案】D

【答案解析】李某文化工作室取得“打包”债权后分次处置，应以每次处置部分债权的所得，作为一次财产转让所得，按照“财产转让所得”税目计算缴纳个人所得税。于当年10月追回房地产公司评估价值为1000万元的资产，处置债权的成本费用 =700×1200÷（1200+800）=420（万元），允许扣除的税费 =10+5+35=50（万元），应纳个人所得税 =（1000−420−50）×35%−6.55=178.95（万元）。

5.【参考答案】ADE

【答案解析】根据《全国税务稽查规范（1.2版）》规定，“阴阳合同”属于书证，作为言词证据使用的录音、录像应当不间断。

模拟测试（二）

一、单项选择题（下列各题的备选答案中，只有一个正确选项，请将正确选项的字母填写在括号中，多选、错选、不选均不得分。每小题 2 分，共计 30 分）

1. 2024 年“便民办税春风行动”的主题是（　　）。

A. 持续提升效能 · 办好为民实事

B. 优化执法服务 · 办好惠民实事

C. 我为群众办实事

D. 智慧税务助发展 · 惠企利民稳增长

2. 2024 年全国税务系统的首要任务是（　　）。

A. 建强政治机关　　B. 聚财生财并举

C. 服务高质量发展　　D. 智慧税务建设

3. 中央经济工作会议指出，2024 年经济工作要坚持稳中求进、以进促稳和（　　）。

A. 先立后破　　B. 先破后立

C. 边立边破　　D. 先行后稳

4. 全国税务工作会议强调，要加力推进的跨境税费服务品牌是（　　）。

A. “税路通”

B. “纵合横通强党建”

C. “政策找人”

D. “高效办成一件事”

5. 坚持把发展经济的着力点放在实体经济上，推进新型工业化，是我国当前建设现代化产业体系的重要举措。下列选项中，不属于建设现代化产业体系内容的是（　　）。

A. 加快建设质量强国

B. 加快建设农业大国

C. 加快建设数字中国

D. 加快建设网络强国

6. 2024年2月27日，十四届全国人大常委会第八次会议表决通过新修订的保守国家秘密法，下列有关说法正确的是（　　）。
   A. 该法自2024年4月1日起施行
   B. 根据《保守国家秘密法》，国家秘密的密级从高到低分为绝密、秘密、机密
   C. 国家秘密的保密期限，除另有规定外，绝密级不超过三十年
   D. 机关、单位应当每两年审核所确定的国家秘密
7. 关于追诉标准中“逃避缴纳税款占应纳税额”的有关规定，下列表述正确的是（　　）。
   A. 应纳税额包括纳税人依法预缴的税额
   B. 应纳税额包括海关代征的增值税、关税
   C. 逃税行为跨越若干年度的，百分比应当按照各逃税年度平均值确定
   D. 不按纳税年度确定纳税期的，按最后一次逃税行为发生之日前一年的比例确定
8. 有下列情形，应当实行一案双查的是（　　）。
   A. 重大税收违法案件
   B. 检举涉税当事人税收违法行为，同时检举税务人员违纪行为
   C. 稽查部门在检查中发现税务机关涉嫌侵犯公民、法人合法权益的
   D. 稽查部门认为需要实行一案双查的
9. 根据《税务稽查案卷电子文件管理参考规范》，收集使用视频或者多媒体设备获得的电子文件，应当采用的格式是（　　）。
   A. XML、RTF　　B. JPEG、TIFF
   C. WAV、MP3　　D. MPEG、AVI
10. 关于《税务稽查案件办理程序规定》中指定管辖的运用，下列表述正确的是（　　）。
   A. 市级税务局稽查局可以指定同级跨区域稽查局管辖
   B. 省级税务局稽查局可以指定下级跨区域稽查局管辖
   C. 《指定管辖决定书》不需向原立案检查的稽查局下发
   D. 原立案检查的稽查局对相应案源作撤销处理
11. 纳税人甲同税务机关在纳税上发生争议而未结清税款，甲申请由乙提供纳税担保以申请行政复议。下列项目不属于乙担保范围的是（　　）。
   A. 甲的该笔税款
   B. 甲的该笔税款产生的滞纳金
   C. 乙抵押财产期间所产生的保管费用
   D. 乙抵押财产前的财产评估费用
12. 甲软件开发企业为增值税一般纳税人，2022年7月销售嵌入式软件取得不含税销

售额 134000 元，其中计算机硬件成本 40000 元；另从国外进口软件进行本地化改造后对外销售，取得不含税销售额 50000 元。当月购进一批电脑和测试设备用于自行开发软件产品设计，取得的增值税专用发票注明不含税金额 60000 元。不考虑其他因素，2022 年 7 月该企业可享受即征即退的增值税（　　）元。

A. 1600　　B. 6200

C. 6600　　D. 14000

13. 甲居民企业为高新技术企业，在 A、B 两国设有分支机构，2022 年甲企业境内应纳税所得额 1500 万元，在 A 国和 B 国的应纳税所得额分别为 200 万元和 500 万元，分别按各国税法规定缴纳了所得税，A 国所得税税率 30%，B 国所得税税率 10%。甲企业采用分国不分项计算，2022 年在中国境内应缴纳企业所得税（　　）万元。

A. 250　　B. 330

C. 375　　D. 390

14. 下列关于环境保护税应税污染物计税依据的说法，错误的是（　　）。

A. 应税大气污染物按照污染物排放量折合的污染当量数确定

B. 应税水污染物按照污染物排放量折合的污染当量数确定

C. 应税固体废物按照污染物排放量折合的污染当量数确定

D. 应税噪声按照超过国家规定标准的分贝数确定

15. 根据现行政策，下列所得属于个人所得税“工资、薪金所得”应税项目的是（　　）。

A. 总经理李某兼任本公司董事取得的董事费收入

B. 员工张某出差取得的规定标准的差旅费津贴

C. 高校在职教师赵某为某企业讲课取得的收入

D. 编剧王某从电视剧制作中心取得的剧本使用费收入

二、多项选择题（下列各题的备选答案中，至少有两个正确选项，请将正确选项的字母填写在括号中，多选、错选、少选、不选均不得分。每小题 3 分，共计 45 分）

1. 2023 年底召开的中央经济工作会议指出，进一步推动经济回升向好需要克服一些困难和挑战，主要困难和挑战有（　　）。

A. 有效需求不足、部分行业产能过剩

B. 社会预期偏弱、风险隐患仍然较多

C. 国内大循环存在堵点

D. 外部环境的复杂性、严峻性、不确定性上升

2. 全党开展党纪学习教育，组织党员特别是党员领导干部认真学习《中国共产党纪律处分条例》的主要目标包括（　　）。

A. 教育党员做到学纪、知纪、明纪、守纪

B. 搞清楚党的纪律规矩是什么，弄明白能干什么、不能干什么

C. 进一步强化纪律意识、加强自我约束、提高免疫能力

D. 始终做到忠诚干净担当

3. 全面贯彻 2024 年经济工作的总体要求，要注意把握和处理好的几对关系包括（　　）。

A. 速度与质量

B. 宏观数据与微观感受

C. 发展经济与改善民生

D. 发展与安全

4. 下列关于全国税务系统素质提升“2271”工程的表述正确的有（　　）。

A. 200 名左右战略人才

B. 2000 名左右领军人才

C. 7 万名左右专业骨干

D. 7 万名左右业务标兵

5. 2024 年全国税务系统全面从严治党工作会议强调做到八个“持之以恒”。下列属于八个“持之以恒”内容的有（　　）。

A. 持之以恒学深悟透习近平新时代中国特色社会主义思想

B. 持之以恒加强减税降费效益分析

C. 持之以恒推动税务系统党的建设高质量发展

D. 持之以恒强化税务系统纪律作风建设

6. 下列具体行政行为可以向复议机关申请行政复议，也可以直接向人民法院提起行政诉讼的有（　　）。

A. 通知出入境管理机关阻止出境

B. 停止发售发票

C. 不依法确认纳税担保

D. 不予留抵退税

E. 确认纳税主体

7. 检查企业“原材料”明细账贷方发生额，若贷方发生额对应的借方账户为（　　），则有可能隐瞒原材料让售收入。

A. 其他业务支出

B. 生产成本

C. 银行存款

D. 其他应付款

E. 其他应收款

8. 以下选项，符合2024年度增值税加计抵减政策规定的有（　　）。

A. 允许生产性服务业纳税人按照当期可抵扣进项税额加计5%抵减应纳税额

B. 允许生活性服务业纳税人按照当期可抵扣进项税额加计10%抵减应纳税额

C. 允许先进制造业企业按照当期可抵扣进项税额加计5%抵减应纳增值税税额

D. 允许集成电路设计、生产、封测、装备、材料企业，按当期可抵扣进项税额加计10%抵减企业应纳增值税税额

E. 生产销售先进工业母机主机、关键功能部件、数控系统的增值税一般纳税人，按当期可抵扣进项税额加计15%抵减企业应纳增值税税额

9. 关于增值税留抵退税有关政策，下列说法错误的是（　　）。

A. 纳税人出口货物适用免抵退税办法的，应先申请退还留抵退税额

B. 纳税人已取得留抵退税额的，可以享受增值税即征即退

C. 纳税人已享受增值税即征即退政策的，可以在2022年10月31日以前一次性将已退还的即征即退税款全部缴回后，按规定申请退还留抵税额

D. 纳税人出口货物适用免退税办法的，相关进项税额可以用于退还留抵税额

E. 纳税人可以在规定期限内同时申请增量留抵退税和存量留抵退税

10.《企业所得税汇算清缴工作规范（试行）》提出的“四个坚持，四个做实”主线包括（　　）。

A. 坚持风险导向、坚持全生命周期管理

B. 做实各级职能、做实管理前移

C. 做实事中监控、做实闭环管理

D. 做实提级管理、做实管服融合

E. 坚持穿透贯通式管理、坚持大数据驱动智能管税

11. 下列企业从政府取得的资金的企业所得税处理，说法正确的有（　　）。

A. 企业取得的各类财政性资金，均应计入企业的收入总额

B. 家电生产企业按市场价格销售商品，根据家电销售金额的一定比例取得地方财政部门给予的部分资金支付，应按照收付实现制原则确认为销售收入

C. 企业取得的与其销售商品、提供劳务无关的政府财政性资金，应按照实际取得收入的时间确认为其他收入

D. 取得非营利组织免税资格的某基金会因社会贡献突出，从市民政部门取得的奖励款，可作为免税收入

E. 企业从乡政府取得的财政补助，可作为不征税收入处理

12. 李女士为未上市的某中小高新技术企业股东，持有该公司股份50万股，2023年7月，公司经股东大会决定以未分配利润转增股本，李女士获得转增的股本20万元，

下列关于李女士个人所得税处理正确的有（　　）。

A. 中小高新技术企业未分配利润转赠股本暂不缴纳个人所得税

B. 李女士获得转增的股本，应按照“利息、股息、红利所得”项目征税

C. 李女士应缴纳个人所得税 20000 元

D. 李女士应缴纳的个人所得税可递延至转让股权时缴纳

E. 李女士纳税确有困难经向税务机关备案，可在 2027 年 12 月 31 日前分期缴纳税款

13. 张某因偷税被稽查局依法查处合计应补缴税款 1250 万元，稽查局在限期内发现张某有明显的转移、隐匿其财产的迹象，于是责令其提供纳税担保又不提供，稽查局依法对张某下列财产可以采取税收保全措施的有（　　）。

A. 张某的金银首饰，价值 3000 元

B. 张某名下一套别墅，价值 1000 万元

C. 张某生活用的沙发，单价 3000 元

D. 张某的古玩字画，价值 10000 元

E. 张某购买尚未付款的电视机，价值 6000 元

14. 下列关于稽查信息化的说法，正确的有（　　）。

A. 税务总局稽查局设立情报信息处，统筹开展稽查信息化应用管理

B. 根据稽查案件查办需要，向稽查部门授权开放各类征管数据、发票数据、风控数据、千户集团数据等内部信息

C. 拓宽第三方数据信息来源渠道，推动建立与公安、人民银行、外汇管理、金融监管、电信、第三方支付机构等常态化数据查询和共享机制

D. 提高稽查信息化应用和装备水平，在统一的税收信息化平台中，集成建设全国统一的融指挥、管理、检查、内控、评价等于一体的税务稽查指挥管理应用系统

E. 积极创新升级信息化战法，将信息化手段运用到查处更多类型的税收违法行为中，推动“智慧稽查”建设，实现合成作战

15. 关于如何检查和使用被查对象电子数据，下列说法正确的有（　　）。

A. 查前，检查人员应当了解被查对象已向主管税务机关备案的会计核算软件，并熟悉主流的财务软件和业务系统的操作应用

B. 对检查人员加载在被查对象计算机中运行的专业技术应用软件工具是否是合法正版不作要求，但不得影响被查对象电子设备及信息系统正常运行

C. 检查电子信息系统时，有关技术操作可以请专业技术人员主持独立实施，只要签订保密协议即可

D. 专业技术人员离场时，在签订保密协议的前提下，为了后续数据分析和检查需

要，可以保存数据一段时间，待检查完成再删除

E. 检查人员可以把检索到的涉税电子数据信息复制、备份到2个以上有足够存储容量的有形存储介质中，分别用于检查和证据备份

三、判断题（判断各题正误。正确的打“√”，错误的打“×”，每小题1分，共计10分）

1. 新时代“枫桥式”税务所工作机制是总局主导、省局主推、市局主责、县局主建、所厅（分局）主创。（　）
2. 党面临的“四大考验”即执政考验、改革开放考验、市场经济考验、依法治国考验。（　）
3. 行政处罚法中规定的违法行为的连续状态，是指当事人基于不同违法故意，连续实施数个不同种类的行政违法行为，并触犯同一个行政处罚规定的情形。（　）
4. 直接送达《税务处理决定书》《税务行政处罚决定书》的，应当场宣读被查对象的税收违法事实，处理、处罚决定及其依据等主要内容，同时告知履行处理、处罚决定的方式、期限以及救济途径。（　）
5. 对立案前检查、随机抽查对象的确定等重大税收执法事项，要严格履行稽查局集体审理、案源管理集体审议等集体决策程序。（　）
6. 当税务机关确认购货方在真实交易中取得的供货方虚开的增值税专用发票属于善意取得时，取得虚开的增值税专用发票已抵扣进项税款的，税务机关应依法追缴已抵扣的增值税进项税额，但不需加收滞纳金。（　）
7. 纳税人接收的应税固体废物转移量，应计入其当期应税固体废物的产生量计征环保税。（　）
8. 2023年甲企业以集成电路布图设计专有权作价1000万元投资入股乙企业（企业选择技术入股递延纳税政策），取得乙企业30%股权，专有权账面价值100万元，相关税费5万元，2026年甲企业转让持有乙企业一半的股权取得收入1500万元，甲企业转让股权应确认的所得为1000万元。（　）
9. 同一重点群体人员或自主就业退役士兵开办多家个体工商户，可同时享受创业就业优惠政策，但总额不得超过规定限额。（　）
10. 审理部门审查证人证言时，证人的猜测性、评论性、推断性的证言不得作为证据使用。（　）

四、案例分析题（第1~6题，每小题2分，第7小题3分，共计15分）

2023年9月，某市稽查局决定开展骗取税收优惠专项检查。在税务检查前，市稽查局已下发风险提示，甲公司经自查认为其已取得高新企业技术证书，享受的高新企

业所得税和研发费用加计扣除税收优惠政策适用正确，自查无问题。

检查人员案头分析时发现，2022 年甲公司申报收入总额 8000 万元，职工 500 人，其中科技研发人员 50 人。

检查人员实地检查时发现：

1. 固定科研人员 40 人，工资支出总额 1500 万元。其中：董事长、公司高管及销售人员（此类人员未实际从事研发，亦未直接参与研发管理）工资奖金 1000 万元，直接研发人员股权奖励 30 万元（符合股权激励相关政策规定）。

2. 因突击攻关需要，临时聘用研发人员 10 人，工资支出总额 70 万元（其中，4 人实际工作时间 7 个月，工资支出总额 45 万元；6 人实际工作时间 5 个月，工资支出总额 25 万元）。

3. 研发活动直接消耗的材料 120 万元、燃料和动力费用 30 万元，用于研发活动的固定资产折旧 10 万元（其中，在用建筑物折旧费 5 万元），与研发活动直接相关的其他支出：新产品设计费 60 万元、专家咨询费 100 万元、资料翻译费 30 万元、印刷费 20 万元和差旅费 50 万元。

已知：甲公司 2022 年按高新技术企业优惠税率，申报企业所得税 150 万元。

要求：根据以上资料，回答下列问题。

1.（不定项选择题）该稽查局对甲公司的检查项目，下列表述正确的为（　　）。

A. 应检查研发项目的创新性、研发结果的不确定性、研发过程记录资料的完整性

B. 应检查高新技术产品（服务）收入占收入总额的比例是否达到 50% 以上

C. 应检查甲公司 2022 年研发费用占收入总额的比例是否超过 3%

D. 应检查甲公司研发阶段是否形成产品并对外销售，如形成，研发费用加计扣除的基数是否扣减该产品所耗用的原材料金额

E. 应检查甲公司申报认定高新技术企业时提供的材料是否真实

2.（不定项选择题）关于甲公司研发费用加计扣除的处理，正确的为（　　）。

A. 将资料翻译费计入研发费用的其他相关费用项目

B. 将专家咨询费计入研发费用的其他相关费用项目

C. 将设计费用计入研发费用的其他相关费用项目

D. 将厂房的折旧费用计入折旧费用与长期待摊费用项目

E. 将燃料和动力费用计入直接投入费用

3.（不定项选择题）甲公司高新技术企业认定时研发费用的归集，正确的为（　　）。

A. 人员人工费用项目 570 万元

B. 直接投入费用项目 150 万元

C. 折旧费用与长期待摊费用项目 10 万元

D. 其他费用项目限额 87.22 万元

E. 符合高新技术企业认定的研发费用的金额956.25 万元

4.（不定项选择题）甲公司研发费用加计扣除的计算基数，正确的为（　　）。

A. 人员人工费用为570 万元

B. 直接投入费用项目150 万元

C. 折旧费用与长期待摊费用项目10 万元

D. 其他费用项目限额为87.22 万元

E. 研发费用加计扣除的基数为872.22 万元

5.（不定项选择题）两名检查人员王某与李某对甲公司某些重要指标的计算结果和处理建议有差异，下列结果和处理建议正确的为（　　）。

A. 王某认为甲公司的研发人员占比应为10%

B. 李某认为甲公司的研发人员占比应为8.91%

C. 王某认为直接研发人员的股权激励30 万元，可计入研发费用加计扣除

D. 李某认为直接研发人员的股权激励30 万元，不可计入研发费用加计扣除

E. 李某认为甲公司不符合高新技术企业税收优惠的条件，应直接补缴企业所得税

6.（不定项选择题）两名检查人员王某与李某在检查过程中有不同的意见，下列检查意见正确的为（　　）。

A. 王某认为对研发项目创新性的问题，建议提请同级科技部门予以认定

B. 李某认为对研发项目创新性的问题，建议提请省级税务部门予以认定

C. 王某认为还应进一步调查取证甲公司是否具有骗取税收优惠的主观故意

D. 李某认为若查补甲公司2022 年度企业所得税，应从其最后一次办理2022 年度汇算清缴申报日期的次日开始加收滞纳金

E. 王某认为若查补甲公司2022 年度企业所得税，应要求甲公司进行调账处理，会计分录为：借记“所得税费用”，贷记“应交税费——应交企业所得税”

7.（不定项选择题）甲公司为非上市公司，授予研发人员的股权奖励，研发人员可以按下列方法计算缴纳个人所得税（　　）。

A. 在取得时按照工资、薪金所得计算纳税

B. 在取得时按照偶然所得计算纳税

C. 符合规定条件的，经向主管税务机关备案，可实行递延纳税政策

D. 实行递延纳税政策的，在取得股权奖励时可暂不纳税，递延至转让该股权时适用财产转让所得项目

E. 实行递延纳税政策的，在取得股权奖励时可暂不纳税，递延至转让该股权时适用工资薪金所得项目

模拟测试（二）·参考答案及解析

答案速查

一、单项选择题（每小题 2 分，共计 30 分）

1. A	2. C	3. A	4. A	5. B
6. C	7. D	8. C	9. D	10. D
11. D	12. B	13. A	14. C	15. A

二、多项选择题（每小题 3 分，共计 45 分）

1. ABCD	2. ABCD	3. ABCD	4. ABD	5. ACD
6. ABC	7. CDE	8. CE	9. ABD	10. ABDE
11. CD	12. BE	13. ABD	14. ABCDE	15. AE

三、判断题（每小题 1 分，共计 10 分）

1. ×	2. ×	3. ×	4. √	5. √
6. √	7. ×	8. ×	9. ×	10. ×

四、案例分析题（第 1 ~6 题，每小题 2 分，第 7 小题 3 分，共计 15 分）

1. ADE	2. ABE	3. BCE	4. ABDE	5. BC
6. AC	7. ACD			

答案解析

一、单项选择题

1.【参考答案】A

【答案解析】2024 年税务总局决定，2024 年以“持续提升效能·办好为民实事”为主题，紧紧围绕推动国务院“高效办成一件事”部署在税务系统落地见效，持续开展“便民办税春风行动”，集成推出系列惠民利企服务举措，进一步提高纳税人缴费人获得感、满意度。

2.【参考答案】C

【答案解析】2024 年全国税务工作会议要求，2024 年全国税务系统要坚持以习近平新时代中国特色社会主义思想为指导，深刻领悟“两个确立”的决定性意义，增强“四个意识”、坚定“四个自信”、做到“两个维护”，坚持加强党对税务工作的全面领导，坚持完整、准确、全面贯彻新发展理念，坚持稳中求进、以进促稳、先立后破，以建强政治机关为首要责任，以服务高质量发展为首要任务，以聚财生财并举为首要担当，以优服务强监管为有力抓手，以智慧税务建设为有力支撑，以全面从严治党为有力保障，守正创新、接续奋斗，真抓实干、善作善成，高质量推进中国式现代化税务实践，更好发挥税收在国家治理中的基础性、支柱性、保障性作用，为以中国式现代化全面推进强国建设、民族复兴伟业作出更大贡献。

3.【参考答案】A

【答案解析】2023 年中央经济工作会议要求，明年要坚持稳中求进、以进促稳、先立后破，多出有利于稳预期、稳增长、稳就业的政策，在转方式、调结构、提质量、增效益上积极进取，不断巩固稳中向好的基础。要强化宏观政策逆周期和跨周期调节，继续实施积极的财政政策和稳健的货币政策，加强政策工具创新和协调配合。

4.【参考答案】A

【答案解析】2024 年全国税务工作会议强调，加强税收多边合作平台建设，完善“一带一路”税收征管合作机制，加力推进“税路通”品牌建设，着力打造市场化、法治化、国际化税收营商环境。

5.【参考答案】B

【答案解析】党的二十大报告第四部分明确：“（二）建设现代化产业体系。坚持把发展经济的着力点放在实体经济上，推进新型工业化，加快建设制造强国、质量强国、航天强国、交通强国、网络强国、数字中国。”

6.【参考答案】C

【答案解析】选项 A，5 月 1 日，选项 B，绝密、机密、秘密，选项 D 为每年审核。

7.【参考答案】D

【答案解析】《最高人民法院 最高人民检察院关于办理危害税收征管刑事案件适用法律若干问题的解释》（法释〔2024〕4号）明确，《刑法》第二百零一条第一款规定的“逃避缴纳税款数额占应纳税额的百分比”，是指行为人在一个纳税年度中的各税种逃税总额与该纳税年度应纳税总额的比例；不按纳税年度确定纳税期的，按照最后一次逃税行为发生之日前一年中各税种逃税总额与该年应纳税总额的比例确定。纳税义务存续期间不足一个纳税年度的，按照各税种逃税总额与实际发生纳税义务期间应纳税总额的比例确定。

8.【参考答案】C

【答案解析】略

9.【参考答案】D

【答案解析】《税务稽查案卷电子文件管理参考规范》第三条规定，收集使用视频或者多媒体设备获得的电子文件以及使用超媒体链接技术制作的电子文件，应当采用视频和多媒体电子文件通用的MPEG、AVI格式；采用非通用文件格式的，应当同时收集其非通用格式的压缩算法和相关软件。

10.【参考答案】D

【答案解析】上级税务机关可以根据案件办理的需要指定管辖；《指定管辖决定书》经税务局稽查局局长审核，由所属税务局局长审批后，作出管辖决定；向被指定管辖的税务局和与案源相关的其他税务局下发《指定管辖决定书》原立案检查的稽查局对相应案源作撤销处理。

11.【参考答案】D

【答案解析】根据《纳税担保试行办法》规定，纳税担保范围包括税款、滞纳金和实现税款、滞纳金的费用。费用包括抵押、质押登记费用，质押保管费用，以及保管、拍卖、变卖担保财产等相关费用支出。

12.【参考答案】B

【答案解析】增值税一般纳税人销售其自行开发生产的软件产品，按13%税率征收增值税后，对其增值税实际税负超过3%的部分实行即征即退政策。从国外进口软件进行本地化改造视同自行开发生产。甲企业应纳税额＝［134000－40000×（1＋10%）］×13%＋50000×13%－60000×13%＝10400（元），即征即退税额＝10400－（90000＋50000）×3%＝6200（元）。

13.【参考答案】A

【答案解析】A国抵免限额：200×15%＝30（万元），实际已纳税额：200×30%＝60（万元），大于抵免限额，所以2022年来自A国所得只能抵免30万元，已纳税额大于抵免限额的部分可以在以后5个纳税年度抵免限额的余额中抵免；B国抵免限额：500×15%＝75（万元），实际已纳税额：500×10%＝50（万元），小于抵免限额，所以境外已纳税额可以全额抵免。甲企业应纳企业所得税额＝（1500＋200＋500）×15%－30－50＝250（万元）。

14.【参考答案】C

【答案解析】根据《环境保护税法》第七条规定，应税污染物的计税依据，按照下列方法确定：①应税大气污染物按照污染物排放量折合的污染当量数确定；②应税水污染物按照污染物排放量折合的污染当量数确定；③应税固体废物按照固体废物的排放量确定；④应税噪声按照超过国家规定标准的分贝数确定。

15.【参考答案】A

【答案解析】选项B，差旅费津贴不属于工资薪金范围；选项C属于“劳务报酬所得”；选项D属于“特许权使用费所得”。

二、多项选择题

1.【参考答案】ABCD

【答案解析】2023年中央经济工作会议指出，进一步推动经济回升向好需要克服一些困难和挑战，主要是有效需求不足、部分行业产能过剩、社会预期偏弱、风险隐患仍然较多，国内大循环存在堵点，外部环境的复杂性、严峻性、不确定性上升。

2.【参考答案】ABCD

【答案解析】中共中央办公厅印发的《关于在全党开展党纪学习教育的通知》明确，组织党员特别是党员领导干部认真学习《中国共产党纪律处分条例》，做到学纪、知纪、明纪、守纪，搞清楚党的纪律规矩是什么，弄明白能干什么、不能干什么，把遵规守纪刻印在心，内化为言行准则，进一步强化纪律意识、加强自我约束、提高免疫能力，增强政治定力、纪律定力、道德定力、抵腐定力，始终做到忠诚干净担当。

3.【参考答案】ABCD

【答案解析】2023年中央经济工作会议指出，要全面贯彻明年经济工作的总体要求，注意把握和处理好好速度与质量、宏观数据与微观感受、发展经济与改善民生、发展与安全的关系，不断巩固和增强经济回升向好态势。

4.【参考答案】ABD

【答案解析】2022年税务总局印发了进一步加强新时代税务人才工作的意见，提出实施素质提升“2271”工程，结合数字人事考核评价，大力开展税务人才选拔培养，着力构建200名左右战略人才、2000名左右领军人才、7万名左右业务标兵、1万名左右青年才俊的税务人才队伍新体系。

5.【参考答案】ACD

【答案解析】2024 年全国税务系统全面从严治党工作会议强调，要巩固拓展主题教育成果，持之以恒学深悟透习近平新时代中国特色社会主义思想；要不断强化政治监督，持之以恒推动党中央决策部署落地见效；要坚持巩固深化提升，持之以恒推动税务系统党的建设高质量发展；要一体推进“三不腐”，持之以恒深化税务系统反腐败斗争；要扎实纠“四风”树新风，持之以恒强化税务系统纪律作风建设；要深入推进税务系统纪检监察体制改革，持之以恒推动一体化综合监督体系有效运转；要加强年轻干部教育管理监督，持之以恒推动税务青年建功新时代、奋进新征程；要加强党建和纪检干部队伍建设，持之以恒做到自身清、自身正、自身硬。

6.【参考答案】ABC

【答案解析】《税务行政复议规则》第三十四条规定，申请人对本规则第十四条第（一）项规定以外的其他具体行政行为不服，可以申请行政复议，也可以直接向人民法院提起行政诉讼；第十四条第一项主要列举了包括确认纳税主体、征税对象、征税范围、税、免税、退税、抵扣税款、适用税率等征税行为。

7.【参考答案】CDE

【答案解析】对应的账户为其他业务支出，表示结转让售材料的成本；为生产成本，表示生产领用原材料。

8.【参考答案】CE

【答案解析】生产性服务业及生活性服务业加计抵减政策已到期，不再执行。允许集成电路设计、生产、封测、装备、材料企业，按当期可抵扣进项税额加计 15% 抵减企业应纳增值税税额。

9.【参考答案】ABD

【答案解析】选项 A，纳税人出口货物劳务、发生跨境应税行为，适用免抵退税办法的，应先办理免抵退税。免抵退税办理完毕后，仍符合规定条件的，可以申请退还留抵税额；选项 B，纳税人按照规定取得增值税留抵退税款的，不得再申请享受增值税即征即退、先征后返（退）政策；选项 D，适用免退税办法的，相关进项税额不得用于退还留抵税额。

10.【参考答案】ABDE

【答案解析】根据《企业所得税汇算清缴工作规范（试行）》，“四个坚持”是指坚持风险导向、坚持全生命周期管理、坚持穿透贯通式管理、坚持大数据驱动智能管税；“四个做实”是指做实各级职能、做实管理前移、做实提级管理、做实管服融合。

11.【参考答案】CD

【答案解析】企业取得的各类财政性资金，除作为股权出资款外，均应计入企业的收入总额；家电生产企业按市场价格销售商品，根据家电销售金额的一定比例取得地方财政部门给予的部分资金支付，应按照权责发生制原则确认为销售收入；企业从乡政府取得的财政补助，因不属于从县级以上人民政府及其组成部门取得的财政性资金，不得作为不征税收入处理。

12.【参考答案】BE

【答案解析】根据《财政部 国家税务总局关于将国家自主创新示范区有关税收试点政策推广到全国范围实施的通知》(财税〔2015〕116号）规定，选项B、E正确。

13.【参考答案】ABD

【答案解析】《税收征收管理法》第三十八条、第四十条所称其他财产，包括纳税人的房地产、现金、有价证券等不动产和动产。机动车辆、金银饰品、古玩字画、豪华住宅或者一处以外的住房不属于《税收征收管理法》第三十八条、第四十条、第四十二条所称个人及其所扶养家属维持生活必需的住房和用品。税务机关对单价5000元以下的其他生活用品，不采取税收保全措施和强制执行措施。

14.【参考答案】ABCDE

【答案解析】略

15.【参考答案】AE

【答案解析】选项B错在必须是合法正版软件；选项C错在不得由专业技术人员主持独立实施，专业技术人员应当在检查人员主持下实施有关技术操作；选项D错在专业技术人员离场时，就应当在检查人员主持下删除有关数据，不得擅自保存。

三、判断题

1.【参考答案】×

【答案解析】省局主推、市局主建、县局主责、所厅（分局）主创。

2.【参考答案】×

【答案解析】党面临的“四大考验”为执政考验、改革开放考验、市场经济考验、外部环境考验。

3.【参考答案】×

【答案解析】《行政处罚法》中规定的违法行为的连续状态，是指当事人基于同一个违法故意，连续实施数个独立的行政违法行为，并触犯同一个行政处罚规定的情形。

4.【参考答案】√

【答案解析】根据《全国税务稽查规范（1.2版)》关于文书送达的规定，直接送达《税务处理决定书》《税务行政处罚决定书》的，应当场宣读被查对象的税收违法事实，处理、处罚决定及其依据等主要内容，同时告知履行处理、处罚决定的方式、期限以及救济途径。

5.【参考答案】√

【答案解析】稽查局局长自由裁量权行使的“五要”“十严禁”：对立案前检查、随机抽查对象的确定、重点稽查对象和批量案源的立案或撤销等重大税收执法事项，以及拟变更或撤销已经送达生效的决定性文书等法制审核事项，要严格履行稽查局集体审理、案源管理集体审议、重大税收执法事项集体审议委员会集体审议等集体决策程序。

6.【参考答案】√

【答案解析】根据《国家税务总局关于纳税人善意取得虚开的增值税专用发票处理问题的通知》（国税发〔2000〕187号）、《国家税务总局关于纳税人善意取得虚开增值税专用发票已抵扣税款加收滞纳金问题的批复》（国税函〔2007〕1240号）规定，纳税人取得虚开的增值税专用发票，不得作为增值税合法抵扣凭证抵扣进项税额；纳税人善意取得虚开的增值税专用发票被依法追缴抵扣税款的，不适用“税务机关除责令限期缴纳外，从滞纳税款之日起，按日加收滞纳税款万分之五的滞纳金”的规定。

7.【参考答案】×

【答案解析】纳税人接收的应税固体废物转移量，不计入其当期应税固体废物的产生量。

8.【参考答案】×

【答案解析】选择技术成果投资入股递延纳税政策的，投资入股当期可暂不纳税，允许递延至转让股权时，按股权转让收入减去技术成果原值和合理税费后的差额计算缴纳所得税。甲企业转让股权应计入应纳税所得额＝1500－（100＋5）×50%＝1447.5（万元）。

9.【参考答案】×

【答案解析】同一重点群体人员或自主就业退役士兵开办多家个体工商户的，应当选择其中一户作为政策享受主体。除该个体工商户依法办理注销登记、变更经营者或转型为企业外，不得调整政策享受主体。

10.【参考答案】×

【答案解析】根据《全国税务稽查规范（1.2版）》关于证据审查的相关表述，审理部门审查证人证言的内容是否为证人直接感知，证人的猜测性、评论性、推断性的证言不得作为证据使用，但根据一般生活经验判断且符合事实的除外。

四、案例分析题

1.【参考答案】ADE

【答案解析】高新企业认定中，高新技术产品（服务）收入占总收入的比例达60%

以上，因此，选项 B 错误。年收入总额在5000 万元以上，不足 2 亿元的企业，研发费用占收入总额的比例在 4% 以上，因此，选项 C 错误。

2.【参考答案】ABE

【答案解析】研发费用归集的范围包括：①人员人工资费用。②直接投入费用。③折旧费用与长期待摊费用。④无形资产摊销费用。⑤设计费用。⑥装备调试费用和试验费用。⑦委托外部研发开发费用。⑧其他费用。其中，计入其他费用的项目包括：专家咨询费、资料翻译费、印刷费、差旅费等。设计费用应计入设计试验等费用项目，选项 C 错误。研发费用加计扣除中，厂房折旧不属于加计扣除范围，不应列入折旧费用与长期待摊费用项目。选项 D 错误。燃料和动力费用计入直接投入费用，选项 E 正确。

3.【参考答案】BCE

【答案解析】可归集的研发费用：①人员人工费用 = 1500 - 1000 + 70 - 25 = 545（万元）。选项 A 不当选；②直接投入费用 150 万元，选项 B 当选；③折旧费 10 万元，选项 C 当选；④设计费 60 万元，前几项之和 = 545 + 150 + 10 + 60 = 765（万元）；⑤其他费用合计 = 100 + 30 + 20 + 50 = 200（万元）；其他费用限额 = 765 ÷（1 - 20%）× 20% = 191.25（万元）。符合条件的高新研发费用金额 = 765 + 191.25 = 956.25（万元）。

4.【参考答案】ABDE

【答案解析】可归集的研发费用：①人员人工费用 = 1500 - 1000 + 70 = 570（万元），选项 A 正确；②直接投入费用 150 万元，选项 B 正确；③折旧费 = 10 - 5 = 5（万元），选项 C 不当选；④设计费 60 万元。前几项之和 = 570 + 150 + 5 + 60 = 785（万元）；⑤其他费用合计 = 100 + 30 + 50 = 180（万元），其他费用限额 = 785 ÷（1 - 10%）× 10% = 87.22（万元）。选项 D 正确。作为研发费用加计扣除基数的金额 = 785 + 87.22 = 872.22（万元），选项 D 正确。

5.【参考答案】BC

【答案解析】本年科技人员数是指直接从事研发和相关技术创新活动的，累计实际工作时间在 183 天以上的人员，包括在职和临时聘用人员。因此，本年科技人员数为 44 人。本年职工总数是指本年在职、兼职和临时聘用人员，兼职、临时聘用人员全年须在本企业累计工作 183 天以上。因此，本年职工总数为 494 人。本年科技人员占职工总数的比例 = 44 ÷ 494 = 8.91%。选项 A 错误，选项 B 当选。直接研发人员符合规定的股权激励，可计入研发费用，亦可加计扣除。选项 C 当选。由于研发人员占比未达 10% 以上，当年不符合高新技术企业优惠条件，但不应直接补缴企业所得税，而应转请相关部门认定后再作处理。选项 E 错误。

6.【参考答案】AC

【答案解析】税务部门对研发项目创新性问题有异议的，应提请同级科技部门予以认定，选项B错误。企业所得税的滞纳金，从申报截止日期2023年5月31日的次日2023年6月1日起算，选项D错误。检查以前年度并补缴企业所得税的调整分录，借记“以前年度损益调整”，贷记“应交税费——应交企业所得税”，选项E错误。

7.【参考答案】ACD

【答案解析】个人应在获得股票时，在2023年12月31日前，不并入当年综合所得，全额单独适用综合所得税率表计算纳税。非上市公司授予本公司员工的股权奖励，符合规定条件的，经向主管税务机关备案，可实行递延纳税政策，即员工在取得股权激励时可暂不纳税，递延至转让该股权时纳税。股权转让时，按照股权转让收入适用“财产转让所得”项目，计算缴纳个人所得税。

模拟测试（三）

一、单项选择题（下列各题的备选答案中，只有一个正确选项，请将正确选项的字母填写在括号中，多选、错选、不选均不得分。每小题2分，共计30分）

1. 中国共产党跳出治乱兴衰历史周期率的第二个答案是（　　）。

A. 独立自主　　B. 人民监督

C. 自我革命　　D. 从严治党

2. 党的二十届三中全会提出，健全有利于（　　）的税收制度，优化税制结构。

A. 高质量发展、社会公平、市场统一

B. 高质量发展、社会和谐、市场统一

C. 高质量发展、社会公平、市场完善

D. 高质量发展、社会和谐、市场完善

3. 税务部门要认真学习贯彻习近平经济思想、习近平法治思想和习近平总书记关于税收工作的重要论述，牢牢把握高质量推进中国式现代化税务实践这一主线，坚持以科学精细、务实高效的管理理念打造（　　），坚定不移推动党中央决策部署落地见效。

A. 智慧税务　　B. 效能税务

C. 智能税务　　D. 高效税务

4. 2024年4月，税务总局启动第33个全国税收宣传月，主题为（　　）。

A. 税惠千万家　共建现代化

B. 税收·发展·民生

C. 税助发展　向新而进

D. 持续提升效能　办好为民实事

5. 2024年7月31日，中共中央、国务院印发《关于加快经济社会发展全面绿色转型的意见》，明确要健全绿色转型财税政策。以下不属于《意见》中关于健全绿色转型财税政策的是（　　）。

A. 落实环境保护、节能节水、资源综合利用、新能源和清洁能源车船税收优惠

B. 研究把城市维护建设税、教育费附加、地方教育附加合并为地方附加税

C. 完善绿色税制，全面推行水资源费改税

D. 完善环境保护税征收体系

6. 检举事项经查证属实，为国家挽回或者减少损失的，按照有关规定对实名检举人给予相应奖励。某检举案件，经查实，收缴入库税款数额达到 300 万元，应按照什么标准对本案检举人计发奖金（　　）。

A. 5000 元以下　　B. 1 万元以下

C. 2 万元以下　　D. 3 万元以下

7. 某公司 2023 年 5 月份零售金银首饰取得含税价款 67800 元，其中包括以旧换新首饰实际收取的价款 22600 元。在以旧换新业务中，旧首饰作价的含税金额为 33900 元，同类新首饰的含税销售金额为 56500 元，该公司应确认的增值税销项税额为（　　）元。

A. 5200　　B. 7800

C. 11700　　D. 14800

8. M 公司是高新技术企业，为增值税一般纳税人。2023 年 10 月，M 公司全部的销售额为 1000 万元，其中出口销售额为 300 万元。10 月，M 公司产生的销项税额为 200 万元；进项税额为 110 万元（无法区分内外销用途），购进货物中有部分货物用于职工福利，涉及进项税额为 20 万元。M 公司当期可抵减的加计抵减额为（　　）万元。

A. 5. 5　　B. 4. 5

C. 3. 15　　D. 9

9. 某制造业纳税人 2019 年 4 月至 2022 年 3 月取得的进项税额中，增值税专用发票 500 万元，道路通行费电子普通发票 200 万元，海关进口增值税专用缴款书 100 万元，农产品收购发票抵扣进项税额 200 万元。2021 年 12 月，该纳税人因发生非正常损失，此前已抵扣的增值税专用发票中，有 50 万元进项税额按规定作进项税转出。该纳税人 2022 年 4 月按照 14 号公告的规定申请留抵退税时，进项构成比例为（　　）。

A. 78. 95%　　B. 75%

C. 73. 33%　　D. 80%

10. 甲为大型物流企业，在自有土地上自建仓储设施，主要用于储存粮油、棉花、糖料等商品。占地面积共 9000 平方米，其中：仓房占地 8000 平方米，办公、生活区用地 1000 平方米。仓储设施所在地段的城镇土地使用税的税额标准为每平方米 5 元。2023 年甲企业应缴纳城镇土地使用税（　　）元。

A. 45000　　B. 25000

C. 22500　　D. 5000

11. 印花税法实施后，张某在 4S 店购买汽车签订的买卖合同，以下说法正确的是

（ ）。

A. 张某需要缴纳印花税

B. 4S 店需要缴纳印花税

C. 张某和4S店均需要缴纳印花税

D. 张某和4S店均不需要缴纳印花税

12. 对从事房地产开发的纳税人，可按取得土地使用权所支付的金额和房地产开发成本金额之和，加计20%扣除土地增值税增值额的扣除项目。下列不可以作为加计扣除基数的是（ ）。

A. 规划、设计、项目可行性研究

B. 水文、地质、勘察、测绘

C. “三通一平”等支出

D. 利息支出

13. 下列关于印花税计税依据说法正确的是（ ）。

A. 应税合同的计税依据，为合同所列的金额，如合同列明适用的增值税税率为9%，可以扣除按增值税税率计算的增值税税款

B. 同一应税合同、应税产权转移书据中涉及两方以上纳税人，以纳税人平均分摊的应税凭证所列金额确定计税依据

C. 应税合同、应税产权转移书据所列的金额与实际结算金额不一致，以应税合同、应税产权转移书据所列金额为计税依据

D. 纳税人转让股权的印花税计税依据，按照产权转移书据所列的金额（不包括列明的认缴后尚未实际出资权益部分）确定

14. 下列行政复议机关不撤销该行政行为，但是确认该行政行为违法的是（ ）。

A. 适用依据不合法

B. 程序轻微违法，但是对申请人权利不产生实际影响

C. 事实不清、证据不足，经行政复议机关查清事实和证据

D. 事实清楚、证据确凿，适用依据正确，程序合法，但是内容不适当

15. 关于立案前检查的适用，下列表述正确的是（ ）。

A. 立案前检查本质上属于线索检查或核查

B. 立案前检查和立案检查的检查权限不同

C. 立案前检查和立案检查的检查证据不可通用

D. 对立案前检查结束后需要立案检查的，不再重新送达《税务检查通知书》

二、多项选择题（下列各题的备选答案中，至少有两个正确选项，请将正确选项的字母填写在括号中，多选、错选、少选、不选均不得分。每小题3分，共计45分）

1. 2024年全国税务工作会议提到要旗帜鲜明讲政治，坚定不移建强政治机关、走好第一方阵。强调要做到的有（　　）。

A. 持续拓展主题教育成果

B. 持续深化政治机关意识教育和对党忠诚教育

C. 持续提升党建工作质效

D. 持续夯实基层基础

2. 打造效能税务的根本要求，是坚决当好党中央决策部署的（　　）。

A. 执行者　　B. 行动派

C. 实干家　　D. 践行者

3. 根据2024年2月5日中共中央发布的《党史学习教育工作条例》，党史学习教育工作遵循的原则包括（　　）。

A. 坚持党的全面领导

B. 坚持围绕中心、服务大局

C. 坚持以史鉴今、资政育人

D. 坚持统筹谋划、开拓创新

4. 2024年全国税务工作会议强调要把准税务部门职责定位，具体包括（　　）。

A. 做党中央权威的忠诚捍卫者

B. 做推动高质量发展的高效执行者

C. 做优化营商环境的切实守护者

D. 做纳税人缴费人的倾情服务者

5. 2024年全国税务工作会议指出，当前和今后一个时期，要做好“六个着力强化”，其中包括（　　）。

A. 着力强化政治统领

B. 着力强化依法治税

C. 着力强化改革创新

D. 着力强化科技先导

6. 以下情形属于“暴力虚开”类型的有（　　）。

A. 关联公司没有真实经营业务循环开具发票

B. 为他人虚开发票后，不纳税申报即走逃（失联）

C. 为他人虚开发票后，在增值税纳税申报表上通过虚假填列相关栏次的手段，达到不缴或少缴应纳税额的目的，随即走逃（失联）

D. 为他人虚开发票后，进行真实的纳税申，但未实际缴纳税款形成欠税，随即走逃

（失联）

7. 关于增值税计税销售额，下列表述正确的有（　　）。

A. 航空运输服务，代收的机场建设费计入计税销售额

B. 以物易物方式销售货物，双方以各自发出的货物核算销售额

C. 现金折扣方式销售货物，折扣额不得从销售额中扣除

D. 一般纳税人提供的客运场站服务，以其取得的全部价款和价外费用扣除支付给承运方运费后的余额为销售额

8. 在查处虚开发票案件时，为调查货物真实性，应取得的直接证据包括（　　）。

A. 下游企业没有相应货物入库记录的资料

B. 上、下游企业货物名称、数量等要素不一致的销货清单等资料

C. 涉案人员证实无货或者票货不一致的言词证据

D. 房屋租赁合同

9. 纳税人支付下列款项取得的增值税普通发票或增值税电子普通发票，下列情形属于发票税率栏填写“不征税”的有（　　）。

A. 支付按差额征税办法缴纳增值税的劳务派遣费

B. 房地产开发企业销售自行开发项目的预收款

C. 商业预付卡充值

D. 支付建筑服务预收款

10. 自 2023 年 1 月 1 日起，下列关于个人所得税专项附加扣除的表述正确的有（　　）。

A. 子女教育专项附加扣除标准为每个子女每月 1000 元

B. 3 岁以下婴幼儿照护专项附加扣除标准为每个婴幼儿每月 2000 元

C. 非独生子女分摊的赡养老人扣除标准额度最高为每月 1500 元

D. 大病医疗专项附加扣除，纳税人可选择按月扣除或汇算清缴时一次性扣除

11. 就现行政策而言，关于证券交易印花税的征收，下列表述正确的有（　　）。

A. 证券交易印花税单边征收，并由受让方负担

B. 证券交易印花税单边征收，并由出让方负担

C. 证券交易印花税按 1‰税率减半计征

D. 证券交易印花税按 1‰税率计征

12. 关于企业所得税项目所得减免，下列说法正确的有（　　）。

A. 企业购买农产品后直接进行销售产生的所得，可以享受项目所得减免

B. 对符合条件的远洋渔业企业，从事远洋捕捞业务取得的所得免征企业所得税

C. 企业对外购茶叶进行筛选、分装、包装后进行销售的所得，不享受农产品初加工的优惠政策

D. 企业根据委托合同，受托对所有农产品进行初加工服务收取的加工费，可以按照农产品初加工的免税项目处理

13. 检查人员发现纳税人逃避缴纳税款，需移送公安机关的有（　　）。

A. 纳税人采取欺骗、隐瞒手段进行虚假纳税申报或者不申报，逃避缴纳税款数额在10万元以上，并且占各税种应纳税总额10%以上，经税务机关依法下达追缴通知后，不补缴应纳税款、不缴纳滞纳金或者不接受行政处罚的

B. 纳税人5年内因逃避缴纳税款受过刑事处罚或者被税务机关给予二次以上行政处罚，又逃避缴纳税款，数额在10万元以上并且占各税种应纳税总额10%以上的

C. 扣缴义务人应扣未扣税款，数额在10万元以上的

D. 扣缴义务人采取欺骗、隐瞒手段，不缴或者少缴已扣、已收税款，数额在10万元以上的

14. 关于税警协作，以下说法正确的有（　　）。

A. 稽查局和公安经侦部门通过成立联合工作领导小组，统筹规划、协调指挥案件打击工作

B. 税警双方联合查办案件，应当对被查对象共同开展调查，协同取证

C. 税警双方联合查办案件，一方因调查取证手段限制无法获取相关证据的，由另一方依法获取相关证据，进行证据转换并移交对方作为证据保存

D. 稽查局调取的证据属于依据行政程序调取的证据，公安部门不得使用

15. 自然人取得的下列所得，属于“偶然所得”征税项目的有（　　）。

A. 资产购买方企业向出售方自然人股东支付的不竞争款项

B. 市政府给予纳税大户主要负责人的年终一次性奖励

C. 个人为单位或他人提供担保获得收入

D. 个人刷视频看广告获得的网络商家奖励商品抵用券

三、判断题（判断各题正误。正确的打“√”，错误的打“×”，每小题1分，共计10分）

1. 国家秘密的知悉范围，应当根据工作需要限定在最小范围。国家秘密的知悉范围能够限定到具体人员的，限定到具体人员；不能限定到具体人员的，限定到机关、单位。（　　）

2.《最高人民法院 最高人民检察院关于办理危害税收征管刑事案件适用法律若干问题的解释》（法释〔2024〕4号）规定实施危害税收征管犯罪，造成国家税款损失，行为人补缴税款、挽回税收损失，有效合规整改的，可以从宽处罚或者免予刑事处罚。（　　）

3. 行政复议期间，被申请人不得向申请人和其他有关单位或者个人收集证据。（　　）
4. 当事人确有经济困难，需要延期或者分期缴纳罚款的，可向稽查局提出申请，经稽查局局长批准后，可以暂缓或者分期缴纳。（　　）
5. 税务稽查案件办理应当通过文字、音像等形式，对案件办理的启动、调查取证、审核、审理、执行等进行全过程记录。（　　）
6. 取得航空公司开具的退票费增值税电子普通发票，可以作为购进旅客运输服务的发票进行抵扣。（　　）
7. 按照“清存量、防增量、提质量”的原则，持续建立健全稽查积案清理长效机制，常态化开展稽查积案清理工作。（　　）
8. 失信主体在五年内被确定为失信主体两次以上的，不予提前停止公布。（　　）
9. 检查结束前，检查人员可以将发现的税收违法事实和依据告知被查对象。被查对象对违法事实和依据有异议的，应当在限期内提供书面说明及证据材料。被查对象口头说明的，检查人员应制作《税务事项通知书》，要求其提供书面说明。（　　）
10. 税务总局稽查局要求的打击骗取出口退税办案“五个必查”，是指发票和人员真实性必查、资金真实性必查、出口货物真实性必查、物流真实性必查、交易真实性必查。（　　）

四、案例分析题（每小题1.5分，共计15分）

某县纺织服装有限公司为2007年12月31日成立，注册资金2800万元人民币，主要经营服装制造、加工销售，增值税一般纳税人，企业所得税查账征收。2018年3月1日认定为出口退（免）税企业，该公司2018年申报企业所得税应纳税所得额753460元。

2021年7月30日跨区域稽查局接到盐城市税务局第一稽查局已证实虚开函，该公司2018年8月、9月以及2020年10月接受盐城某企业虚开增值税专用发票。

2021年8月2日跨区域稽查局立案检查。检查人员小王和小张于2021年8月17日送达《税务检查通知书》，于2021年8月18日起对该单位2018—2020年实施全面检查，2021年9月检查人员变更为小李和小张，2021年11月该公司走逃，2021年11月18日小张办理《延长稽查案件办理时限审批表》，2021年12月20日检查结束，检查人员于2021年12月28日将案卷资料移交审理。

检查发现：

1. 2018年该公司为研发服装新面料，研发费用账户中的研发人员工资及“五险一金”50万元、外聘研发人员劳务费用5万元、直接投入材料费用20万元，支付境外机构的委托研发费用70万元，公司税前扣除研发费用145万元。

2. 2018年10月将一批自产服装用于股息分配（非个人），服装成本为100万元，市场不含税售价120万元，未申报相关增值税，直接以成本价计入应付股利。

借：库存商品　　　　　　　　　　　　　　　　　1000000

　　贷：应付股利　　　　　　　　　　　　　　　　　1000000

3. 根据该公司固定资产分类账2009年12月31日凭证记载结转固定资产——生产综合楼等价值50万元。建设规模：生产综合楼合计建筑面积1868.17平方米；账面记载土地价格2040360.00元，土地面积为8328.00平方米，2018年已按规定缴纳城镇土地使用税，未申报缴纳房产税。

4. 检查人员通过对资金、货物购进、销售情况、证人证言等取证，证实该公司2018年8月、9月以及2020年10月非善意从第三方接受盐城某企业虚开增值税专用发票，有真实交易，未能换开发票，已抵扣2018年8月增值税税款598230.21元、2018年9月增值税税款506194.74元、2020年10月116239.34元，相应成本2018年已结转6902655.93元。

该公司2018年8月取得出口退税款627395.01元、2018年9月取得出口退税款656603.56元、2020年12月取得出口退税款13371.05元，2018年、2020年公司相关增值税申报数据如下：

申报表数据

单位：元

日期	销项税额	进项税额	期末留抵税额	进项转出
2018.8	180.52	627681.53	627395.01	106
2018.9	0	656603.56	656603.56	0
2020.10	100100.29	116239.34	13371.05	2768
2020.11	0	0	13371.05	0
2020.12	0	0	13371.05	0

要求：根据上述资料，回答下列问题（不考虑印花税）。

1.（不定项选择题）关于检查人员小张2021年11月18日办理案件检查延期的工作，下列说法正确的有（　　）。

A. 延长稽查案件办理时限手续符合规定

B. 延长稽查案件办理时限手续应由稽查局局长批准，可以延长不超过90日

C. 延长稽查案件办理时限手续应由税务局局长批准，可以延长不超过90日

D. 延长稽查案件办理时限手续应由上一级税务局分管副局长批准，可以延长不超过180日

2.（不定项选择题）关于该公司发生的研发费用，下列说法正确的有（　　）。

A. 委托境外进行研发活动所发生的费用计算加计扣除的金额为50万元

B. 委托境外进行研发活动所发生的费用计算加计扣除的金额为 56 万元

C. 2018 年该公司研发费用加计扣除额为 93.75 万元

D. 2018 年该公司研发费用加计扣除额为 98.25 万元

3.（不定项选择题）关于该公司 2018 年 10 月自产服装用于股息分配，下列说法正确的有（　　）。

A. 应追缴增值税 19.2 万元

B. 应追缴增值税 15.6 万元

C. 应调增应纳税所得额 18.08 万元

D. 应调增应纳税所得额 18.13 万元

4.（不定项选择题）关于该公司房产税的处理，下列说法正确的有（　　）。

A. 该公司计征 2018 年房产税时，土地价值并入房产原值的金额为 2040360 元

B. 该公司计征 2018 年房产税时，土地价值并入房产原值的金额为 915403.30 元

C. 该公司应计征 2018 年房产税 21339.02 元

D. 该公司应计征 2018 年房产税 11889.39 元

5.（不定项选择题）该公司接受虚开增值税专用发票，关于增值税的处理下列说法正确的有（　　）。

A. 应追缴该公司 2018 年 8 月增值税应纳税款 598230.21 元、2018 年 9 月增值税应纳税款 506194.74 元

B. 应追缴 2018 年 8 月出口退税款 627395.01 元、2018 年 9 月出口退税款 656603.56 元，2020 年 12 月出口退税 13371.05 元

C. 应追缴 2018 年 8 月出口退税款 598230.21 元、2018 年 9 月出口退税款 506194.74 元，2020 年 12 月出口退税 13371.05 元

D. 应追缴 2020 年 10 月份增值税应纳税款 102868.29 元

6.（不定项选择题）该公司接受虚开增值税专用发票，下列关于城市维护建设税的处理正确的有（　　）。

A. 应追缴 2018 年 8 月城市维护建设税 29911.5 元

B. 应追缴 2020 年 10 月城市维护建设税 7200.78 元

C. 2018 年 8 月无须补缴城市维护建设税

D. 应追缴 2020 年 12 月城市维护建设税 668.55 元

7.（不定项选择题）该公司接受虚开增值税专用发票，关于增值税和城市维护建设税的处理、处罚正确的有（　　）。

A. 应追缴的增值税 1220664.29 元、城市维护建设税 61033.21 元，根据《税收征收管理法》第三十二条、《税收征收管理法实施细则》第七十五条规定，从滞纳税款之日起，按日加收滞纳税款万分之五的滞纳金

B. 应追缴的增值税应纳税款 102868.29 元、城市维护建设税 5143.41 元，根据《税收征收管理法》第三十二条、《税收征收管理法实施细则》第七十五条规定，从滞纳税款之日起，按日加收滞纳税款万分之五的滞纳金

C. 应追缴该单位的教育费附加、地方教育附加，根据《税收征收管理法》第三十二条、《税收征收管理法实施细则》第七十五条规定，从滞纳税款之日起，按日加收滞纳税款万分之五的滞纳金

D. 处追缴的增值税税款、城市维护建设税税款百分之五十的罚款

8. （不定项选择题）不考虑其他调整事项，该单位 2018 年企业所得税应纳税调整（　　）。

A. 2018 年应调减城市维护建设税、教育费附加、地方教育附加合计 232508.92 元

B. 研发费用应调减应纳税所得额 93.75 万元

C. 2018 年应调减城市维护建设税、教育费附加、地方教育附加合计 110442.5 元

D. 2018 年合计应调增应纳税所得额 6023624.04 元

9. （不定项选择题）检查过程中，确认纳税人走逃，检查人员应取得证据资料有（　　）。

A. 检查人员实地核查企业的注册登记地址和生产经营地址，制作现场检查笔录

B. 检查人员通过已知的联系人及联系方式联系企业相关人员的录像（视频）、电话录音、电话笔录或第三方人员的证人证言

C. 检查人员从税收征管系统查询并打印企业报送的登记信息、纳税申报资料、财务报表、银行账户报告表以及发票领购记录等

D. 公告送达执法文书期满，纳税人未能联系的相关证明资料

10. （不定项选择题）税务稽查办案中下列处理正确的有（　　）。

A. 检查人员发生变更的，填制《税务稽查案件稽查人员变更审批表》，可以向被查对象送达《税务事项通知书》，告知其变更情况

B. 检查过程中，如需要变更案源部门原先拟定的稽查所属期间时，填制《税务稽查案件稽查所属期间变更审批表》，写明申请理由及建议，经检查部门领导岗和稽查局分管领导审核，报稽查局局长审批，可以向被查对象送达《税务事项通知书》，告知其变更情况

C. 《检查实施方案》包括检查方法、预计检查时间等 6 个方面内容

D. 单份证据多页的，逐页签章或者捺指印即可

模拟测试（三）· 参考答案及解析

答案速查

一、单项选择题（每小题 2 分，共计 30 分）

1. C	2. A	3. B	4. C	5. B
6. B	7. B	8. C	9. D	10. B
11. D	12. D	13. D	14. B	15. D

二、多项选择题（每小题 3 分，共计 45 分）

1. ABC	2. ABC	3. ABCD	4. ABD	5. ABC
6. BCD	7. BCD	8. ABC	9. BCD	10. BC
11. BC	12. BC	13. ABD	14. ABC	15. ABC

三、判断题（每小题 1 分，共计 10 分）

1. ×	2. ×	3. ×	4. ×	5. ×
6. ×	7. √	8. √	9. ×	10. √

四、案例分析题（每小题 1.5 分，共计 15 分）

1. C	2. AC	3. AC	4. BD	5. CD
6. AD	7. BD	8. BD	9. ABC	10. B

答案解析

一、单项选择题

1.【参考答案】C

【答案解析】习近平总书记在党的二十大报告中指出，经过不懈努力，党找到了自我革命这一跳出治乱兴衰历史周期率的第二个答案。

2.【参考答案】A

【答案解析】详见党的二十届三中全会通过的《中共中央关于进一步全面深化改革推进中国式现代化的决定》。

3.【参考答案】B

【答案解析】国家税务总局党委书记、局长胡静林在《学习时报》发表《高质量推进中国式现代化税务实践》一文中指出，税务部门要认真学习贯彻习近平经济思想、习近平法治思想和习近平总书记关于税收工作的重要论述，牢牢把握高质量推进中国式现代化税务实践这一主线，坚持以科学精细、务实高效的管理理念打造效能税务，坚定不移推动党中央决策部署落地见效。

4.【参考答案】C

【答案解析】国家税务总局每年4月紧扣党中央、国务院重大决策部署，围绕税收重点工作，集中开展全国税收宣传月活动，深入宣传税法知识、解读税费政策、倡导税收诚信，已成为纳税人缴费人自觉接受税法教育的重要课堂，也是社会各界主动了解税收、积极支持税收的重要载体。2024年4月，税务总局启动第33个全国税收宣传月，主题为“税助发展　向新而进”。

5.【参考答案】B

【答案解析】详见中共中央、国务院印发的《关于加快经济社会发展全面绿色转型的意见》。

6.【参考答案】B

【答案解析】《检举纳税人税收违法行为奖励暂行办法》第六条规定，检举的税收违法行为经税务机关立案查实处理并依法将税款收缴入库后，根据本案检举时效、检举材料中提供的线索和证据详实程度、检举内容与查实内容相符程度以及收缴入库的税款数额，按照以下标准对本案检举人计发奖金：①收缴入库税款数额在1亿元以上的，给予10万元以下的奖金；②收缴入库税款数额在5000万元以上不足1亿元的，给予6万元以下的奖金；③收缴入库税款数额在1000万元以上不足5000万元的，给予4万元以下的奖金；④收缴入库税款数额在500万元以上不足1000万元的，给予2万元以下的奖金；⑤收缴入库税款数额在100万元以上不足500万元的，给予1万元以下的奖金；⑥收缴入库税款数额在100万元以下的，给予5000元以下的奖金。

7.【参考答案】B

【答案解析】该公司应确认的增值税销项税额 = 67800 ÷（1 + 13%）× 13% = 7800（元）

8.【参考答案】C

【答案解析】《财政部 税务总局关于先进制造业企业增值税加计抵减政策的公告》（财政部 税务总局公告2023年第43号）规定，按照现行规定不得从销项税额中抵扣的进项税额，不得计提加计抵减额；已计提加计抵减额的进项税额；先进制造业企业出口货物劳务、发生跨境应税行为不适用加计抵减政策，其对应的进项税额不得计提加计抵减额。不得计提加计抵减额的进项税额 = 当期无法划分的全部进项税额 × 当期出口货物劳务和发生跨境应税行为的销售额 ÷ 当期全部销售额 =（110 - 110 × 300 ÷ 1000 - 20）× 5% = 2.85（万元）。

9.【参考答案】D

【答案解析】计算允许退还的留抵税额涉及的进项构成比例，为2019年4月至申请退税前一税款所属期已抵扣的增值税专用发票（含带有“增值税专用发票”字样全面数字化的电子发票、税控机动车销售统一发票）、收费公路通行费增值税电子普通发票、海关进口增值税专用缴款书、解缴税款完税凭证注明的增值税额占同期全部已抵扣进项税额的比重。为减轻纳税人退税核算负担，在计算进项构成比例时，纳税人在上述计算期间内发生的进项税额转出部分无须扣减。

10.【参考答案】B

【答案解析】对物流企业自有（包括自用和出租）或承租的大宗商品仓储设施用地，减按所属土地等级适用税额标准的50%计征城镇土地使用税。物流企业的办公、生活区用地及其他非直接用于大宗商品仓储的土地，不属于规定的减税范围，应按规定征收。甲企业应缴纳城镇土地使用税 = 1000 × 5 + 8000 × 5 × 50% = 25000（元）。

11.【参考答案】D

【答案解析】印花税法所附《印花税税目税率表》中“买卖合同”税目的备注中“不包括个人书立的动产买卖合同”。

12.【参考答案】D

【答案解析】房地产开发成本：前期工程费，包括规划、设计、项目可行性研究和水文、地质、勘察、测绘、“三通一平”等支出。房地产开发费用，是指与房地产开发项目有关的销售费用、管理费用、财务费用。

13.【参考答案】D

【答案解析】印花税的计税依据包括：①应税合同的计税依据，为合同所列的金额，不包括列明的增值税税款；②应税产权转移书据的计税依据，为产权转移书据所列的金额，不包括列明的增值税税款。关于计税依据、补税和退税的具体情形：①同一应税合同、应税产权转移书据中涉及两方以上纳税人，且未列明纳税人各自涉及金额的，以纳税人平均分摊的应税凭证所列金额（不包括列明的增值税税款）确定计税依据。②应税合同、应税产权转移书据所列的金额与实际结算金额不一致，不变更应税凭证所列金额的，以所列金额为计税依据；变更应税凭证所列金额的，以变更后的所列金额为计税依据。已缴纳印花税的应税凭证，变更后所列金额增加的，纳税人应当就增加部分的金额补缴印花税；变更后所列金额减少的，纳税人可以就减少部分的金额向税务机关申请退还或者抵缴印花税。③纳税人因应税凭证列明的增值税税款计算错误导致应税凭证的计税依据减少或者增加的，纳税人应当按规定调整应税凭证列明的增值税税款，重新确定应税凭证计税依据。已缴纳印花税的应税凭证，调整后计税依据增加的，纳税人应当就增加部分的金额补缴印花税；调整后计税依据减少的，纳税人可以就减少部分的金额向税务机关申请退还或者抵缴印花税。④纳税人转让股权的印花税计税依据，按照产权转移书据所列的金额（不包括列明的认缴后尚未实际出资权益部分）确定。

14.【参考答案】B

【答案解析】选项 A，行政复议机关应决定撤销或者部分撤销该行政行为；选项 C、D，行政复议机关应决定变更该行政行为。

15.【参考答案】D

【答案解析】立案前检查本质上属于检查，不是案源环节的线索检查或核查，选项 A 错误；立案前检查与立案检查均可使用征管法赋予的各种手段，检查权限一致，选项 B 错误；立案前检查和立案检查的检查证据可通用，选项 C 错误。

二、多项选择题

1.【参考答案】ABC

【答案解析】2024 年全国税务工作会议提到，旗帜鲜明讲政治，坚定不移建强政治机关、走好第一方阵。持续拓展主题教育成果，抓好成果转化运用，建立健全完善税务系统主题教育常态化长效化制度机制；持续深化政治机关意识教育和对党忠诚教育，促进税务系统政治机关建设一贯到底；持续提升党建工作质效，进一步优化“纵合横通强党建”工作机制，全面推进党支部标准化规范化建设，强化党建与业务深度融合。

2.【参考答案】ABC

【答案解析】国家税务总局党委书记、局长胡静林在《学习时报》发表《高质量推进中国式现代化税务实践》一文中指出，坚决当好党中央决策部署的执行者、行动派、实干家，这是打造效能税务的根本要求。

3.【参考答案】ABCD

【答案解析】党史学习教育工作遵循以下原则：坚持党的全面领导；坚持围绕中心、服务大局；坚持以史鉴今、资政育人；坚持统筹谋划、开拓创新；坚持分类指导、精准施策；坚持唯物史观和正确党史观。

4.【参考答案】ABD

【答案解析】2024 年全国税务工作会议强调，要自觉对标对表党的二十大精神和中央经济工作会议部署，深刻认识当前税务工作面临的形势任务，努力在服务党和国家事业发展大局中进一步牢牢把准税务部门职责定位，做党中央权威的忠诚捍卫者、做推动高质量发展的高效执行者、做纳税人缴费人的倾情服务者、做经济社会秩序的坚定维护者。

5.【参考答案】ABC

【答案解析】2024 年全国税务工作会议强调，当前和今后一个时期，要紧紧聚焦"以习近平新时代中国特色社会主义思想为指引，高质量推进中国式现代化税务实践"这一工作主线，着力强化政治统领，着力强化依法治税，着力强化改革创新，着力强化管理增效，着力强化服务提质，着力强化风险防范，坚持一张蓝图绘到底，持续完善"抓好党务、干好税务、带好队伍"的工作体系，在以税收现代化服务中国式现代化的新征程中再建新功。

6.【参考答案】BCD

【答案解析】关联公司没有真实经营业务循环开具发票不属于"暴力虚开"类型。

7.【参考答案】BCD

【答案解析】选项 A，航空运输服务，代收的机场建设费不计入计税销售额。

8.【参考答案】ABC

【答案解析】房屋租赁合同不属于为调查货物真实性应取得的直接证据。

9.【参考答案】BCD

【答案解析】《商品和服务税收分类与编码（试行）》中以下可以开具税率栏"不征税"发票：601 预付卡销售和充值；602 销售自行开发的房地产项目预收款；612 建筑服务预收款。

10.【参考答案】BC

【答案解析】选项 A，子女教育支出 2000 元/月/每个子女；选项 D，大病医疗专项附加扣除，次年汇算清缴时享受扣除。

11.【参考答案】BC

【答案解析】证券交易印花税单边征收，并由出让方负担；自 2023 年 8 月 28 日起，证券交易印花税实施减半征收。

12.【参考答案】BC

【答案解析】选项A，企业购买农产品后直接进行销售的贸易活动产生的所得，不能享受农、林、牧、渔业项目的税收优惠；选项D，企业根据委托合同，受托对符合相关规定的农产品进行初加工服务，其所收取的加工费，可以按照农产品初加工的免税项目处理。

13.【参考答案】ABD

【答案解析】《最高人民检察院 公安部关于公安机关管辖的刑事案件立案追诉标准的规定（二）》第五十二条规定，纳税人采取欺骗、隐瞒手段进行虚假纳税申报或者不申报，逃避缴纳税款，数额在10万元以上并且占各税种应纳税总额10%以上，经税务机关依法下达追缴通知后，不补缴应纳税款、不缴纳滞纳金或者不接受行政处罚的；纳税人5年内因逃避缴纳税款受过刑事处罚或者被税务机关给予二次以上行政处罚，又逃避缴纳税款，数额在10万元以上并且占各税种应纳税总额10%以上的；扣缴义务人采取欺骗、隐瞒手段，不缴或者少缴已扣、已收税款，数额在10万元以上的。纳税人在公安机关立案后再补缴应纳税款、缴纳滞纳金或者接受行政处罚的，不影响刑事责任的追究。

14.【参考答案】ABC

【答案解析】针对重点行业、重点区域、重点项目和重点对象的联合查办，稽查局和公安经侦部门通过成立联合工作领导小组，统筹规划、协调指挥案件打击工作。稽查局和公安经侦部门对被查对象共同开展调查，协同取证。双方都需要针对某一涉税事项取证且其中一方已完成取证的，由已完成一方进行证据转换，并交另一方作为证据保存；双方联合查办案件，一方因调查取证手段限制无法获取相关证据的，由另一方依法获取相关证据，进行证据转换并移交对方作为证据保存。

15.【参考答案】ABC

【答案解析】根据《财政部 国家税务总局关于企业向个人支付不竞争款项征收个人所得税问题的批复》（财税〔2007〕102号）、《国家税务总局关于个人取得的奖金收入征收个人所得税问题的批复》（国税函〔1998〕293号）、《财政部 税务总局关于个人取得有关收入适用个人所得税应税所得项目的公告》（财政部 税务总局公告2019年第74号）规定，选项A、B、C正确。

三、判断题

1.【参考答案】×

【答案解析】国家秘密的知悉范围，应当根据工作需要限定在最小范围。国家秘密的知悉范围能够限定到具体人员的，限定到具体人员；不能限定到具体人员的，限定到机关、单位，由机关、单位限定到具体人员。

2.【参考答案】×

【答案解析】实施危害税收征管犯罪，造成国家税款损失，行为人补缴税款、挽回税收损失，有效合规整改的，可以从宽处罚；犯罪情节轻微不需要判处刑罚的，可以不起诉或者免予刑事处罚；情节显著轻微危害不大的，不作为犯罪处理。

3.【参考答案】×

【答案解析】行政复议期间，被申请人不得自行向申请人和其他有关单位或者个人收集证。行政复议期间，申请人或者第三人提出被申请行政复议的行政行为作出时没有提出的理由或者证据的，经行政复议机构同意，被申请人可以补充证据。

4.【参考答案】×

【答案解析】《税务稽查案件办理程序规定》第五十一条规定，当事人确有经济困难，需要延期或者分期缴纳罚款的，可向稽查局提出申请，经税务局局长批准后，可以暂缓或者分期缴纳。

5.【参考答案】×

【答案解析】《优化税务执法方式全面推行“三项制度”实施方案》（税总发〔2019〕31号）规定，税务机关采取以文字记录为主、音像记录为辅的形式，对税务执法的启动、调查取证、审核决定、送达执行等全部过程进行记录。《税务稽查案件办理程序规定》第十一条规定，税务稽查案件办理应当通过文字、音像等形式，对案件办理的启动、调查取证、审核、决定、送达、执行等进行全过程记录。

6.【参考答案】×

【答案解析】纳税人为客户办理退票而向客户收取的退票费、手续费等收入，按照“其他现代服务”缴纳增值税。纳税人的退票费支出，不属于“纳税人购进国内旅客运输服务”，而是购进“其他现代服务”，如果取得了“其他现代服务”的增值税专用发票，则可以增值税专用发票上注明的税额计入进项税额。

7.【参考答案】√

【答案解析】略

8.【参考答案】√

【答案解析】《重大税收违法失信主体信息公布管理办法》规定，失信主体有下列情形之一的，不予提前停止公布：①被确定为失信主体后，因发生偷税、逃避追缴欠税、骗取出口退税、抗税、虚开发票等税收违法行为受到税务处理或者行政处罚的；②5年内被确定为失信主体两次以上的。

9.【参考答案】×

【答案解析】《税务稽查案件办理程序规定》第三十五条规定，检查结束前，检查人员可以将发现的税收违法事实和依据告知被查对象。被查对象对违法事实和依据有异议的，应当在限期内提供说明及证据材料。被查对象口头说明的，检查人员应当制作笔录，由当事人签章。

10.【参考答案】√

【答案解析】略

四、案例分析题

1.【参考答案】C

【答案解析】《税务稽查案件办理程序规定》第四十七条规定，稽查局应当自立案之日起90日内作出行政处理、处罚决定或者无税收违法行为结论。案情复杂需要延期的，经税务局局长批准，可以延长不超过90日；特殊情况或者发生不可抗力需要继续延期的，应当经上一级税务局分管副局长批准，并确定合理的延长期限。但下列时间不计算在内：①中止检查的时间；②请示上级机关或者征求有权机关意见的时间；③提请重大税务案件审理的时间。

2.【参考答案】AC

【答案解析】根据相关规定，企业委托境外进行研发活动所发生的费用，按照费用实际发生额的80%计入委托方的委托境外研发费用。委托境外研发费用不超过境内符合条件的研发费用2/3的部分，可以按规定在企业所得税前加计扣除。委托境外个人进行研发活动所发生的费用不可加计扣除。扣除限额＝境内符合条件的研发费用75×2/3＝50（万元），实际发生额的80%为56万元，按照50万元加计扣除；2018年起全部研发费用加计扣除比例由50%提高到75%。加计扣除＝（75＋50）×75%＝93.75（万元）。

3.【参考答案】AC

【答案解析】自2018年5月1日起纳税人发生增值税应税销售行为或者进口货物，原适用17%和11%税率的，现税率分别调整为16%、10%。追缴增值税＝120×16%＝19.2（万元），城市维护建设税、教育费附加＝19.2×（5%＋3%＋2%）＝1.92（万元）；调增应纳税所得额＝20－1.92＝18.08（万元）。

4.【参考答案】BD

【答案解析】宗地容积率低于0.5的，按房产建筑面积的2倍计算土地面积并据此确定计入房产原值的地价。容积率＝1868.17/8328.00＝0.22，计入房产原值的地价＝应税房产建筑面积×2×土地单价＝1868.17×2×2040360/8328＝915403.30（元）。2018年房产税＝（5000000＋915403.3）×（1－30%）×1.2%＝11889.39（元）。

5.【参考答案】CD

【答案解析】追缴已抵扣2018年8月增值税税款598230.21元、2018年9月增值税税款506194.74元；追缴2020年12月出口退税13371.05元。追缴2020年10月增

值税应纳税款 = 100100.29 + 2768 = 102868.29（元）。

6.【参考答案】AD

【答案解析】追缴 2018 年 8 月城市维护建设税 = 598230.21 × 5% = 29911.5（元）；追缴 2020 年 12 月城市维护建设税 = 13371.05 × 5% = 668.55（元）。

7.【参考答案】BD

【答案解析】依据为《税收征收管理法》及其实施细则相关规定。

8.【参考答案】BD

【答案解析】《企业所得税税前扣除凭证管理办法》第十六条规定，企业在规定的期限未能补开、换开符合规定的发票、其他外部凭证，并且未能按照规定提供相关资料证实其支出真实性的，相应支出不得在发生年度税前扣除。2018 年合计应调增应纳税所得额 = 6902655.93 − 937500 − 58468.11 = 6023624.04（元）。

9.【参考答案】ABC

【答案解析】检查过程中，确认纳税人走逃，检查人员应取得证据资料有选项 A、B、C；选项 D 不属于。

10.【参考答案】B

【答案解析】检查人员发生变更的，填制《税务稽查案件稽查人员变更审批表》，经检查部门领导岗和稽查局分管领导审核，报稽查局局长审批，应当向被查对象送达《税务事项通知书》，告知其变更情况；检查方案的主要内容一般包括 7 个方面：①税务检查实施的目的和要求；②税务检查实施的范围和重点；③税务检查的所属期间；④税务检查实施的具体方法和步骤；⑤检查人员的分工；⑥检查实施时间的安排；⑦检查实施过程中预计出现的问题和应急措施。单份证据多页的，应当逐页签章或者捺指印，并在骑缝处加盖印章或者捺指印。